Barockmaler in Niederbayern

NIEDERBAYERN – Land und Leute

Herausgegeben von Fritz Markmiller

BAROCKMALER
in Niederbayern

Die Meister der Städte, Märkte und Hofmarken

Herausgegeben von
FRITZ MARKMILLER

Unter Mitarbeit von
Ludwig Albrecht, Georg Brenninger, Edgar Krausen, Raimund Schuster, Hans Rudolf Spagl, Karl Tyroller

Verlag Friedrich Pustet Regensburg

Umschlagmotiv: Hochaltar der Wallfahrtskirche MARIA STEINFELS in Landau. Federzeichnung und Temperamalerei unter Glas und reich geschnitztem, versilbertem und vergoldetem Rahmen des Landauer Malers *Alois Kaufmann* von 1814. (Pfarrhof Landau-Mariä Himmelfahrt)

Rückseite: Familienwappen des Landauer Malers *Adam Joseph Anton Ignaz Gröz.* Federzeichnung und Temperamalerei im Einschreibbuch der Landauer Sebastiani-Bruderschaft, 1754. (Pfarrarchiv Landau-Mariä Himmelfahrt)

CIP-Kurztitelaufnahme der Deutschen Bibliothek

Barockmaler in Niederbayern : d. Meister d. Städte, Märkte u. Hofmarken / hrsg. von Fritz Markmiller. Unter Mitarb. von Ludwig Albrecht . . . – Regensburg : Pustet, 1982.
(Niederbayern – Land und Leute)
ISBN 3-7917-0746-9
NE: Markmiller, Fritz [Hrsg.]; Albrecht, Ludwig [Mitverf.]

ISSN 0344–5992
ISBN 3–7917–0746–9

Ausstattung: Fritz Markmiller Dingolfing
Umschlaggestaltung: Peter M. Loeffler Regensburg
Gesamtherstellung: Friedrich Pustet Regensburg
Printed in Germany 1982

Inhalt

Vorwort des Herausgebers

Wer der Meinung ist, sich über bayerische Barockmalerei in einem Land, das mit gängigen Klischees gern als das barocke schlechthin erachtet wird, ausreichend aus der angebotenen Literatur informieren zu können, der irrt. Neben einigen Standardwerken, Kunstdenkmälerinventaren und Künstlerlexika, die meist nur einen großen Überblick zu bieten vermögen und/oder Hochleistungen berühmter Personen vorstellen, existieren nur hie und da lokale Veröffentlichungen sehr begrenzter Verbreitung. Regionale Zusammenfassungen wie Einzeluntersuchungen auf der Basis exakter Quellenarbeit sind kaum zu verzeichnen.
Dies gilt in hohem Maß auch für unsere Heimat Niederbayern. So erscheint es unmittelbar als Notwendigkeit, das Augenmerk jenen Schöpfungen zuzuwenden, die aus der angesprochenen Zeit- und Stilepoche noch heute im Original dem Betrachter gegenüber treten oder aufgrund von Erhebungen aus historischen Zeugnissen wieder bekannt werden. Als Ergebnisse menschlichen Fühlens, Denkens und Tuns sind sie einerseits im Vergleich mit Stilgeschichte und Kunstentwicklung zu analysieren, andererseits aber auch im Hinblick auf ihre Verfertiger zu würdigen. Die Künstlerpersönlichkeit und ihr Eingebundensein in das politische, wirtschaftliche, soziale und kulturelle Umfeld des Wirkungskreises können dabei nur zum Teil aus dem Oevre selbst erschlossen werden; es bedarf dazu des Heranziehens weiterer Quellen, um sie einigermaßen richtig darzustellen. Sicher, die Erkenntnismöglichkeiten erweisen sich selten als gleichmäßig verteilt. Einmal überwiegen kunstästhetische Elemente in der Wertung, weil das Werk des betreffenden Malers dies infolge seiner Bedeutung erfordert. Anderswo ragt es nicht über den zeitspezifischen Durchschnitt hinaus; hier können dann bestimmte Wesenszüge in den Vordergrund treten, die wichtige Aspekte für eine kulturhistorische Zusammenschau beisteuern.
Gemäß solchen Voraussetzungen haben es auch die Mitarbeiter dieses Sammelbandes unternommen, entsprechend den zur Verfügung stehenden Quellen einen Beitrag zur Erforschung der barocken Malerei im alten Niederbayern zu leisten. Zusätzlich zu rein kunstwissenschaftlichen Erörterungen wurde generell versucht, die heimatliche Kulturlandschaft, die Lebens- und Arbeitsverhältnisse, insgesamt die Einbindung in den zeithistorischen Rahmen deutlich werden zu lassen. Die Sprache der Texte bemüht sich um klaren Ausdruck, verwendet möglichst nur einsehbare Begriffe und vermeidet nebuloses Geschwafel, wie es gerade bei Behandlung »künstlerischer« Themen häufig genug zu finden ist. Vielmehr werden die ausnahmslos aus faktischen Quellenzeugnissen gewonnenen Erkenntnisse zu einem Gesamtbild gefügt, das – wie wir hoffen – sowohl dem Freund niederbayerischer Kultur und Geschichte wie dem Fachmann neue Einblicke gewährt.
Den zeitlichen Rahmen füllt die ganz allgemein als Barock definierte Epoche von

etwa 1600 bis 1800. Räumlich erfaßt ist die Landschaft Niederbayern, wie sie politisch vom Ende des Landshuter Erbfolgekriegs am Beginn der Neuzeit bis zum Anfang des 19. Jahrhunderts gegliedert war: in die sogenannten Rentämter Landshut und Straubing. Die beigegebene Karte erläutert deren Umfang in Bezug auf die Grenzen des heutigen Regierungsbezirks (vgl. S. 203).
Um nun die oben angezeigte Blickrichtung auf kulturgeschichtliche Zusammenhänge besonders scharf einzustellen, haben wir uns zu einer Aufteilung des gesamten Stoffes entschlossen. Vorliegender Band I enthält deshalb nur die in Städten, Märkten und Hofmarken mit Bürgerrecht oder adäquaten Titeln ansässigen Maler innerhalb der beiden genannten Rentämter. Einem II. Band bleiben zur Erfassung und Beschreibung vorbehalten die Meister im Bereich des zur gleichen Zeit unabhängig vom kurfürstlich-bayerischen Territorium existierenden bischöflichen Hochstifts Passau, das erst zufolge der politischen Umwälzungen am Beginn des vorigen Jahrhunderts zu Niederbayern gekommen ist. Dieser Band wird sich auch mit den in unserer Heimat zur Ausführung von Spitzenaufträgen berufenen auswärtigen Künstlern befassen, deren Namen und Werke vorzugsweise in den Residenzstädten und in den Prälatenklöstern, gelegentlich auch in Adelsschlössern überliefert sind.
Wie es dem Überlieferungsstand und den Quellenbedingungen entspricht, können wir bei sämtlichen Abteilungen vorzugsweise nur von sakraler Kunst berichten. Demgegenüber sind Nachrichten über Arbeiten für die öffentliche Hand im profanen Bereich verhältnismäßig selten. So gut wie nie erhalten wir Auskunft über Leistungen unserer Meister auf dem privaten Sektor. Die Kulturgeschichte der Barockmalerei in Niederbayern bleibt deshalb auf weiten Strecken im kirchlich-religiösen Raum angesiedelt, zeichnet dafür aber umso mehr mit am Bild heimatlicher Frömmigkeitsgeschichte. Künstlerische Schöpfung und andachtsvolle Aufnahme des geschaffenen Kunstwerks bedeuten hier beide einen Akt religiöser Betätigung. Die Kunst im Dienst der Kirche gewann zu jener Zeit einen ihrer Höhepunkte.
Mit dem Angebot dieser zwei Sammelbände zur barockzeitlichen Malerei in Niederbayern möchten Herausgeber, Mitarbeiter und Verlag dem Leser und Betrachter sachkundige Führung bieten. Gleichzeitig sei Anregung zum Besuch der vielen im Land verstreuten Stätten gegeben, die noch heute höchst schätzenswerte Objekte jener Kulturepoche bergen. Ihre Bewahrung und Weitergabe an künftige Generationen sollte unser aller Anliegen sein.

Dingolfing, im Januar 1982 *Dipl.-Ing. Fritz Markmiller*

DIE MEISTER DER STÄDTE, MÄRKTE UND HOFMARKEN

Joseph Anton Merz (1681–1750)

Von Karl Tyroller

Fast zwei Jahrhunderte sind Angehörige der Malerfamilie *Merz* in und um Straubing tätig gewesen, aber nur der erste Vertreter Joseph Anton hat jene Bedeutung erreicht, die eine eingehende Beschreibung und Würdigung seines Werkes rechtfertigt.

Joseph Anton Merz stammt aus dem Allgäu. 1681, also vor 300 Jahren, ist er in Marktoberdorf geboren. Noch wissen wir nichts über seinen Lehrmeister und seine Wanderwege. 1710 kam er nach STRAUBING und übernahm die durch den Tod *Johann Holzers* freigewordene Malergerechtigkeit. Von 1710 ab sind Jahr für Jahr fast lückenlos bis zu seinem Tod Arbeiten für ihn nachweisbar. Im wesentlichen mußte er sich sein Brot durch Faßarbeiten verdienen. Für diese Tätigkeit war nicht nur solides handwerkliches Können, sondern auch künstlerische Begabung notwendig. Eine Fassung darf nicht mit Anstreichen verwechselt werden; die Figur wurde bemalt, d. h. der Faßmaler vollzog den Wandel der Farben wie auf einem Gemälde. Leider sind uns nur wenige Werke in der originalen Fassung erhalten geblieben. In jener Zeit, in der J. A. Merz tätig war, war die polychrome Fassung üblich, d. h. daß z. B. die Gesichter in der Farbe des Inkarnats behandelt wurden, wobei der Maler zwischen der blühenden, rosigen Gesichtsfarbe eines Kindes oder einer Jungfrau und dem bräunlich welken Teint eines Altmänner- oder Altfrauengesichtes deutlich zu unterscheiden verstand. Die Gewänder wurden in leuchtenden Farben gehalten, entsprechend den sakralen Symbolfarben des jeweiligen Heiligen. Besondere Kunstfertigkeit bewiesen die Fasser beim Vergolden. Schon die umständliche Grundierung, deren Glättung und das Anschießen der Goldfolien erforderten großes Können. Häufig wurden die Goldflächen durch Prägung ornamentiert oder sie wurden mit einem transparenten Farbüberzug lasiert. Wir bewundern heute den Geschmack für farbige Differenzierungen, die Feinheit der Schattierungen, mit denen z. B. ein Gesicht interessant gemacht wurde.

Wir haben davon auszugehen, daß uns die Archive nur einen Bruchteil der Arbeiten eines Künstlers nachweisen können, besonders eines Künstlers, der nicht das Glück hatte, früh ins Rampenlicht der Bewunderung zu treten. So müssen viele Werke – wenn nicht zufällig das Objekt erhalten geblieben ist – außer Betracht bleiben, wenn die urkundliche Notiz nur lautet: »dem Maler für seine verschiedenen Arbeiten«, was sich leider allzuoft in den Kirchenrechnungen findet; denn nur in seltenen Fällen hat man auch »die Zettel«, d. h. die Künstlerbelege aufbewahrt.

Erste Arbeiten in Straubing und Umgebung

Schon im Jahr der Seßhaftwerdung des J. A. Merz finden wir seine Tätigkeit in den Kirchenrechnungen von St. Peter in Straubing beurkundet. Er versilbert 2 Maikrüglein, 8 Leuchter u. a. und erhält für seine Arbeit 6 Gulden. »Maikrüge«, ab dem Ende des 18. Jahrhunderts wurden sie als Vasen bezeichnet, waren beliebte Dekorationsstücke der Altäre. Seit Beginn des Barocks bis in die Zeiten des Klassizismus fanden sie häufige Verwendung und machten den Stilwandel im Verlauf der zwei Jahrhunderte mit. Besonders im Rokoko wurden sie zu flammenden, asymmetrischen Gebilden, die eher Meermuscheln als Krügen glichen.
Diese Maikrüglein waren dazu bestimmt, die »Maibüsche« aufzunehmen. Bei den uns besonders kostbar erscheinenden Exemplaren sind Blumen und Vase aus einem Stück geschnitzt; häufiger aber noch wurden nur die Krüge geschnitzt und dienten zur Aufnahme echter Blumen. Gartenblumen waren im 18. Jahrhundert aber selten und teuer; geschnitzte zu unserem Erstaunen im Verhältnis dazu so billig, daß der Preis für den geschnitzten Maibusch letztlich dem des Naturstraußes gleich kam. Die Steckblumen wurden auch aus Metall getrieben, nicht selten aus Stoffen angefertigt, manchmal aus farbigen Federn zusammengestellt.

Signatur von Joseph Anton Merz *(um 1710) auf dem Altarblatt Mariä Himmelfahrt in der Pfarrkirche zu* Wiesent

Für die 1707 neuerbaute Pfarrkirche Mariä Himmelfahrt in Wiesent (bei Wörth a. d. Donau) wurden 1710 – nicht 1707 wie in den »Kunstdenkmälern« des Bez.-Amts Regensburg, S. 172 angegeben – der Hochaltar und zwei Seitenaltäre geliefert, für die man den Münchener Stukkateuren *Bernhard Ehamb* und *Mathias Schmidgartner* 770 Gulden bezahlte. 400 Gulden wurden von der Herrschaft auf Wiesent und 50 Gulden von der Gräfin auf Wörth gestiftet. Die Altarblätter sind in den Kirchenrechnungen nicht erwähnt. Es darf deshalb angenommen werden, daß auch sie Schenkungen waren. Alles spricht für die Zeitgleichheit mit den Altären, so daß das mit »Merz« signierte Bild Mariä Himmelfahrt wohl 1710 oder um 1710 entstanden sein dürfte. Verglichen mit späteren Darstellungen des Programms, z. B. mit dem Haindlinger Hochaltarbild, ist die Komposition von gedrängter Fülle. Eine Art »Horror Vacui« scheint den Künstler bestimmt zu haben. Die himmlische Glorifikation ist kaum von der irdischen Szenerie, der sich um das leere Grab drängenden Apostelschar, getrennt. Während Merz in diesen späteren Fassungen die einzelnen Schwerpunkte Grab, Himmelfahrt und Hl. Dreifaltigkeit in wechselnden Raumschrägen anordnet, baut er hier das Thema um die Mittelachse, Grab, Maria, Dreifaltigkeit auf. Die Gestalten sind gedrungen, die Farben leuchtend; das Rot im Kleid der Madonna drängt auffallend in den Vordergrund.

1709 war auf dem oberen Stadtplatz in STRAUBING die Dreifaltigkeitssäule errichtet und eingeweiht worden. Die Arbeiten aber zogen sich noch über Jahre hin. 1711 faßte Merz die zwei oberen Engel bei der Beleuchtung und vergoldete den Rand um das Glas der Laterne. Er wurde 1718 noch einmal herangezogen, den heiligen Namen Jesu auf den Schild des Hl. Michael, den der Straubinger Bildhauer *Franz Mozart* in Stein gehauen hatte, in feinem Gold zu setzen und das geflammte Schwert des Erzengels zu fassen.
1712 bemalte Merz einen Sakristeischrank für St. Veit, den *Jakob Schöpf* geschreinert hatte. Von der Marianischen Männerkongregation bekam er in demselben Jahr 20 Gulden, »das ganze Theatrum zu malen«. 1712 gestaltete er auch ein Fresko in der kleinen Kirche zu PÜRGL.

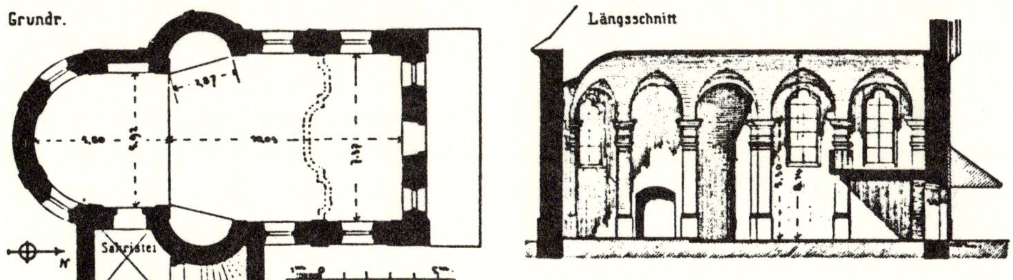

Grundriß und Längsschnitt der Kirche St. Pauli Bekehrung zu PÜRGL *(Bayerisches Landesamt für Denkmalpflege)*

Von den Werken des Jahres 1713, nämlich zwei Fastenbildern für St. Peter und einem Wandgemälde für St. Jakob, das die Brüder und Schwestern der Bäckerknechtsbruderschaft unter dem Schutzmantel Mariens zeigt, ist letzteres Fresko noch vorhanden. Auch wenn es später retuschiert wurde, so wird doch aus dem schlichten Aufbau der Schutzmantelmadonna und der gleichförmigen Anordnung der Bildnisse die handwerkliche Ausgangslage des Malers erkennbar.
Das Jahr darauf war Merz zusammen mit dem Maler *Sebastian Nickl* aus Plattling damit beschäftigt, den kolossalen Hochalter der Klosterkirche in METTEN zu fassen. Diesen hatte der Straubinger Schreiner *Jakob Schöpf* geliefert, mit dem Merz schon 1712 in St. Veit zusammengearbeitet hatte. Der detaillierte Vertrag für den Mettener Altar ist erhalten geblieben. Für 850 Gulden hatten die beiden Maler alles Laubwerk, alle Bildhauer- und geschnittene Schreinerarbeit, die Kapitelle, die Gesimse, besonders den Vorhang über dem Bild zu vergolden, auch alles übrige, »was sich der Kunst nach zum Vergolten und Marmorieren anbegibt, und hierzu gehört, sowoll den Tabernacul, als Altar belangend«, nach Wunsch des Auftraggebers und vorausgehender Inaugenscheinnahme »durchgehents ohne Ausnamb zu marmorieren und mit guten spänischen Fürniß zu yberziehen«. Ausgenommen blieben nur die beiden großen Statuen des hl. Benedikt und Karls d. Großen sowie sämtliche »Kindlein«. Die Maler hatten alles nötige Material, Blattgold, Farben »und was nur immer sein mag« beizubringen.

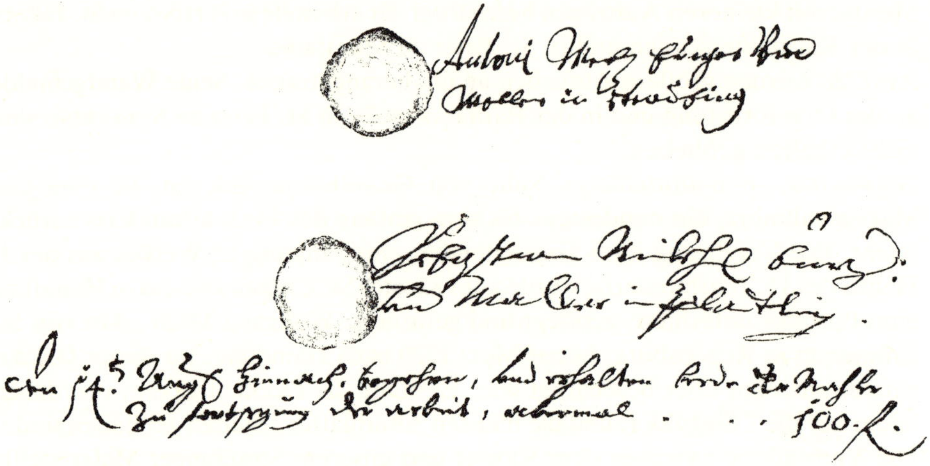

Unterschriften unter dem Arbeitsvertrag und Notiz über eine Abschlagszahlung von Joseph Anton Merz, *Straubing, und* Sebastian Nickl, *Plattling, anläßlich der Faßarbeiten am Hochaltar der Klosterkirche zu* Metten *(7. Juni 1714)*
(Klosterarchiv Metten)

Weil Schöpf mit dem Kloster den Kontrakt abgeschlossen hatte, nahm die Forschung bisher an, *Jakob Schöpf* sei nicht nur der Schreiner des Altars, sondern auch der Schöpfer der Plastiken gewesen. Jakob Schöpf, der Vater des Prager Hofmalers *Adam Schöpf,* war zwar ein ausgezeichneter Schreiner, der Tabernakel und Antependien lieferte, wohl auch ornamentale Schnitzereien anfertigte, aber als Bildhauer ist er uns nirgends bekannt geworden. Es ist daher anzunehmen, daß die Statuen am Mettener Hochaltar von anderer Hand, möglicherweise von dem Straubinger Bildhauer *Franz Mozart* geschaffen worden sind.
Es ist viel darüber gerätselt worden, ob J. A. Merz bei der Ausmalung der Wallfahrtskirche Sossau beteiligt war. Leider ist wenig Urkundenmaterial über die Ausstattung der Kirche erhalten geblieben. Ein Diarium, das der Vorsteher der Windberger Filiale führte, bezeugt jedoch die Tätigkeit des Malers eindeutig. Merz erhielt 1715 76 Gulden 10 Kreuzer »für die 3 Stuckl in der Kirch über sich zu mahlen«. In der Zeit des Rokoko, wahrscheinlich für die Jubiläumsfeier 1777, wurde der reiche Rocaillenschmuck aufgemalt; ob dabei die Gemälde eine Veränderung erlitten haben, bleibt dahingestellt. Ihr Zustand, besonders ihre Kompositionsform reicht aber aus, uns einen Eindruck von den Anfängen des Freskomalers Merz zu vermitteln. Es sind brave Schildereien, bewegungsarm, Bilder, in denen kaum eine Spur des aufkommenden Raumillusionismus ausgemacht werden kann.
Im gleichen Jahr, 1715, lieferte J. A. Merz unter anderem ein Tafelbild der hl. Barbara nach St. Peter in Straubing, das heute nicht mehr auffindbar ist. Auch in den folgenden Jahren sehen wir, soweit die Archive Aufschlüsse geben, den

Meister mit kleineren Aufträgen beschäftigt. Er arbeitete in ATTING, in St. Jakob, in der Karmelitenkirche und in St. Peter zu STRAUBING.

Ab 1720 wurden größere Aufgaben an ihn herangetragen. Seine Wandgemälde an der Orgelbrüstung und in der Barbarakapelle in St. Peter zu STRAUBING sind nicht erhalten geblieben.

HAINDLING, in unmittelbarer Nähe von Geiselhöring gelegen, ist eine alte Marienwallfahrt, die mindestens bis zum Anfang des 14. Jahrhunderts zurückreicht. Die Verehrung ihres Gnadenbildes, eines anmutigen Werkes aus der 1. Hälfte des 15. Jahrhunderts, wurde vom Kloster St. Emmeram, das in Haindling eine Propstei unterhielt, gepflegt und gefördert. Wolfgang Mohr, Abt von St. Emmeram in Regensburg, berief Merz 1720 nach Haindling, wo dieser fast das ganze Jahrzehnt über beschäftigt war. Er malte die Deckenfresken, von denen leider nur die Chorbilder, und die meisten Altarblätter erhalten geblieben sind.

Die Verbindung zwischen dem Kloster und unserem Straubinger Maler stellte der tüchtige Altarschreiner *Thomas Lehner* aus Geiselhöring her, von dessen großem Können die furnierten Altäre in Haindling und Hadersbach Zeugnis ablegen.

Joseph Anton Merz – in den Kirchenrechnungen von Haindling wird er in den ersten Einträgen als *»Johann«* Anton Merz bezeichnet – vereinbarte in seinem ersten Überschlag für die Ausmalung der Kirche die Summe von 530 Gulden, wovon er 1720 bereits einen Abschlag von 137½ Gulden erhielt. Darin war ein Kostgeld von 7 Wochen für den Maler selbst und von 4 Wochen für den Gesellen enthalten, d. h. Merz hatte bereits 1720 mit seiner Malarbeit in der Haindlinger Kirche begonnen. Ob der Geselle der vom Geschichtsschreiber Haindlings, P. Roman Zierngibl erwähnte Vetter *»Joseph Mörz aus Dißn«* war, geht aus den einschlägigen Akten nicht hervor.

1721 wurde die Arbeit abgeschlossen. Der zusammenhängende Bericht ». . . von dem völligen Langhaus sambt dessen darinnen befindlichen 10 Nebenkapellen, dann fordern Chor, In- und auswendigen Fronbogen, Portellen: und Orglchor neben denen Schülten und Grädten zu gründten, alles in fresco auszumalen und die Stäb mit gutem Gold zu vergolden auch von denen sambentlichen Schriften zu Verfassen, neben Hergebung des völligen Goldes, und Verrechnung des Costgelt, sowohl von ihm H. Merzen, als Gesöllen, und in anderweeg nach Inhalt Scheins Nr. 40 über das schon ferttem bezahlte der 137 fl. 30 kr. noch im ganzen also 1016 fl. 30 kr. – 879 fl.« und der hohe Betrag lassen vermuten, daß die Decke der Kirche ähnlich wie in Oberaltaich aufs reichste ausgemalt war und der Meister nicht nur für die Gemälde bestimmte Flächen bemalt, sondern auch die Gurten, die Schilder mit Ornamenten und Schriftbändern gschmückt hat. Auch der Hinweis auf die Verwendung von Gold für die Rahmung macht die kostbare dekorative Gestaltung der Umgebung der Bilder deutlich.

Die von P. Roman Zierngibl übermittelte Beschreibung nennt uns zwar den das theologische Konzept entwickelnden Geistlichen, bleibt aber bei Charakterisierung der malerischen Qualität in der Anschauung des Rationalismus und Klassi-

zismus der Zeit um 1800 befangen, wenn sie lautet: »Anselm von Godin, Prediger, und Stadtpfarrer zu St. Emmeram [in Regensburg] entwarf die Mahlereyen, Bildchen, und Historien, welche Joseph Anton Merz, bůrgerl. Mahler in Straubing, mit seinem mittelmåßig guten Pinsel ausfůhrte.«
Die erhaltenen Chorfresken sind in ihrem jetzigen restaurierten Zustand allerdings nur bedingt geeignet, das Können des Malers zu beurteilen. Doch geben Anlage und Kompositionsform ausreichende Hinweise, den Entwicklungsstand zu erkennen. Man vergleiche: Ebenfalls im Jahr 1721 malte *Cosmas Damian Asam* im nicht fernen Weltenburg das große Kuppelfresko: solide handwerkliche Tüchtigkeit bei Merz steht der bahnbrechenden Schöpfung von europäischem Rang bei Asam gegenüber. Merz war noch 1721 der tradierten Bildform verhaftet. Die Malerei bleibt der Architektur untergeordnet, sie schmiegt sich in Kleinbildern zwischen die Gewölbegurte und ist wie ein buntes Gesprenkel über das Gewölbe gestreut. Merz befand sich 1721 auf dem Stand der Freskomalerei, den der Vater *Johann Georg Asam* bereits 1700 erreicht und in einigen Ansätzen überschritten hatte.
Über das Programm der Haindlinger Deckenbilder sind wir durch P. Bonifaz Schachtner unterrichtet, der in seinem Wallfahrtsbüchlein von 1734 nicht nur dem Gnadenwalten Mariens, sondern auch der Ausschmückung der Kirche breiten Raum gewährt. Ausführlich beschreibt er den Inhalt der einzelnen Bilder, wobei es ihm nicht darauf ankommt, wie ihn »der kunstreiche Herr Joseph Anton Mertz, Burger und Mahler zu Straubing« darstellte. Vielmehr versucht er, den erbaulichen Aspekt, besonders den Bezug zu Maria herauszustellen. Er vergißt dabei nicht die jeweils beigegebenen »Unterschriften« zu zitieren.
Die 15 verlorengegangenen »Gemähl« des Schiffes sind Heiligen gewidmet, die zum Erzstift St. Emmeram in Beziehung standen, wie dem hl. Nothelfer Dionysius, dessen Leib das Kloster zu besitzen glaubte, – Schachtner verwechselt ihn mit Dionysius Areopagita –, dem hl. Bischof Wolfgang, dem hl. Benedikt, dem Erzvater des Ordens, dem die Beischrift gewidmet ist: »S. Benedictus Monachorum Patriarcha, Psalterii Mariani Institutor Gloriosissimus«, dem Martyrium des hl. Emmeram, das 15. schließlich dem Gedenken der Altöttinger Gnadenmutter.
In den Kapellen waren auf zehn Bildern »die Gnaden Mariae« dargestellt, wie sie die Lauretanische Litanei anspricht. Ausführlich beschreibt Schachtner das große Gemälde am »Fronbogen«: Maria in der Glorie, als Königin des Benediktinerordens auf dem Throne sitzend, umgeben von zahlreichen Heiligen des Ordens, die alle genannt und charakterisiert werden. Zur Linken schließt das Wappen des »Kayserlichen freyen Reichs-Stifts«, zur Linken »das angeborene Wappen« des Abtes Wolfgang das Fresko ab. Auf der Innenseite des Frontbogens ist die Schöne Maria von Regensburg – nicht wie in den »Kunstdenkmälern« des Bezirksamtes Mallersdorf angegeben – die Haindlinger Gnadenmutter – dargestellt.

Bemerkenswert bleibt auch die Erläuterung der »12 Symbola« im Chorgewölbe, »welche auf die allzeit reinste und unbefleckte Jungfrau Maria auszudeuten seynt«, die möglicherweise unter dem jetzigen Putz des 19. Jahrhunderts noch erhalten sind. Schachtners Ausführungen vermitteln einen Eindruck vom Reichtum der malerischen Ausstattung, zeigen aber deutlich, daß sich auch die Freskierung des Langhauses aus vielen kleinen Bildern zusammensetzte.

Da man also die verstümmelten Fresken als Grundlage für das Können unseres Malers nur bedingt verwenden kann, sei ein Tafelgemälde in Haindling und zwar das Hochaltarbild zur genaueren Betrachtung ausgewählt. Dargestellt ist die Himmelfahrt Mariens. Aus der dunklen Erdentrauer erhebt sich die Jungfrau in die seligen Regionen des Himmels. Kräftige Engelarme tragen sie auf einem Wolkenthron empor. Sie wird von ihrem Sohn erwartet, der, die Arme zum Empfang ausgebreitet, ihr entgegeneilt. Die Hauptgestalten der Komposition, die jungfräuliche Mutter und der Gottessohn, liegen im hellen Licht. Der Künstler ordnet Maria etwas rechts der Mitte an; er legt die Achse ihres Körpers so, daß sie sich mit der Bewegungslinie der Christusgestalt zu einer Ellipse ergänzt. Maria blickt zum Antlitz Christi empor; ihre weit ausgebreiteten Arme scheinen ihn zu sich herabzuziehen. So werden die schwebenden Ungewichtigkeiten der Komposition ausgewogen, die Bewegung beschleunigt, aber gleichzeitig beruhigt und eine dramatische Zuspitzung vermieden. Gottvater und die Hl. Geisttaube ergänzen, auch inhaltlich, das Ensemble, bleiben aber mehr Hintergrundfolie.

Man wird nicht erwarten, daß Merz hier eine ganz eigene originale Lösung dieses häufig dargestellten Themas bringt. Einmal war die Ikonographie verbindlich, zum andern kannte man in jener Zeit nicht den Begriff der Kopie. Schon der Mangel an exakten Vorlagen, wie sie später die Photographie anbot, zwang den Nachahmer zum Umsetzen des Bildgedankens. Jene Maler, die im wesentlichen Fresken geschaffen haben, waren häufig großzügige Tafelbildmaler, die ihre Kompositionen recht flott, manchmal etwas salopp anlegten. Merzens Anlage weist in die umgekehrte Richtung. Er war ein gelernter und viel beschäftigter Faßmaler. Diese Tätigkeit verlangte Können und Kennerschaft in allen Bereichen der Malerei. Sie erzog zu Genauigkeit und Detailarbeit. Nichts war dem Faßmaler fremder als Improvisation. In Merzens Bildern findet sich diese Neigung zur Akribie, das heißt aber nicht, daß er ein Miniaturmaler gewesen wäre. Aber seine Hinwendung zur vielfigurigen Darstellung, wie z. B. seine Vorliebe für Putten, die sich in den Bildwinkeln herumtreiben und die Komposition bereichern, weist in diese Richtung. Die Tatsache, daß er seine Gemälde vorzugsweise auf Bolusgründe (Bolus = Tonerdesilikat) malte, deutet auf den Faßmaler.

1721 entstand das Hochaltarbild in Hadersbach, das in Aufbau und Farbgebung vieles mit dem Himmelfahrtsbild in Haindling gemeinsam hat, so daß der Vermutung, in Merz den Maler des Werkes zu sehen, beigepflichtet werden kann.

Anno 1727. dise kostbare / und mühesame Arbeit
über sich genommen die schon zuvor weitberühmte und vor=
treffliche Künstler Josephus Antonius Mertz zu Oberdorf
einem Marckflecken in Schwabenland nächst Augspurg ge=
bürtig / dessen kunstreiche Hand sich ehedessen schon zu
Neukirchen in Böhmen / zu Haindling in Bayrn / Sos=
sau / Aettingen / Schirling / Piebing / Wallkofen / Mi=
chaelsbuech / Wörth / Ittling / Dürnthening / Bogen=
berg / und anderer Orthen mehr bekannt gemacht / da
dieselbe besagte GOtts=Häuser mit kunstreicher Fresco
außstaffiert: und dessen Herr Bruder Andreas Mertz /
in Chamb ansessig / welcher auch zu GOtteszell / Ohrn=
schwang / Roting / und anderstwo mit seinem vortreff=
lichen Pembsel renomiert ist. Diser letztere aber hat sich
gleich das folgende Jahr 1728. allhier beurlaubet (tam
rara est Concordia fratrum) und seinen Herrn Bruder
allein

Aufzählung der wichtigsten Arbeiten der Brüder Joseph Anton *und* Andreas Merz *durch P. Aemilian Hemauer OSB in seiner Oberaltaicher Festschrift von 1733, S. 432–433*

Über weitere umfangreiche Tätigkeiten im dritten Jahrzehnt des 18. Jahrhunderts berichtet uns Pater Aemilian Hemauer in seiner Oberaltaicher Festschrift von 1733. Er scheint Merz gut gekannt und sein Können – er nennt ihn einen »vortrefflichen Künstler« – hoch geschätzt zu haben. Über das Jahr 1723 berichtet er, daß Merz in Oberaltaich ein Theatrum, »so auch zu einem heiligen Grab dienen sollte« gemalt habe. Im gleichen Jahr hat Merz angefangen, die Wallfahrtskirche auf dem Bogenberg mit Fresken zu schmücken. Drei Jahre war der Maler mit dieser Aufgabe beschäftigt. Leider mußten, wie Hemauer bemerkt, die gotischen Rippen und Schlußsteine, »die Senckl, mit denen das Gewölb gleich einem Irrgarten vercreutzet war«, heruntergeschlagen werden, weil sie die Ausmalung behinderten.

Von Hemauer erfahren wir auch, welche Kirchen bis zum Jahr 1732 von Merz mit Fresken geschmückt wurden. Er nennt »Neukirchen in Böhmen (Neukirchen b. Hl. Blut), Haindling in Bayrn, Sossau, Aettingen (Atting), Schirling, Piebing, Wallkofen, Michaelsbuech, Wörth, Ittling, Dürnthening, Bogenberg und anderer Orthen mehr«. Erhalten oder teilweise erhalten sind davon außer den erwähnten Chorgemälden zu Haindling und den drei Fresken in Sossau die Schierlinger, Michaelsbucher, Wörther und Thürnthenninger Arbeiten.

> (o) 433
>
> allein das völlige Werck überlassen / welcher es glücklich im vierdten Jahr sammt dem Capitul-Hauß / Sacristey / Bibliothec, Schatz-Kammer / Priorat, und Sommer-Saal zu völliger Perfection gebracht. Das Fresco in der Kirchen belangend stellet selbes haubtsächlichen vor die Fundation, Restauration, und Glori deß gantzen heiligen Ordens Benedicti, sambt anderen sinnreichen Concepten Reverendissimo dictante.

Die Ausmalung der Klosterkirche Oberaltaich

1727 begann Merz die größte Aufgabe, die ihm sein Malerschicksal stellte. Er wurde beauftragt, die Klosterkirche OBERALTAICH mit Fresken zu schmücken. Viele Künstler von höherem Rang warteten ihr ganzes Leben vergebens auf einen Auftrag, in dem sie ihre Fähigkeiten restlos hätten entfalten können. J. A. Merz also war dieses Glück beschieden.
Neben Joseph Anton Merz war noch ein zweiter Maler beschäftigt: *Andreas Merz,* sein Bruder. Dieser aber hielt sich nicht lange in Oberaltaich auf, brüderliche Zwistigkeiten vertrieben ihn bereits 1728. Er ging, als der junge Gehilfe *Johannes Ev. Holzer* kam: vielleicht löste die Ankunft dieses jungen Genies die Abreise des Bruders aus. »Tam rara est Concordia fratrum«, schreibt der Chronist, »so selten ist Eintracht unter Brüdern«. Im Ausscheiden des Bruders, der nach Cham zurückkehrte, dürfen wir keinen großen Verlust sehen. Andreas Merz war ein tüchtiger Maler, wie aber sein Siebenzufluchtenbild für die Bogenbergkirche zeigt, dem Bruder keinesfalls ebenbürtig.
Übrigens erwähnt Aemilian Hemauer die Ankunft Holzers nicht. Einen anderen aber erwähnt er, wenn auch nur mit zwei Worten, die jedoch auf eine wesentliche Anteilnahme hinweisen: »Reverendissimo dictante«, d. h. der Hochwürdigste Herr Abt Dominikus Perger selbst hatte das Programm entworfen sowie seine Umsetzung in bildliche Darstellungen beratend und beurteilend überwacht.
Kaum ein Deckenbild des Barock ist so vollgepackt mit Allegorien und Symbolik wie der Oberaltaicher Freskenzyklus, so daß es dem Laien nicht leicht fällt, in die verästelten theologischen Zusammenhänge und Andeutungen einzudringen. Im Mittelpunkt des Gesamtprogramms der großen und kleinen Fresken steht der Triumph des Benediktinerordens, sein göttlicher Auftrag, sein Wirken in Kirche und Welt, im besonderen die Gründung und die Renovation des Oberaltaicher Klosters. Geschichte und Legende, Geistliches und Weltliches, Tatsachen und

Phantasmagorien durchdringen sich. Der Pinsel des Maler folgt getreulich den Anweisungen und meistert die Einbindungen in das Bildhafte, auch wenn die Beziehungen für uns Heutige reichlich herbeigeholt erscheinen.
Im großen Mittelfresko ist der Triumph des Ordens geschildert. Triumphator ist der heilige Ordensvater Benediktus, der Gesegnete. Aus seinen Schultern wachsen Flügel, deren einer mit Augen, der andere mit Flammenzungen bedeckt ist. Vor der Brust schwebt in leuchtendem Schein die Taube des Hl. Geistes. Den Ordensgründer umgeben die Genien von Glaube, Hoffnung und Liebe. Der Liebe weisender Finger gibt dem Blick die Richtung zum geöffneten Himmel, wo, von Engeln und Putten umschwebt, als leuchtende Scheibe im Strahlenglanz das Auge Gottes herniederblickt.
Einem Triumphwagen, der wie eine Kanzel gebildet ist, sind Tiere vorgespannt, ein Elefant, ein Pferd, ein Kamel und ein Panther (Puma?), die von Vertretern der vier Erdteile geführt werden. Die Gruppe, die auf einer Wolkenbank nach vorne drängt, wird umschwebt von geflügelten Männergestalten, Kroniden, Symbolfiguren der Vergänglichkeit. Sie tragen die Hippe des Todes und das Stundenglas in ihren Händen. Auf der südlichen Seite dieser Gruppe, in die Ausbuchtung des Rahmens eingepaßt, erhebt sich eine lichte Gestalt aus den Wolken, auf der Gegenseite taucht eine dunkle in düsteres Gewölk. Ist es der Lauf der Sonne? Der aufsteigende helle Genius schwingt die Tiara über seinem Haupt, der düster Gebeugte ist wie Atlas mit der Weltkugel belastet, auf der die Kaiserkrone und das Zepter liegen. Aufstieg der Kirche, Niedergang der weltlichen Herrschaft? Unter der Triumphgruppe, überdacht von einer Wolkenbank, ist die sündige Welt symbolisiert durch die Weltkugel, an die sich die Allegorien der Laster klammern: die Eitelkeit, der ein Pfau beigegeben ist, duckt sich vor dem anrollenden Gefährt; ein Weib, die Unzucht bedeutend, räkelt sich lasziv auf der Wölbung; die Ruhmsucht senkt ihre Fackel ins Dunkel und Luzifer selbst, von Schlangen umwunden, erwartet die stürzende Welt im Höllenschlund. Um die Welt nicht so ausschließlich heillos erscheinen zu lassen, sind in den seitlichen Gewölbefeldern versöhnlichere Aspekte der Menschheitsgeschichte in prägenden Beispielen dargeboten. Dem Parnaß steht Golgatha gegenüber, dem Pegasus das siegreiche Lamm. Am Fuße des Parnaß drängen sich die Musen, unter Golgatha die christlichen Tugenden.
Fürwahr ein weitgespanntes Programm für einen Maler, der sich zum erstenmal mit den Riesenflächen einer Abteikirche auseinandersetzen mußte. Man darf annehmen daß Merz treu-kirchlich gesinnt war – sein Sohn trat als Pater Leo in das Kloster St. Emmeram, eine Tochter in das Kloster St. Klara in Regensburg ein. Sein Bildungsstand dürfte den Anforderungen gewachsen gewesen sein. Ein gewisses Maß von geistiger Beflissenheit zeigt sich darin, daß er zwei seiner Söhne, *Franz Xaver,* den späteren Maler, und Johannes Kaspar, ans Gymnasium Straubing schickte. Merz wird den Auftrag nicht nur als Ehrung, sondern auch als einen willkommenen Lernprozeß angenommen haben, bei dem es sich zu behaupten und zu bewähren galt.

Die eigenartige Form des Gewölbes, bedingt durch die weiten Joche und die bis in den Gewölbescheitel reichenden Stichkappen, bot keine ideale Voraussetzung für eine zusammenhängende Deckenbemalung. Merz kam vom kleinteiligen Fresko her und vermochte den Schritt zum jochübergreifenden Deckenbild nicht im ersten Anlauf zu bewältigen. So erscheinen seine Fresken wie eine Sammlung von Bildern, wie eine Gruppierung von verschiedenwertigen Bestandteilen, die aber ein gewisses Maß von Selbständigkeit behaupten.
Das beschriebene Mittelfresko ist axial aufgebaut: die Gnadensonne, der triumphierende Benediktus und die stürzende Welt betonen die Mitte. Eigenartig aber ist, wie Merz die Perspektive anwendet: die Mittelgruppe ist untersichtig dargestellt, und folgerichtig setzt sich die illusionistische und perspektivische Raumgestaltung nach Osten fort. Durch Verkürzung und atmosphärische Verunklärung imaginiert er ferner und ferner erscheinende Himmelszonen.
Nicht so im westlichen Teil: hier geht er zur Draufsicht über. Wir blicken von oben auf die stürzenden Laster und die Gruppen der Musen und Tugenden herab, während wir wie in weite Fernen zum Pegasus und zum Lamm emporblikken. Das heißt: Merz gestaltet nicht von einem einheitlichen Blickpunkt her das Gemälde, sondern nimmt für verschiedene Teile des Bildes verschiedene Perspektiven an, was ihre Isolierung vom Gesamtbild zur Folge hat. Durch diese ungewöhnliche Optik erreicht er aber, daß die Benediktusgruppe nach vorne zu drängen scheint und gleichsam die ideale Bildfläche durchbricht. Während das zeitgemäße, von Pozzos Lehre hergeleitete Fresko den Malgrund, d. h. das Deckengewölbe negiert und die Illusion des offenen Himmels zu erwecken sucht, und daher die erdennäheren Gruppen an die Ränder verlegt, die Mitte des Bildes aber freihält für die Darstellung der Himmelsferne, hängt im Hauptfresko von Oberaltaich die plastische, kompakte Gruppe des Triumphgespannes wie ein Sack in den Kirchenraum. Von ihm aus entfernt sich die reiche Bilderwelt nach unten, nach den Seiten und nach oben. Die Darstellung des östlichen Teiles zeigt, wie gut Merz mit der Tiefenillusion zurechtkommt, so daß die Betonung der Benediktusgruppe vielleicht vom Auftraggeber gefordert war. Doch damit ist sein Wechseln der Größe der Figuren nicht erklärt. Hier scheint ihn die ältere Auffassung, das Bedeutende groß das Nebensächliche klein darzustellen, beeinflußt zu haben.
In den beiden anderen Fresken, dem Fundationsbild im Chor und der Restaurationsdarstellung über der Orgelempore klingt die Dramatik des Hauptfreskos ab. Zwar sind beide ähnlich wie das große Fresko aufgebaut. Bei beiden wird das Hauptgeschehen in die Mitte der Komposition gelegt, drängt aber, da es sich um irdisches Geschehen handelt, nicht in den Vordergrund. Zudem gibt ihnen die Einbettung in Landschaftsgründe einen romantischen Zug.
Die Umsetzung des theologischen Gedankengutes in die Bildwelt, also der metaphorische Prozeß, gelingt Merz in einigen Partien bewunderungswürdig, z. B. im Gründungsbild, wo er den Stamm der Göttereiche zum Fuß einer Art Monstranz macht, in deren Krone die triumphierende Kirche erscheint. Auch für

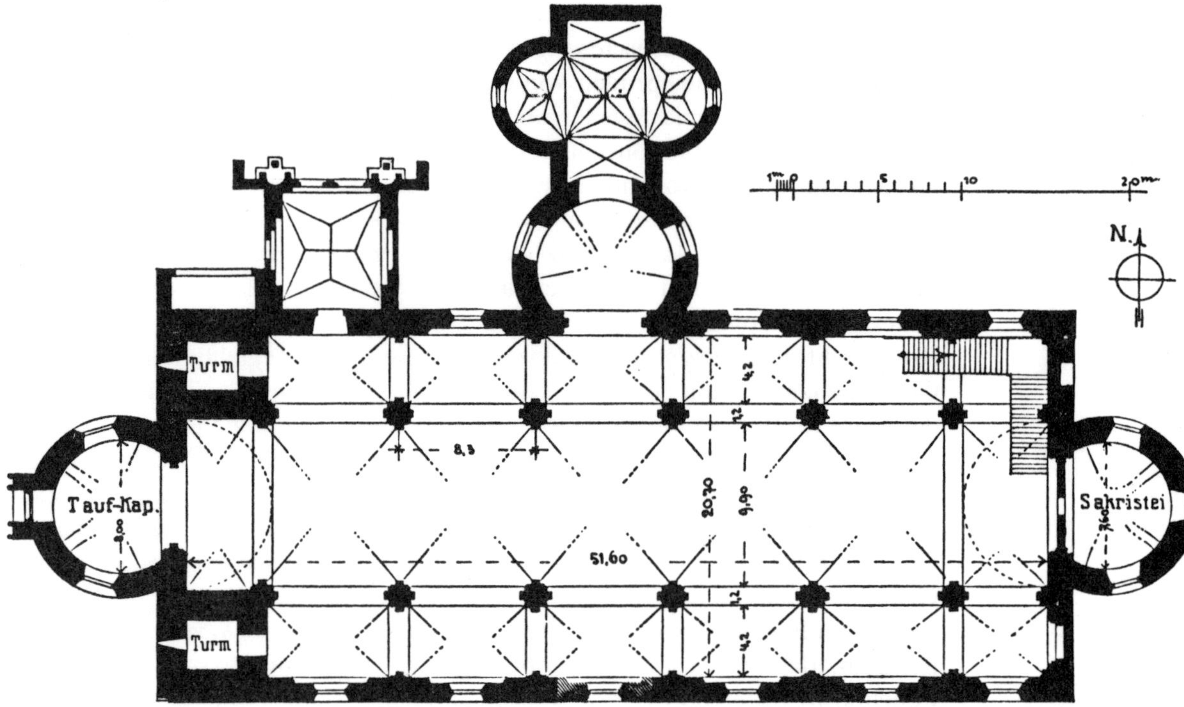

Grundriß der Klosterkirche OBERALTAICH *(Bayerisches Landesamt für Denkmalpflege)*

Längsschnitt der Klosterkirche OBERALTAICH *(Bayerisches Landesamt für Denkmalpflege)*

die »Donau« im Restaurationsbild findet er eine sinnfällige Darstellung. Wie an den Flüssebrunnen plastisch vorgebildet, entströmt sie einem Füllhorn, vom Flußgott betreut, und sprudelt von dort aus durch den unteren Bildteil. Diese symbolhafte, deutende Wiedergabe des Stromes ist bezeichnender als eine wahrheitsgemäße Situationsschilderung. Zudem findet Merz eine Möglichkeit, im Gegenüber des drohenden Flußgottes und des auf einem Rind fliehenden Ungarn oder Hunnen einen raumordnenden Akzent zu setzen.

Das reiche Werk von Joseph Anton Merz hängt wie ein brokatener Himmel über dem Raum. Er ist von schwerer dunkler Farbigkeit; die Farben sind mehr materiell und vordergründig als transparent und zart. Die Bilder scheinen von Rot durchtränkt. Es ist dies das warme Bolusrot, das der Faßmaler unter die Goldfolie legt und mit dem Merz seine Tafelbilder grundierte. »Rot ist die Farbe der Materie«, schreibt Franz Marc. Das Rot schimmert durch die Gestalten und umrandet sie, es gibt ihnen einen Hauch von Lebenswärme. Das Rot bleibt auch in den Schattierungen erhalten, in den grauroten Wolken, in den Stämmen und Zweigen der Bäume, in den Gewändern und Flügeln der Engel. Der diesseitige Charakter der Bilder erhält durch Beiordnung von Grün Nachdruck, ein sanftes Grün, aber ein natürliches Grün, das in den begleitenden Fresken des Hauptschiffes an Bedeutung gewinnt. Eine dritte Farbe steigert die Wärme des Rot: es ist Gelb, das aber wie Gold empfunden wird und dort, wo es zu höchster Leuchtkraft gesteigert ist, in Weiß erlischt. Andere Farben sind selten. Blau, ein sanftes, schönes Blau erscheint einmal im Kleid der Jungfrau, der Allegorie des Ordens, die vom Grafen Albert geweckt, sich zu neuem Leben aufrichtet.

In den vielen kleinen Fresken der Arkaden, in der Oberkirche, in den Apsiden und Kapellen entfaltet sich eine breite Palette an Erfindungen von kompositorischer Reife und solider Ausführung. Das ganze ist ein Riesenwerk und ein Meisterwerk. Nicht früher und nicht später hat Merz Vergleichbares geschaffen. Drei Jahre ist er auf den Gerüsten von Oberaltaich gestanden – *C. D. Asam* hat die Fresken in der Straubinger Ursulinenkirche in zwölf Wochen gemalt – und hat zur größeren Ehre Gottes, zum Ruhm des Ordens und zum Zeugnis seiner Meisterschaft das Werk vollendet.

Eines fällt an dem Programm auf, mit dem sich Merz auseinandersetzen mußte: die Marienverehrung, die in anderen Barockkirchen, auch in Benediktinerkirchen, so sehr gepflegt wurde, findet hier keine Hervorhebung. Unauffällig ist die Gnadenmutter vom Bogenberg auf einem Fähnlein der Engel in der Gloriole des Hauptbildes dargestellt und nur auf einem kleinen Fresko, das dem hl. Bernhard gewidmet ist, erscheint das Apokalyptische Weib. Dort, bei der Würdigung des verwandten Ordens, ist ein Hinweis auf das Zentrum zisterziensischen Geistes, die Verehrung Mariae, unvermeidlich.

Erstaunlich ist ferner, wie unberührt Merz von den Niederaltaicher Fresken blieb, die *Andreas Haindl* wenige Jahre vorher geschaffen hatte. Haindl mußte sich mit verwandten Themen auseinandersetzen und hat sie auf seine »moderne-re« Weise gelöst. Da kaum anzunehmen ist, daß Merz das Werk seines Kollegen nicht kannte, gewinnt die Vermutung an Gewicht, er wollte sich mit seiner Eigenart neben dem Österreicher behaupten und ihn womöglich übertrumpfen. Nicht nur der Maler, auch Abt und Kloster sahen in der Repräsentation ein Mittel des Ruhmes.

An einer Frage kann bei der Würdigung der Oberaltaicher Bilder nicht vorbeigegangen werden. Nach den ersten Anfängen trat wie erwähnt, ein Maler in die Werkstatt des J. A. Merz, den wir heute unter die großen genialen Künstler des 18. Jahrhunderts rechnen: *Johann Ev. Holzer*. Er war 19jährig, als er in Straubing auftauchte. Mit 19 Jahren hat auch *Franz Anton Rauscher* die großen Fresken im Kloster St. Salvator gemalt. Als Holzer nach Vollendung des Oberaltaicher Werkes nach Augsburg weiterzog, trat er bei *Bergmüller* ein, wurde umgehend sein »Compagnon« und schuf in rascher Folge seine großartigen Werke, von denen leider nur ein kleiner Teil auf uns gekommen ist. Holzer war ein Frühvollendeter, er starb mit 31 Jahren.

Seine Mitarbeit in Oberaltaich ist einzig durch Meidingers Hinweis verbürgt, erfährt aber zusätzliche Bestätigung durch jenen Stich in Hemauers »Historischem Entwurf«, den Johannes Holzer vorgezeichnet und gestochen hat. Er dürfte zeitgleich mit der Konzeption des Buches 1730/31, also unmittelbar nach Holzers Weggang von Straubing nach Augsburg entstanden sein. Dieser Stich beweist dessen Kenntnis der örtlichen Gegebenheiten ebenso wie sein reifes Können. Zu den Fresken in der Abteikirche bietet er inhaltliche und formale Vergleichspunkte. Die Gründungseiche etwa erscheint hier wie dort. Ihre Nische schließt im Fresko ein Götzenbild, im Stich den Kreuzpartikel, des Klosters kostbarste Reliquie, ein. Auch im Stich erscheinen die Cherubim und die bewegten Putten der Zwickelmalereien, doch ist der souveräne, einheitliche Aufbau des Stiches der vieldeutigen, kompilierten Darstellungsweise der Fresken überlegen.

Der 20jährige Holzer wird sich nicht damit zufrieden gegeben haben, die Merz'schen Entwürfe als dessen verlängerter Arm auszuführen. Freilich, die Kompositionen atmen noch nicht den »Geist« Holzers, denn wenn man sein erhaltenes großes Kuppelfresko in St. Anton (Partenkirchen) zum Vergleich heranzieht, wird der Unterschied deutlich. In Holzers Werk ist die Illusion einer geöffneten Kuppel bis ins letzte konsequent und überzeugend entwickelt. Die kluge Ökonomie, mit der bildbetonende Teile und beruhigte Flächen die Komposition bauen, ist ohne Einschränkung vollkommen. Die souveräne Beherrschung kompositorischer und malerischer Mittel, die Freiheit und Leichtigkeit der Verwirklichung innerer Gesichte, die prachtvolle Beherrschung der Lichtführung, d. h. eben der Atem genialer Überlegenheit, der sich dem Betrachter mitteilt und ihn zum demütigen Verehrer bestimmt, kennzeichnet das reife Werk Holzers. Vergleiche mit Oberaltaich müßten sehr zu Merzens Ungunsten ausfallen.

Die Kompositionsskizzen dürften 1728 bereits vorgelegen haben, als Holzer ankam. Seine Mitarbeit wird mehr in der Ausführung, im Duktus der Gestaltung

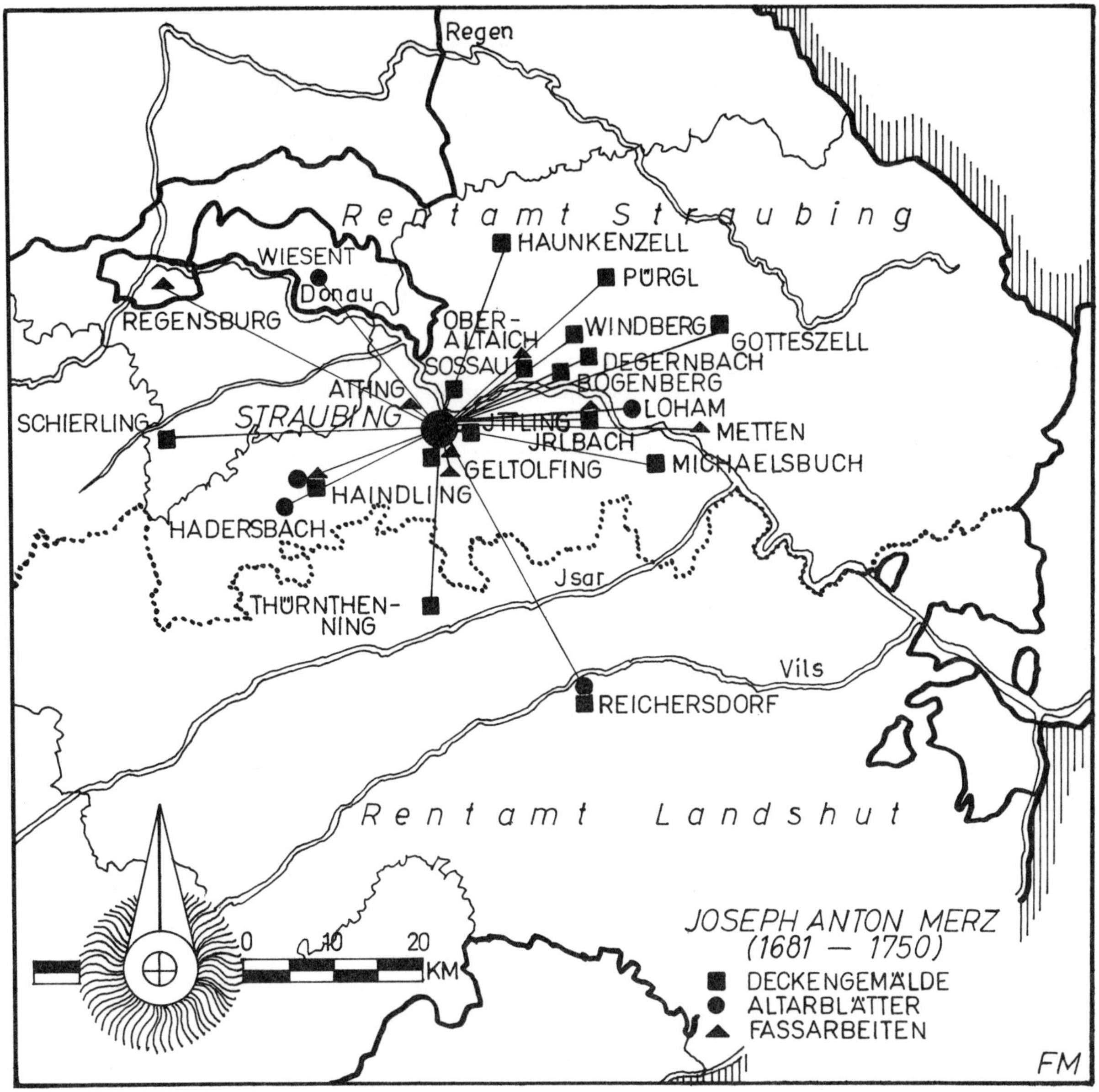
Regen
Rentamt Straubing
HAUNKENZELL
WIESENT
PÜRGL
Donau
REGENSBURG
OBER-
ALTAICH
WINDBERG
GOTTESZELL
SOSSAU
DEGERNBACH
ATTING
BOGENBERG
LOHAM
SCHIERLING
STRAUBING
JTTLING
METTEN
JRLBACH
GELTOLFING
MICHAELSBUCH
HAINDLING
HADERSBACH
Jsar
THÜRNTHEN-
NING
Vils
REICHERSDORF
Rentamt Landshut
0
10
20
KM
JOSEPH ANTON MERZ
(1681 — 1750)
DECKENGEMÄLDE
ALTARBLÄTTER
FASSARBEITEN
FM

zu suchen sein. Die Darstellungsweise des Straubinger Malers neigt mehr zu Beschaulichkeit. Das Novum der Oberaltaicher Fresken, der Heroismus in der Menschendarstellung hat andere Quellen. Diese kraftvollen, kühnen Reckengestalten, diese stolzen, gliederkräftigen Frauen, wie sie im Restaurationsbild der Graf Friedrich, die Europa am Triumphwagen, die Laster auf der Weltkugel, die großartigen Posaunenengel, Vorläufer *Güntherscher* Famagestalten, repräsentieren, sind Beispiele einer Neuorientierung. Vor allem erscheinen die Stichkappenbilder, deren Brokatgrund durch Bandornamente, Ranken und Girlanden geziert ist und die von großen Engeln und kleinen Putten belebt werden, durch den Reichtum ihrer Erfindungen und durch die glückliche Harmonie ihrer Gestaltung bewunderungswürdig. Sollte man nicht hier das Feld suchen, in dem sich das junge Genie mit besonderer Freiheit betätigen durfte? Diese Teile bleiben in ihrer Farbigkeit dem Ganzen eingebunden, zeichnen sich aber durch die Brillanz der Durchführung aus.
Es gehört zum Wesen der großen Kunst, daß sie sich ohne Zaghaftigkeit freimütig vorträgt, in selbstvergessener Würde, unbekümmert um das Auge des Betrachters, erfüllt von hochgemuter Lauterkeit und einer beglückenden Fröhlichkeit, die unsere Seele erwärmt.

Die Fresken in Thürnthenning und Michaelsbuch

Die ungewohnte Großzügigkeit, die aus manchem Detail der Oberaltaicher Fresken spricht, findet sich in den späteren Werken von J. A. Merz nicht mehr. Schon die Fresken in Michaelsbuch und in Thürnthenning, die in unmittelbarem Anschluß an die Oberaltaicher Tätigkeit entstanden sind, halten zwar am großräumigen, jochübergreifenden Deckenbild fest. Gestalten aber von der Schönheit und der artikulierten Monumentalität der Oberaltaicher Possaunenengel sucht man vergebens.
THÜRNTHENNING ist 1731/1732 erbaut worden. So dürften also auch die Fresken letzterem Jahr angehören. Sie stellen die Geschichte des hl. Johannes Nepomuk dar: das Chorfresko seine Verherrlichung, das im Langhaus den Sturz in die Moldau. Die Bilder breiten sich über das Chor- und das Langhausgewölbe. Merz hat die Kleinteiligkeit früherer Werke aufgegeben; er komponierte jetzt großzügiger, ließ mehr Luft zwischen den Gruppen, aber an die großartige, überzeugende Aussagekraft seines Oberaltaicher Werkes kam er nicht mehr heran. Hier in Thürnthenning dürfte auch das Hochaltarblatt von Merz stammen.
Die Fresken in MICHAELSBUCH sind von einiger Kühnheit. Merz unterteilte das Langhausgewölbe in zwei Felder und belebte die Gemälde mit gewagten, perspektivischen Verkürzungen. Besonders das Chorfresko, das den Sieg des Glaubens über die Mächte der Finsternis darstellt, gab dem Maler reichlich Gelegenheit, die Körper der Verdammten in Verkürzungen und verschiedenartigen Stellungen, in reicher effektvoller Beleuchtung zu zeigen. Wie sehr bei Merz

barocke Vorstellungen noch lebendig waren, zeigt die eine Teufelsgestalt, deren Beine plastisch geformt aus dem Fresko heraushängen. Die Fresken in Irlbach und Degernbach, die um 1735 anzusetzen sind, knüpfen an ältere Muster an.

Arbeiten in Reichersdorf

Merz war vor und nach seinem großen Freskenauftrag für Oberaltaich in Reichersdorf tätig. 1726/27 malte er die Blätter für die Seitenaltäre: St. Josef, St. Antonius von Padua, St. Benno und St. Johannes Nepomuk. Er bekam 60 Gulden, wahrscheinlich waren für die Hauptbilder 20 fl., für die Auszugsbilder 10 fl., angesetzt, ein zeitgemäßer, nicht sehr hoher Preis. Die Bilder zeigen auch hier die Eigenarten der Malerei Merzens. Die Komposition wirkt plastisch, die Personen werden in Aktion vorgeführt. Die Möglichkeit, die Gestalten von der Erde abzuheben, liegt dem Maler mehr als sie festverwurzelt mit dem Boden zu verbinden. Die Farben sind lebhaft, für die Zeit noch auffallend stark dem Lokalton verhaftet. Rot tritt hervor – der Grundbolus, der, wie schon erwähnt, seine Bilder durchdringt – unterstreicht diesen Eindruck. Rot wird auch bei der Darstellung des Inkarnats besonders betont, so daß die Ränder von Körper und Gliedern in einem hellen kühlen Karmin aufleuchten, das aber nicht mit dem Umfeld verschwimmt, sondern klar abgesetzt die Gliedmaßen glasig erscheinen läßt.
Nachdem Merz sein großes Werk in Oberaltaich vollendet hatte, wurde er noch einmal in Reichersdorf beschäftigt. Mittlerweile war der Hochaltar in Auftrag gegeben worden und außerdem sollte die Kirche mit Deckenbildern geschmückt werden. Der Maler beschränkte sich dem Auftrag und der geringen Summe entsprechend (55 fl. 30 kr.) auf zwei Bilder, die er auch in der figürlichen Ausstattung vergleichsweise einfach hielt. Im Chor stellte er das Herz Jesu dar, umschwebt von einer Engelglorie, im Langhaus die Aufnahme Mariens in den Himmel. Die Randzone füllte er mit ornamentaler Malerei, die an die Zwickelmalereien in Oberaltaich erinnert. Er setzte die Ornamente grau auf Rosa und betonte die Ecken durch Medaillons, in denen die Marianischen Symbole: »Quasi Sol Refulgiens«, »Quasi Luna plena«, »Turris Davidica«, »Domus aurea« eingesetzt sind. Sonne, Mond, Turm und Haus sind in gefühlvolle, intime Landschaftsidyllen eingebettet, welche die romantische Malerei vorausahnen lassen. Man mag gelten lassen, daß das geringe Honorar Merz nicht zu größter Kraftanstrengung trieb, es mag sein, daß die Dorfkirche ihn nicht so stimulierte wie die hohen Gewölbe Oberaltaichs, man mag die kurze Arbeitszeit in Rechnung stellen, aber erklären kann man sich den großen qualitativen Unterscheid zwischen Oberaltaich und Reichersdorf damit nicht. Die Reichersdorfer Fresken sind natürlich keine schwachen Leistungen, aber von der stürmischen Vitalität, von der heroischen Attitüde, von dem Gedankenreichtum Oberaltaichs sind sie weit entfernt. Mag man den letzten Gesichtspunkt dem theologischen Einfluß

zugute halten, die mangelnde Kraft im Bildnerischen dürfte mit der Abreise *Johann Ev. Holzers* zusammenhängen, in welchem man einen weit über Gehilfentätigkeit hinausreichenden, werkbestimmenden Faktor sehen muß.

Die Werke der Spätzeit

Als sich der Kovent der Straubinger Ursulinen 1735 entschloß, eine neue Kirche zu bauen und auszustatten, hielt man sich an das Münchener Künstlerpaar, an die Gebrüder *Asam*. Merz war mit seinen großen Kollegen aus München wohl schon früher bekannt geworden. Gelegenheit gab es, als *C. D. Asam* Tafelgemälde für Straubing lieferte, z. B. bereits 1713, als er für die Schutzengelkirche das Devotionsbild der Stadt mit der hl. Theresia malte. Kennenlernen mußten sich die beiden, als sie 1731 an der Neugestaltung von St. Emmeram in REGENSBURG arbeiteten, wo Merz mit der Fassung zweier Seitenaltäre beauftragt war und auch ein Tafelgemälde für den Altar im Nachtchor zu liefern hatte.
Während *Asam* 1739 an den Fresken in der Ursulinenkirche arbeitete, war Merz mit der Ausfassung des neuen Hochaltares in der Peterskirche zu STRAUBING beschäftigt. Und im gleichen Jahr malte er die Wand- und Deckenbilder in der Blasiuskirche von WINDBERG, die nach der Säkularisation zerstört wurde.
Eine Bemerkung in den Akten der Straubinger St. Peters-Kirche zeigt *C. D. Asam* von einer ansprechenden menschlichen Seite. Dort hatten der Bildhauer *Simon Hofer* und der Maler Joseph Anton Merz 1739 einen neuen Altar geliefert, für den der letztere 250 Gulden, der Bildhauer 130 Gulden erhielt. Das erschien beiden zu wenig, da sie über den Akkord hinaus »mehreres« geliefert hatten. Der Pfarrer konnte die Berechtigung der Nachforderung »nit so vollkommen erkennen oder taxieren«, »also hat man zu Behuf dessen H. Asamb, berühmten Künstler ersucht, disen Altar in Augenschein zu nehmen, so auch erfolgt, wie wir dann nach dessen Befundt, die Sach behöriger Ohrten überschrieben haben, so ist uf weitter gesteltes Anlangen deß Merz Mallers und Hofer Bildhauer [. . .] gnädig [. . .] resolviert worden, dem Merz Maller annoch 100 und dem Hofer Bildhauer 70 fl. zum Nachtrag zu bezahlen.« Wir dürfen die schöne Geste des berühmten Hofkünstlers als Ausfluß eines großmütigen Herzens deuten, der sich seinen provinziellen Kollegen verpflichtet wußte.
Aus der Spätzeit – auf alle Aktivitäten von J. A. Merz einzugehen, fehlt der Raum – ist die Ausmalung der Johann Nepomuk-Kapelle in St. Jakob zu STRAUBING (1746) für Merz nachgewiesen. In den Stuckdekor des *Ignaz Hundertpfund* setzte der Maler ein kleines Deckenfresko, das die Glorie des hl. Johann Nepomuk zum Gegenstand hat.
Auch wenn man bedenkt, daß Merz nun 65 Jahre zählte, so ist die hier festzustellende Rückkehr zu dem weichen, fast wattigen Stil seiner Frühzeit doch erstaunlich. Es handelt sich um eine Himmelsidylle, die uns der Maler schildert: Der Heilige sitzt friedlich und bequem auf einer Wolke; er ruht sich aus, so mag es

scheinen; er hat seinen Lauf vollendet und die Palme errungen, die ihm Christus überreicht. Gottvater beugt sich über ihn, einige Engel ergänzen die himmliche Gesellschaft. Es ist ein Bild des Friedens: weich, wie die Wolken, sind auch die Gestalten gebildet und sanft sind ihre Bewegungen. Gedämpfte Lichter geben etwas Glanz, Farbe und Form harmonieren. Mühelos und problemlos scheint der Maler seine Aufgabe gemeistert zu haben; für ihn bestand kein Grund mehr zum Experimentieren. Die Komposition nützt die gegebenen Möglichkeiten, füllt den Rahmen, über den nur einige Wölkchen hinwegschwimmen, mit der locker aufgebauten Gruppe und rundet das Bildgefüge mit einigen Engelsgestalten und Wolken ab.

Die Selbstverständlichkeit, mit der sich das kleine Fresko repräsentiert, unterscheidet es von den früheren Werken, bei denen der junge Maler jedes Mal von neuem um die Komposition und ihre Verwirklichung ringen mußte. Nicht daß es ihm an Einfallsreichtum gefehlt hätte, vielmehr war Merz ein flüssiger Erzähler, der bei seinen Schilderungen mehr zur Breite als zur Konzentration neigte.

1738 bekam er von der Bruderschaft der Bäckenknechte in Straubing den Auftrag, ein Tafelbild zu malen, das die Speisung der Fünftausend zum Thema hatte. Wie in dem erhaltenen Rechnungseintrag zu lesen, sollte es während der heiligen Fastenzeit in der Kapelle aufgehängt werden. Der naheliegenden Versuchung, dieses einzigartige Wunder, das der Volksvorstellung von der göttlichen Sendung Christi so sehr entgegenkommt, ins Großartige zu steigern, erlag Merz nicht. Er schildert den Vorgang schlicht und sachlich. Die Massen haben sich gelagert, sie füllen das Bild bis zum oberen Rand, so daß ihre notwendigerweise begrenzte Zahl doch den Eindruck einer großen Menge erweckt. Die Apostel gehen mit Körben voll Brot von Gruppe zu Gruppe und schaffen durch ihre Hervorhebung eine Durchgliederung des Bildraumes. Christus sitzt im Vordergrund. Ein Knabe, der Besitzer der Brote und Fische, steht vor ihm. Christus blickt auf ihn und segnet die Gaben. (Es werden nur die Brote gezeigt, denn das Bild war ja für die Bäckerbruderschaft bestimmt.) Der ernste Blick des Herrn scheint zu sagen: »Mein Wort ist das wahre Brot«.

Wenige Jahre nach dem Bild der Brotvermehrung hat Merz 1740 für die gleiche Bruderschaft zwei Fahnenblätter gemalt, die heute nicht mehr auffindbar sind.

Das letzte Lebensjahrzehnt Merzens war mit weiteren kleineren Arbeiten wie Fassungen, Fahnenblättern oder z. B. den Deckenbildern in Haunkenzell, einigen anderen kleineren Aufträgen, wie einem Verkündigungsbild für die Marianische Männerkongregation (1748) und einem kleinen Fresko in der Jakobskirche zu Straubing, ausgefüllt.

Ein arbeits- und erfolgreiches Leben neigte sich seinem Ende zu. Die große Zahl an gesicherten Werken, zu denen eine bedeutendere Anzahl unbekannter und zerstörter hinzukommen, läßt erwarten, daß Merz trotz seiner zwölf Kinder zu einem bescheidenen Wohlstand gekommen ist.

Als er am 7. Januar 1750 starb, leitete seine Witwe Maria Anna die Testamentsverhandlungen. Von dem auf 1000 Gulden geschätzten Vermögen wurde ihr eine

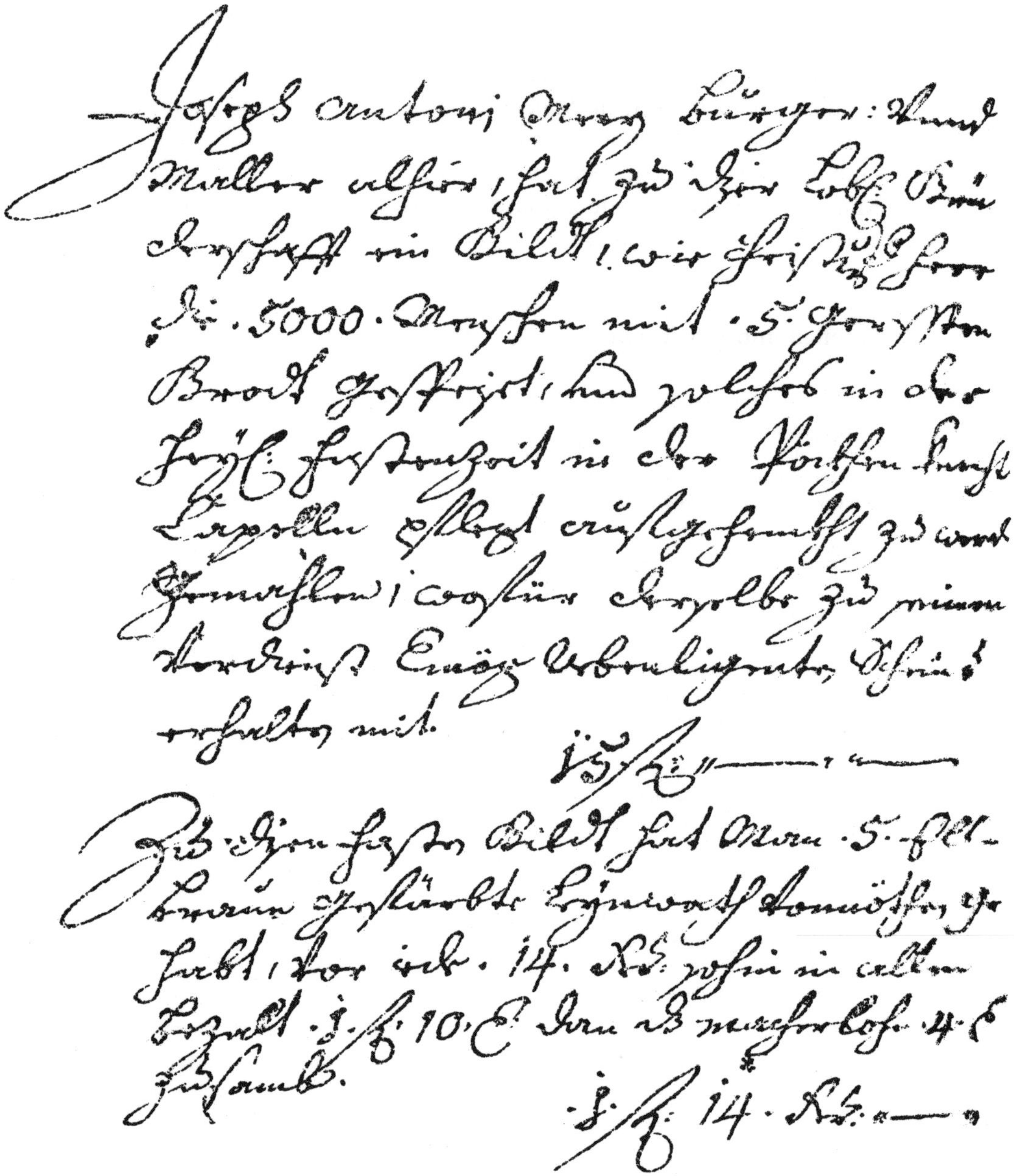

Eintrag über das Fastenbild »Speisung der 5000« von Joseph Anton Merz, *1738, in der Bäckenknechtsbruderschafts-Rechnung zu* Straubing *(Pfarrarchiv Straubing-St. Jakob)*

Nachsteuer von 60 fl. auferlegt. Man erließ 20 fl. und stellte der Malerwitwe anheim, die verbliebenen 40 fl. durch die Hingabe einiger Gemälde des Verstorbenen abzugelten. Maria Anna heiratete am 4. Oktober desselben Jahres, nun 43jährig, den 25jährigen Maler *Felix Hölzl* und entzog dadurch ihrem am 2. Dezember 1733 geborenen Sohn *Franz Xaver Merz* die Möglichkeit, später einmal das Malerrecht seines Vaters zu übernehmen. 1761 wurde er durch den Magistrat »in die Fremde gewiesen«; in Bogen fand er eine neue Heimat und einen neuen Wirkungskreis.

Quellen und Schrifttum

Pfarrarchiv Straubing St. Jakob: Kirchenrechnungen St. Jakob, St. Veit, Nepomuk-Bruderschaft, Sebastiani-Bruderschaft, Dreifaltigkeitssäule.

Pfarrarchiv Straubing St. Peter: Kirchenrechnungen St. Peter.

Klosterarchiv Karmelitenkloster Straubing.

Archiv der Marianischen Männerkongregation Straubing.

Pfarrarchive Reichersdorf, Kirchroth u. a.

Klosterarchiv Metten.

Die Kunstdenkmäler von Oberpfalz und Regensburg, Heft XXI (Bez.-Amt Regensburg), München 1910.

Die Kunstdenkmäler von Niederbayern, Heft I bis Heft XXV, München 1912–1936.

Aemilian Hemauer: Jubel- und Dankfest des tausendjährigen Exempten Stüfft und Closters Oberaltaich, Straubing 1733, S. 432–491.

Bonifaz Schachtner: Heiliges und Gnadenvolles Haindling d. i. Kurze Beschreibung des . . . Gnadenorth und Wallfahrt . . . Mariä zu Haindling, Regensburg 1734.

Franz Sebastian Meidinger: Historische Beschreibung der kurfürstlichen Haupt- und Residenzstädte in Niederbayern Landshut und Straubing, Landshut 1787, S. 303.

Roman Zierngibl: Geschichte der Probstey Hainspach, München 1802.

K. Schwertl: Die Freskogemälde in der Kirche Oberaltaich, in: Jahresbericht d. hist. Vereins f. Straubing u. Umgebung 1, Straubing 1899.

Angelus Sturm: Die Fesken des Oberaltaicher Münsters, in: Jahresbericht d. hist. Vereins f. Straubing u. Umgebung 29, Straubing 1926, Straubing 1927, S. 28–60.

Joseph Keim: Straubinger Künstler-Verzeichnis, in: Jahres-Bericht d. hist. Vereins f. Straubing u. Umgebung 52, Straubing 1950, S. 86–96.

Für verschiedene Mitteilungen dankt der Verf. den Herren A. Huber (Straubing), F. Markmiller (Dingolfing), J. Menath (Cham).

Joseph Rauscher (1683–1744) und Franz Anton Rauscher (1731–1777)

Von Karl Tyroller

Als vor längerer Zeit eine unserer schönsten niederbayerischen Asamkirchen restauriert wurde, nahm ich die Gelegenheit wahr und stieg aufs Gerüst, um die Fresken aus nächster Nähe zu betrachten. Ich kam mit dem Restaurator ins Gespräch, der mir freundlich erlaubte, ihm bei seiner Arbeit zuzuschauen. Nicht ohne Kühnheit retuschierte er, während wir uns unterhielten, die reiche Malerei, setzte hier einen violetten Schatten oder steigerte dort mit einem Tupfer die Wirkung. Als wir uns etwas nähergekommen waren, forderte er mich auf, an einer Partie festzustellen, was hier von der Hand *Asams* sei und was er selber beigetragen habe. Das Ergebnis war, wie ich schon ahnte, folgendes: die Fläche, die etwa 1 qm maß, war eigener Aussage nach weitgehend von seiner Hand. Meine Bewunderung oder Verwunderung machte den wackeren Schwaben übermütig. Er fragte mich, ob ich Zwiefalten kenne; da habe er auch gearbeitet: »Der *Spiegler* dort, das ist ein Maler! Die *Asam* sind Schlamper.« Er sagte dies mit Selbstgefühl, das eine gewisse Verachtung für die Asam'sche Malerei unüberhörbar in sich schloß.

Zwar wird heute keine bedeutende Restaurierung mehr ohne Leitung und Betreuung des Bayer. Landesamtes für Denkmalpflege durchgeführt, welches darauf achtet, den ursprünglichen Zustand zu wahren bzw. wieder herzustellen. Was aber in der Praxis doch noch geschehen kann, zeigt das einführende Erlebnis.

Die Restauratoren unserer Tage unterscheiden sich von ihren Zunftgenossen – den Faßmalern vergangener Jahrhunderte – darin, daß diese sich zwar Handwerker nannten und auch wie Handwerker lebten, aber Künstler waren, die in aller Regel selbst Fresken oder Tafelbilder malten, während jene ihr Handwerk zwar von Grund auf verstehen, aber nur in seltenen Fällen als produktive originale Künstler hervortreten. Sie kommen also bei Restaurierungen nur als ausführende Hände in Frage, während alle Probleme der historischen Treue, der künstlerischen Qualität und Originalität von der zuständigen Fachbehörde, eben von den Spezialisten des Landesamtes geklärt werden müssen. Das führt zu einer Verwissenschaftlichung des Vorganges, der grobe Fehlleistungen ausschaltet, im Endergebnis aber nicht selten Zaghaftigkeit und eine unvermeidbare Halbherzigkeit des Kompromisses widerspiegelt.

Barocke Innenräume sahen ursprünglich wesentlich anders aus als wir sie heute vorfinden: Sie waren belebter und farbiger. Die heiligen Gestalten, besonders die Bildnisse der Muttergottes, waren in kostbare Stoffgewänder gehüllt. Baldachine

spannten sich über die Altäre, farbige Vorhänge und Draperien rahmten, in reiche Falten gelegt, die Tabernakel und Nischen; Teppiche waren aufgespannt und lagen hingebreitet; Fahnen und Labara, Kreuze, Laternen, Tragestangen, Himmel waren im Kirchenschiff aufgestellt. Dazu kamen die reichen Paramente der Priesterschaft und der Kirchendiener, die farbigen Mäntel der Bruderschaftsmitglieder, die mit vergoldeten Stäben, mit Fackeln oder Kerzen den Gottesdienst belebten. Das uns liebgewordene Weiß unserer Rokokokirchen war nur als Folie, als Rahmen aufzufassen, vor der die feierlich-bunte Liturgie vollzogen wurde.
Die Fresken aus der Mitte und der zweiten Hälfte des 18. Jahrhunderts zeigen häufig Wallfahrtsszenen, die uns die bunte Fülle damaliger Kirchenräume anschaulich vor Augen führen: Denn auch das Kirchenvolk war farbenfroh gekleidet, in Tönungen, die unserer grob sinnlichen Zeit fast nicht mehr vorstellbar sind, wie rauchfarben, azurblau, im römischen Gold, scharlach- oder purpurrot, aurora-farben und so fort.

Ausgang der Betrachtung – Die Fresken Franz Anton Rauschers in Unterfrauenau

Solcherlei Gedanken gingen mir durch den Kopf, als ich in der Kirche von Unterfrauenau saß, den Blick zu dem großen Himmelfahrtsfresko erhoben, das im Jahr 1759 – von der Hand Franz Anton Rauschers geschaffen – das Gewölbe des Schiffes bedeckt. Leider verlangte die in unserer Zeit wachsende Zahl der Gläubigen eine Vergrößerung dieser Kirche, die vor etwa 20 Jahren zwar mit Umsicht und Sorgfalt durchgeführt wurde, doch eine Störung des ursprünglichen Raumkonzeptes nicht verhindern konnte.
Tausendemale ist in bayerischen Kirchen auf Tafel- und Wandbildern die Aufnahme Mariens in den Himmel und ihre Verherrlichung dargestellt worden, kein Patrozinium ist so häufig wie Mariä Himmelfahrt, und doch bieten die vielen Bilder trotz des übereinstimmenden Programms immer neue faszinierende, nach Zeit, Kunstlandschaft und Künstlerpersönlichkeit differenzierte Lösungen.
In Unterfrauenau überspannt den anmutigen, ausgewogenen, einschiffigen Raum ein flaches Gewölbe, das dem Künstler in der Aufteilung und Rahmenbildung seines Freskos freie Hand ließ. Der Maler Franz Anton Rauscher gliederte das Gemälde formal und inhaltlich in zwei Teile: formal, indem er den reich ausschwingenden Rahmen etwa in der Mitte des Schiffes stark einzog, so daß die einem Geigenkörper vergleichbare Gesamtform entstand; inhaltlich, indem er dem westlichen Teil die Auffindung des leeren Grabes, also das irdische Geschehen, zuordnete, im östlichen aber die Aufnahme Mariens in den Himmel zeigte. Die Jungfrau selbst befindet sich im Schnittpunkt des Gesamtwerkes, dort wo sich die beiden Kreise, der irdische und der himmlische überschneiden. Wenn auch – wie bei fast allen barocken Deckenfresken – die saugenden Lichttrichter

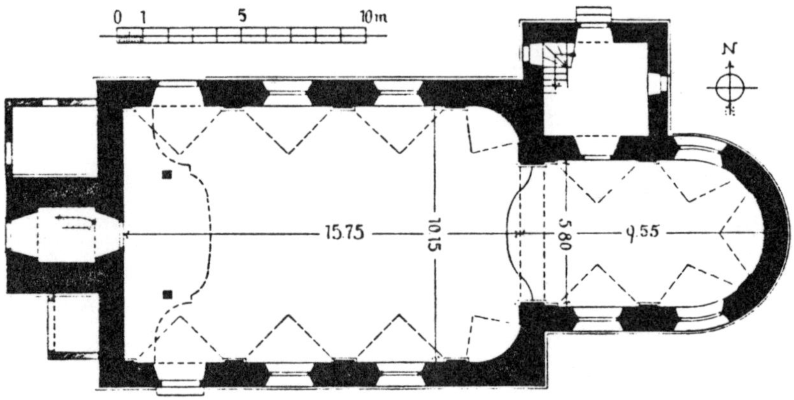

Grundriß der Pfarrkirche zu Frauenau *(Bayerisches Landesamt für Denkmalpflege)*

und die wirbelnden Engel –, Heiligen- und Wolkenmassen erst in jener Tiefe enden, wo die Allerheiligste Dreifaltigkeit im überirdischen Licht thront, so bleibt die Gestalt Mariens doch als Mittelpunkt herausgehoben, so daß sie auch vom Inhalt des Bildes her gesehen als Mittlerin der Menschen vor Gott fungiert.

Den westlichen Teil des Freskos gliederte der Künstler durch eine Säulenhalle, die jenen Sarkophag umfängt, um den sich die Apostel versammelt haben und ihrer Überraschung und Verzückung über das geschehene Wunder Ausdruck verleihen. In der Darstellung des Säulenrings zeigt Rauscher eine souveräne Beherrschung der Perspektive in illusionistischer Untersicht. Zwar besitzt die Raumdarstellung nicht den atemberaubenden Sog der großen Fresken der 20er Jahre, jetzt 1759 ist die Verkürzung maßvoller geworden. Der Künstler bringt das Geschehen näher an das Auge des Betrachters heran. Er entwickelt die Komposition in der Weise, daß unser Auge mit sanfter Gewalt erfaßt wird, sich emporgeführt fühlt aus der Erdenszene, wo sich die Apostel um den Sarkophag drängen und mit Blick und Gebärde nach oben weisen, empor zur Jungfrau, die auf ihrem Wolkenschiff durch den aufgebrochenen Ring des Tempelgebälks emporschwebt in die goldene Herrlichkeit des Himmels. Dort erwartet sie der leere Thron, auf dessen rotem Samt die Krone ruht, die ihrer harrt. Darüber schwebt der Schöpfer Geist. Der Gottessohn breitet voll Erwartung die Arme aus, die Mutter in seinem Reich zu empfangen. In der fernsten, lichtesten Region thront Gottvater, umgeben von anbetenden Engeln. Auch er hebt grüßend die Hand und wendet das Antlitz der Jungfrau zu.

Es ist nicht möglich, auch nur annähernd die Fülle und die Vielfalt der Bezüge anzusprechen, die Verschlungenheit der Motive zu lösen, die theologischen Aussagen dieses vieldeutigen Gemäldes zu entwickeln, geschweige denn zu erklären. So möge es genügen, nur andeutungsweise den Charakter des Bildes zu vermitteln. Das beglückende Gefühl, das der Besucher von der Betrachtung des Werkes mitnimmt, rührt daher, daß es dem Schauenden erscheint, als würde er aus der dumpfen Erdenwirklichkeit einen Blick in die lichten Himmelshöhen tun.

Denn von einem himmlischen Licht durchwoben erscheint das Bild, durchdrungen von einer leuchtenden Atmosphäre, wie sie manchmal ein aufbrechender Sommermorgen vermittelt, wenn sich die Sonne aus dem Dunst der Wolken löst und ihr Licht befreiend über den weiten Himmel ergießt.
Befreiend wirkt auch der Anblick des Unterfrauenauer Deckenfreskos. Das Licht, das aus dem Gemälde kommt, ist kein rational zu erfassendes Phänomen, keine Beleuchtung der Gegenstände durch eine feststellbare Lichtquelle, sondern ein Strahlen der Atmosphäre, die den ganzen Bildraum füllt, so daß wir aus einem trüben, düsteren Diesseits in eine lichtere Welt zu blicken scheinen. Hier erfüllt die leuchtende Atmosphäre den ganzen Raum, umschwebt, ver- und enthüllt die Heiligen und Engel, durchweht die schwerelose Architektur, wechselt von lichtem Blaugrau zu Gelbgrau, hellem Goldgelb, verdichtet sich zu zarten, rasch wieder verrinnenden Wolken und ist die Folie, in und vor der sich die überaus anmutigen Farbakzente abheben.
Diese konzentrieren sich auf die Gestalten. Man wird zunächst von Rauschers Rottönen sprechen müssen. Da gibt es kein grelles Rot; es fehlen überhaupt die eindeutig festlegbaren Farben. So vielfach Rottöne sich auf dem Gemälde finden, sie lassen sich kaum mit den marktmäßigen Farbbezeichnungen benennen; besser eignen sich die Farbnamen, die in früheren Zeiten gebraucht wurden. Rauscher bevorzugt zarte, kalte Rottöne, wie z. B. Altrosa, das sich im Schatten zu einem matten Tizianrot dämpft, milchiges Pfirsichrot, durchdrungen von einem duftigen Blau – im hellen Licht fast weiß erglänzend –, sonore Purpurtöne nach Lila aufgehellt. Legt aber nicht jede direkte Ansprache die Farben zu sehr fest und nimmt ihnen das Einmalige und Besondere?
Den roten entsprechen die Blautöne; sie kontrastieren nicht und stoßen sich nicht mit jenen, auch nicht dort, wo sie unmittelbar nebeneinander liegen, weil auch sie sich aus dem Lichtschleier zu lösen scheinen und von Grauwerten durchdrungen sind. Im Licht erhalten sie einen weißlich-grünen Schimmer und lösen sich im Schatten in kupfrige Goldtöne. Sparsam verteilt erscheint da und dort ein milchiges Neapelgelb an einer Draperie oder ein Resedagrün an einem flatternden Gewand. Keine Farbe strebt die Dominanz an, jede wird nur huschend angedeutet und verliert sich wieder in der Polychromie des Gesamtwerkes.
Der Freskenmaler muß bestimmte Farben bevorzugen, die sich in der Kalkverbindung als lichtbeständig erweisen. Der darin liegenden Gefahr, gewisse zuverlässige Töne zu favorisieren, erliegt Rauscher nicht. Er verfällt auch nicht dem Schema der Wiederholung, weder thematisch noch koloristisch. Er erweist sich als ein genuiner großer Maler, der um Form und Farbe nicht ringen muß, dem die künstlerlischen Einfälle zuzufallen scheinen.
Das Chorfresko, das Maria als die Zuflucht der Christen darstellt, empfängt seine besondere Dezenz durch den Farbklang Rosa und duftiges, transparentes Grau, das sich in der Soutane des Priesters, in den Kordeln des Baldachins, besonders aber im Mantel Mariens nach Blau verändert. Die heilige Jungfrau wird gezeigt, wie sie sich huldvoll den Kranken und Armen in unserem Jammertal zuneigt.

Darum wirkt die Komposition düsterer und trauriger als an dem großen Fresko und die Atmosphäre gleicht einem Nebelfeld, aus dem die Personen, der Priester, die Wallfahrer, die Kranken und Grambeladenen emporblicken zu der in lichter Höhe thronenden Muttergottes.
Das große Unterfrauenauer-Fresko zeigt im Aufbau und in Einzelheiten Züge, die von der *Asam*kunst abgeleitet werden müssen. Rauscher behält die gedrängte, die ganze Malfläche ausfüllende Kompositionsform bei zu einer Zeit, in der sich längst ein Deckenbildtypus von *Tiepolo* ausgehend durchgesetzt hat (z. B. bei *Matthäus Günther, Christian Winck, Johann Baptist Zimmermann*), der sich mit Figurengruppen am Bildrand begnügt, die vor einem landschaftlichen Hintergrund agieren, während die Bildmitte mit Wolken und Himmelsblau ausgefüllt ist, die zu den fernen jenseitigen Zonen überleiten. Rauscher teilt mit Asam die überzeugende religiöse Inbrunst. Seine Heiligen und Engel sind nicht dekorative Staffagefiguren, sondern sie nehmen innerlichen Anteil an dem heiligen Geschehen. Auch in Einzelheiten, z. B. in der Person Christi, ist man an *C. D. Asams* Darstellung in der Ursulinenkirche zu Straubing erinnert. In seinem Programm spricht Asam »die Menschheit Christi« an. Hier wie dort ist der Menschensohn zur Linken des Thrones angeordnet, er ist langgewandet, seine Geste ist einladend, wenn auch im Straubinger Fresko von größerer Gehaltenheit.

Das Werk Joseph Rauschers

Franz Anton Rauscher ist am 6. Mai 1731 in Aicha bei Osterhofen geboren, wo der Vater Joseph Maler und Hofwirt war, zugehörig dem Kloster Niederaltaich. Es scheint aber, daß Joseph Rauscher weniger seine Aufträge durch dessen Konvent empfing. Dort und in den inkorporierten Pfarreien nördlich der Donau zog der Niederaltaicher Klostermaler *Franz Stephan Aicher* die Aufträge an sich, so daß sich Joseph Rauscher mehr auf die Kirchen südlich der Donau verwiesen sah.
In der Zeit zwischen 1718 und 1732, als die *Asam* an der großartigen Ausstattung der Prämonstratenserkirche bei Osterhofen arbeitete, war auch Joseph Rauscher im Kloster zu ALTENMARKT beschäftigt. Er malte die Fresken des Festsaales. Bei der sorgfältigen Freilegung und Restaurierung hat Martin Zunhamer (Altötting) die Signatur »I. R. P.« entdeckt, die als »Joseph Rauscher pinxit« gedeutet werden darf. Die Rauscher scheinen zu den Prämonstratensern gute Beziehungen gehabt zu haben. So hat der Vater auch im Kloster WINDBERG Fresken gemalt; der Sohn bekam als 20jähriger vom Kloster ST. SALVATOR bei Griesbach den Auftrag, die Kirche auszumalen.
Von Joseph Rauscher, seit 1724 Hofwirt zu Aicha, haben sich bis jetzt nur wenige Werke gefunden. Schon bevor er die Taferne übernahm, hat er in der Gegend als Maler gearbeitet, denn für 1717 nennen ihn die Kirchenrechnungen von AUS-

SERNZELL als Maler des Altarblattes St. Johannes Baptista und des Oberbildes St. Margareta, außerdem faßte er den Altar, wofür er 50 Gulden erhielt. Dieser Altar ist nicht mehr vorhanden.

Wenn, wie eine örtliche Überlieferung glaubt, auch die Blätter an den Seitenaltären in AICHA von Josef Rauscher stammen sollten, dann wäre er bereits 1714 in der Gegend tätig gewesen. Damals zwischen 1712 und 1715 wurde das Kirchenschiff in Aicha neu erbaut. Den Hochaltar lieferte das Kloster Niederaltaich, der, da er ursprünglich ein Pestaltar war, mit einem Mittelbild des hl. Sebastian versehen, jetzt dem Patrozinium von Aicha entsprechend eine Darstellung des hl. Thomas erhielt. Die guten Seitenfiguren des hl. Rochus und der hl. Rosalie blieben erhalten. Es ist unwahrscheinlich, daß das Hochaltarbild und die Bilder der Seitenaltäre von der selben Hand stammen.

Mag die Annahme, die beide Seitenaltarblätter dem Joseph Rauscher zuzuweisen, gelten. Die beiden Heiligen Nikolaus und Leonhard wirken etwas bewegungsarm. Beide sind als Wohltäter der Menschheit, von Armen und Hilfesuchenden umgeben, groß in die Mitte des Bildes gemalt. Entsprechend ihrer Aufgabe als Pendants zu Seiten des Hochaltars sind die Gebärden des hl. Bischofs und des Mönches aufeinander bezogen. Die um Hilfe Flehenden auf beiden Bildern gleichen sich in ihren Stellungen und Gesten. Sie erinnern an Votanten auf Wallfahrtstafeln. Die Einbettung der Gestalten in die landschaftliche Umgebung und diese selbst sind von außerordentlichem Reiz. Hinter der Gestalt des hl. Leonhard breitet sich eine weite Tallandschaft, die in einem sanften Höhenzug übergeht, von einer fernen Gebirgskette begrenzt. Über dem lichten Horizont ziehen Wolkenbahnen durch den Himmel. Der einfühlsame Erzähler führt uns eine romantisch verklärte Bayerwaldlandschaft vor Augen, stimmungsvoll versonnen unter einem strahlenden Himmel, dessen ziehende Wolken Blick und Gemüt über den Bildraum hinaus begleiten.

Die Flußlandschaft, in welche der hl. Nikolaus und seine Umgebung eingebettet sind, wird durch eine langgezogene Wolkenbank bemerkenswert, die bräunlich gefärbt, wie aufsteigender Rauch bald lichter, bald von drohender Schwere den Himmel überschwemmt. Blauende Wälder, ferne Gebirge – die Sehnsucht der Eichendorff-Romantik scheint vorweggenommen, aber auch die Rückschau auf die ersten intimen Landschaften der Donauschule wird in Erinnerung gebracht – geben den Landschaftsgründen Atmosphäre und Stimmung. Während die Figuren mehr gehalten und schwergliedrig, d. h. altertümlich gesehen sind, geben die fein empfundenen Landschaften eine Vorahnung davon, wie der Sohn Franz Anton später einmal die Wandflächen im lebendig flutenden Farbspiel auflösen wird.

1719 sollte die Wallfahrtskirche in ST. HERMANN bei Bischofsmais renoviert werden. Weil der Maler *Franz Sänftl* von Regen für zwei neue Blätter am Hochaltar zu viel verlangte, verpflichtet man den preisgünstigeren Joseph Rauscher: »Als hat mann beede Pleter durch Josephen Rauscher, Mahlern zu Nideraltach, und zwar uf dem herunderen oder Haubtplat, welche 9 Schuech haltet, die Biltnus S. Hermani sambt dessen Leben, auf das obere 4 Schuech hoche die heyl. drey König verfertigen lassen, und deme anstatt der begerten 65 uf nebenfündige Bescheinigung bezahlt 55 f.«

1726 fertigte Joseph Rauscher einen Entwurf für ein neues Fresko in der – 1876 abgebrannten – Pfarrkirche zu Zwiesel. Das dort bisher bestehende mit der Darstellung von »Leiden und Leben Christi« älteren Datums sollte überweißt werden und dafür »das Leben und Miracul des heyl. Kürchenpatrons St. Nicolai durch den Closter Nideraltachischen Maller Josephen Rauscher« auf Kosten der Pfarrkinder zunächst entworfen und dann auch ausgeführt werden. Im Spätherbst 1726 fiel aber zu früh die winterliche Kälte ein, so daß Rauscher sein Werk erst 1727 fertigstellen konnte.

1730 malte Joseph Rauscher auf das Gewölbe der neuerbauten Pfarrkirche zu Bischofsmais Bilder aus dem Leben des hl. Jakobus und vier Kirchenlehrer. Auch diese Arbeit wurde infolge eines verheerenden Brandunglücks, bei dem 1846 mit dem halben Dorf auch die Kirche zugrundeging, zerstört.

Wenn direkte Lebenszeugnisse wie Briefe, Tagebücher von eigener, Hinweise, Charakteristiken, Erwähnungen von fremder Hand fehlen, wenn nur Matrikeleinträge, Rechnungsvermerke und einige wenige Signaturen über Tun und Leben eines Künstlers berichten, bleibt nur das Werk als Schlüssel und Tor, die uns Einsicht in das Wesen des Künstlers öffnen können.

Joseph Rauscher, der aus dem Oberland, aus Murnau stammte, mag ein besinnlicher, naturverbundener Mensch gewesen sein, den die schöpferische Phantasie aus der handwerklichen Enge herausgeführt hat. Immer ist die Kunst ein Fenster in eine andere Welt; nie ist sie nur Abbildung der gegebenen Umwelt. So darf man in den intimen Landschaftshintergründen Rauschers eine sublimierte Zusammenfassung von Eindrücken sehen, die der Maler in seiner Jugendzeit im Voralpenland empfing, und von den Augenerlebnissen, die er bei seinen Fahrten durch die Stromniederung und durch die Täler und über die Höhen des Waldes in sich sammelte.

Die Tätigkeit des Künstlers und des Gastwirts auf einen Nenner zu bringen, bereitet unserer Vorstellung Schwierigkeiten. Sicher ist das Bild des »hemdsärmligen und weinseligen Malerwirts« unzutreffend. Keineswegs darf man in dieser doppelten Berufsausübung eine Minderung des Ansehens vermuten; die Künstler der »Provinz« bemühten sich im Gegenteil um Zweitberufe – gelegentlich waren sie Mesner und Schulhalter, manchmal Krämer – denn es galt ja vor allem für des Leibes Nöte zu sorgen und oft eine große Familie über den Winter zu bringen, auch die Werkstattgehilfen mit durchzufüttern. Gerade für die Winterzeit war der bescheidene Zuverdienst erwünscht. Die Ausschankmenge war begrenzt, die Konkurrenz achtete eifersüchtig auf ihre Einhaltung und zeigte sich schnell bereit, Überschreitungen vor Gericht zu bringen. Auch darf man annehmen, daß die Ausübung des Schankgewerbes hauptsächlich vom Weib des Malers wahrgenommen wurde. Gingen die Malgeschäfte besonders gut, konnte sich der Meister auch durch »ein taugliches Subjekt« vertreten lassen.

Kinder gab es im Rauscherhaus zu Aicha genug. Vor Franz Anton (geb. 1731) kamen 1726 Josef Dominikus, 1727 Anna Katharina, 1728 Maria Klara und 1730 *Moritz Benedikt* zur Welt. Letzterer erlernte ebenfalls das Malerhandwerk und ist für Faßarbeiten in St. Salvator (Orgel 1751) sowie im Katharinenspital in Deggendorf (1774) und in Plattling bezeugt. Auf Franz Anton folgten 1732 Johann Baptist Marian, 1733 Maria Theresia, 1735 Johann Nepomuk Theophil, 1738 Maria Barbara und 1739 Ignaz Christian. 10 Kinder waren also zu versorgen.

Aus der Spätzeit Joseph Rauschers ist das Hochaltarbild in der kleinen Kirche von Niedermünchsdorf erwähnenswert. Es ist mit »J. Rauscher Pinxit 1740« signiert. Dargestellt ist das Martyrium des hl. Hippolyt. Dessen grauenhafte Folterung nimmt den mittleren Teil des Bildes ein. Der nackte, leuchtende Leib, der gestreckt quer durch das Bild liegt, zieht zunächst den Blick auf sich. Der Heilige ist an den Schweif eines Schimmels gefesselt, der sich aufbäumt und den Kopf zurückwirft. Das kalkige Weißrosa des Körpers steigert sich in der Farbe des

Signatur und Datierung von Joseph Rauscher, *1740, am Hochaltar St. Hippolyt in* Niedermünchsdorf

Schimmels zu einem Weißgrau. Die Folterszene ist zwar mehr in den Mittelgrund gerückt, weil aber die Zuschauer, die sich am unteren Rand des Bildes drängen, die Hauptgruppe nirgends überschneiden, tritt diese so bemerkenswert ins Blickfeld. Hinter der Martergruppe ist ein Kriegerhaufen angeordnet, aus dem zwei berittene Zenturionen herausragen. Diese beschleunigen gewissermaßen die Bewegung von Schimmel und Heiligen in Richtung auf die Hinrichtungsstätte, auf die der Führer weist. Dort sieht man ferne auf dem Gipfel eines Berges die Hinrichtung der Hl. Concordia und der Familienangehörigen Hippolyts. Wie in barocken Bildern üblich, erfährt das schreckliche Geschehen eine Milderung durch die in dem oberen Teil des Bildes dargestellte Glorifizierung des Heiligen. Dort thront die Allerh. Dreifaltigkeit auf einer Wolkenbank; ein Englein schwebt hernieder, das als Lohn für das mutige Bekennen und standhafte Ausharren einen Lorbeerkranz in Händen trägt.

Auffallend ist die geringe Verkleinerung der Figuren auf dem Vorder-, Mittel- und Hintergrund. Barocke Gepflogenheiten wie die Disposition der Bildakzente in der Raumdiagonale, Überschneidungen und Lichteffekte sind kaum in Spuren feststellbar.

Die Farben sind kontrastierend gesetzt; die einzelnen Akzentfarben wie das Rot in den Mänteln der Kriegsleute, das Blau des Himmels, das fahle Weiß des Körpers, des Schimmels und des Lendentuches am Gemarterten sind satt und pastos angelegt. Die Landschaft zeigt z. B. in den bräunlichen Wolken, dem blauen Himmel, der sich über der Stadt weißlich aufhellt, eine ferne Ähnlichkeit mit dem Aichaer Bild. Doch bestehen Unterschiede, z. B. in der scharfen Abgrenzung der Farben.

Von dem Freskanten Joseph Rauscher sind zwei Werkgruppen erhalten: die Fresken in Sakristei und Kapitelsaal zu WINDBERG, von denen das Abendmahlbild in der Sakristei mit »J. Rauscher 1725« signiert ist, und die Fresken im Festsaal des ehemaligen Prämonstratenserstiftes ALTENMARKT, jetzt Damenstift der Englischen Fräulein.

Die Fresken im Damenstift sind sorgfältig restauriert; der Bestand war vor allem durch den schadhaften Dachstuhl, an dem die Decke aufgehängt ist, in Mitleidenschaft gezogen worden. Die drei Fresken behandeln die Geschichte des ägyptischen Joseph. Das große Mittelfresko »Joseph gibt sich seinen Brüdern zu erkennen« wird durch zwei schmale Seitenfresken ergänzt. Im nördlichen ist der Traum des Knaben, im südlichen sein Verkauf dargestellt. Im Mittelbild findet sich am Halsband eines Hundes das Monogramm, »J. R. P.« wohl gleich »Joseph Rauscher pinxit«.

Die Komposition des Mittelbildes zeigt Ruhe und Würde. Unter einem römischen Bogen steht hochaufgerichtet Joseph in herrscherlicher Haltung; der hermelingefütterte Umhang erweist ihn als Günstling des Pharao. Sein jugendliches Haupt ist von einem Turban bedeckt, dessen Agraffe an die Uräusschlange erinnert. Joseph hat eben das entscheidende Wort gesagt: »Ich bin es, euer Bruder«. Die Arme hält er zum Empfang ausgebreitet, sein Blick geht in die Ferne. Die Brüder drängen sich an ihn; nur die schuldbeladenen, Juda und Levi, halten sich zurück. Außer der orientalischen Kleidung, die mehr an einen Sultan als an einen Pharao denken läßt, verweisen nur zwei Sphingen auf Ägypten, den Ort des Geschehens. Aber auch diese zeigen keine Spur der Faszination, die von ägyptischen Originalen ausgeht: Mürbe Matronenköpfe sind auf Löwenleiber gesetzt, die sich über barocken Volutensockeln erheben. Eine prächtige Draperie, einseitig gerafft, spannt sich über die Szene und verleiht dem Werk barockes Pathos.

Die farbige Behandlung der Säulen aus rot geflecktem Marmor bestätigt den erfahrenen Faßmaler, der sich oftmals in der »Marbolierung« von Altären geübt hat. Jedoch der Raumillusionismus, d. h. die zeitübliche Darstellung in Untersicht, perspektivischen Verkürzungen und atmosphärischen Lichtspielen, wollen dem Künstler nicht recht gelingen. Die Szene ist wie ein Tafelbild aufgefaßt. Man blickt wohl auf den Fußboden und unter die Decke, aber die verbindenden Säulen zeigen kaum Ansätze einer Verkürzung.

Die beiden Nebenbilder sind in langgezogene, nierenförmig umrandete Flächen hineinkomponiert. Der schmale Bildraum nötigt den Künstler, die Figuren gewissermaßen zusammengedrückt darzustellen, so daß sie etwas gedrungen wirken: dies weil Rauscher sich nicht zur Darstellung in der Untersicht entschließen kann, diese vielleicht gar nicht beherrscht.

Franz Anton Rauscher als Freskant

Joseph Rauschers berühmteren Sohn Franz Anton zog es zur Freskomalerei. Die bedeutenden Werke *der Asam* in Osterhofen, das ja nur eine Wegstunde von Aicha entfernt liegt, waren für den Knaben offensichtlich Vorbild und Wunschtraum. Noch die THUNDORFER Fresken des 25jährigen beweisen dies. Es ist zunächst unwiderlegt, daß Franz Anton Rauscher Schüler *Egid Quirin Asams* war, wenn dies auch nur durch eine Notiz, allerdings eine recht überzeugende, nachgewiesen ist. In der kleinen Dorfkirche von ZEITLARN bei Osterhofen hängt ein Bild, das in der dem Barock eigenen Dramatik die Marter des hl. Sebastian schildert. Aufschlußreicher als das Signum auf der Bildseite ist eine Notiz, die, mit Bleistift geschrieben sich auf dem Keilrahmen befindet. Sie lautet: »Franz Rauscher Diszipulus Aegidii Asam pinxit 1754. Constat 36 fl.« Die Form der Buchstaben, der Duktus der Schrift, vor allem die Eigenart der Ziffern weisen die Inschrift als Zeugnis des 18. Jahrhunderts aus. Ob sie von der Hand des Malers stammt, würde erst die Kenntnis von eigenhändigen Schriftstücken Rauschers beweisen können. Aber selbst, wenn sie vom Auftraggeber geschrieben ist, worauf die Angabe des Preises hindeutet, darf sie als authentisches Zeugnis gelten.

Mit der Zeitlarner Inschrift ist bestätigt, was der Stil Rauschers dokumentiert: der Aichaer ist ein direkter Schüler Asams, natürlich nicht des Malers *Cosmas Damian,* der ja bereits 1739 starb, sondern von *Egid Quirin,* den wir zunächst als Architekten, Bildhauer und Strukkator kennen, der aber schon zu Lebzeiten seines älteren Bruders auch als Maler vor allem von Tafelgemälden nachgewiesen ist. Nach dem Tod des Cosmas Damian vollendete Egid Quirin Bilder, die beim Bruder in Auftrag gegeben waren, wie das Marientodbild in der Stiftskirche und das Hochaltarbild in der Ursulinenkirche in Straubing. Das Herz Jesu-Bild am Seitenaltar stammt, wie in der Totenrotel seiner Nichte, der Chorfrau Johanna Nepomucena ausdrücklich bemerkt ist, vollständig von seiner Hand.

Die Forschung hat erwiesen, daß Egid Quirin an der Stelle seines Bruders die Ausmalung der Mannheimer Hofkirchenkuppel 1750 vollendet oder fast vollendet hat und dabei nur einen Gehilfen beschäftigte. Sollte Franz Anton Rauscher sein Mitarbeiter gewesen sein? Dessen Jugend spricht dagegen, aber die Tatsache, daß man ihm im folgenden Jahr die Ausmalung der Prämonstratenser-Klosterkirche ST. SALVATOR anvertraut hat, besagt, daß der 20jährige eine gute Reputation besaß, auch genügend Selbstvertrauen, den bedeutenden Auftrag anzunehmen.

St. Salvator, in dem waldigen Hügelland zwischen Ortenburg und Griesbach

gelegen, gehört nicht zu den großen Klostergründungen des Mittelalters in Niederbayern. Aber selbst die erhaltenen Reste des 1803 säkularisierten Klosters verraten die stolze Baugesinnung des Ordens, der durch Bartholomeo Viscardi Kirche und Kloster gegen Ende des 30jährigen Krieges errichten ließ.
St. Salvator ist, wie der Name sagt, eine Erlöserkirche und die Erlösung der Menschheit war Franz Anton Rauscher als Thema vorgegeben, als man ihn 1751 zur Ausmalung der Kirche berief. Das Programm der Gemäldeinhalte dürfte ein gelehrter Mönch des Klosters erarbeitet haben. Das Verhältnis zwischen Künstler und dem Theologen, der den Auftrag erteilte und den Bildinhalt bestimmte, muß nicht als belastend, sondern als befruchtend und anregend gewertet werden. Die Heilswahrheiten waren für den Theologen und für den gläubigen Künstler ein sorgfältig zu betreuendes Gut. Theologe und Künstler waren in der Regel Kinder des gleichen Geistes: der Theologe Vertreter der Autorität, Kenner der Heilsgeschichte, vertraut mit der Symbolik, häufig ein Kunstfreund, manchmal ein verhinderter Künstler; der Künstler, Handwerker seiner Herkunft nach, durch vielfältigen Umgang mit religiösen Stoffen geschult, bereit, die dargebotenen Möglichkeiten zu ergreifen, sein Blickfeld auf theologischem und historischem Gebiet zu erweitern, so daß die Programme eher als stimulierend, denn als hemmend angesehen werden dürfen. Ihre Fülle, ihr Beziehungsreichtum, die symbolhaften Verknüpfungen, ihr Deutungscharakter und ihre Andeutungen lagen so sehr im Wesen der Zeit, daß nur unserer Nüchternheit die Verschlungenheit, die Anachronismen, die Mischung von Heilswahrheit und Legende, die Überbrückung von einst und jetzt, von hier und dort unverständlich erscheinen können. Den Zeitgenossen dagegen wurden durch Lehre, Predigt und Erbauungslektüre die Mystifikationen nahegebracht, die sie – so darf man annehmen – in der Schlichtheit ihrer Lebensführung, der Naivität ihres Erkenntnisstandes, das Wunderbare als das Übernatürliche und nicht als das Unnatürliche betrachten lehrten. Mit Schmerz bemerkt man, mit welcher Brutalität und Stupidität die Aufklärer die Einbettung der Volksseele in das Mysterium zu zerstören trachteten und dadurch den Weg bereiteten zum Menschentyp unserer Tage, dem unbehausten, dem Menschen ohne Mitte, wie ihn Sedlmayr bezeichnet.
Vergleiche zwischen den theologischen Programmen und ihrer Verwirklichung zeigen aber auch die Wechselwirkung zwischen Künstler und Theologen auf. Die Künstler hielten sich im allgemeinen nur in jenen Punkten an die Vorschläge ihrer Berater, die ihren eigenen bildnerischen Vorstellungen entgegenkamen.
Der Inhalt des großen Freskos in St. Salvator ist der Weg der Menschheit vom Sündenfall bis zum Jüngsten Gericht. Die Heilsgeschichte wird auf einige wenige bedeutende Ereignisse konzentriert: die Ostseite gehört der Vertreibung aus dem Paradies, die Mitte der thronenden Dreifaltigkeit, ihr zur Seite einmal das Alte Testament: die Synagoge, auf der anderen Seite die Ecclesia und im Westteil des Bildes die Darstellung des Gerichtes. Im Ostteil des Bildes herrscht trotz der Darstellung des Sündenfalles lichte Hoffnung, während der Westteil in düstere Verzweiflung getaucht ist.

Aus der halbgeöffneten Paradiespforte leuchtet eine goldene Lohe. Der Engel mit dem Flammenschwert treibt die klagenden Stammeltern ins Elend. In der Mitte des großen Bildes ist die Allerh. Dreifaltigkeit dargestellt. Christi Blick richtet sich auf die Gruppe um die Ecclesia, während seine Linke auf die Synagoge weist. Der Höllensturz im Westteil vermittelt den nachhaltigsten Eindruck. Hier herrscht das Inferno. Von grellen Blitzen erhellt, leuchten die Leiber der Verdammten in fahlem Gelb und branstigem Rot vor einem grünlich schwarzen Abgrund, aus dessen Tiefe die glühenden Augen gespenstischer Teufelsfratzen auftauschen, die ihre Zähne und Krallen in das Fleisch ihrer Opfer schlagen.

Beziehungen zu den Höllenstürzen des *Peter Paul Rubens* sind erkennbar, wenn Rauscher, diese – mit Ausnahme des Hochaltarbildes in Freising – auch nur aus Stichen kennenlernen konnte. Aber ein Vergleich macht den Leistungsabstand deutlich. Bei Rauscher entwickelt sich die Komposition langsam und etwas zähflüssig. Die wirbelnde Vitalität Rubens'scher Figurengruppen sucht man hier vergebens. Die Lichtführung ist weit weg von dessen Vielfalt. Stumpf und auf der Stelle verharrend ist die Ausleuchtung der einzelnen Gestalten, während die Farbhaut auf den Bildern des großen Flamen aus dem wirbelnden Lichtreigen der Reflexe, der Transparenz, der Atmosphäre gebildet ist, wobei freilich dem Niederbayern zugute gehalten werden muß, daß die Freskomalerei andere, eingeschränktere Möglichkeiten bietet als die Ölmalerei.

An dem Deckenbild in St. Salvator gibt es einen Aspekt, der sich aus dem zeitgebundenen Vergleich herauslöst. Das ist die chimärenhafte Gestalt des Höllendrachens, dessen Basiliskenblick erschauern macht. Hier empfindet man die Unmittelbarkeit panischen Entsetzens, wie es manchmal mittelalterliche Werke erregen. Aus den eng gestellten bösen Augen des Drachen sprüht lauernde Heimtücke. Eine Feuerlohe bricht aus dem rotleuchtenden Rachen. Satans grünlicher Schlangenkörper windet sich um die Leiber der Teufel und Verdammten. Die Erfindung dieser Gestalt macht St. Salvator bemerkenswert.

Rauschers Erstlingswerk ist imponierend, aber nicht ohne Schwächen. Erstaunlicherweise zeigt gerade diese Arbeit, die – wenn unsere Hypothesen stimmen – unmittelbar an die Schulung in der *Asam*werkstätte anschließt, von allen Rauscher-Werken den geringsten Einfluß des großen Lehrmeisters.

Anders ist das bei den Fresken in der Dorfkirche von THUNDORF, das dem ehrwürdigen Kloster Niederaltaich gegenüber unmittelbar am Ufer der Donau liegt. Die breite Behäbigkeit des Dorfes glauben wir auch in der Konzeption der Kirche festzustellen. Trotz aller Schönheit und trotz aller Feinheit ist es eine behäbige Bauernkirche. Thundorf, nicht Loh, das höfische Juwel im Gäuboden, repräsentiert die saftige, niederbayerische Dorfkirche.

Der Bau ist breit gelagert, nicht zu hoch, bunt und prächtig, wie ein schön gewachsenes Bauernweib in der Tracht seiner Zeit. Den Eindruck des Innenraums bestimmt wesentlich der Stuck *Benjamin Schreiters,* der Wand und Decke reichlich ziert. Verglichen mit *Modlers* oder *Obermayrs* Formkraft – ich spreche gar nicht von *Franz Xavers Feichtmayrs* Stuckphantasien in Loh – ist er etwas gemächlich in der Bewegung und etwas bißlos im Profil, wenngleich ihm weder Saft noch Kraft abgesprochen werden können. Schreiters Rocaillen wirken wie fette Ranken, die sich in satter Fülle über Wand und Decke ausbreiten. Trotz der ausschließlichen Verwendung des Roccailles ist Thundorf vom Geist des Barocks, nicht des Rokokos beherrscht.

Das gilt auch von den Fresken Rauschers: sie sind starkfarbig und quellen über von Aktion. Der Umriß des Hauptbildes nähert sich einem ausgezogenen Vierpaß, dessen Ausbuchtungen die Martyrerszenen aufnehmen. Da alle vier Seiten mit Architekturen ausgestattet sind, die trotz ihrer stark verkürzten Darstellungen sich in der Mitte fast berühren, bleibt kein Platz für die Glorifizierung des hl. Quirinus. Sie ersetzt Rauscher mit einem Zug drohender Wolken, die das Dramatische der Inhalte ins allgemeine steigern.

Die weit in die Mitte gezogenen Randpanoramen schildern den Martyrertod St. Quirins in breiter Ausführlichkeit und drastischer Anschaulichkeit, angefangen von des Heiligen Weigerung, den heidnischen Göttern zu opfern, über seine grausamen Folterungen bis zu seiner Enthauptung. Die naive, vom Glauben getragene Einstellung des Künstlers mildert den Eindruck inhumaner Greuel; denn für den frommen Betrachter sind die Leiden des Heiligen Prüfsteine auf dem Weg der Läuterung, für die er die ewige Glückseligkeit als Lohn erwarten darf.

Auch in der Farbigkeit erlaubt sich der Maler starke Effekte, hält aber das große Gemälde in der Spannung der beiden Komplementärfarben Rot und Grün zusammen, wobei sich unter den vielfach gebrochenen Rottönen kein Hochrot findet, sondern bläulich schimmerndes Rosa, Scharlach, Purpur und englischrote Schattierungen. Die Grüntöne könnte man trotz ihrer Vielfalt auf Meergrün festlegen. Ein pittoresker und szenischer Höhepunkt ist die Palme. Aus einem mächtigen, vom Licht aufgelockerten Stamm steigen die reichen Blattbüschel, deren Spitzen sich in der Atmosphäre auflösen. Bewegliches Puttenvolk belebt die Krone.

Die Beziehung zu *Asams* Gemälden in Osterhofen wird besonders durch gemeinsame Züge in der Verwendung architektonischer Bestandteile deutlich: Asam schließt die durch ihre durchsichtige Helle überirdisch erscheinende Architektur zu einem Viereck zusammen, so daß eine Art Hofraum entsteht, dessen lichte Öffnung den Blick in die mystischen Bereiche des Himmels freigibt. Bei Rauscher streben ungleiche Baukörper mit bedrängender Wucht in die Höhe, sie rahmen nicht, sie stören vielmehr, weil sie den Blick allzusehr auf sich ziehen. Für diese kühnen Raumperspektiven ist das Kirchenschiff zu niedrig. Das Deckenbild drückt gewissermaßen auf die Köpfe. In den hohen Gewölben von Altenmarkt dagegen verschafft die Entfernung die nötige äußerliche und innerliche Distanz.

In den eingangs beschriebenen Deckenbildern von UNTERFRAUENAU steigt Rauscher zum Zenit seines Könnens empor. Die Fresken sind nicht 1768 entstanden, wie eine wohl fehlerhaft restaurierte Jahreszahl im Stuck glauben machte, sondern bereits 1759 vollendet gewesen, wie der Eintrag in die Jahresabrechnung belegt. Rauscher erhielt 300 Gulden für seine Arbeit. Er war noch keine 30 Jahre alt, als er dieses reife Werk beendete. Über dessen Geschlossenheit und Schönheit hat sich kein späteres Werk des Meisters mehr erhoben.

Als man 1757 mit der Neuausstattung der Magdalenenkirche in Plattling begann, lieferte *Maximilian Wagner* den Floriansaltar und erhielt einschließlich der Schreinerarbeit 81 fl. 30 kr. Franz Anton Rauscher, der als »fresco Maller in Niederaltaich« bezeichnet wird, malte die beiden Blätter des hl. Florian und der hl. Magdalena (31 fl. 15 kr.). *Moritz,* der Bruder Franz Antons, faßte und vergoldete den Altar für 120 fl. 32 kr. 1760 malte Franz Anton für die gleiche Kirche das Altarblatt des Bruderschaftsaltars (40 fl.).

Um 1760 entstehen seine Fresken für den Chor dieser Kirche, die bei der letzten Restaurierung des Presbyteriums entfernt wurden. Im gleichen Jahr erhält der Maler für das Choraltarbild im Kirchlein Obernberg nächst Künzing »die Taufe Christi im Jordan vorstellend« 35 Gulden.

Die Ausmalung der kleinen Kirche des Katharinenspitals in Deggendorf wäre auch ohne die archivalische Absicherung eindeutig als Werk Rauschers zu erkennen. Er empfing 1763 für seine Arbeit 760 Gulden.

Die mäßig hohe Kirche machte es dem Maler in ähnlicher Weise wie in Thundorf schwer, seine Werke voll überzeugend zur Geltung zu bringen. Doch Rauscher hatte mittlerweile einiges dazugelernt, vor allem, wie mit Hilfe der Atmopshäre, die sich in Wolken und Rauchschwaden verdichtet, Raumtiefe geschaffen werden kann.

Das zentrale Geschehen, das Martyrium der hl. Katharina, setzte Rauscher von der Randzone ab, die er mit Nebenfiguren, Gelehrten und Zuschauern, füllte. Diese lenken den Betrachter vom Blick auf die Ereignisse um die Titularheilige nicht ab, weil sie durch das Gegenlicht in Dunkel getaucht sind. Denn die Martyrerszene erhält ihre flackernde Beleuchtung von den Flammen des Holzstoßes, der zu Füßen der Göttin Diana angefacht ist, aber getrieben vom Wind das riesige Rad erfaßt hat, auf das die Heilige geflochten werden sollte. Die rohen Henkersknechte haben sie in die Folter gespannt und prügeln ihr das Leben aus dem Leib. Trotz der grauenvollen Tortur posiert St. Katharina in einer gefälligen Haltung. Sie ist auf den Richtblock wie auf ein Ruhebett zurückgesunken; ihren anmutigen Mädchenleib umströmen die reichen Falten ihres Gewandes. Ihre an die Spindel gefesselten Hände erheben sich bittend zum Himmel. Sie zeigt sich in derselben Haltung wie die hl. Margaretha auf einem der Goldreliefs *E. Qu. Asams* an den Stühlen des Osterhofener Hochaltars. Man staunt über den reichen Apparat theatralischer Wirkungen, den sich der junge Künstler angeeignet hat. Da erscheint wieder die bewegte Palme, in deren meergrünen Wedeln rosige Putten turnen; da führt eine geschwungene Treppe aus dem abgedunkelten Vordergrund in den lichten Bereich der eigentlichen Schaubühne. Vor allem aber hat Rauscher neue Erfahrungen gewonnen, die Lichteffekte wirkungsvoll einzu-

setzen, so daß auch die von breiten Schatten bedeckten Flächen belebt erscheinen.
Über dem östlichen Eingang der Kirche hat Rauscher einen Engel gemalt, der aus dem Dunkel heraustretend den Finger auf den Mund legt, um den Kirchenbesuchern anzudeuten, daß andachtsvolles Schweigen der Heiligkeit des Ortes angemessen ist. Den weitaus größten Teil des Bildes nimmt ein roter Vorhang ein, der reich gefaltet von einer Bordüre aus Lambrequins herunterhängt. Hier imponieren besonders der Reichtum der Zeichnung, die plastische Gestaltung des Engels und das Gefühl für die Stofflichkeit: mit einem Wort die Peinture, mit der dieses einfache Motiv behandelt wird. Hier, im bescheidenen Sujet, beweist Rauscher seine ursprüngliche, blutvolle, unbedingte malerische Begabung. Es ist ein Genuß, diesen gemalten Vorhang zu betrachten: nur Rot in Rot, doch welche Vielfalt! welche Kontraste zwischen warmen und kalten Tönen! welche feinen Abwägungen zwischen blau- und braunstichigen Rotfarben! welche Zartheit! welche tönende Kraft in der fließenden Harmonie des farbigen Aufbaus! Ein Leckerbissen für den Genießer hochgezüchteter Malkultur!
Rauschers Fresken der nachfolgenden Jahre sind entweder, wie jene in der Grabkirche zu Deggendorf (1766) übertüncht, oder in der Zuweisung zweifelhaft, wie die in der Frauenbründl-Kirche bei Rinchnach (1766). Sicheren Boden bei der Suche nach seinen Arbeiten betreten wir jedoch schon 1767.

Signatur von Franz Rauscher *(1767) am Deckengemälde Mariä Geburt und Verkündigung in der Bergkirche zu* Zwiesel

Die Bergkirche in Zwiesel wurde nach Angabe eines Chronostichons im Jahr 1767 ausgemalt. Ein derbes Signum »F. A. Rauscher fecit« fällt ins Auge. Die Ursprünglichkeit der Schrift muß angezweifelt werden. Wie die Schrift scheinen auch die Gemälde durch eine spätere Restaurierung verdorben. Mag sein, daß Vernachlässigungen des einsamen Kirchleins die Fresken ruiniert haben und der Restaurator nur mehr auf unbestimmte Reste zurückgreifen konnte, denn auch in der Komposition finden sich Ungereimtheiten wie z. B. im Geländer einer ansteigenden Treppe. Auf der anderen Seite entdeckt man Partien voll malerischer Delikatesse. Auffallend ist die Figurenarmut und im allgemeinen der Mangel an duftiger Atmosphäre. Manche Härten in der Komposition, z. B. am Ansatz der genannten Treppe, lassen an St.-Salvator zurückdenken.
Das Hauptbild ist der Verkündigung und der Geburt Mariens gewidmet. Es ist ein Lobpreis auf die Jungfrau, die als »Zuflucht der Sünder« bezeichnet wird, wie das Chronostichon besagt. Der »Trösterin der Betrübten, dem Heil der Kranken, der Hilfe der Christen« ist vor allem das Chorfresko gewidmet (Anrufungen aus der Lauretanischen Litanei).

Über den westlichen Teil des Hauptbildes verläuft die Schrift: »Vineae florentes dederunt odorem suum / Surge, amica mea, speciosa mea, et veni!« Dieser Text stammt aus dem Hohen Lied des Alten Testaments, aus der Zwiesprache des Geliebten mit seiner Freundin, und wird hier auf die Auserwählung der Jungfrau bezogen: »Weinberge duften in ihrer Blüte /Auf meine Freundin, du meine Schöne, ach komm!«
Wie prachtvoll wird sich einstmals der Bilderreichtum des Hohen Liedes mit der Rauscher-Schöpfung verbunden haben. Sicher war im originalen Zustand der Zusammenklang von Bild und Wort da, der Duft der verbalen und farbigen Sinnlichkeit übereinstimmend. Das jetzt geschändete Bild erschwert uns den Zugang zu der Mystik des Bibelwortes und ihrer bildhaften Ausdeutung.

Franz Anton Rauschers Tafelgemälde

Für die letzten zehn Lebensjahre Rauschers sind keine Fresken, nur mehr Tafelbilder belegt. 1766 etwa malte er ein Caecilienbild in Niederaltaich, das auf der Rückseite signiert ist, 1768 ein Hochaltarblatt für die alte St. Martinskirche in Deggendorf, die an den Stadtturm angebaut, im vorigen Jahrhundert profaniert wurde; das Bild ist verschollen. 1770 hat er für Rinchnach das Hochaltarblatt »Taufe Christi« gemalt, im gleichen Jahr die beiden Blätter an den großartigen Seitenaltären in Kötzting, zu denen *Christian Jorhan d. Ä.* den Figurenschmuck geliefert hatte. Auf 1777 datiert ist das Bildnis des Oberaltaicher Abtes Josef Maria Hiendl, das jetzt in der Schloßbrauerei Gossersdorf hängt. Das angeblich mit »1780« signierte Bild »Krönung Mariae« in der Hl.-Geist-Kirche zu Regen muß durch eine unbedachte Restaurierung zu einem posthumen Werk Rauschers umfunktioniert worden sein. Die Tafelgemälde fallen, wie bei den meisten großen Freskenmalern, auch bei Franz Anton Rauscher gegenüber den Wandmalereien ab. Das kommt wohl daher, daß dem an eine rasche breitflächige Maltechnik gewöhnten Künstler die sublimere minutiöse Ölmalerei weniger lag. Auch sind die Wirkungen der schwerflüssigen Ölfarben denen der hellen, dem Aquarell verwandten, Kalkfarben entgegengesetzt.
Die beiden oben angeführten Bilder Rauschers in Zeitlarn sind dramatische Schilderungen, pastos gemalt; die Komposition erweist sich als im wesentlichen in der Raumdiagonale angelegt, farbig betont durch ein Zinnoberrot, eine Farbe, die in den Fresken kaum vorkommt. Aus dieser Frühzeit könnten auch die Altarblätter in Dornach stammen, die die Himmelfahrt Christi und Mariens zum Gegenstand haben.
Ein Benediktusbild in Oberaltaich wird auf 1750 datiert, müßte also der frühesten Schaffensperiode des Künstlers angehören. Es setzt die Kenntnis der Helldunkelmalerei *Rembrandts* voraus, besonders in der Spannung des helleuchtenden Christuskörpers und des abendlichen Hintergrundes. Dunkle Bäume verdecken den Himmel, der nur in einer schmalen Lichtung sichtbar wird. Das

Licht huscht über die breite Tafel, sammelt sich auf dem grünlich fahlen Körper des fast nackten Christus, läßt da und dort den Leib eines Puttos oder ein Gesicht aufleuchten und betont das todesmatte Antlitz des hl. Benedikt, der auf seinem Betschemel niedergesunken ist.

In der Folgezeit entwickelte der Maler Franz Anton Rauscher eine elegantere Form, wie sie im Sinn des galanten Rokokos lag. Diese verkörpert z. B. die hl. Elisabeth in der Spitalkirche von Grafenau (gegen 1760 entstanden). Die Heilige erscheint inmitten der Armen als eine Dame der höfischen Gesellschaft und teilt mit zierlich pretiösen Gesten ihre Gaben aus. Ihr Kleid aus purpurner dunkler Seide unterstreicht die Vornehmheit ihrer Erscheinung.

In dem Magdalenen- und Sebastiansbild in Kötzting, für die 1770 Rauscher 50 Gulden erhielt, finden wir bei St. Magdalena das Sentiment des Rokokos, im hl. Sebastian noch einen Rest der Pathetik des Barocks verwirklicht, beide aber sind geprägt durch die effektvolle Helldunkelwirkung, von dramatischer Ausdruckskraft.

Anfang und Ende der Künstlerlaufbahn Rauschers verbinden sich mit der Benediktinerabtei Oberaltaich. 1777, in seinem Todesjahr malte er das Bildnis des Abtes Josef Maria Hiendl (jetzt in Gossersdorf). Mit Gossersdorf hat das Gemälde insofern zu tun, als die Verleihung der Hofmark als Motiv verwendet wurde.

Der Aufbau des Bildes erinnert an eine Verkündigungsgruppe. Der Abt vertritt die Stelle Mariens, der Überbringer der Urkunde die des Engels. Sollte mit dem Boten wirklich der Kurfürst Max III. Joseph gemeint sein? Es wäre in höchstem Maß ungewöhnlich, daß sich der Landesfürst so knabenhaft dem Abt unterordnet. Der Überbringer trägt keinerlei Insignien, seine Finger sind ohne Ringe. So ist er wohl nur ein allegorischer Vertreter, ein Genius in der Tracht eines Edelknaben, der die Zeremonie anstelle des Kurfürsten vornimmt.

Der Abt steht beherrschend – eher huldvoll als devot – in der Bildmitte. Sein Gesicht ist uns, d. h. dem Maler zugewandt. Die Hand greift mit spitzen Fingern nach der Urkunde. Das Gesicht, groß und grob geformt, verrät die bürgerliche Herkunft: die wuchtige Stirn, die kräftige Nase, die trüben Augen, der zu einem säuerlichen Lächeln geschürzte Mund. Rauscher gibt sich vergeblich Mühe, dieser Figur Eleganz zu verleihen: eine trockene Würde ja, aber verglichen mit der geschmeidigen Schönheit des Engelpagen wirkt die Gestalt des Abtes hölzern. Was der Träger selbst nicht besitzt, ersetzt die Gewandung. Sie demonstriert Vornehmheit, Pracht und Würde im Überfluß. Auf der dunklen, mit Karmesinseide gefütterten Mozetta hängt ein edelsteinbesetztes Kreuz. Virtuos bringt der Maler den filigranhaften breiten Spitzenbesatz des Chorhemdes in seiner zarten Durchsichtigkeit und Feinheit zur Wirkung. Ein Glanzstück ist die Stola: sie ist aus geblümtem Brokat geschneidert und von einer kräftigen Goldborte gerahmt, an der Goldquasten hängen. An den Fingern des hohen Herrn glänzen perlenbesetzte Ringe. Seine Füße stecken in bunten Brokatschuhen.

In der Stoffmalerei brilliert Rauscher z. B. auch in der bravourösen Darstellung

Klosterkirche St. Petrus und Paulus in Oberaltaich Deckengemälde »Triumph des Benediktinerordens« von Joseph Anton Merz, 1727–1730 ▷

◁ Pfarrkirche Mariä Himmelfahrt in UNTERFRAUENAU Deckengemälde »Mariä Himmelfahrt« von Franz Anton Rauscher, 1759

der langen Rotel mit den Namen der Oberaltaicher Mönche. Das Landschaftsbild – ob Bild oder Fensterausschnitt sei dahingestellt – erweckt Erinnerungen bis zurück zu den ersten Bildern des Vaters: Auch hier eine Ereignislandschaft, durch einen gewaltigen Himmel bestimmt. Die Gebäude des Gutes liegen im fahlen Licht eines Gewitters. Wolkenberge, schwefelgelb, rauchfarben, tintig mit rötlichen Säumen, türmen sich auf. Aus diesen dunklen Wolkenmassen blickt merkwürdigerweise ein menschliches Auge. Hat sich der Künstler zu einer phantasmagorischen Kühnheit hinreißen lassen? Ist der Schöpfer Gott gemeint oder etwa der Schöpfer des Bildes, der ruhig betrachtenden Auges Rückschau hält?

Wenn das Bild, wie das Chronostichon angibt, 1777 gemalt wurde, dann muß es Rauscher eiligst im Schatten des Todes vollendet haben, denn schon am 12. Februar wurde er hinweggerafft, viel zu früh, 45jährig, in den besten Mannesjahren. Seine Gattin war ihm am 28. Oktober 1775 in den Tod vorausgegangen, acht Wochen nachdem sie einer Tochter Maria Katharina am 11. September 1775 das Leben geschenkt hatte. Es blieben zwei unmündige Kinder zurück, der Sohn Franz von Paul, der am 30. März 1772 zur Welt gekommen war, und die schon erwähnte Maria Katharina.

Rauschers Arbeiten haben sein kurzes Leben überdauert. Dieses mag von Sorgen, Krankheiten und Todesfällen überschattet gewesen sein; sein Werk überstrahlt die trübe Wirklichkeit. Die Zuversicht, in seinen Schöpfungen weiterzuleben, mag dem Maler in allen Fährnissen Trost und Hoffnung gewesen sein.

Quellen und Schrifttum

Die Kunstdenkmäler von Niederbayern, Heft I bis Heft XXV, München 1912–1936.

Joseph Maria Ritz: F. A. Rauscher, ein niederbayerischer Rokokomaler, in: Kalender bayerischer und schwäbischer Kunst 24 (1928), S. 21–24.

Clement Schinhammer: Franz Anton Rauscher, der Kirchenmaler des Bayerischen Waldes, in: Der Bayerwald 31, Deggendorf 1933, S. 26–33.

Raimund Schuster: Die Rokokofresken im Zwieseler Raum und ihre Meister, in: Der Bayerwald 64, Zwiesel 1972, Heft 2, S. 69–74.

Roman Eder: Franz Anton Rauscher, in: Roman Eder/Alfons Hannes: Frauenau. Chronik und Lebensbild eines Bayerwald-Ortes, Zwiesel 1974, S. 133–135.

Klaus Lankheit: Egid Quirin Asams Entwurf zum Kuppelgemälde der Mannheimer Jesuitenkirche, in: Pantheon 32 (1975), S. 34–40.

K. D.: F. A. Rauscher: Kirchenmaler des »Waldes«, in: Straubinger Tagblatt 1978, vom 1. IV. 1978. S. 7.

Ulrike Stolze: Die Bergkirche in Zwiesel. Eine volkskundliche und kunsthistorische Betrachtung, in: Der Bayerwald 69, Zwiesel 1977, Heft 3, S. 130–144.

Für Mitteilungen und Gespräche dankt der Verf. den Herren I. Griebel (Regen), R. Haller (Zwiesel), E. Kandler † (Deggendorf), G. Loibl (Hengersberg), F. Markmiller (Dingolfing), BGR Müller (Aicha), M. Zunhamer (Altötting).

Anton Scheitler (1718–1790)

Von Ludwig Albrecht

Herkunft und Ausbildung

Anton Scheitler wurde am 15. Oktober 1718 in Pfronten im Allgäu, in »der Pflege Füssen hochfürstlichen Hochstifts Augsburg« geboren. Dort lebten seit ihrer Heirat seine Eltern, Sebastian Scheitler und Maria, geborene Schmid. Von ihren acht Kindern ist Anton als viertes auf die Welt gekommen. Als sein Geburtshaus wird der heutige Gasthof »Aggenstein« in Pfronten-Steinach angesehen.
Von der beruflichen Tätigkeit des Vaters sowie von den wirtschaftlichen und sozialen Verhältnissen, in denen er lebte, ist bis heute nichts bekannt geworden. Seine Vorfahren lassen sich in Pfronten bis zu einem Georg Scheitler zurück feststellen, der sich dort 1582 als Wirt, Brauer und Bäcker seinen Lebensunterhalt verdiente.
Die Mutter, Maria Scheitler, stammt wahrscheinlich aus den nicht weit entfernten Eisenberg oder Hopferau. Dort dürfte 1708 oder 1709 auch die Eheschließung von Anton Scheitlers Eltern stattgefunden haben.
Sein handwerkliches Wissen und Können wird ihm ebenfalls in Pfronten und Umgebung von den dort tätigen Malern übermittelt worden sein. Zum engeren Kreis der in Frage kommenden Lehrmeister gehören die Brüder *Johannes* und *Johann Peter Heel,* die in Augsburg bei *Johann Georg Knappich* (1637–1704) ihre Ausbildung erfahren haben.
Da die Scheitler mit den *Stapf,* die eine Reihe von Malern und Bildhauern hervorbrachten, verschwägert waren, dürften letztere auf den Lehrling Anton Scheitler einen besonderen Einfluß ausgeübt haben. Dies trifft in erster Linie für *Bonaventura Stapf* und dessen Sohn *Bartholomäus* (1704–1766) zu. Dieser hatte sein handwerkliches Rüstzeug an der Wiener Akademie und in Rom erworben.
Von den bisher bekannt gewordenen, leider teils übermalten teils veränderten Fresken her gesehen, dürfte Anton Scheitler von den *Heel* die Besonderheiten der im Voralpenraum verbreiteten Lüftlmalerei und Glasmalerei, von den *Stapf* die Gesetzmäßigkeiten der Komposition und die Bedeutung des Ornamentalen für das Gesamtwerk angenommen und sich bis zu einem gewissen Grad angeeignet haben.
Als Anton Scheitler – wohl um 1747 – in Eggenfelden von der verwitweten Malerin *Maria Clara Dorothea Maisthuber* eingestellt wurde, war er bereits 29 Jahre alt. Lehre und Wanderschaft lagen abgeschlossen hinter ihm. Die zusätzlich durch Übung und Erfahrung erworbenen Fähigkeiten und Fertigkeiten versetzten ihn in die Lage, die von seiner Meisterin übertragenen Aufgaben selbständig auszuführen und zur allgemeinen Zufriedenheit zu vollenden.

Aufenthalt und Ansässigmachung in Eggenfelden

Für den bisher allgemein angenommenen Beginn der Tätigkeit Anton Scheitlers in Eggenfelden im Jahr 1747 gibt es noch keinen archivalischen Nachweis.
Die Bürgeraufnahme Anton Scheitlers dagegen wurde sechs Jahre später bei dem am 9. März 1753 abgehaltenen »Rhattag« im Verhörsprotokoll des Marktes Eggenfelden vor dem Inneren und Äußeren Rat festgehalten. Name, Beschäftigung und Herkunft des Bewerbers sind genau notiert, die eheliche Geburt und die Freiheit von der Leibeigenschaft wurden eigens erwähnt. Ebenso ist seine Verehelichung mit der ledigen bürgerlichen Malerstochter *Magdalena Maisthuber* festgehalten. Die Entrichtung der Bürgerrechtsgebühr von 10 Gulden und eine besondere, von Anton Scheitler zu erfüllende Auflage schließen sich an. Beendet wird das Protokoll mit der Nennung von zwei Eggenfeldener Bürgern, die für ihn drei Jahre lang bis zu einer Höhe von 30 Pfund Pfennig Bürgschaft zu leisten hatten.
Dieses Bürgeraufnahmeprotokoll legt zwar einerseits die Ansässigmachung zeitlich fest, enthält anderseits aber auch gewisse Hinweise für die begründete Annahme, daß sich Anton Scheitler schon früher in Eggenfelden aufgehalten hat.
Bei der Bürgeraufnahme hat der Marktrat nämlich mit ihm ein besonderes Übereinkommen getroffen: Anton Scheitler sollte nicht – wie üblich – einige Gulden für einen Feuereimer erlegen, sondern zwei »saubere« Gemälde für das Rathaus anfertigen. Der Magistrat hatte wohl im Jahr 1747 schon an Anton Scheitlers Malweise Gefallen gefunden, als dieser im Dienste der Eggenfeldener »Mahlerin« *Maria Clara Dorothea Maisthuber,* seiner späteren Schwiegermutter, »aufs Rhathaus zway churfrtl. Personen in Portrait mit feinen Oelfarben« anfertigte. In einem anderen Rechnungsband des gleichen Jahres heißt es, dieselbe Malerin »ließ beim Rhathaus durch ein Gesellen in fresco neben anderen Figuren die Weisheit Salomonis, dann die hl. Cunigunda und Keusche Susanna besamt der churfrtl. und gemainen Markts Wappen mahlen . . . 9 fl.« Im folgenden Jahr wurde in ihrer Werkstatt die Marktkasse mit blauer und weißer Ölfarbe angestrichen, 1750 eine Truhe für Schriftstücke neu bemalt und ein Jahr später eine Tafel zum Anschreiben der Fleischpreise der markteigenen Fleischbänke mit einem entsprechenden Farbanstrich versehen.
Während des Jahres 1747 benötigte die vorhin erwähnte Eggenfeldener Malerswitwe aus Braunau dringend einen Gehilfen, der in der Person Anton Scheitlers als Altgeselle ihr wie gerufen erschienen sein mag. Zu dieser Zeit hatte nämlich ihr bisheriger Geselle *Johann Sonnenmeyer* »flüchtigen Fueßes« Eggenfelden bei Nacht und Nebel verlassen. Er tat dies, weil er Anna Maria Dorothea, eine Tochter seiner Meisterin, »leichtfertigerweise eines Kindes geschwängert hatte«. Während er sich durch seine Flucht der gerichtlichen Verurteilung entzog, wurde die »Deliquentin« um 2 Pfund Pfennig, ihre Mutter um 1 Pfund Pfennig bestraft. Man hielt dieser vor, daß sie in ihrem Hause die Aufsichtspflicht gegenüber ihren

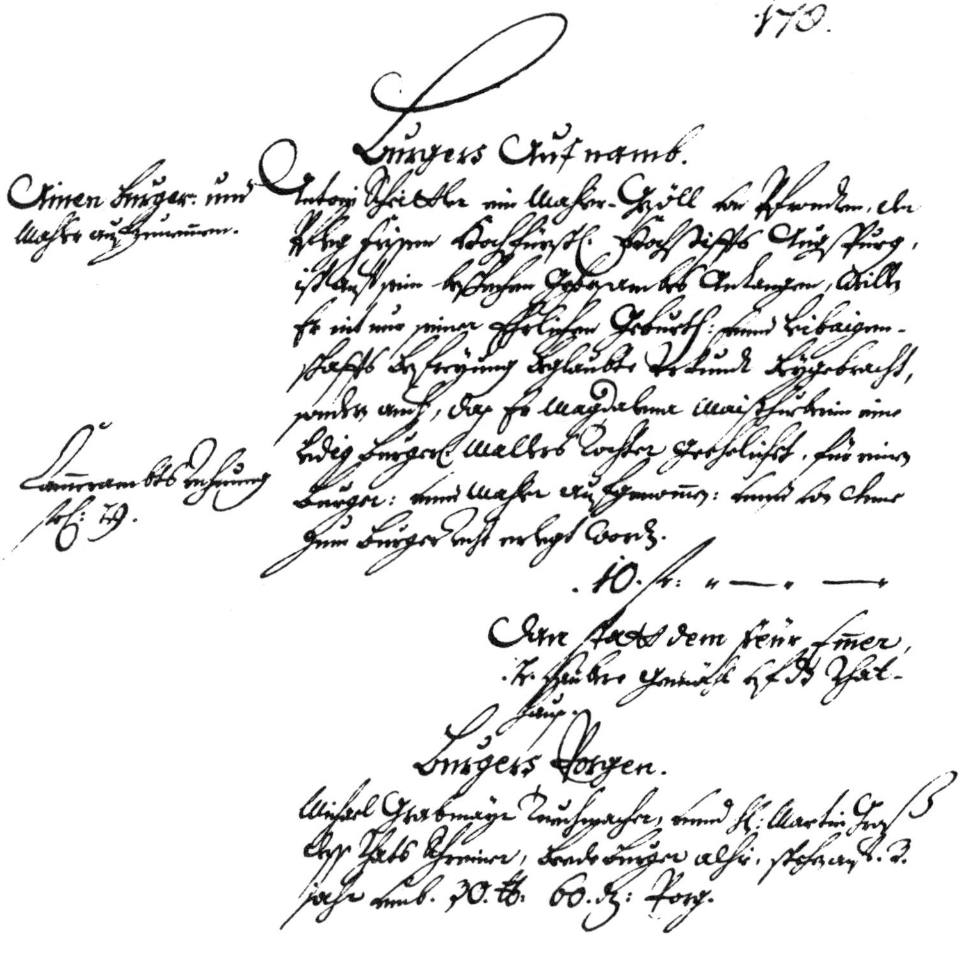

Eintrag über die Bürgeraufnahme von Anton Scheitler *in Eggenfelden, 9. März 1753 (Stadtarchiv Eggenfelden, Ratsprotokolle B 160, fol. 178)*

Töchtern – und wohl auch gegenüber dem darin wohnenden Gesellen – gröblich vernachlässigt habe. Anton Scheitler dürfte nach diesem Vorfall die besten Aussichten gehabt haben, bei Nachweis der beruflichen Eignung einmal das Maler-Realrecht zu übernehmen, falls er eine der Maisthubertöchter heiraten und die Versorgung der anderen sicherstellen würde.
Am 15. März 1753 ehelichte Anton Scheitler dann auch die in Eggenfelden bei ihrer Mutter wohnende *Maria Magdalena Maisthuber*. Dies geschah nur sechs Tage, nachdem er in Eggenfelden als Bürger aufgenommen worden war. Dieser Heirat ist aber ganz sicher eine länger als eine Woche währende Bekanntschaft der beiden vorausgegangen. Das deutet wiederum darauf hin, daß sich Anton Scheitler schon früher in Eggenfelden aufgehalten haben muß. Juristisch und polizeilich ist dies ohne weiteres möglich gewesen, weil Anton Scheitler als Geselle weder den Status eines Bürgers noch eines Mitwohners innehatte und daher in der Liste der Einwohnerschaft nicht geführt wurde.
Die Glaubwürdigkeit einer Anwesenheit Anton Scheitlers vor 1753 in Eggenfelden wird möglicherweise auch dadurch untermauert, daß er Michael Grabmayer und Martin Groß gewinnen konnte, für ihn die bei der Bürgeraufnahme geforderte Bürgschaft zu übernehmen. Es war nicht üblich, daß sich in einem solchen Fall bei einem »hergelaufenen Handwerksburschen« zwei so angesehene Bürger, Handwerker und Ratsherrn zur Verfügung stellten, sie hätten sich denn durch eigenen Augenschein von dessen menschlicher und beruflicher Qualifikation über einen längeren Zeitraum hinweg überzeugen können. Es mag für den Kistler *Martin Groß* eine gewisse Genugtuung gewesen sein, sich nicht enttäuscht zu sehen, als er bald mit Anton Scheitler eine viele Jahre lang währende »Arbeitsgemeinschaft« einging, wobei er Kircheneinrichtungen anfertigte, die von letzterem in werkgerechter Weise gefaßt wurden.

Das Scheitler-Haus

Die von Anton Scheitler erheiratete Wohn- und Werkstätte existiert zwar heute nicht mehr, läßt sich jedoch noch genau lokalisieren. Bei diesem Haus handelt es sich heute am Fischbrunnenplatz um den oberen, etwas zurückgesetzten Gebäudeteil des Tengelmann-Kaufhauses, unmittelbar neben der Geschirr- und Fliesenhandlung Lechner, Hafnergasse 1. Mit dem hinter dem Haus liegenden Hofraum stieß das Besitztum an die Ringmauer, die hier vom nahen Gropper Tor aus sich nach Norden in Richtung Pfarrhof erstreckte.
Als die Braunauer Malerswitwe *Maria Clara Dorothea Maisthuber* 1745 in Eggenfelden die *Paurische* Malergerechtigkeit und -behausung erwarb, mußte sie dafür 750 Gulden aufbringen. Im Kaufbrief werden das Haus und die darin verbleibende Einrichtung wie folgt beschrieben: »Behausung im Gropper-Viertel Inneren Markts zwischen Simon Kopper, Pierpreu, und Gabriel Weiß, Hafner, beeden Burgershäusern entlegen, worumen jährlich zu Gemainen

Marckht wegen der Wassereinführung die Gilt mit 4 Schilling Pfennig abzureichen ist, sambt der Malergerechtigkeit, auch all rechte Ein- und Zugehörung; dann Daraingab 1 Tisch, 2 Sessel, 1 Crucifix, 1 Hausaltar, 1 Kasten, und 1 Speisköstl, besamt dem Sechtlgschirr [= Waschgeschirr] als Wannen, Ziber und Schäffl, 1 Grießkästl, ferners was sonst zu Mallerei gehörig und dermahlen vorhanden.«

Anton Scheitler ist nicht der erste und einzige Maler gewesen, der die bezeichnete Behausung sein Eigen nannte. Diese befand sich nachweisbar fast zweihundert Jahre lang ununterbrochen im Besitz von acht Malern. 1686 hatte das Haus Johann Michael Probst, »churfrtl. Casstenbhreiter«, an *Johann Grainlechner* verkauft, nachdem dieser sich bereit erklärte, seinen Sohn *Johann Franz Probst* als Malerlehrling auszubilden.

Im einzelnen lassen sich auf dem Scheitler-Haus folgende Maler als Besitzer nachweisen: *Johann Grainlechner* aus Eggenfelden (1686–1716), *Johann Melchior Puttner* aus Aichach (1716–1741), *Ignaz Xaver Paur* aus Altötting (1741–1745), *Maria Clara Dorothea Maisthuber* aus Braunau (1745–1752), *Anton Scheitler* aus Pfronten im Allgäu (1753–1789), *Josef Schwarzmayr* aus Eichendorf (1789–1812), *Benedikt Riederer* aus Landau a. d. Isar (1812–1832) und *Anton Haas* aus Griesbach (1832–1862).

Das »Haus-Nr. 44 zum Maler, Wohnhaus mit Holzschupfen und Schweinestall unter einem Dache, Hofraum, Brunnen und Röhrenwasser aus einer Brunnstube« erkaufte schließlich am 4. Juni 1862 die Nachbarin Maria Leibinger, Bierbräuin, um 4050 Gulden. Die auf dem Hause ruhende reale Malergerechtigkeit hat zur selben Zeit der aus Gangkofen zugezogene Maler *Georg Haberland* um den Preis von 1100 Gulden an sich gebracht.

Nachdem das ehemalige Scheitler-Haus sechs Jahre lang heute nicht mehr genau feststellbaren Zwecken des Brauerei- und Gaststättengewerbes gedient hatte, wurde es zusammen mit dem größeren Anwesen des Besitzers abgerissen. Auf dem aus zwei Grundstücken entstandenen Bauplatz errichtete 1868 Johann Leibinger einen breit ausladenden und langgestreckten Neubau mit Brauhaus, Schenklokal, Wasch- und Schlachthaus, Kegelbahn und Faßremise. Das behäbige Haus mit der großen Einfahrt und dem weißen Giebel unter dunklem Vordach hat dem Fischbrunnenplatz fast einhundert Jahre lang ein besonderes Gepräge verliehen. Das letzte Sich-Erinnern an das ehemalige Scheitler-Haus begann zu schwinden, als der »Leibinger Bräu« im Jahr 1962 ebenfalls der Spitzhacke zum Opfer fiel. Er mußte einem modernen viergeschossigen Zweckbau mit großem Verkaufsraum und darüberliegenden Wohnungen weichen.

Die Familie Maisthuber-Scheitler

In einer Zusammenstellung über die aus Eichstätt stammende Künstlerfamilie *Winck* wird berichtet, daß *Johann Chrysostomus Winck* dem Anton Scheitler

dazu verhalf, eine Eggenfeldener Malerstochter zu heiraten. Es war dies – wie erwähnt – *Maria Magdalena Maisthuber,* eine Tochter seiner bisherigen Meisterin.
Seine Schwiegermutter, *Maria Clara Dorothea Maisthuber,* Malerswitwe, hatte in Eggenfelden das gemauerte, aus zwei Stockwerken bestehende Haus von der Malerswitwe *Maria Apollonia Paur* erworben, bevor sie am 1. April 1746 in Eggenfelden als Bürgerin aufgenommen wurde und mit den verbliebenen Familienangehörigen aus Braunau zuzog. Daß eine angemessene Zeit vorher ihr Ehemann, der in der Inn- und Salzachgegend bekannte Maler *Anton Maisthuber* in Braunau verschieden ist, konnte vom dortigen Pfarramt aus dem Sterbebuch nicht bestätigt werden. Jedenfalls sind der einzige Sohn und zwei schon verheiratete Töchter in Braunau zurückgeblieben.
Außer der späteren Braut Scheitlers haben deren beide Schwestern, Maria Anna Dorothea und Rosina, ihre Mutter nach Eggenfelden begleitet. Diese verstarb dort am 25. September 1752 im Alter von 73 Jahren. Erst drei Monate nach ihrem Tode wurde die erfolgte Übergabe ihres Besitzes an die Tochter Maria Magdalena vom Magistrat protokolliert, und zwar mit der Auflage, daß sie ihren fünf beziehungsweise vier Geschwistern insgesamt 800 Gulden – abzüglich ihres eigenen Heiratsgutes von 176 Gulden – auszubezahlen habe.
Im einzelnen sah der Übergabevertrag, der das weitere Leben der Familie finanziell mitbestimmt hat, folgendes vor:
1) »*Maria Ursula Ehrnmillerin,* Mallerin zu Braunau«, erhält keine Zuwendung mehr, da ihr schon als Heiratsgut 200 Gulden ausgehändigt worden sind.
2) »*Maria Catharina Prandtstetterin,* bürgerliche Mahlerin zu Braunau«, sind zu den seinerzeit erhaltenen 80 Gulden noch 96 Gulden zu übereignen.
3) Die jüngeren Töchter Maria Anna Dorothea und Rosina haben Anspruch auf je 176 Gulden.
4) »Item meinem Herrn Sohn Franz Antoni 176 Gulden und meiner übernementen Tochter Magdalena vor ihre Portion auch 176 Gulden,«
5) Maria Anna Dorothea, die »defectuos und zum Dienen nicht recht tauglich« ist, sollen die vier bei der Übergabe bedachten Geschwister 25 Gulden sogleich und dieselbe Summe für das in Braunau noch zu verkaufende Haus im voraus zukommen lassen.
Als Gegenleistung dafür, daß *Chrysostomus Winck* Anton Scheitler eine Frau mit übernommener Malerbehausung und -gerechtigkeit zugebracht hatte, mußte Scheitler dessen Bruder *Christian Winck* fünf Jahre lang in die Lehre nehmen. Wenn er gleich während der ersten Jahre im Scheitler-Haus gearbeitet und gewohnt hat, dann ist er dort wohl »über das Anstreichen, Marmorieren und Vergolden der Altäre, das Bemalen von Grabkreuzen, Kruzifixen und Marterl, höchstens noch von kleinen Haus- und Tafelbildern nicht hinausgekommen«. Allerding stieg er später zum kurfürstlichen Hofmaler und bedeutendsten Freskomaler Münchens in der zweiten Hälfte des 18. Jahrhunderts auf.
Besser erging es während seiner Lehrzeit *Josef Benedikt Scheitler,* der bei seinem

Onkel in Eggenfelden auch die Altarblattmalerei sowie die Freskomalerei erlernen konnte, aber schon im Alter von sechzehneinhalb Jahren 1767 verschieden ist.

Die Familie Scheitler hatte indessen 1757 schon dadurch Zuwachs erhalten, daß Anton und Magdalena Scheitler als einziges Kind am 13. Februar die Tochter Maria Magdalena Kreszentia geboren wurde. Ihre Mutter verstarb 64jährig im Jahr 1783. Sechs Jahre später, am 6. Oktober 1789 heiratete die Tochter nach Donaustauf den Sohn *Franz* des dortigen Hofgärtners Lorenz Franz und seiner Frau Margarethe, Tochter des Neumarkter Malers *Michael Beer*. Bei ihr beschloß am 24. Dezember 1791 Anton Scheitler im Alter von 74 Jahren die Tage seines irdischen Leben, nachdem er bis zuletzt seinen familiären Verpflichtungen nachgekommen war.

Seinen beiden, bei ihm wohnenden Schwägerinnen wurden je 100 Gulden ausbezahlt, und zwar Maria Anna Dorothea 1762 und Rosina Maisthuber 1765. Es ist unverständlich, daß am 1. Oktober 1789 ohne Berücksichtigung der eben erwähnten 200 Gulden und des Todes von Rosina im Jahr 1787 Maria Anna Dorothea und ihren Geschwistern Maria Catharina, Rosina und Franz Anton 624 Gulden übereignet wurden. Am gleichen Tag quittierte seine Tochter und angehende Hofmalerin zu Donaustauf den Empfang »eines Heiratsgutes nebst einer Ausfertigung von 200 Gulden baar Geld«.

Diese Mittel stammten aus dem Verkauf des Hauses an den Maler *Franz Josef Schwarzmayr* um den Betrag von 800 Gulden. Bei der Verbriefung hatte Scheitler sich ausbedungen, daß ihm »die heruntere fordere Stube« bis zu seinem Lebensende zur freien Verfügung stehe und »Holz, Krippen-Waaren und derlei Figuren, Kästen und Verschläg vorerst im Haus geduldet« werden. Daraus konnte Anton Scheitler nur noch wenig Nutzen ziehen, nachdem ihm seine Schwägerin Maria Anna Dorothea 1790 im Tode vorausgegangen war und er wahrscheinlich daraufhin zu seiner Tochter verzogen ist.

Arbeiten und Werkkatalog

Ein Verzeichnis der bisher bekanntgewordenen Arbeiten kann keinesfalls Anspruch auf Vollständigkeit erheben, es vermag aber einen Eindruck von der Vielseitigkeit des Schaffens von Anton Scheitler zu vermitteln. Wo es möglich ist, werden die ausgeführten Arbeiten im Wortlaut aus den Rechnungsbänden der Auftraggeber oder aus den von Anton Scheitler geschriebenen Rechnungsquittungen übernommen.

1754, Eggenfelden, Marktverwaltung:
»2 Gemäl, die Justiz vorstellend, welche auf die große Rhatstuben statt dem Feuerinstrument gemacht worden«.
Diese anstelle seiner Bürgeraufnahmegebühr geschaffenen Gemälde erscheinen

jahrzehntelang alljährlich im Inventarverzeichnis des Rathauses. Im großen Saal, wo die »niedere Gerichtsbarkeit« ausgeübt wurde, hatten sie neben den Bildnissen des Kaisers und des Kurfürsten ihren Platz gefunden.

1754, Eggenfelden, Marktverwaltung:
»Auf das Rhathaus 2 Rammen mit Metall vergolt und mit Goldfürneiß überzogen . . . 1 Gulden 4 Kreuzer«
In den Handwerksordnungen der Maler war angeführt, daß sich die Glaser zu »enthalten« hätten, jedwede Holzrahmen »mit guet oder falschen Gold und derlei Silber« zu fassen. Dem Eggenfeldener Glaser Franz Xaver Hilzenegger, der durch eine »Herrengunst« zum Bürgerrecht gelangt war, wurde dies von der Regierung Landshut ausdrücklich untersagt.

1755, Hirschhorn, Pfarrkirche:
»Vor 2 gemahlene Urschildt bezahlt worden 10 Gulden«
Offensichtlich benötigten die beiden anderen, dem Regen und Wind abgewandten Zifferblätter noch keine Bemalung.

1755, Eggenfelden, Marktverwaltung:
»Die Figur der Unbeflekhten Empfängnis auf den Fronleichnahmstag mit rother Öelfarb angestrichen . . . 30 Kreuzer«
Das war eine Prozessionsfigur der Muttergottes, die an den beiden »Prangertagen« von den dazu bestimmten Ratsbürgern beim Umzug mitgetragen wurde.

1756, Eggenfelden, Spitalkirche:
»Ein neues Cäpsel zu ainem Jesu Kindlein und 2 Rammen mit Zwischgold vergoltet und Märblarth gemahlen . . . 10 Gulden 30 Kreuzer«
Anton Scheitler hat wahrscheinlich ein auf der langen Schmalseite stehendes Holzkästchen, in dem hinter einem Fenster auf gesticktem Kissen und vor einem schön verzierten Hintergrund ein »Fatschkindl« oder »Augustiner-Kindl« lag, außen marmorartig bemalt und die angebrachten Rähmchen vergoldet.

1757, Eggenfelden, Marktverwaltung:
»Eine Heltenporten-Stangen mit guet plau und meisser Oehlfarb gewundtner fassen . . . 12 Kreuzer«
Für wenig Geld wurde die Hellebardenstange eines Platz-, Tor- oder Turmwächters in den bayerischen Farben spiralförmig angemalt.

1758, Hirschhorn, Pfarrkirche, Ölberggrotte:
»Den Öhlberg auf die Mauer ganz aufgemahlen, die Figuren aber mit gueter Öhlfarb ausgefaßt, die Saum an den Gewanter und andere Zugehör mit Zwischengold vergold . . . 10 Gulden 42 Kreuzer«
Bei den Figuren handelte es sich um Jesus und die schlafenden Jünger.

1760, Eggenfelden, Marktverwaltung:
»Vor gemahlen 2 Schiess-Scheiben, und ainer Fleischsaz-Tafl . . . 3 Gulden 48 Kreuzer«

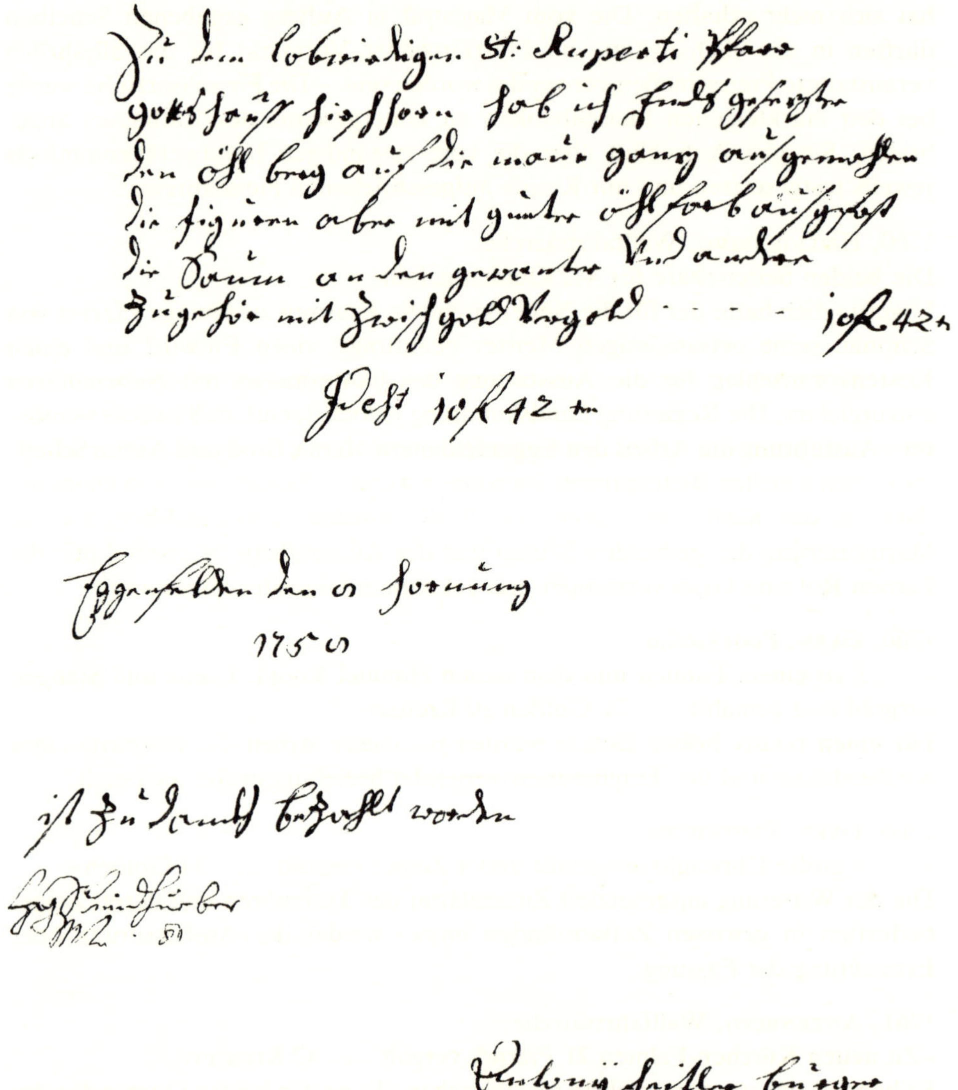
Zu dem lobwürdigen St: Ruperti Pfarr
gotshaus Hirschorn hab ich Endsgeschribner
den Öhlberg auf die mauer ganz ausgemahlen
die figuren aber mit guter öhlfarb ausgefast
die Säulen an den gewanter und andere
Zugehör mit Zwischgold vergolt - - - - 10 fl 42 x

10 fl 42 x

Eingenohmen den 8 Hornung
1758

ist zu danckh bezahlt worden

Antony Scheitler burger
und Mahler alda

Quittierte Rechnung mit Unterschrift von Anton Scheitler, *8. Februar 1758, für Mal- und Faßarbeiten am Ölberg der Pfarrkirche zu* HIRSCHHORN *(Pfarrarchiv Hirschhorn)*

Eine von Anton Scheitler buntbemalte Schützenscheibe, etwa mit einer Allegorie, Jagdszene, Ortsansicht oder Figur mit witzigen und anzüglichen Sprüchen, hat sich nicht erhalten. Die vom Magistrat in Auftrag gegebenen Scheiben dürften in der »Schießstatt« im Pfarrkirchener Vormarkt für das alljährlich veranstaltete Preisschießen verwendet worden sein. – Die Fleischsatztafel wurde bei den markteigenen Fleischbänken im Untergeschoß des Rathauses angebracht. Sie gab Aufschluß über die vom zuständigen Handwerkskommissär jeweils festgesetzten und mit Kreide aufgeschriebenen Fleischpreise.

1760, Heiligenberg, Wallfahrtskirche:
Die beiden Seitenaltäre für 442 Gulden gefaßt
Ursprünglich hatte der für die Nebenkirche St. Erasmus zuständige Pfarrer von Schönau seine ortsansässigen Meister beauftragt, einen Entwurf und einen Kostenvoranschlag für die Ausstattung des Gotteshauses mit Nebenaltären einzureichen. Die Regierung Landshut drang jedoch darauf, daß zwecks »sauberer« Ausführung die Arbeit den Eggenfeldenern *Martin Groß* und Anton Scheitler zu den gleichen Bedingungen übertragen wurde. – Gegenüber dem kleineren Altar in der Kirche zu Schreihof (1784) wurden in Heiligenberg für die Marmorierung der gedrehten Säulen und des Altaraufbaus in erster Linie die Farben Rot und Grau verwendet und gekonnt aufeinander abgestimmt.

1760, Gern, Pfarrkirche:
». . . 3 zu einem Fahnen und dem neuen Himmel Knöpf, Creuz und Stangen vergold und gemahlt . . . 20 Gulden 10 Kreuzer«
Für einen relativ hohen Betrag wurden bei dieser Arbeit die Holzteile einer Kirchenfahne und des Traghimmels vergoldet beziehungsweise angemalt.

1760, Gern, Pfarrkirche:
». . . 3 große Uhrschild ausgefaßt und 4 Zeiger vergold . . . 14 Gulden«
Die der Witterung ausgesetzten Zifferblätter der Turmuhren und deren Zeiger bedurften in gewissen Zeitabständen immer wieder der Ausbesserung oder Erneuerung der Fassung.

1761, Anzenberg, Wallfahrtskirche:
»Zu neuen Kürchen-Fahnen 21 Pierndl vergolt . . . 42 Kreuzer«
Es handelt sich um durchbohrte Holzbirnchen, die an den beiden Querenden des Fahnentuches und den flatternden Schnüren mit Hilfe von Knoten oder Quasten befestigt waren.

1761 (bis 1763?), Gern, Pfarrkirche:
». . . 1761 . . . auf Ausmahlung der Kirchen in fresco empfangen 50 Gulden«
Wahrscheinlich schmückte in dem angegebenen Zeitraum Anton Scheitler das Gerner Gotteshaus mit drei Deckenfresken, dem Doppelwappen der Closen am Chorbogen und einer Stuckimitation an den von den Bildern freigehaltenen Gewölbeflächen. Scheitler und sein Auftraggeber, Pfarrer Georg Findl, gingen

von der Gesamtkonzeption aus, den nach oben schauenden Gottesdienstbesucher in den geöffneten Himmel blicken zu lassen.
Im Chor malte Anton Scheitler die Allerh. Dreifaltigkeit und davor die aus der Geheimen Offenbarung Isaias und Johannes wenig bekannten Gestalten des sechsflügeligen Seraphins und des Engels mit dem unheilgeschwängerten Rauchfaß. Am Langhausgewölbe gelangte die Aufnahme des Kirchenpatrons, des heiligen Georgs, in den Himmel zur Darstellung. Hier zeigen sich die imposanten Erscheinungen des römischen Offiziers und zweier großer Engel. Auf dem dritten Fresko, das bis über die Orgelempore reicht, konzertieren Gruppen von Engeln und Kindern zur Ehre und zum Lob Gottes. In der unteren Rahmenkartusche signierte und datierte der Freskant mit »A: SCHeitler pinxit 1763«.

Signatur und Datierung von Anton Scheitler, *1763, am Deckengemälde St. Georg zu* Gern

Außer der Rechnungsquittung vom 16. November 1761 mit dem verhältnismäßig geringen Betrag von 50 Gulden lassen sich im Gerner Pfarrarchiv weder entsprechende Niederschriften in den jährlichen Rechnungsbänden noch einschlägige Rechnungen bei den »Spezifikationen« auffinden.

1763, Hirschhorn, Pfarrkirche:
». . . den grossen Knopf auf den Kirchthurn sambt dem Creuz und auch die Jahr-Zahl gross in Blech ausgeschnitten, alles mit Zwischgold [= Sorte Blattgoldes, welche auf der Kehrseite silbern aussieht] vergold. Ist vor alles zusam 15 Gulden«

1763, Frauentödling, Wallfahrtskirche:
Kanzel für 150 Gulden gefaßt
Alten Photos zufolge, hat Anton Scheitler die von dem bekannten Passauer Bildhauer *Josef Deutschmann* mit reichem Schnitzwerk versehene Kanzel so gefaßt, daß ihre Einzelteile farblich besonders hervorgehoben wurden, insgesamt aber eine gelungene Farbenkomposition darstellten. – Heute ist die Kanzel fast vollständig mit einem stumpfen Braun überstrichen.

1764, Eggenfelden, Spitalkirche:
». . . bey disem Altar [=Choraltar] die ganze Architektur auf Marborl-Art mahlen, schleiffen und planieren, die Zierrämben, Capitel, Schaftgesimbser, Blindtfligl und Maykrieg, sambt all andern Laub- und Schneidtwerckh guett vergolten, und planieren, das Altar- und obere Plath mahlen, yber Abbruch 15, 400 Gulden«

Dieser 7,80 m hohe, 5,70 m breite sowie mit Statuen und vier gewundenen Säulen ausgestattete Altar wurde 1845 als alt und nicht mehr restaurierbar mit Ausnahme des von Anton Scheitler gemalten Altarblatts verkauft. Ob es sich dabei um das 1,20 m hohe Bild der Schmerzhaften Muttergottes handelt, das ab dem erwähnten Jahr an dem neuen und nunmehr einzigen Seitenaltar angebracht ist, vermag nicht mit Sicherheit festgestellt zu werden.

1765, Eggenfelden, Marktverwaltung:
»... zue Rotter Thurn-Uhr einen großen Uhrschild mit Ölfarben fassen und schreiben, auch 3 Zaiger mit Zwischgolt neu vergolten, 3 Gulden«

1765, Oberdietfurt, Pfarrkirche St. Johann Baptist:
16 Wandfresken gemalt
Entsprechend dem Patronzinium gestaltete Anton Scheitler das Innere des frühgotischen Blankziegelbaues mit Szenen aus dem Leben des hl. Johannes des Täufers und mit Einzelbildern der zwölf Apostel.
Im Presbyterium füllte er die Wände – in Anpassung an die Arkaden des Hauptschiffes – links mit der Beschneidung Jesu und mit der Predigt des Johannes, rechts mit der Taufe Jesu und mit der Enthauptung des Johannes.
Darüber malte er die ersten vier Bilder der Apostel in je einer Dreipaßkartusche, um dann im Langhaus auf der gleichen Höhe und in derselben Weise in den Stichkappen über den vier Arkaden mit der Doppelgalerie der Jünger fortzufahren.

1766 (?), Seemannshausen, ehemalige Klosterkirche St. Maria Magdalena:
Wand- und möglicherweise Deckenfresken
An einem bis heute erhalten gebliebenen Wandteil der ehemaligen Kirche sind noch schwach rotgetönte Stellen erkennbar. Die Historische Interessengemeinschaft Gangkofen besitzt photographische Aufnahmen aus einer Zeit, in der die ehemaligen großflächigen Fresken Anton Scheitlers sich noch in einem besseren Zustand befanden. Unter anderem sind ein Apostelkreuz und ein überlebensgroßes nach unten geneigtes menschliches Antlitz wahrzunehmen. Es kann sich um das wohlwollende und Verzeihung ausstrahlende Antlitz Christi handeln, das der Sünderin und Büßerin Maria Magdalena zugewendet ist, die dem Herrn mit ihren Tränen die Füße netzte und sie mit ihren Haaren trocknete. Damit hätte Anton Scheitler wie in den anderen Kirchen dem Patrozinium in seinen Fresken Rechnung getragen. Im übrigen stand die hl. Maria Magdalena Anton Scheitler besonders nahe, da sowohl seine Ehefrau wie auch seine Tochter sie als Namenspatronin verehrt haben.
Anton Scheitler hatte inzwischen einen guten Ruf. Die Patres von Seemannshausen empfahlen ihn an den Pfarrer von Binabiburg weiter, und zwar mit den Worten, daß er »in fresco mahlen die guete Prob in alldortigen Gottshaus an Dag geleget hat«. Durch den Abbruch der Kirche im Zug der Säkularisation sind uns leider weitergehende Kenntnisse verwehrt.

1766, Eggenfelden, Spitalkirche:
»Vor planiert und guet versilberte 6 Meykrueg 3 Gulden«
Hier dürfte es sich um geschnitzte Gefäße handeln, die man mit künstlichen Blumen (Maibüschen) versehen häufig als Altarschmuck verwendet hat. Die Maibüsche selbst wurden in Eggenfelden und Gern – noch vorhandenen Rechnungen zufolge – von »Meypisch und Pildtertragern« aus Murnau angeliefert und verkauft.

1766, Eggenfelden, Spitalkirche:
»Neue Canzl nebst einer Thier, mit Gesimbsen, Muschlwerckh und einer Glory auf Marbolarth gemahlen, geschliffen, und paliert, das Laubwerckh und Schein aber guet planiert und vergolt . . . 25 Gulden«
1844 wurde »die alte in ihrem Zustande sehr schlechte Kanzel« durch Pfarrer Hofmann von Hebertsfelden um 20 Gulden ersteigert.
Die vor dieser in der Spitalkirche benutzte Renaissance-Kanzel hat seit langem ihren Platz in der Nebenkirche zu Pischelsberg gefunden.

1768, Eggenfelden, Spitalkirche:
»Die 12 Apostlzeichen auf die Maur gemahlen und ain grosse Schisslram angestrichen . . . 3 Gulden 9 Kreuzer«
Durch mehrfaches Übermalen und durch das Entfernen der Apostelleuchter ist es heute nicht mehr möglich, jene zwölf Stellen an den Wänden zu erkennen, wo das Gotteshaus einst bei der Kirchenweihe mit heiligem Öl gesalbt worden war.

1769 (?), Binabiburg, St. Salvator:
Ein großes Deckengemälde in fresco gemalt
Zu Beginn des oben genannten Jahres bescheinigte Antoni Scheitler dem Ortsgeistlichen schriftlich, daß er im Monat Mai die Ausmalung der Decke »gewislich vornehmen werde«, nachdem er im Vorjahr daran verhindert gewesen war. Als Thema stellte sich ihm ein Hostienwunder, das einst die Gründung der Wallfahrtskirche veranlaßt hatte.
Im Vordergrund des großen Bildes stürzt das Pferd eines vorüberziehenden Fuhrmanns vor einem Busch auf die Knie nieder, in dem eine Hostie verborgen liegt. Der mit viel Volk aus Binabiburg mit Kirchenfahne und Traghimmel herbeigeeilte Pfarrherr hebt die Wunderhostie auf und verwahrt sie in seinem Kelch. Der Mittelgrund des Bildes, zu dem eine Treppe emporführt, wird von einem Maurenfürsten, Soldaten und gefesselten Christensklaven eingenommen, die aus einem Kerkertor kommen. Darüber knien auf einer Felsplatte zwei Mönche des Trinitarierordens und reichen von Engeln übergebene Skapuliere dar, deren Tragen um den Hals unter Verrichtung bestimmter Gebete mit einem Ablaß verbunden ist. Diesen besonderen Gnadenerweis Gottes versinnbildlicht auf der gegenüberliegenden Seite das Hinabstreuen von Blumen durch einen Schwarm von Putten aus dem Himmel. Dort thront auf einer Wolke die Allerh. Dreifaltigkeit. Über ihr schwebt am oberen Bildrand ein großer Engel, der mit

seiner Fanfare den von den Wallfahrern zu gewinnenden »Hl. Ablaß« verkündet.

1772, Hirschhorn, Pfarrkirche:
»Die zu denen Fahnen gehörige Biernchen und anders mehr vergoldt, 3 Gulden«

1777, Eggenfelden, Pfarrkirche:
»Den Chor Altar nach Inhalt der Yberschlag zu jeedmans Contento hergestellt . . . 300 Gulden«
Der Hochaltar, 1690 im Barockstil von *Oswald Grimmb* erbaut und von *Johann Grainlechner* gefaßt, wurde 1777 von Anton Scheitler dem »Zopfstil« angepaßt, restauriert. 1861 hat man den »sehr großen« Altar im Zug der Regotisierung abgebrochen.

1777, Gern, St. Sebastian:
Tabernakel des Hochaltars planiert und gefaßt
Die einfache Fassung in Weiß und Gold läßt die geschwungenen Teile besonders hervortreten und hebt den Tabernakel als eine besondere Kostbarkeit und als Behältnis des Allerheiligsten vor dem mehrfarbigen Hintergrund des Altaraufbaus besonders ab. Die Rückseite des Tabernakels ist in schwarzer großer Schrift signiert mit »Anton Scheitler, Mahler zu Eggenfelden, 1777«.

1778, Eggenfelden, Spitalkirche:
»Zu denen zwey Seitenaltärn die Antependia auf Märbelarth mahlen, schleifen, pallieren und die Mitlkränz guet vergolten. 10 Gulden«
Den Seitenaltar mit dem Bild des hl. Joseph hat man 1845 dem Pfarrer Knollmüller von Rotthalmünster für 45 Gulden verkauft.
Den zweiten Seitenaltar, den Vierzehnheiligen-Altar, erstand zusammen mit dem Hochaltar die Kirchenverwaltung Tittling durch Expositus Koller – »wider alles Erwarten« – um 275 Gulden.

1779, Eggenfelden, Spitalkirche:
»Eine Kuppel zu einem Paltakin mit guten spanischen Fürneis-Farben gemahlet, die Einfassung und alle Quasten Vergold. 2 Gulden«
Verschiedentlich ist auch von einem »Deckel« zu einem Baldachin die Rede. Aus den Inventaren geht hervor, daß sie vor allem über und an Gemälden angebracht wurden.

1780, Eggenfelden, Pfarrkirche:
»Einem ehrsamen Handtwerkh der Schuechmacher in ihrene Kapel in lobl. Pfarrgottshaus den Altar gefaßt, 28 Gulden«
Durch Abbruch, Ersatz und Umstellung der Kapellenaltäre ist es heute weder möglich, die ehemalige Kapelle noch den entsprechenden Altar ausfindig zu machen.

1784, SCHREIHOF, Kirche:
Den Altar gefaßt
Im Gegensatz zu heute ist zur Zeit der Abfassung der »Kunstdenkmäler« (um 1920) an der Rückwand des Altars noch die Inschrift »Anton Scheitler, Maler zu Eggenfelden, 1784« zu lesen gewesen. Falls der heutige Zustand noch dem Original entspricht, dann hat Scheitler den Altar »auf Märbelarth gemahlet«, wobei die Farben Grün und Braun dominiert haben.

1787, EGGENFELDEN, Marktverwaltung:
»Vor das angestrichene Wachthäusel, so anders 8 Gulden 3 Kreuzer«
Dieses Requisit der Marktwache dürfte an einem der Tore seinen Platz gehabt haben.

1788, EGGENFELDEN, Marktverwaltung:
»Vor die angestrichene Johannes-Kapelle auf der Rotterbrücke, dann großen Wachthaus auf dem Platz und Fischsäule [= am Fischbrunnen] . . . 18 Gulden«
Es herrscht Unklarheit darüber, wie diese Säule aussah, wo sie stand und welchem Zweck sie diente.

1789, EGGENFELDEN, Marktverwaltung:
»Vor die mit Öehlfarben blau und weiß angestrichenen Trumeln, dan Mahlung der bajerischen Wappen hierauf, so andern 9 Gulden«
Die Trommeln gehörten wohl den in Eggenfelden schon immer nachweisbaren »Burgerdienern«, die ihre Marschschritte mit Trommelschlägen begleiteten und die Bekanntmachungen an die Bürgerschaft mit einem Trommelwirbel zu eröffnen und zu beenden pflegten.

1789, EGGENFELDEN, Marktverwaltung:
»Vor Faßung des Kreutzes und der Sarg 6 Gulden«
Die letzte in Eggenfelden nachweisbare und zwei Jahre vor seinem Tod ausgeführte Arbeit bestand im Fassen eines Totenkreuzes und eines Sarges für eine verschiedene alte »Jungfer«. Auftrag und Bezahlung sind Scheitler aus dem von den Marktprokuratoren aufgenommenen Erbschaftsbrief zugegangen.

Der Maler Anton Scheitler hat sicherlich wesentlich mehr geschaffen, als diese Zusammenstellung zu zeigen vermag, auch wenn in den siebziger und achtziger Jahren die ganz großen Aufträge ausblieben und die kleinen nicht mehr so reichlich flossen. Die Qualität seiner Bilder mag manchen Wunsch offen lassen, immer aber hat sich Scheitler den übertragenen Aufgaben mit ihren ganz besonderen Bedingungen gestellt. Er ging stets auf die jeweiligen Verhältnisse ein und löste die vielseitigen Probleme »zu jeedmans Contento«, seiner künstlerischen Freiheit mehr Raum und Spiel lassend, als man auf den ersten Blick geneigt ist anzunehmen und ihm zuzugestehen. Von hier aus gesehen fällt er gegenüber seinem, ihn überragenden ehemaligen Schüler *Christian Winck* nicht gar so sehr

Schloßbrauerei GOSSERSDORF
Bildnis des Abtes Joseph Maria Hiendl aus Oberaltaich von Franz Anton Rauscher, 1777 ▷

S. Ablaß

◁ Wallfahrtskirche St. Salvator in BINABIBURG Deckengemälde »Hostienlegende« von Anton Scheitler, 1769

ab, wenn man auch noch bedenkt, was für enge Grenzen ihm von der Anzahl und Thematik der Aufträge her gesetzt waren.
Um ein endgültiges Urteil über den Maler Anton Scheitler abgeben zu können, ist es notwendig, Fresken aufzuspüren, die von Restauratoren wenig oder gar nicht verändert wurden. Auch ein Tafelbild oder ein Ölgemälde aus seiner Hand würde sein wirkliches Können und Vermögen transparenter und greifbarer machen. Trotzdem sei nachfolgend der Versuch zu einer Stilanalyse seiner erhaltenen Fresken angestellt.

Zur Stilanalyse der Fresken Anton Scheitlers

Unser Eggenfeldener Maler verdankt sein handwerkliches Können zwei Lehrmeistern, die unter anderem ihre eigene Ausbildung in Augsburg und Wien erlangt haben. Daß er in den dreißiger Jahren des 18. Jahrhunderts gerade bei ihnen in die Lehre ging, mag weniger mit deren künstlerischen Bedeutung und pädagogischem Geschick, als vielmehr mit den geringen finanziellen Möglichkeiten seiner Eltern zusammenhängen. Im übrigen aber zogen um diese Zeit überhaupt angehende junge Maler die Lehrzeit bei einem einheimischen Meister oder den Besuch einer der deutschen Kunstakademien dem Aufenthalt in Italien oder in den Niederlanden vor. Sie wie Anton Scheitler erlebten die Konsolidierung einer spezifisch deutschen Rokokomalerei, die sich besonders als Monumental- und Illusionsmalerei präsentierte. Von der reichsstädtischen Augsburger und von der kaiserlichen Wiener Kunstakademie her entwickelte und verbreitete sich das großflächige Decken- und Wandfresko in Süddeutschland und Österreich.
Im Gegensatz zu Norddeutschland bestimmten hier nicht Philosophie und Literatur wesentlich Inhalte und Funktionen kulturellen Schaffens. Vielmehr übernahm es die Malerei zu erzählen, zu belehren, zu moralisieren und zu allegorisieren. Allerdings vermochten dies die meisten Künstler nur vereinfachend und formelhaft, oft aber dafür um so einprägsamer und unterhaltender. Für Anton Scheitler und seine Zeitgenossen wurden Bibel und Heiligenlegende zu spannenden Bilderbüchern, Glaubenswahrheiten und Historien zu phantasievollen Deckengemälden. Sie sind damit den bildhaften Denktraditionen des bairischen Menschenschlages weitest entgegengekommen und holten ihm den Himmel an die Decken seiner Gotteshäuser herunter.
Den GERNER Fresken etwa liegt ganz diese Konzeption zu Grunde. Die »Heiligste Dreifaltigkeit« im Chor brachte Scheitler in Zusammenhang mit dem »Letzten Gericht«, das die Empfindungen der Gläubigen immer stark zu tangieren vermochte. Der heutige Betrachter hat es allerdings schwer, am rauchfaßschwingenden Engel, am sechsflügeligen »Wesen« und den sieben Flambeus das Symbolhafte zu erkennen. Das Bild vom Patronat des hl. Georgs zeigt – um den Zusammenhang mit der Gesamtkonzeption zu wahren – nicht den Kampf mit

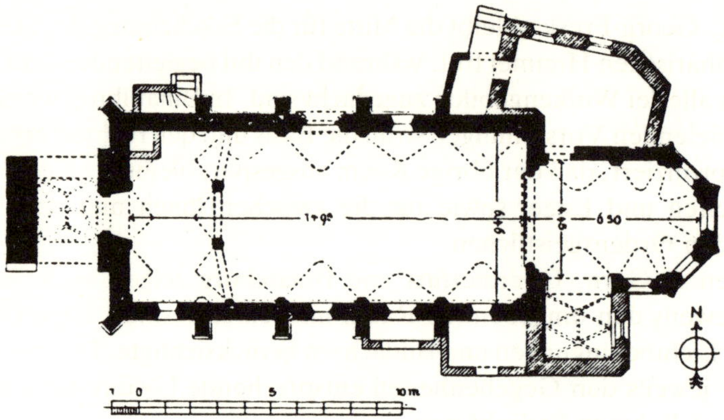

Grundriß der Pfarrkirche zu GERN *(Bayerisches Landesamt für Denkmalpflege)*

dem Drachen irgendwo auf der Erde, sondern die Aufnahme des Heiligen in den Himmel. Daß der Phantasie keine Grenzen gesetzt waren und das Bildkonzept sogar in sein Paradoxon verwandelt werden konnte, zeigt die Hineinnahme der durch den getöteten Drachen gebildeten terrestrischen Szene in den himmlischen Schauplatz. Im dritten Fresko wird das Motiv der Dreifaltigkeit durch das Emblem des mit der Inschrift »JAHWE« versehenen Dreiecks ebenso wieder aufgenommen wie das Heilig-heilig-Rufen aus dem ersten Bild durch die Musik und den Gesang der Engel zur Anbetung des dreieinigen Gottes.

In OBERDIETFURT läßt sich insofern von einer einheitlichen Konzeption sprechen, als die Chorfresken den Vorläufer Jesu, die Langhausgemälde die Jünger Jesu zum Thema haben. Wieder werden Bibel und Legende bemüht, die Erzählerphantasie Anton Scheitlers anzuregen. Im Gegensatz zu Gern bieten die mehr sachlichen Berichte aus dem Leben des Kirchenpatrones nur reine terrestrische Szenen und wenig Möglichkeit, Allegorien, Illusionen und Symbole einzubeziehen. Bei der Durchattributierung der zwölf Apostel scheint auch die Phantasie Anton Scheitlers überfordert gewesen zu sein, so daß es nicht möglich ist, alle Heiligen ikonographisch eindeutig zu identifizieren.

In BINABIBURG ist die Konzeption durch die Legende von der Entstehung der Wallfahrt und der Kirche vorgegeben. Optisch voneinander getrennte und doch ideell miteinander verbundene terrestrische Szenen und himmlische Schauplätze bilden einen in sich geschlossenen Kreis von himmelwärts gerichtetem menschlichen Flehen und zur Erde herunterströmender göttlicher Gnade.

Neben der besonderen Thematik muß auch die eigenwillige Komposition ins Auge gefaßt werden. Himmlische Aufführungen und terrestrische Szenen wurden – getrennt oder gemeinsam thematisch bewältigt – auf den frischen Mörtelgrund gebannt. Im GERNER Chor zwingt die Enge der Bildfläche zu einer Konzentration der Dreifaltigkeitsdarstellung von den Rändern zur Mitte hin. Weit ausgreifende Gebärden, Strahlenkranz und Wolkenumrandung werden von Anton Scheitler als Mittel angewandt, dieses Kompositionsprinzip zu verwirklichen. Im St.-Georg-Fresko bleibt die Mitte für die Erscheinung des Heiligen und den atmosphärischen Himmel frei, während den ihn begleitenden und erwartenden Engeln allerlei Wolkengebilde zugedacht sind. In Binabiburg werden die auf der Erde spielenden Vorstellungen so an die Basis und den rechten unteren Rand des Bildes projiziert, daß der übrige Raum ausgespart bleibt für die Erscheinung der Gottheiten und Engel sowie für die zwischen ihnen und den Menschen vermittelnden Ordensgeistlichen.

Die Fresken in Gern, Oberdietfurt und Binabiburg zeigen auch, daß Anton Scheitler jeweils den umgebenden Raum mit seinen festliegenden Größenverhältnissen, Lichtbedingungen und Bildachsen berücksichtigte. Das bedeutet, daß er auf eine jeweils den Gegebenheiten entsprechende Lösung für das Problem von Bild und Rahmen bedacht war.

Im Chor der Gerner Pfarrkirche folgt Scheitler bei der Randgestaltung des Dreifaltigkeits-Gemäldes der Form der Stichkappen über den Fenstern, wodurch sich ein kurvig bewegter Umriß ergab. Eine gewisse Beruhigung erzielte er durch eine zusätzliche Besetzung mit gemalten Vasen und Palmetten. Im Langhaus erfahren die beiden, im ganzen rechteckigen Fresken eine Umrandung durch einen an den Seiten jeweils segmentförmig ausgebogenen Bildrahmen, an den reiche Rocaillenstuck-Malerei heranreicht. In Oberdietfurt werden die vier Johannes-Szenen an den beiden Chorwänden oben durch gemalte Arkadenbögen, nach unten mittels eines gemalten Rocailledekorbandes und seitlich durch wirkliche Wandsäulen abgeschlossen. Die Apostelbilder erhalten jeweils mit Hilfe einer Dreipaßkartusche eine rokokozeitlich bewegte Rahmung. Die von ihr ausgehende fensterartige Wirkung rückt den Apostel von vorne nach hinten in die Bildtiefe und eröffnet eine Scheinperspektive. Dieses oft in der Lüftlmalerei angewendete Stilmittel diente neben der Fassadenauflockerung auch dort dem gleichen Zweck.

Die speziellen Gesetzmäßigkeiten der Perspektive aber, besonders auch in Zusammenhang mit der gemalten Architektur läßt Anton Scheitler unberücksichtigt. An Mauerteilen, Bastionen, Ruinen usw. interessiert ihn weder die naturgetreue Wiedergabe noch der Zusammenhang mit der Umgebung; anscheinend hat der kompositorische hinter dem alles bestimmenden ornamentalischen Zweck zurückzutreten. Als Ergebnis solcher »künstlerischer Freiheit« erscheint hier wie dort eine gemalte Raumphantasie ohne rational-tektonischen Aufbau und ohne die Achsen- und Basisbezogenheit des Staffeleibildes, das bis dahin allein bestimmend in der Malerei gewesen ist.

Als besonders problematisch präsentiert sich der von Anton Scheitler und anderen zeitgenössischen Rokokomalern tiefgreifend veränderte Figurenstil. Unter den zahlreichen Bildgestalten findet sich kaum mehr eine, die noch die plastische Körperlichkeit realistischer Akte des Barock besitzen würde. Im ganzen wurden die Figuren graziler, empfindsamer, schmiegsamer; sie sind dem Fluß der Komposition hingegeben oder tragen ihn, indem sie eingebunden werden in die Bewegtheit des gesamten Bildraumes.

Ein typisches Beispiel dafür ist in Oberdietfurt bei der Johannespredigt in der Gestalt des auf dem Boden ruhenden Jünglings zu erblicken. Als Liegender ist er breit und lang über den Boden hingelagert, als Zuhörer den Worten ganz hingegeben, die aus dem Mund des Vorläufers Christi dringen. Als dem üblichen Figurenkanon entfremdete Geschöpfe müssen auch die Herodestochter Salome, der predigende Johannes und in Binabiburg der Maurenfürst angesehen werden – zuvor nie so gesehene Gestalten, die sich mit gelassener Selbstverständlichkeit in »halsbrecherischen« Situationen wohl zu fühlen scheinen. Salome überreicht das Johanneshaupt mit einer kaum ausführbaren Körperdehnung und unnatürlichen Breitbeinigkeit, die offen läßt, ob sie dabei sitzt oder steht. Hat hier der Maler der animalischen Triebhaftigkeit und Diesseitsbezogenheit sowie der Geschmeidigkeit und Beweglichkeit der Tänzerin mit den sieben Schleiern Gestalt verleihen wollen? Der predigende Johannes und der Maurenfürst vermitteln dem mit dem Verfremdungseffekt unvertrauten Betrachter den Eindruck, daß sie nicht stehen beziehungsweise gehen können, sondern sich in einer Art Schwebezustand befinden. Johannes scheint in diesem Zustand von oben das Wort Gottes zu empfangen und nach unten an die Menschen auf der Erde weiterzugeben.

Die Entfremdung bezieht sich nicht nur auf die Körperhaltung, sondern auch auf einzelne Körperteile, insbesondere Gliedmaßen und davon wieder vorzugsweise auf die Extremitäten des Unterkörpers. Das scheinbar plastisch aus dem Bild herausragende überlange Bein des blaugewandeten Engels vom Gerner Chorfresko und der den Ablaß verkündende Engel in St. Salvator fallen dabei besonders ins Auge. Den mit seinen Bildern erzählenden Maler kommt es offenbar nicht auf anatomische Richtigkeit und Detailtreue an, sondern aus der unbeschränkten eigenen Phantasie zu schöpfen und das Vorstellungsvermögen des Beschauers anzuregen, Undarstellbarem Gestalt zu geben.

In diesem Zusammenhang muß auch die Gewandung der von Scheitler geschaffenen Figuren gesehen werden. Von den Rüstungen und Ordenskleidern abgesehen, handelt es sich nicht unbedingt um wallende und auszipfelnde Stoffhüllen, in denen Köpfe und Gliedmaßen wie verloren wirken und womit die anatomischen Unzulänglichkeiten ihrer Träger verdeckt werden sollen. Möglicherweise sieht Anton Scheitler in der Gewandung eine stark ornamentalisierende Tendenz, in flatternden Gewändern und Lichtbahnen sowie Wolkenbänken und aufragenden Architekturen Elemente der Komposition und Ornamentik, die die Einzelheiten des Bildes in mächtigen Kurven miteinander verbinden.

Da bei der Freskomalerei rasche Durchführung aus technischen Gründen unerläßlich ist, war im allgemeinen die Palette des Meisters nur auf eine geringe Anzahl von Farben beschränkt. An allen drei Orten herrschen Pastelltöne von Rot und Braun in verschiedenen Nuancierungen vor. Blautöne, wie zum Beispiel am Heilig-Geist-Dreieck in Gern, und Grüntöne, etwa an den Rocaillen der Aposteldarstellungen in Oberdietfurt, werden seltener verwendet. Das Gerner »Anbetungskonzert der Engel« und die Johannes-Vita zu Oberdietfurt weisen

vor allem jene tonige, feingestufte Farbskala auf, die für verschiedene Rokokofreskanten typisch gewesen ist. Im allgemeinen entzieht sich die Farbgebung Anton Scheitlers infolge wiederholter Überarbeitung weitgehend einer gerechten Beurteilung.
Zusammenfassend kann festgestellt werden, daß die Fresken Anton Scheitlers weniger durch die verschiedentlich »fehlerhaften« Einzelheiten wirken, als vielmehr durch die Melodik der Linien, die Harmonie der Farben und besonders durch die Fülle der Empfindungen, die ihn zu einem behaglich und breit malenden Erzähler für die christgläubige Landbevölkerung gemacht haben.

Anton Scheitler und die Hinterglasmalerei in Eggenfelden

Seit Heinrich Buchner 1936 über die Hinterglasmalerei im Böhmerwald und in Südbayern geschrieben hat, findet sich in fast allen später erschienenen einschlägigen Werken und Aufsätzen der Vermerk, daß abseits der bekannten großen Produktionsstätten von Hinterglasbildern auch Einzelmeister südlich der Donau in diesem Metier tätig gewesen seien. Zu ihnen gehöre um 1775 Anton Scheitler zu Eggenfelden im Rottal.
Die Kenntnis von der Tätigkeit Scheitlers als Hinterglasmaler beruht offenbar bis zum heutigen Tag einzig und allein auf dem aktenkundig gewordenen Konkurrenzstreit mit dem Glaser *Franz Hilzenegger* zu Eggenfelden. Besonders aufschlußreich ist hierbei die von Anton Scheitler verfaßte »Provocationsschrift«. Er vertrat hierin gleich anderen Kollegen den Standpunkt, daß das Malen auf Glas wie das Malen auf Holz oder Leinwand nur den »gelernten« Malern gestattet sei. Damit konnte er zwar beim örtlichen Magistrat, dem er selbst angehörte, nicht aber bei der Regierung Landshut durchkommen.
So verklagte er zum Beispiel mit Erfolg die Witwe des Schreiners *Josef Aberl,* weil sie durch ihre Söhne in den Bruckhäuser Stuben, einer heute noch bestehenden Gaststätte, mit Ölfarben Maikrüge und Figuren an die Wände malen ließ.
Franz Hilzenegger, einem Glasergesellen und gelernten Glasmaler aus Vilshofen, der in Eggenfelden auf Glas malte sowie Rahmen faßte und vergoldete, wurde nicht nur die Bürgeraufnahme in Eggenfelden verweigert, sondern seiner Meisterin und zukünftigen Schwiegermutter der »Auftrag« erteilt, ihn auszustellen und sich nach einem anderen Gesellen umzusehen. »Durch diese widerrechtlichen Arbeiten mache er der Profession Anton Scheitlers einen ziemlichen Eintrag und benehme ihm dadurch die nötige Nahrung.«
Erst auf eine Beschwerde bei der Regierung Landshut hin, wurde Franz Hilzenegger als Bürger aufgenommen und ihm das Glasmalen zugebilligt, d. h. im Bürgeraufnahmeprotokoll ist von dem ausdrücklichen Verbot nicht mehr die Rede.
Im Jahr 1774 hat Anton Scheitler, seinen eigenen Angaben zufolge, Glasbilder «an underschidtliche Klöster und Pfarrhöfe in der Menge gemacht«. Es sei

richtig, daß von den Glasern auf Jahrmärkten »einige Glasmahler-Arbeith verkauft oder hausieren getragen werde«, aber es »pflegte allenfalls nur Kürchenfenster-Arbeit auf alte Modi gemahlet verkauft zu werden, nicht aber daß sie Bilder und Landschaften unter dem Jahr hindurch auf Glas mallen und sodann bei Haus oder auf offentlichen Märckhten verkauffen.«

Im nächsten Jahr berichtet Anton Scheitler, es herrsche jetzt eine äußerst unglückliche Zeit für Maler. In den letzten zwei Jahren habe er keine Arbeit verfertigt, die ihm mehr als 10 Gulden eingetragen hätte. Die Kirchen seien verarmt, die übrigen Arbeiten bestünden bloß aus Kleinigkeiten, die größtenteils von den in der Nähe vorhandenen mehr als zehn Pfuschern verfertigt würden. »Das Malen auf Glas scheint noch die einträglichste Arbeit zu sein.« Diese Arbeit wolle ihm nun der diesortige Glaser auch abnehmen und ihn – Scheitler – »auf den Bettelstab bringen«. Dazu ist es zwar nicht gekommen, aber größere Aufträge sind bei Scheitler nur noch selten eingegangen.

Was das Aussehen der Eggenfeldener Glasbilder betrifft, so kann mit Heinrich Buchner angenommen werden, daß für die Bilder Scheitlers eine modisch beeinflußte bürgerliche Entwicklung bestimmend gewesen war. Hilzenegger dagegen dürfte noch von der gewerblichen Art des Bayerischen Waldes beeinflußt gewesen sein.

Jedenfalls hat sich bis zum heutigen Tag kein von den beiden Kontrahenten gekennzeichnetes Hinterglasbild finden lassen, obwohl Scheitler seine Arbeiten in der Regel auffallend zu signieren und datieren pflegte.

Dennoch gibt es sogar Anzeichen dafür, daß sich die Hinterglasmalerei in Eggenfelden bereits vor Anton Scheitler einer gewissen Tradition erfreuen konnte. Raimund Schuster, unter anderem Erforscher der Hinterglasmalerei in Neukirchen-Hl. Blut, vermutet, daß der Lehrmeister der bekanntesten Neukirchener Maler, der *Wittmann,* der Eggenfeldener *Anton Schlögl* gewesen ist. Dieser wird letztmalig in Eggenfelden dadurch bezeugt, daß ihm 1684 sein Erbteil ausbezahlt wurde.

Bei seinem Vater, *Erasmus Schlögl,* ist um 1671 auch einer der Vorgänger Scheitlers in die Lehre gegangen, nämlich *Johann Grainlechner.* Er dürfte ebenfalls die Hinterglasmalerei erlernt und später in Eggenfelden ausgeübt haben.

Ob der Nachfolger Scheitlers, *Josef Schwarzmayr,* auch auf Glas malte, ist noch nicht ganz erwiesen; jedenfalls scheint seine Tochter ein auffälliges Interesse dafür bekundet zu haben.

1832 scheint der Malergeselle *Johann Pommeisl,* ein ausgebildeter Glasmaler, sich vorübergehend in Eggenfelden aufgehalten zu haben. Aus der geplanten Ehe mit der Malerstochter *Juliane Schwarzmayr* ist jedoch nichts geworden. Sie scheiterte vermutlich an seiner Mittellosigkeit und nicht zuletzt an der diesbezüglich unmißverständlichen schriftlichen Intervention seines Vaters beim Eggenfeldener Magistrat. Der ältere *Johann Pommeisl* betrieb in Oberanschießing im Landgericht Wolfstein Hinterglasmalerei im Großen und erledigte gerade einen größeren Auftrag der Kirchenverwaltung Zell. Mit Pommeisl hätte sich somit der Ring der Eggenfeldener Glasmalerei geschlossen.

Der Ratsbürger Anton Scheitler

Das Bild vom Leben Anton Scheitlers wäre unvollständig, wenn nicht auch sein Wirken als Bürger und Ratsmitglied berücksichtigt werden würde. Dieses setzte verhältnismäßig früh ein und war wie üblich randvoll mit kommunalen Ämtern und Aufgaben erfüllt.

Bereits vier Jahre nach seiner erfolgten Einbürgerung 1753 wurde Anton Scheitler erstmals zum Marktrat gewählt. Dreiunddreißig Jahre lang ist er daraufhin im kommunalen Leben Eggenfeldens – zum Teil an exponierter Stelle – aktiv tätig gewesen. Davon gehörte er siebzehn Jahre dem aus zwölf Mitgliedern bestehenden Äußeren Rat an. Sechzehnmal wurde er in den Inneren Rat gewählt, der sich aus dem Amtskammerer [= Erster Bürgermeister], dem Vicekammerer [= stellvertretender Bürgermeister und Vermögensverwalter] sowie zwei Besitzern zusammensetzte.

Welche Ämter und Posten Anton Scheitler im einzelnen innehatte und welche Funktionen er ausübte, geht in folgender Zusammenstellung aus der »Ämter Ersetzung« der Ratsprotokolle hervor.

1757–1773 Mitglied des Äußeren Rats:

Kommissär beim Handwerk der Tuchmacher, der Huterer, der Metzger und der Zimmerleute; Kommissär beim Handwerk der Bader und Wundärzte; Brot-, Wein-, Met-, Weißbier- und Biersetzer; Zinnbeschauer; Schul-Kommissär, Bau-Kommissär, Quartiers-Kommissär; Pfarrkirchen-Unterverwalter, Pfarrkirchen-Oberverwalter; Spital-Unterverwalter, Spital-Oberverwalter.

1774–1783 Mitglied des Inneren Rats:

Erster Beisitzer, Zweiter Beisitzer; Kommissär beim Handwerk der Färber; Silberbeschau-Kommissär; Quartiers-Kommissär; der vacierend gewesenen 3 Messen Verwalter; Service-Einnehmer und -Ausgeber.

1784–1785 Vice-Kammerer:

Gemeinen Markts Einnehmer und Ausgeber; Schulvisitator; Bau-Kommissär; Kommissär beim Handwerk der Lein- und Zeugweber; Silberbeschau-Kommissär; Tuch-Beschauer.

1786–1789 Mitglied des Inneren Rats: Erster Beisitzer, Zweiter Beisitzer; Kommissär beim Handwerk der Färber; Quartier-Kommissär; der vacierend gewesenen 3 Messen Verwalter; Serviceanlags-Einnehmer und -Ausgeber; Corporis Christi- und Sebastiani-Bruderschafts-Unterverwalter und Verwalter.

Angesichts einer derartigen Massierung von Ämtern und Aufgaben im öffentlichen Leben wird wiederholt in Anton Scheitlers beruflichem und familiärem Leben – wie er selbst schreibt – »eine große Verhinderung vorgefallen« sein. Diese seine außerberuflichen Verpflichtungen wird er öfters eher als Last denn als Ehre empfunden haben. Wie dem auch sei, sein vielseitiges Schaffen, seine familiären und öffentlichen Verpflichtungen berechtigten Anton Scheitler dazu, als Mensch, Handwerker und Bürger auf ein ausgefülltes und erfülltes Leben zurückzublicken.

Quellen und Schrifttum

Bayer. Hauptstaatsarchiv München: GR Fasz. 851/96 (Glasmalerei Scheitlers).

Staatsarchiv Landshut: Pfleggericht Eggenfelden, Kirchen-Rechnung 1760, fol. 2119–2223 (Heiligenberg).

Bischöfliches Zentralarchiv Regensburg: Pfarramt Eggenfelden, Matrikelbücher.

Stadtarchiv Eggenfelden: Marktkammerrechnungen, Spitalrechnungen, Ratsprotokolle, Verhörsprotokolle, Briefprotokolle.

Pfarrarchiv Hirschhorn: Kirchenrechnungen.

Pfarrarchiv Gern: Kirchenrechnungen, Spezifikationen.

Die Kunstdenkmäler von Niederbayern, Heft I–XXV, München 1912–1936.

Martin Lechner: Antoni Scheitler, ein Eggenfeldener Maler der Rokokozeit, in: Heimat an Rott und Inn, Eggenfelden 1972, S. 186–202.

Fritz Markmiller: Anton Scheitler aus Eggenfelden, Schöpfer des Deckenfreskos in St. Salvator-Binabiburg, in: Der Storchenturm 13, Dingolfing 1978, Heft 25, S. 37–47.

Ludwig Albrecht: Die Deckengemälde des Antoni Scheitler in der Pfarrkirche St. Georg zu Gern, in: Heimat an Rott und Inn, Eggenfelden 1980, S. 7–10.

Ignaz Kaufmann (um 1721–1781) und seine Familie

Von Fritz Markmiller

»Kaufmann (Jgnatz) in Ruprechts Wolfecker-Herrschaft gebohren, war anfånglich Maler im kurfl. Markt Teyspach, kam aber nach Landshut, und zeichnete sich in seiner Geschicklichkeit ungemein aus. Es sind schône Stůcke von seiner Hand zu sehen, seine Portraite sind so schôn als lebhaft. Starb 1781.«
Mit diesen Zeilen gedachte der Landshuter Chronist Franz Sebastian Meidinger in seiner dort 1785 erschienenen »Beschreibung der churfůrstlichen Haupt- und Regierungsstadt Landshut« eines Mannes, der zu dieser Zeit nicht nur an seinem Wirkungsort als Porträtmaler einen guten Namen besaß. Vielmehr nimmt Ignaz Kaufmann in der Kunstgeschichte Niederbayerns als Kirchenmaler und Freskant einen geachteten Platz ein. Wir dürfen ihn zu den bedeutenderen Schöpfern von kirchlichen Deckengemälden unseres Raumes zählen.

Ignaz Kaufmann in Teisbach 1747–1765

Ignaz Kaufmann wurde – der Altersangabe von 60 Jahren bei seinem Tod entsprechend – um 1721 geboren. Meidinger ist jedoch bei Erwähnung des Herkunftsortes eine Verwechslung mit der Heimat des seit 1745 in Münchener kurfürstlichen Diensten stehenden Porträtmalers *Johann Michael Kaufmann* (geb. 1713) unterlaufen. Letzterer scheint in keinerlei verwandtschaftlichen Beziehungen zu Ignaz Kaufmann zu stehen. Meidinger dürfte den Hinweis aus Lorenz Westenrieders »Beschreibung der Haupt- und Residenz-Stadt München« von 1783 entnommen haben, der jedoch hier eindeutig auf Johann Michael Kaufmann – übrigens Lehrer des berühmten Münchener Hofmalers *Christian Winck* – bezogen ist. Ignaz Kaufmanns Eltern, Metzger *Johann Kaufmann* und seine Frau *Afra* (oder *Agatha*), waren vielmehr zur Zeit der Einbürgerung ihres Sohnes im Markt Teisbach – 1747 – im württembergischen Ellwangen ansässig gewesen. Über die Jugendjahre des Meisters haben wir bisher keine Kenntnis. Die damals übliche Wanderung nach Abschluß der Lehrzeit hat ihn schließlich auch nach Niederbayern geführt. Im Markt Teisbach bot sich ihm die Gelegenheit durch Heirat der verwaisten Tochter einer angesehenen Bürgersfamilie festen Wohnsitz zu gewinnen und durch Übernahme der Werkstatt des verstorbenen Schwiegervaters seine Kunst selbständig auszuüben.
Am 22. November des Jahres 1747 verzeichnet so das Trauungsbuch der Pfarrei Loiching folgende in der Expositurkirche St. Vitus zu Teisbach geschlossene Ehe: »Intronizatus est [= Eingesegnet wurde] artificiosus d[ominus, = der kunstreiche Herr] Jgnatius Kauffman, pictor [= Maler], honorati [= des ehrengeachteten] Joannis Kaufman, lanionis [= Metzgers] in Ellwang et [= und]

Affrae, coniugum adhuc viventium filius legitimus [= dieser noch lebenden Gatten ehelicher Sohn], cum pudica virgine [= mit der tugendhaften Jungfrau] *Anna Elisabetha,* honorati domini [= des ehrengeachteten Herrn] *Josephi Antonii Gronlechner,* camerarii et pictoris [= Bürgermeisters und Malers] in Teyspach, ac [= und] *Josephae Theresiae,* ambo post mortem filia legitima [= beider Verstorbener ehelicher Tochter]». Die Trauungszeremonie nahm der Teisbacher Expositus Petrus Tremel vor. Als Zeugen fungierten Johann Petrus Braun, Oberschreiber am Gericht in Dingolfing, und Melchior Buechner, Ratsmitglied und Bierbräu zu Teisbach.

Der nicht mehr im Leben stehende Schwiegervater Kaufmanns – in seiner sonst üblichen Schreibweise: *Joseph Anton Grainlechner* – war der erste Inhaber einer Malerkonzession in Teisbach, soweit das heute zu übersehen ist. Er stammte aus Eggenfelden und ist somit als Sohn des dort ansässigen Malers *Johann Grainlechner* erwiesen. 1714 hatte er im Markt Teisbach vorerst das Beisitzrecht erworben, dem am 20. März 1716 die Aufnahme als Vollbürger gefolgt war. Dies geschah nach seiner Heirat mit *Maria Josepha*; das Ehepaar wohnte damals noch zu Miete beim Bierbräu Ignaz Lueger. Doch schon im Jahr 1720 errichtete Grainlechner nach dem Grundstückskauf vom 19. Juli 1719 ein eigenes Haus in der sogenannten Grasgasse zu Teisbach, das 1721 fertig war. Späteren Notizen nach lag es in unmittelbarer Nähe der Kirche und dürfte damit wohl ein Vorgängerbau des jetzigen Pfarrhauses gewesen sein. Von Arbeiten Grainlechners, der wahrscheinlich überwiegend als Faßmaler tätig wurde, sind bislang nur folgende bekannt geworden: 1718 Aufmalen der Wappen samt Inschriften am Markttor in TEISBACH, 1720 Faßarbeiten am Hochaltar der Pfarrkirche OBERVIEHBACH und 1738 Bemalung der Uhrschilder auf der TEISBACHER Kirche.

Wenden wir uns nun wieder Ignaz Kaufmann zu, so treffen wir ihn kurz nach seiner Eheschließung vor dem Teisbacher Rat an, wie er den für seine Bürgeraufnahme festgesetzten Betrag von 6 Pfd. Pfennigen oder 6 Gulden 31 Kreuzer und 3 Heller in die Kasse erlegte. Anstatt der sonst gewohnten zusätzlichen Gebühr zur Anschaffung von Feuerlöschgeräten bediente man sich jedoch bereits jetzt der Fachkenntnisse des Neubürgers und veranlaßte ihn, einen Lageplan über den Bereich des Teisbacher Marktgebietes anzufertigen; er ist leider nicht mehr im Archiv erhalten. Der Marktschreiber notierte demzufolge in der Kammerrechnung des Jahres 1747: »Jgnaty Khauffman, seiner Profession ein Mahler, sonsten deß ehrngeacht und beschaidtnen Johann Khaufmann, Metzgern zu Ellwang in Schwaben, Agatha dessen Eheweib, beedte noch im Leeben, ehelich erzeugt und hinderlassner Sohn, ist auf dessen gehorsambes Anlangen und auf die beygebrachte Leibaigenschaftsbefreyungsattestation, auch indemme er die Grainlachnerische Mahlers-Behausung mitls Erheurathung der hinderlassner Tochter Anna Elisabetha ybernommen, dissohrts für einen Burger und Mahler, doch dergestalten an- und aufgenommen worden, daß er zum Burgerrechtgeld 6 Pfundt erlegen und für die Feurrüstung aber einen Grundtriss yber des hiesigen Marckhts Burgfridt verförtigen solle.«

Am 19. Februar des Jahres 1748 erschien Ignaz Kaufmann mit seiner Frau erneut vor dem Marktrat, um die Übergabe des Maleranwesens im Briefprotokoll gerichtlich festhalten zu lassen. Neben Anna Elisabeth waren deren Geschwister anwesend, nämlich der Vornbacher Konventuale Fr. Maurus und die noch ledige Maria Anna Grainlechner. Letztere beide überließen ihrer Schwester und deren Ehemann nun die nach dem Tod der Eltern an sie gemeinschaftlich gefallene und seit dem Kauf von 1719 »ganz neu gemauert aigenthombliche Behausung in der sogenanten Grasgassen«, gelegen zunächst dem Teisbacher Gotteshaus und an den Garten des derzeitigen Kastenhofinhabers Anton Dorfner stoßend. Dazu gehörten ein Obstgarten und ein kleines Wiesfleckl, ferner die unterm 6. August 1742 obrigkeitlich inventierte Hausfahrnis und »Mahlereystuckh«. [Vgl. S. 154–159 in diesem Buch!] Ebenso waren alle Schulden, Belastungen und Außenstände mitenthalten. Die Vertragssumme belief sich auf 532 Gulden.
Auf Haus und Grundstücken lagen folgende Hypothekkapitalien: zugunsten der beiden Niederviehbacher Klosterfrauen Maria Seravina und Maria Elisabeth über die bereits laut Quittung vom 27. November 1747 bar heimgezahlten 100 Gulden noch gemäß Schuldbrief vom 27. Juli 1740 ausständige 100 Gulden, in jährlichen 10 Gulden-Fristen abzulösen und damit Martini 1749 zu beginnen; zugunsten der Allerchristgläubigen-Seelenbruderschaft Niederviehbach 100 Gulden samt 30 Gulden ausständiger Zinsen; zugunsten der Filialkirche Niederaichbach 50 Gulden; schließlich zugunsten der Filialkirche Johannisschwimmbach 40 Gulden und 12 Gulden verfallener Zinsen. Das Anwesen war demnach mit 332 Gulden mehr als die Hälfte seines Verkehrswertes belastet. Dazu wurde dem übernehmenden Ehepaar auferlegt, den Geschwistern der Frau je 100 Gulden als Elterngut in bar zu vermitteln und zwar auf Verlangen bzw. bei Verheiratung des Empfängers.
Der noch ledigen Maria Anna sollte zu ihrer Hochzeit außerdem »die Schenckh mit Pier und Brodt« gehalten werden. Auch »ain gerichtes Pöth, Pöttstatt, Casten, item 6 zünerne Schissln, 8 derley Thäller, 1 solches Giespöckh, 1 Flaschen und 1 Kandl, verners ain kupfernen Durchschlag [= Sieb, Seiher] und ain derley Pfändl« waren ihr dann aus den vorhandenen Beständen des Elternhauses mitzugeben. Besonderes Anrecht erhielt sie noch auf ihrer verstorbenen Mutter »Halsgwandt und thaills Silbergschmeidt«, so wie dies die beiden Schwestern bereits »in Güette« untereinander geordnet hatten. Sollte Maria Anna Grainlechner »in Dienerschaft oder sonsten kranckh, schadt- oder ligerhaft« werden, wurden ihr »Underschluf, Ligerstatt, Auswarth und die benöttigte Cost bis zu deren widerumbiger Genesung« bei den Übernehmern zugesprochen; allenfalls nötige Arzneien hatte sie sich dagegen selbst zu beschaffen. Beim Todesfall im ledigen Stand wären die Kosten für Funeralien und anderes vom Erbgut zu bestreiten. Das übrige Erbe sollte zwischen den überlebenden Geschwistern geteilt werden.
Die im damaligen Sprachgebrauch als Nachsteuer bezeichnete Gebühr für die auf dem Erbschaftsweg aus dem Bereich des Marktes Teisbach zu bringenden

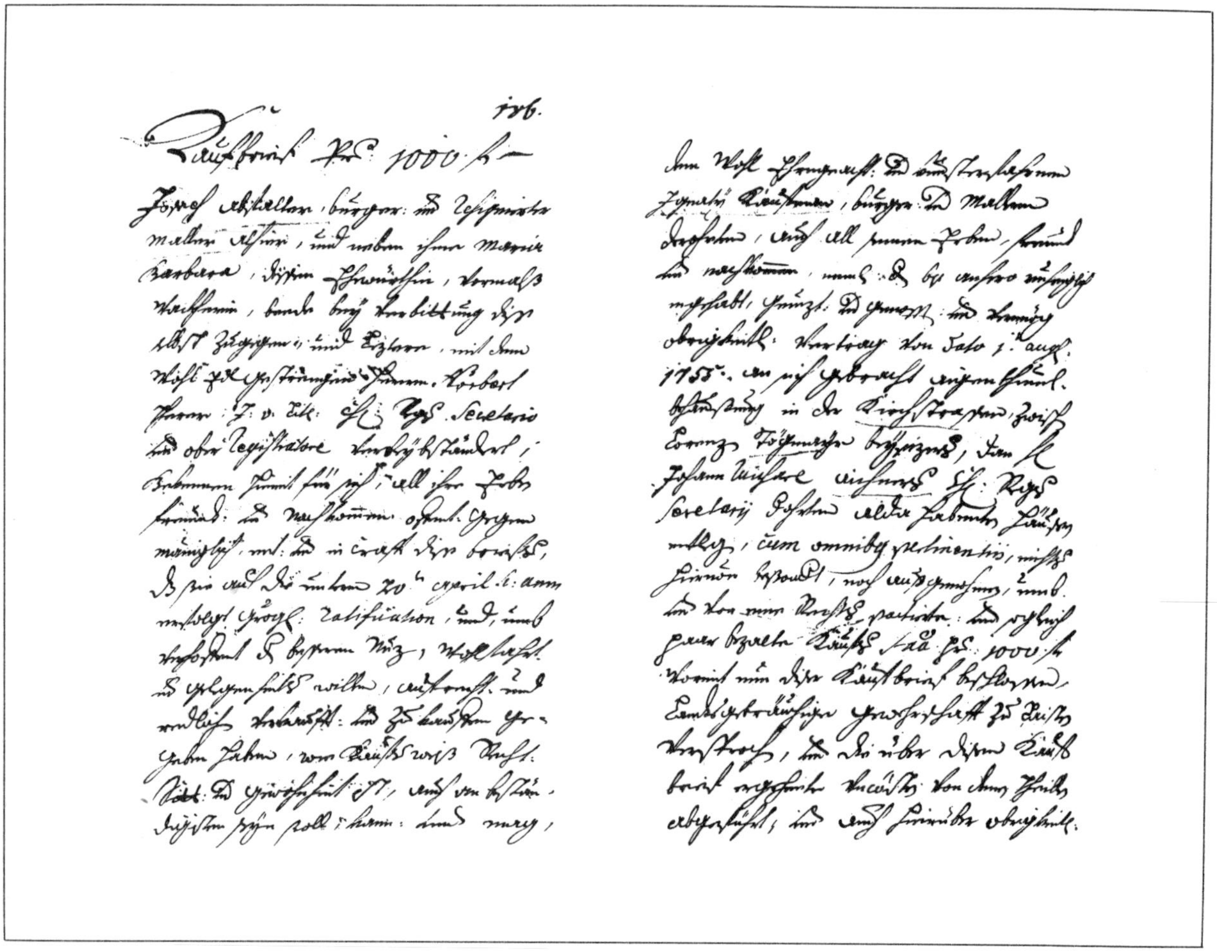

Kaufbrief und Quittung für Ignaz Kaufmann *über den Erwerb von Haus und Malerrecht des* Josef Abfalter *in Landshut, 23. November 1765 (Staatsarchiv Landshut, Briefprotokolle Landshut Nr. 672, fol. 186–187')*

Vermögenswerte mußten zum Schluß wieder die Übernehmer tragen. Der gerichtlichen Niederschrift des Vertrags wohnten als Zeugen die beiden Teisbacher Bürger Franz Joseph Steiner, Marktsprocurator, und Georg Pfeiffer, Schlosser, bei. Als Vormund der ledigen Grainlechner-Tochter fungierte Paulus Gehewolf, Vizekammerer und Sattler zu Teisbach.

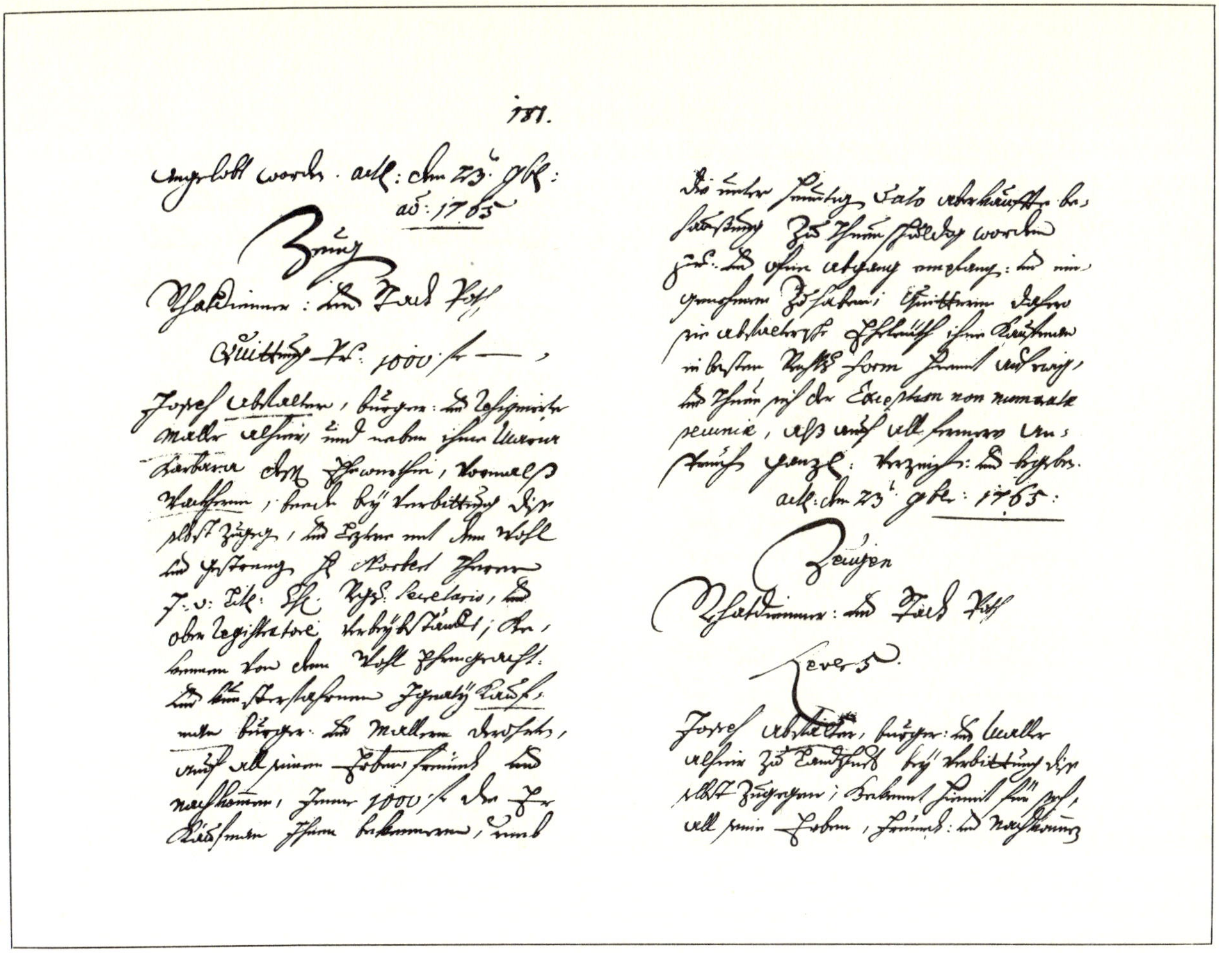

Die Ehe Ignaz Kaufmanns war reich mit Kindern gesegnet. Doch fielen fast alle der hohen Säuglingssterblichkeit damaliger Zeiten zum Opfer. In den Tauf- und Totenbüchern der Pfarrei Loiching sind sie unter folgenden Namen und Daten eingetragen: Johann Friedrich get. 18. VII. 1749, begr. 18. VIII. 1749; Maria Johanna get. 27. V. 1751, verh. in Landshut mit dem Maler *Joseph Reitter;* Maria Theresia get. 10. VIII. 1752, begr. 18. IX. 1752; Maria Theresia get. 11. IX. 1753, begr. 10. XI. 1753; Franz Seraph Simon get. 4. X. 1755, begr. 21. I. 1756; Johann Carl Borromäus get. 3. XI. 1756; Johann Joseph get. 14. III. 1758, begr. 8. I. 1762; Johann Nepomuk get. 28. V. 1760, begr. 31. VIII. 1760; Maria Catharina Petronilla get. 5. XI. 1762, begr. 2. XII. 1762; Maria Franziska Elisabeth get. 25. I. 1764, begr. 17. III. 1764; Maria Anna Franziska get. 3. VIII. 1765.

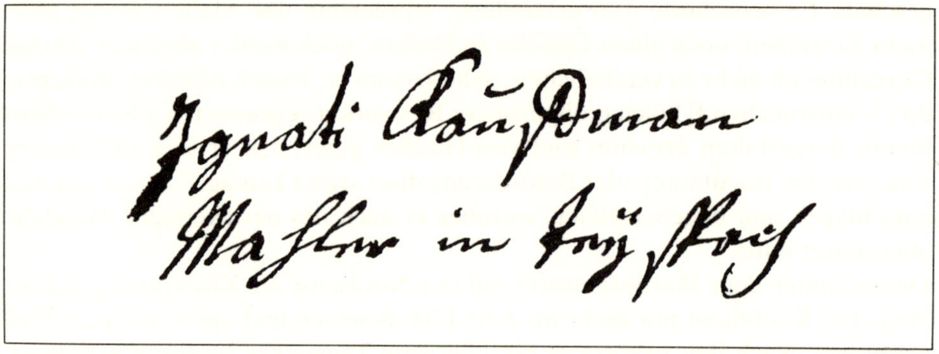

Unterschrift Ignaz Kaufmanns *(1762) am Kostenvoranschlag für den Tabernakel in* FRONTENHAUSEN *(Pfarrarchiv Frontenhausen)*

Ignaz Kaufmann in Landshut 1765–1781

Noch im Jahr 1765 zog Ignaz Kaufmann mit seiner Familie von Teisbach weg. Vermutlich waren es berufliche Gründe, die ihn bestimmten, seinen Wohnsitz nun in der niederbayerischen Regierungsstadt Landshut mit ihrer besseren Auftragslage zu nehmen. Hier war ihm die Möglichkeit geboten, Haus und Konzession des Malers *Joseph Abfalter* in der Kirchgasse Nr. 245 zu erwerben. Das Briefprotokoll des Stadtgerichts Landshut vom 23. November 1765 meldet, daß Joseph Abfalter, Bürger und resignierter Maler, samt seiner Ehefrau *Maria Barbara,* vormaliger *Wackher,* nach der unterm 20. April des Jahres erfolgten obrigkeitlichen Ratifikation »die bis anhero ruhiglich ingehabt, genuzt und genossene, vermög obrigkeitlichem Vertrag von dato 1. Augusti 1755 an sich gebracht aigenthumliche Behaußung in der Kirchstrassen, zwischen Lorenz Stögmayr, Beysizers, dan Herrn Johann Michael Aichners, churfürstlichen Regiments Secretarii, derohrten alda habenten Häusern entlegen, cum omnibus pertinentiis [= mit allen Zugehörungen], nichts hiervon beßondert noch außgenohmen«, um die vereinbarte Kaufsumme von 1000 Gulden in bar überlassen habe »dem wohl ehrngeacht und kunsterfahrnen Jgnaty Kaufman, Burger und Mallern derohrten«. Über den Empfang des Geldes stellten die Eheleute Abfalter am gleichen Tag ihre Quittung aus. Die im Protokoll erwähnte Genehmigung der Obrigkeit, des Landshuter Stadtmagistrats, zur Transferierung der Malerkonzession – oder wie es im zeitgenössischen Sprachgebrauch heißt: der Malergerechtigkeit – beinhaltete den Verzicht des Verkäufers auf weitere Ausübung seiner Handwerkskunst. Demzufolge war es notwendig, daß Abfalter eine besondere Erklärung darüber abgab, was ebenfalls am 23. November 1765 geschah. Er versicherte also urkundlich, »fürdershin dise Mallers Kunst nicht mehr zu treiben, noch einen Geßölln zu fördern, noch minder aber sich auf dise Gerechtigkeit mehr zu verehelichen; dahero dann er, Joseph Abfalter, inhaerendo [= entsprechend] ßolch großgünstiger Resolution gegenwärtigen Reversbrief hiemit dergestalten errichtet und von Handen gibet, daß er sich all ferneren Exercier- [= Ausübung] oder Beförderung diser seiner kündigen Kunst gänzlich entschlagen und begeben thuet, worüber er auch das obrigkeitliche Handglib abgestattet hat«.

Dieses hinter dem Martinsmünster auf der Nordseite der Kirchgasse gelegene Haus hat Kaufmann nur mehr im Jahr 1766 besessen und am 9. Februar 1767 veräußert. Nach ihm gehörte es bis 1796 dem Tagwerker Joseph Westermair. Offensichtlich war es dem Käufer nur auf den Erwerb der Malerkonzession angekommen, denn noch am Kauftag des Abfalter-Hauses, am 23. November 1765, schloß Kaufmann einen weiteren Vertrag ab, wonach ihm von der ledigen Landshuter Weinwirtstochter Maria Clara Reichenseeder überkam deren »bis anhero ruheiglich ingehabt, genuzt und genossene und vermög obrigkeitlichem Kaufbrief de dato 22. Februarii 1718, dann inhalt obrigkeitlichen Vergleichs von dato 5. Augusti 1732 an sich gebracht aigenthomliche Behausung in der Freyeung, unweit dess würdtigen Stadtpfarrgottshauß St. Jobst alhier, zwischen einen Garten, so dem Beneficiaten daselbst angehörig, dann denen *Mathias Daburger*lichen, Mahlers seelig, Erben daselbst habenten Haus entlegen, cum omnibus pertinentiis [= mit allen Zugehörungen], nichts hiervon beßondert noch außgenommen«.

Der vereinbarte Kaufpreis betrug 900 Gulden. Davon wurden 160 Gulden zur Bruderschaft der Kauf- und Handelsleute angewiesen, die eine Hypothek – ein »Ewiggeld« – auf dem Gebäude hatten; der Rest von 740 Gulden ist laut gleichzeitiger Quittung bar bezahlt worden. Nachdem zumindest in den Landshuter Briefprotokollen eine Kapitalaufnahme durch Kaufmann nicht erwähnt wird, darf vielleicht angenommen werden, daß unser Meister nicht ganz unvermögend gewesen sein kann, als er am selben Tag immerhin eine Gesamtsumme von 1740 Gulden für den Erwerb der Konzession sowie zweier Häuser bar auf den Tisch gelegt hat. Allerdings floß später durch den Verkauf des ersterworbenen Gebäudes wieder ein Teil davon zurück.

Das zweite Haus besteht noch heute und ist an der Oberen Freyung Nr. 626 gelegen, südlich der Stadtpfarrkirche St. Jodok. Das Grundstück erstreckte sich rückwärts bis zur alten Stadtmauer und umfaßte damit auch einen größeren Garten. Darauf befand sich im Mittelalter noch ein zum Halbhaus Nr. 625b gehöriger Stadel; im 16. Jahrhundert existierte bereits ein Wohnhaus, in dem verschiedene Metzgerfamilien wohnten. Nach Kaufmann besaß seit 1787 der Hofkammersekretär Johann Baptist Kanzelmüller das Gebäude.

In Teisbach veräußerte Kaufmann sein Haus am 12. März 1767 an den aus Amerang/Obb. stammenden Malerssohn *Johann Markus Held,* angehenden Bürger und Maler zu Teisbach, und dessen Braut *Maria Anna.* Kaufmann wird dabei als gewesenes Mitglied des Inneren Rats des Marktes, jetzt aber als bürgerlicher Maler zu Landshut bezeichnet. Zum Verkauf gelangte die laut Übergabevertrag vom 19. Februar 1748 erworbene »unlängst [1720/21!] neu gemauerte Behausung in der Grasgasse«, zunächst der Kirche und an Jakob Weibers, Kastenhofinhabers, Garten gelegen, samt Malergerechtigkeit, Obstgärtl, kleinem Wiesfleckl im Untern Gaisgries, welches derzeit jedoch von der Isar »verbrochen« unter Wasser lag, ferner dem 1759 im »Unterkumpfer-Stain« ausgezeigten Wiesfleck Nr. 78. Der Kaufpreis betrug 800 Gulden, wovon 100 Gulden bereits entrichtet worden waren. Der Rest sollte zur Georgizeit 1767 bei dem dann geplanten Aufzug Helds in bar erlegt werden.

Der neue Besitzer lebte und arbeitete allerdings nur fünf Jahre in Teisbach. Nach seinem Tod 1772 brachte die Witwe Maria Anna Konzession und Haus dem gebürtigen Deggendorfer Maler *Franz Joseph Stelzer* zu. Über die Ausstattung von Wohnung und Werkstatt zu Helds Zeiten unterrichtet ein weiterer Aufsatz dieses Sammelbandes.

Anna Elisabeth Kaufmann schenkte ihrem Mann in Landshut nach den elf in Teisbach geborenen Kindern noch einen Sohn namens Aloisius, der am 4. Juni 1767 in der St. Jodok-Stadtpfarrkirche getauft wurde. Im Haus an der Oberen Freyung ist Ignaz Kaufmann dann am 15. April 1781 im 60. Lebensjahr verstorben. Seine Frau folgte ihm zwei Jahre später im Tod. Eine an der Westseite von St. Jodok angebrachte Kalksteinplatte hält unter den Wappen und Emblemen von Malerei und Musik die Erinnerung an den kunstreichen Meister neben seinen heute noch vorhandenen Werken aufrecht.

+
Sterblicher
stehe, betrachte und bethe:
Die Aschen ruhen allhier des edl- und
kunstreichen Herrn Ignatz Kaufmann
burgerl. Malers,
welcher den 15 April zwischen 1 und 2 Uhr
frühe im 60^{iste} Jahre seines Alters 1781 gestorben ist.
Ihme hat sich auch
nach ihrem Tode gepaaret, seine eheliche
Frau Elisabetha Kaufmaninn, welche ge-
storben im Jahre 1783 den 26 Jen: ihres Alters 59 Jahr
R. I. P.

Der am 3. November 1756 in Teisbach getaufte Sohn Johann Carl Borromäus hatte 1778 im Prämonstratenserkloster Neustift bei Freising Profeß abgelegt. Nach seiner Diakonatsweihe am 19. Mai 1780 erhielt er am 23. Dezember des gleichen Jahres die Priesterweihe; ein anderes kirchliches Register berichtet allerdings erst zum 5. August 1781 von letzterer. Seit 1786 wirkte P. Gottfried – wie er als Chorherr genannt wurde – in professoraler Eigenschaft am Landshuter Gymnasium und verfaßte dort auch ein Büchlein über seine Unterrichtsgegen-

stände. Vor der Aufhebung seines Klosters erlitt er einen Blutsturz und starb am 4. Oktober 1803 in Freising.
Ignaz Kaufmanns Tochter Maria Johanna hatte wie erwähnt den Landshuter Maler *Joseph Reitter* geheiratet. Seinen letztgeborenen Sohn Alois treffen wir seit 1796 in der Stadt Landau an. Dort hatte es jedoch schon vorher eine dem Kunsthandwerk der Malerei nachgehende Familie namens Kaufmann gegeben. Ihr wollen wir vorerst unsere Aufmerksamkeit zuwenden.

Johann Georg Kaufmann in Landau 1779–1790

Am 22. September des Jahres 1779 findet sich in der Landauer Trauungsmatrikel eine vom damaligen Stadtpfarrer und Dekan Balthasar Kirschenhofer vorgenommene Einsegnung notiert, als deren Zeugen Anton Kern, Cantor, und Andreas Hageneder, Mesner, fungierten. Das Brautpaar erwies sich damit als verhältnismäßig niederen Standes, da es als Beiständer nur Kirchenbedienstete und keine Handwerksbürger aufzubieten vermochte. Daß die Trauung in der Wallfahrtskirche Maria Steinfels stattfand, die Braut als dortige Mesnerswitwe und der Bräutigam als angehender Mesner bezeichnet wurde, wirft auf die Verhältnisse noch ein bezeichnendes Licht. Uns interessiert hier aber vorzugsweise der Hauptberuf des letzteren: er war Maler wie schon sein Vorgänger.
Der Hochzeitseintrag lautet nämlich für den Bräutigam wie folgt: »Artificiosus [= Der kunstreiche] *Johannes Georgius,* honesti *Josephi Kaufman,* lanionis [= Johann Georg, des ehrsamen Joseph Kaufmann, Metzgers] zu Ochsenhausen in Schwaben, et *Annae Mariae* coniugum amborum per tempore vivorum filius legitimus [= und der Anna Maria, beider derzeit noch lebender Gatten ehelicher Sohn], futurus civis, pictor et aedituus in Saxo [= zukünftiger Bürger, Maler und Mesner in Steinfelsen]«. Johann Georg Kaufmann verheiratete sich mit »virtuosa [= der tugendsamen] *Maria Magdalena Staudingerin,* viduata cive, pictrice et aeditua hujate in Saxo [= verwitweten Bürgerin, Malerin und hiesigen Mesnerin in Steinfelsen]«. Sie war eine geborene *Hochreitter* und Witwe des Malers *Franz Staudinger.*
Besehen wir die Herkunft Ignaz Kaufmanns und jene von Johann Georg Kaufmann, so treffen wir auf eine merkwürdige Konstellation. Beide waren nach den Angaben im Jahr ihrer Verheiratung Söhne eines Metzgerehepaars. Der jeweilige Vater hieß Johann bzw. Johann Georg; die Mütter unterscheiden sich allerdings im Vornamen: hier Afra (oder Agatha), dort Anna Maria. Als Wohnorte werden genannt Ellwangen und Ochsenhausen in Schwaben. Die beiden Heiratsdaten liegen in den Jahren 1747 und 1779, sind also 32 Jahre auseinander. Beim Blick auf die Landkarte zeigt sich, daß zwischen beiden Herkunftsorten nur eine kurze Wegstrecke liegt. (7951) Ellwangen bei Biberach/Riß ist auch kirchlich dem Dekanat (7955) Ochsenhausen zugeteilt. Ein Nachforschen in den Matrikelbüchern der Pfarreien hat jedoch kein positives Ergebnis gebracht: der Familien-

name Kaufmann wird dort nirgends verzeichnet. Eine zusätzliche Anfrage beim Pfarramt (7090) Ellwangen/Jagst hatte ebenfalls keinen Erfolg.
Es besteht nun die Möglichkeit, daß die Kaufmanns zur Zeit der Hochzeit beider Maler nur vorübergehend in Ellwangen bzw. Ochsenhausen ansässig waren und kein Eintrag in die Kirchenbücher wegen Personenstandsveränderung notwendig wurde. Andererseits konnten sie auch bloß im Gebiet des Klosters Ochsenhausen gewohnt haben, das damals in der näheren und weiteren Umgebung verschiedene Ortschaften in Besitz hatte. Der gleiche Beruf und der selbe Vorname wie der benachbarte Wohnort lassen immerhin engere Verwandtschaft vermuten. Vielleicht ist die Annahme richtig, derzufolge der Vater Ignaz Kaufmanns ein Onkel des Vaters von Johann Georg Kaufmann gewesen ist.
Diese wie immer gearteten verwandtschaftlichen Beziehungen werden wohl auch die Begründung dafür abgeben, daß sich Johann Georg Kaufmann – wie eine Generation früher schon Ignaz Kaufmann – in Niederbayern ansässig gemacht hat. Zwischen Teisbach/Landshut und Landau besteht ja keine große Entfernung. Und schließlich kam um 1796 auch Alois Kaufmann, Sohn von Ignaz, nach Landau, um dort zwar nicht unmittelbar Wohnung und Werkstatt, aber die Tradition in der Malkunst weiterzuführen.
Kehren wir aber zuerst nochmals an die Landauer Steinfelskirche zurück. Hier betätigte sich Johann Georg Kaufmann als Mesner, betreute die Kirche und bewirtschaftete das kleine, zur Selbstversorgung dienende Mesneranwesen. Daneben arbeitete er als Faßmaler. Das Ehepaar besaß vier Kinder, von denen die Taufdaten in den Matrikeln überliefert sind: Zwillinge Georg und Magdalena get. 5. X. 1780; Maria Elisabeth get. 20. XII. 1782; Narcissus Victorius get. 29. X. 1784. Der Vater Johann Georg Kaufmann verstarb bereits am 20. März 1790; er wurde in der Landauer Stadtpfarrkirche begraben. Seine Frau überlebte ihn mehr als 20 Jahre und starb erst am 30. September 1811.
Von den Arbeiten dieses Malers sind bisher nur sehr wenige nachweisbar. 1780 und 1784 malte bzw. faßte er Antependien in der Steinfelskirche zu LANDAU. Auch 1786 wurde er dort – neben seinem Mesnerdienst – mit Fassen beschäftigt. Im Jahr 1785 besorgte er die Fassung des neuen Hochaltars zu HARTKIRCHEN, der vom Schreiner *Franz Mösner* und vom Bildhauer *Bernhard Wagner,* beide aus Landau, errichtet worden war. Vielleicht stammten auch die beiden Altarblätter mit der Himmelfahrt Mariens und Gottvater von Johann Georg Kaufmann. Der Altar ist leider nicht auf uns gekommen.
Außerdem dürfen wir wohl als sicher annehmen, daß Kaufmann als Maler zahlreicher Votivtafeln in der Wallfahrtskirche Maria Steinfels in Frage kommt. Er saß hier – wie seine Vorgänger – als Mesner sozusagen an der Quelle. Dankbare Wallfahrer konnten gleich an Ort und Stelle das zu stiftende Votivbild in Auftrag geben und hatten die beste Gewähr, es alsbald am Gnadenort aufgehangen zu wissen. Da wir über die Kunst des Meisters aber noch zu wenig Kenntnis besitzen und seine Handschrift nicht identifizieren können, bleiben in dieser Hinsicht vorerst nur Mutmaßungen.

Maria Magdalena Kaufmann in Landau 1790–1811

Nach dem Tod ihres Mannes betrieb die nun zum zweitenmal verwitwete Ehefrau *Maria Magdalena Kaufmann* die Werkstatt weiter. Sie wird dazu einen Gesellen angenommen haben, der in ihrem Auftrag die Arbeiten erledigte. So ist sie zwischen 1791 und 1800 mehrmals mit Renovierungen von Ausstattungsgegenständen in der Stadtpfarrkirche LANDAU erwähnt. 1794 handelte es sich ferner um Bemalung und Fassung von zwei Antependien in der Steinfelskirche. 1797 erhielt sie für Neufassen von Hochaltar und Kanzel in der Steinfelsen 450 Gulden ausbezahlt.
Der Sohn *Narciß Kaufmann* übte demgegenüber das Amt des Mesners in Nachfolge seines Vaters an der Steinfelskirche noch während des ersten Viertels des 19. Jahrhunderts aus. Ob auch er der Malerei kundig war, wissen wir nicht, möchten es aber verneinen, da alle in Frage kommenden Unterlagen darüber schweigen.

Alois Kaufmann in Landau 1796–1835

Einer der Gehilfen in der Werkstatt von Maria Magdalena Kaufmann könnte dagegen *Alois Kaufmann* gewesen sein, der am 4. Juni 1767 in Landshut getaufte Sohn von Ignaz Kaufmann. Diese Abstammung bezeugt auch der Eintrag in die Landauer Trauungsmatrikel bei der zweiten Ehe des Alois im Jahr 1823. Der eigene Sohn der Malerswitwe scheint ja die Kunst nicht geerbt, sondern sich nur als Mesner betätigt zu haben. Alois Kaufmann tritt uns nämlich bereits vor seiner 1801 erfolgten ersten Heirat in LANDAU als Maler entgegen. Aufgrund der Signatur »Aloysius Kaufmañ PINXIT. 1796.« ist ihm das Altarblatt des in der Landauer Stadtpfarrkirche befindlichen Seitenaltars zu Ehren der hl. Katharina zuzuweisen. Es stellt die mystische Vermählung der Heiligen dar; ihr zur Seite steht ein Engel, mit den Martergeräten Rad und Schwert spielend. Auch das Bild des Wolfgangi-Seitenaltars soll nach einer Notiz aus dem Jahr 1829 in nicht mehr vorhandenen Akten des Stadtarchivs vom »einheimischen Meister K.« geschaffen worden sein.

Signatur und Datierung von Alois Kaufmann, *1796, auf dem Altarblatt St. Katharina in der Stadtpfarrkirche Mariä Himmelfahrt zu* LANDAU

Alois Kaufmann war vor seiner Ankunft in Landau noch eine Zeitlang in seiner Geburtsstadt LANDSHUT als Maler tätig. Hier empfing er im Jahr 1788 »für das

Putzen der Apostelstücke« in der Pfarrkirche Hl. Blut 48 Kreuzer. Gleichzeitig faßte er dort die Rahmen für zwei neue Seitenaltarblätter, die der Landshuter Maler *Ignaz Bergmann* lieferte, um 40 Gulden.

Über die Lebensverhältnisse Alois Kaufmanns werden wir durch entsprechende Angaben seines Schwagers, des Dingolfinger Krämers und Chronisten Sebastian Strobl, unterrichtet. Diesen kann folgendes entnommen werden: »1801 Juli den 6ten ist copulirt geworden die Schwester *Clara Stroblin* mit Hr. Alojs Kaufman, Mallers Sohn von Landtshut, auf des Schwester Anwesen als Zuckerbäcker in Landau. Hr. Kaufman hate kein Kreuzer Heurathgut gehabt und [ist] ihm [= in] allem sehr bedürftig gewesen, das sie ihm erst anständig kleiten mußte. Sie hat ihm im Hinsicht seiner sträflicher Kunst als Maller geheurathet, die er nicht ausieben durfte, da er den Reserus [= Revers] ausgestelt hate, die [= den] 2 andern Mallern keinen Schaden zu thuen, doch aber auser dem Landgericht seine Arbeit ausiben darf. Er hate dan noch durch Hr. Landrichter Hilger die Concession erhalten frey zu mallen.«

Alois Kaufmann durfte also nach seiner Heirat nicht uneingeschränkt selbständig arbeiten, sondern war lange nur auf Aufträge außerhalb des Landgerichts Landau verwiesen, sofern er solche überhaupt erhalten konnte. Erst eine von dem seit 1821 amtierenden Landrichter Franz Xaver Chr. Ritter von Hilger erwirkte Konzession gestattete ihm die freie Ausübung seiner Kunst. Somit wird die Zuckerbäckerei den Lebensunterhalt des Ehepaars bestritten haben. Die Existenzgrundlage als Mesner an der Steinfelskirche blieb ja verschlossen, weil dort der Verwandte Narciß Kaufmann als solcher tätig war.

Strobl berichtet weiter: »Die Frau Schwester lebte mit Hr. Kaufmann in Ehestand 20 Jahr und 10 Monath, die letzten 2 Jahr im Zanck gelebt. 1822 den 28ten May, an einem Dienstag, abendts ein Virtl nach 7en Uhr ist die Frau Kaufman gestorben, angeblich im Schlagflus, das aber nicht allso deme sey, indem sie gestorben, so gros aufgeschwollen, das man dem Deckel auf die Druhen [= Sarg] binden muste. Sie hate am Montag von Apudecker [= Apotheker] ein Lexier [= Elixier] eingenomen und sie ihm gesagt, das es ihr fast nichts gethan hate. So gab er ihr auf dem Abend hin nochmall eine, welche darauf gleich unmächtig wurde und starb. Man hate verlautet, da der Hr. Apudeker und Hr. Kaufman die besten Lieblingsfreunde waren, das Hr. Apudeker ihr Gieft beygebracht hate oder eine andere schödliche Medizin. Wen sie im Schlagflus gestorben währe, währe sie nicht so starck aufgeschwollen. Sie war im 57ten Jahr ihres Alter gewest und in ganz Landau von allen bedauert und wehr sie kande.«

Die hier von Sebastian Strobl mitgeteilte Schauermär dürfte durch seinen deutlich erkennbaren Haß auf den anfangs unbemittelten und mit seiner Schwester zuletzt in Streit lebenden Schwager Kaufmann entstanden sein. Strobl läßt auch sonst in seiner Chronik – wie wir andernorts schon dargelegt haben – kein gutes Haar an den meisten Leuten seiner Umgebung; er scheint ein richtiger Hypochonder gewesen zu sein. Der Tod von Clara Kaufmann ist wohl durch die von Strobl erwähnte zweimalige und demnach sicherlich überdosierte Einnahme der

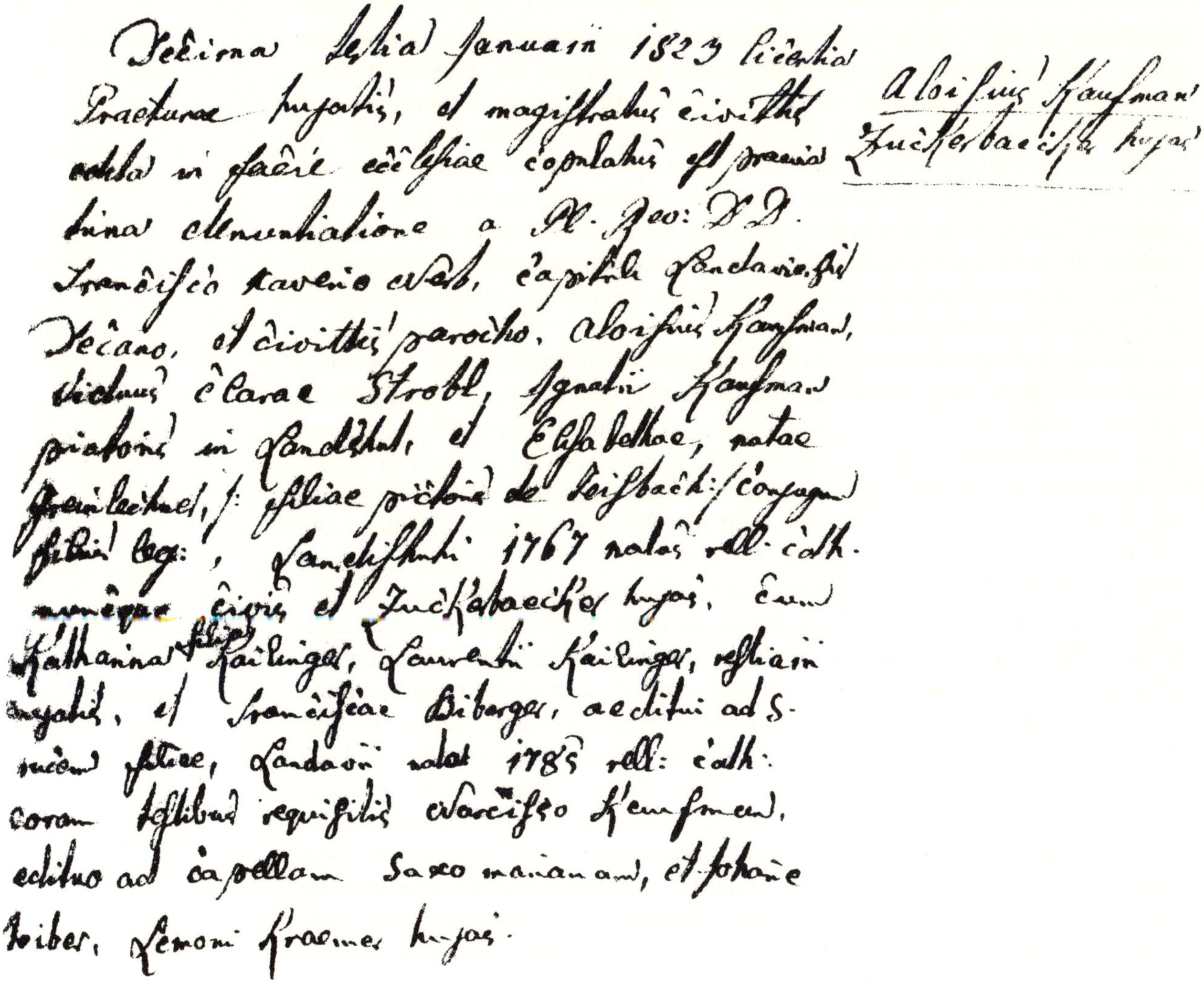
Decima tertia Januarii 1823 licentia Praeturae hujatis, et magistratus civitatis data in facie ecclesiae copulatus est praevia trina denuntiatione a Rev: D.D. Francisco Xaverio Wab, capituli Landaviensis Decano, et civitatis parocho, Aloisius Kaufman, viduus Clarae Strobl, Ignatii Kaufman piatoris in Landshut, et Elisabethae, natae Greinlechner, f: filiae pictoris de Seisbach: (conjugum filius leg:), Landishuti 1767 natus rell: cath: civis et Zuckerbaecker hujas, cum Katharina filia Kailinger, Laurentii Kailinger, ... et Franciscae Biberger, aeditui ad S. ... filiae, Landavii natae 1785 rell: cath: coram testibus requisitis Narcisso Kaufman, aeditus ad capellam Saxo marianam, et Johanne Biber, Lemoni Kraemer hujas.

Aloisius Kaufman Zuckerbaecker hujas

Trauungseintrag in Landau-Mariä Himmelfahrt für Alois Kaufmann *und* Katharina Kailinger, *13. Januar 1823 (Pfarrarchiv Landau-Mariä Himmelfahrt, Trauungsmatrikel, S. 23)*

Medizin und ohne bösartige Absicht, allenfalls aufgrund fahrlässiger Abgabe durch den Apotheker erfolgt. Der Matrikeleintrag in den Landauer Kirchenbüchern nennt als Todesursache »Kalten Brand«. Das Begräbnis wurde am 30. Mai 1822 durch den Kooperator Joseph Senstingel im Friedhof bei Hl. Kreuz außerhalb von Landau vorgenommen.
Sebastian Strobl weiß ferner zu melden: »Hr. Kaufman heurathte wider und wurde 1823 Jenner den 13ten das zweitemall cupuliert mit der Katharina, ledig erzeugte Dochter von der nochmall geheurathte Lemonikramerin in Landau, von einen Lehrjung bey Hrn. Lorenz Keillinger, Seilermeister, gelärnt, ein Hofbauern Sohn von Wieldthurn, und die Mutter alda in Diensten gewest. Sie ware eine Messners Dochter von Heilig Kreuz in Landau, von der Mutter [Strobls] Bruters-Kind. Da sie aber, um dem Bursch zu schonnen, gab sie den 69 Jahr alten Keillinger-Seiler als Vatter zu der Dochter an, um ihm auch Geld abzubresen.« In der Landauer Trauungsmatrikel sind dann wie in der Aussage von Strobl *Laurentius Kailinger,* hiesiger Sailer, und seine Frau *Franziska,* geborene *Biberger* und Mesnerstochter von Hl. Kreuz, als Eltern der 1785 in Landau geborenen *Katharina* notiert. Als Trauzeugen stehen verzeichnet Narcissus Kaufmann, Mesner »ad cappellam saxo Marianam [= an der Kapelle Maria Steinfels]« und Johann Stoiber, Lemonikrämer von hier. Ersterer ist der Sohn des Malers Johann Georg Kaufmann, letzterer der Stiefvater der Braut gewesen.
»Diese geheurathte Katharina hate schon 4 uneheliche Kinder gehabt, noch lebend ein groserwaxner Sohn, auch ser liederlich, auch wegen schlechter Aufführung wurde sie 2mall auf dem Schub nach Landau gebracht. Sie ware zwar groß, aber im Gesicht rottschäcket, rotharent, trifaugend, wild von der Gesichtbildung und in dieser hate sich Hr. Kaufman verliebt, ein Mann von Ansehen und Karakter. Diese Katharina ware öftermallen bey der Frau Schwester in Diensten gestanten. Sie hate sich auf eine kurze Zeit 400 fl [= Gulden] erspart und zusam gebracht dabei. Da uns beiden Geschwistriten [= Sebastian Strobl und seiner zweiten Schwester Theres] das ganze Betragen von dieser Baase nicht gefallt, so haten mir stets in der Schwester [Clara] getrungen, sie aus dem Dienst weck zu thuen, welches sie auch gethan hate, wo sie hernach nach Reispach in Diensten gekomen war. Von derselben Zeit an, als sie aus dem Diensten kam, war stets gezangt worden unter ihnen. Die Frau Schwester kam öfterts nach Dinglfing, wo sie uns weinent geklagt hate, wie es ihr anietzt ergeht, das ofentbar sich es zeigt, das er mit der Magd Liebesbekantschaft gepflogen hate. Das ihr aber umso härter angekommen war das, da Kaufman keinen Kreuzer gehabt und sie ihm zu einen gutten Forthkomen gebracht hate. Kaum ware die Frau Schwester gestorben gewest, hate er noch selben Tag nach Reispach um sie zu komen hinausgeschikt. Da die Schwester ser brächtig schönne Kleitung gehabt hate, welche er hette sollen heraus geben, welches er nicht gethan, indem die Schwester gestorben und nichts mehr ausmachen könte, somit wolte er es auf einen Streit ankomen lasen, und so haben wir ihm es für sein lumpers Mensch gelasen, damit er sich hete sehen lasen können damit. Sie hate nur ein wenig von Dorten und Pasteten machen

können, noch weniger von brächtigen Confekter und Contierung [= Conditorwaren], wie sie die Frau Schwester gekönt hate.«

Beim Lesen dieser Zeilen begegnet man leibhaftig dem engen, spießbürgerlichen Leben jener Jahre in einer Kleinstadt. Tratsch und Gehässigkeit machen sich in jedem Satz breit. Aber gerade derartige Schilderungen vermögen uns ein wahreres Bild der Verhältnisse zu zeichnen, als sie vielfach für die »gute alte Zeit« angenommen werden. Dazu gehört auch Sebastian Strobls abschließender Bericht über die Behandlung seiner Mutter im Kaufmann'schen Haus zu Landau.

»Da auch die Mutter noch gelebt hate und ihr [Kaufmann] einen gleinen Aus[trag] geben muste, so haben sie es [= sie] so hart gehalten und öfters ausgeschaft zu gehen. Sie muste im kalten Winterszeit unter dem Dach ohne Ofen loschiren und schlafen, auch ihr schlechte Kost gegeben, wo sie es nicht mehr aushalten könte und zu dem Freund [= Verwandten] Wiemer-Duchmacher gekomen war, wo mir ihm zur bösseren Bflegung 100 fl. gegeben haben, zu den 6 kr., die Kaufman zallen muste. Sie war aber nur 1 Jahr bey Hr. Wimer gewest und 1823 den 30ten Dezember auf 31. in der Nacht Mittwoch gestorben in der Entkräftung im 89ten Jahr ihres Alter. Die Mutter war 1822 den 19ten Dezember von ihrem Haus vertriben worden durch Kaufman und sein lumpers Weib, dem Wimer war alles von der Mutter Hinausgebrachtes wie auch das noch überige Geld gebliben und so hate sich unser Freundschaft [= Verwandtschaft] geendet, die 100 fl. hate die Schwester noch gutgehabt vom Haus.«

Zu der Zeit, als Strobl mit seinem Schwager Alois Kaufmann noch verkehrte, hatte er ein von diesem gemaltes Bild erhalten, das sich jetzt im Landauer Pfarrhof befindet. Auf der Rückseite des mit reichen Laub- und Bandwerkschnitzereien versehenen, vergoldeten und versilberten Rahmens klebt ein Zettel mit folgender Aufschrift: »1814. Octob. den 15ten / Erhielte ich von Hrn. Schwager Aloys Kauf- / man in Landau die Dafel mit der / Abbieltung des Altars des Steinfelsen / in Landau. / und den 29ten die durch dem geistlichen Hrn. Ben- / efiziaten Steinberger [von Dingolfing] einweichen [= weihen] gelassen. / Sebastian Strobl Handelsman«. Das ansprechende Bild zeigt eine auf Papier aufgetragene Federzeichnung, die mit Temperafarben mehrfarbig ausgefüllt ist. Die Darstellung bringt den Hochaltar der Landauer Wallfahrtskirche Maria Steinfels in seinem damaligen Zustand. Wir haben sie für das Titelblatt vorliegenden Buches besonders deswegen ausgewählt, um an diesem Beispiel einen authentischen Eindruck von der originalen Farbigkeit unserer heimatlichen Barock- und Rokoko-Kirchen samt ihrer einstigen Ausstattung zu vermitteln.

Alois Kaufmann ist am 13. Juli 1835, um 5 Uhr früh, an Nervenfieber gestorben, dann am 15. Juli durch Stadtpfarrer und Dekan Matthäus Stelzer beerdigt worden. Der betreffende Kirchenbucheintrag spricht von ihm als »honoratus et artis pictoriae peritissimus [= ehrsam und in der Malkunst höchst erfahren]«. Als sein Beruf wird auch hier »pictor et pistor cupedinarius« – also Maler und Zuckerbäcker – angegeben. Mit ihm ist die Malerfamilie Kaufmann erloschen.

Weitere verwandtschaftliche Verbindungen?

Eine mögliche verwandtschaftliche Beziehung sei jedoch der Vollständigkeit halber noch angeführt. Über den seinerzeit in Landshut wohnenden Ignaz Kaufmann schreibt nämlich der Historienmaler und Architekt *Ignaz Chambrez* anläßlich eines Aufenthalts im Jahr 1776 wörtlich: »In Landshut lernte ich einen sehr braven Mahler, Namens Kaufmann kennen. Die berühmte *Angelica,* die einen Mahler in Rom ehelichte und aus dieser kunstreichen Familie *Kaufmann* entsprossen war, behielt ihren Familien-Namen bis in den Tod. Dieses im Stillen lebenden Künstlers Arbeiten besah ich in der Hauptkirche, wobei ich bemerkte, daß dessen Pinsel viele Ähnlichkeit mit jenem des mährisch-Trübauer Mahlers Super hatte.«
Unter Hauptkirche wird Chambrez wohl das Landshuter Martinsmünster, eventuell auch die Pfarrkirche St. Jodok verstanden haben. Die Angabe, wonach die Malerin *Angelika Kauffmann* aus der selben Familie stammte, sei hiermit nachgeprüft. Sie war am 30. Oktober 1741 im schweizerischen Chur als Tochter des Malers *Josef Johann Kaufmann* (1707–1782) getauft worden. 1781 verheiratete sie sich mit dem Maler *Antonio Zucchi,* der aber bereits 1795 verstarb. Angelika Kauffmann lebte und arbeitete seit 1782 in Rom bis zu ihrem Tod am 5. November 1807. Ihr Vater *Josef Johann Kaufmann* war am 27. Februar 1707 in Schwarzenberg/Vorarlberg geboren. Anfänglich dort ansässig, dann einige Jahre in Herrenalb, wurde er um 1740 durch den Fürstbischof von Chur zur Ausführung von Malerarbeiten an dessen Hof berufen. Hier heiratete er in zweiter Ehe *Cleopha Luz,* von der dann die Tochter Angelika kam. In dieser Generation kann also die Art der Verwandtschaft mit den Namensträgern in Teisbach/Landshut und Landau noch nicht festgestellt werden.
Weiteren Ergebnissen verschließen sich dann allerdings die befragten Pfarrmatrikel von Schwarzenberg selbst. Der Großvater Angelikas, *Hans Kauffmann,* war nach diesen Unterlagen zwar dreimal verheiratet – ihr Vater stammt aus dessen erster Ehe mit *Katharina Mayer* –, doch wird nirgends eine Berufs- oder Herkunftsbezeichnung angeführt. Darüberhinaus ist auch das Datum der bewußten Heirat nicht genannt. So bleibt vorerst keine Möglichkeit für neue Einsichten in die verwandtschaftlichen Verhältnisse.
Auch der 1686/92 für die Wallfahrtskirche in Haindling tätige *Georg Kaufmann,* Bürger und Maler zu Geiselhöring, und sein mutmaßlicher Sohn *Georg Balthasar* (1717) dürften ebenso einer anderen Familie angehört haben wie der 1698/99 genannte *Johann Heinrich Kaufmann,* Maler zu Rottenburg.

Die Arbeiten Ignaz Kaufmanns

Bereits in seiner Teisbacher Zeit war Ignaz Kaufmann mit größeren Aufträgen an Kirchen als Faßmaler und Schöpfer von Deckenfresken betraut. So arbeitete er

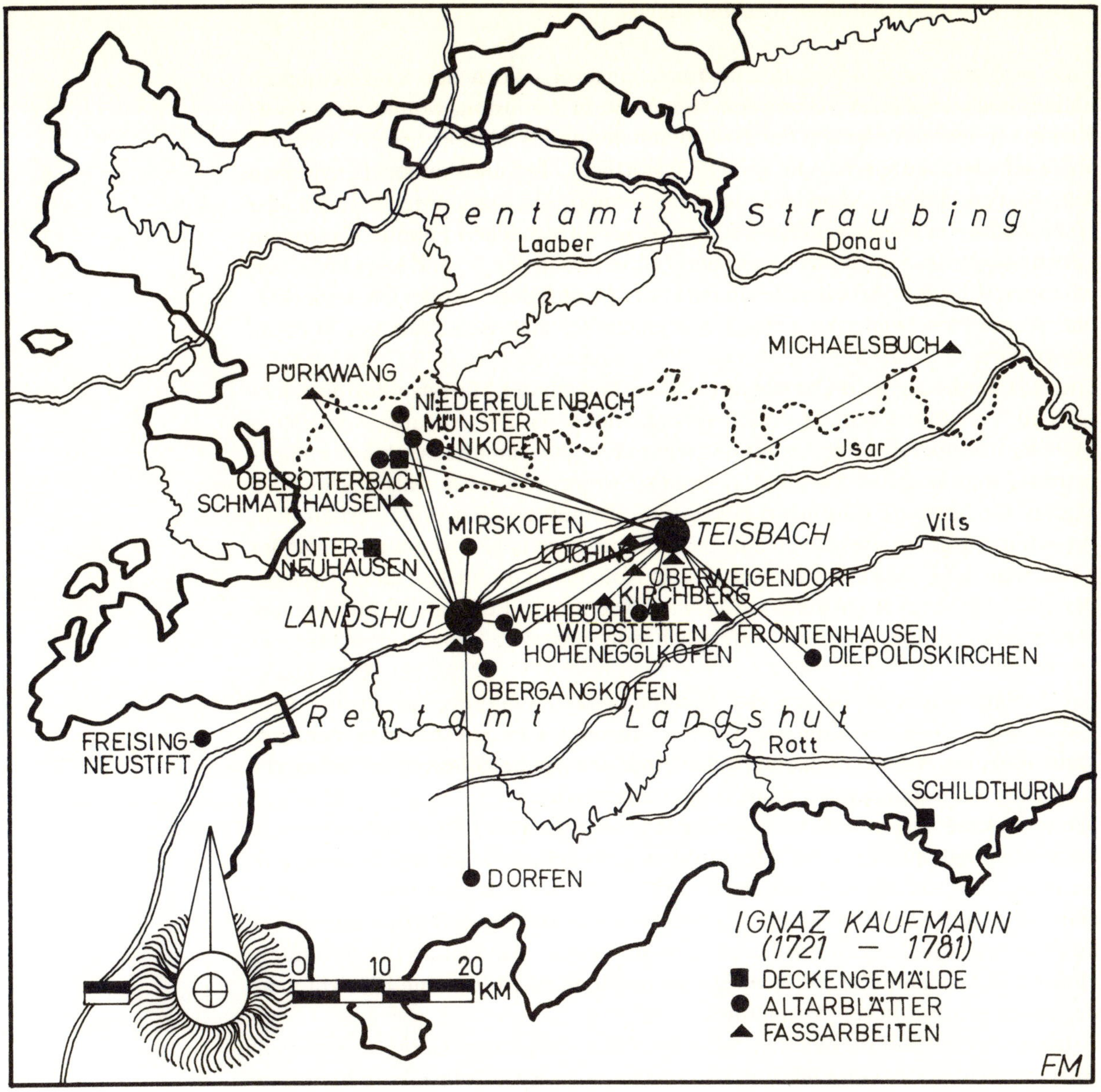
Rentamt Straubing
Laaber
Donau
MICHAELSBUCH
PÜRKWANG
NIEDEREULENBACH
MÜNSTER
INKOFEN
OBEROTTERBACH
SCHMATZHAUSEN
Jsar
MIRSKOFEN
TEISBACH
Vils
UNTER-NEUHAUSEN
LOICHING
OBERWEIGENDORF
KIRCHBERG
LANDSHUT
WEIHBÜCHL
WIPPSTETTEN
FRONTENHAUSEN
HOHENEGGLKOFEN
DIEPOLDSKIRCHEN
OBERGANGKOFEN
Rentamt Landshut
FREISING-NEUSTIFT
Rott
SCHILDTHURN
DORFEN
IGNAZ KAUFMANN
(1721 – 1781)
DECKENGEMÄLDE
ALTARBLÄTTER
FASSARBEITEN
0 10 20 KM
FM

1750 nachweislich in der Filialkirche seiner Pfarrei zu OBERWEIGENDORF und fertigte um dasselbe Jahr ein Gemälde St. Valentins in DIEPOLDSKIRCHEN. Selbstverständlich versuchte er alsbald auch im weiteren Umkreis tätig zu werden, was ihm allerdings erst nach und nach gelingen sollte. Ein bezeichnendes Licht wirft darauf seine Bewerbung um die Faßarbeiten an den Altären der Pfarrkirche MICHAELSBUCH, die im Jahr 1754 durch das Gericht Natternberg und den Abt von Metten dem Further Maler *Zellner* »als einem Künstler« zugeteilt wurden. Kaufmann richtete gegen diese Entscheidung am 7. Dezember 1754 ein Beschwerdeschreiben an die Regierung, das ohne Erfolg blieb. Trotz einer Resolution, daß man es zwar »vor dermahlen wolle bewendten lassen«, auf ihn aber künftig »zuforderst wegen dess Gottshaus Rettenbachs Arbeith« Bedacht genommen werden würde, bekam auch dort *Zellner* auf Veranlassung des Gerichts und des Abts die Seitenaltäre; ihre Begründung dafür lautete: »damit dise Arbeith von ainem Maister gemacht werde«.
Obwohl also damals Kaufmann dem weithin bekannten Faßmaler *Johann Georg Andreas Zellner* unterlegen ist – dessen Sterbeeintrag 1766 in der Pfarrmatrikel zu Furth i. W. von ihm als Maler in vielen Ortschaften und Städten sprach –, wurde er schon in seiner Anfangszeit als Gutachter nach auswärts zugezogen. Sein Ruf muß folglich schon eine gewisse Festigung erfahren haben. So wird überliefert, daß er bereits im Jahr 1749 – also bevor heute eine bedeutendere Arbeit von ihm nachweisbar ist – nach ANZENBERG bei Massing geholt wurde, wo gerade in der Wallfahrtskirche der neue Hochaltar fertiggestellt war. Die Schnitz- und Bildhauerarbeiten daran hatte *Wenzel Jorhan* aus Griesbach besorgt, die Fassung der Massinger Maler *Anton Fux*. Der uns interessierende Eintrag in der Kirchenrechnung lautet nun: »Für die Besichtigung der Schreiner-, Schlosser-, Maler- und Bildhauerarbeit beim neuen Choraltar« und um diese »behörig in Augenschein zu nehmen« habe der Teisbacher Maler Ignaz Kaufmann dreieinhalb Tage in Anzenberg geweilt und 7 Gulden dafür empfangen. Und auch als sämtliche Arbeiten in der Kirche beendet waren, wurde nochmals ein Bote zu Kaufmann gesandt sowie dieser an den Ort des Geschehens »zitiert« zur abschließenden »Besichtigung«.
Aus heutiger Sicht gelang Ignaz Kaufmann sein erstes Hauptwerk Mitte der fünfziger Jahre des 18. Jahrhunderts. Als nämlich die Ausstattung der Wallfahrtskirche in OBEROTTERBACH bei Rottenburg mit Deckenfresken geschehen sollte, erhielt er dazu den Auftrag. Das von seiner Hand geschaffene Deckengemälde im Chor stellt die Taufe des hl. Leonhard dar. Im großen Langhausfresko mit der Glorifikation dieses Heiligen äußert sich die Kunst unseres Meisters besonders in figurenreicher Komposition. Ein zweiteiliges Chronogramm nennt als Jahr der Ausführung 1755. Die Gewölbezwickel des Langhauses und die östliche Übergangsrundung des Langhausgewölbes zeigen die Bilder der Evangelisten und der Kirchenväter, die Zwickel des Chorgewölbes zwei kleine Gartenbilder. Kaufmann malte um diese Zeit für die gleiche Kirche auch die Altarblätter der Seitenaltäre; sie stellen links die Heiligen Erhard und Erasmus, rechts

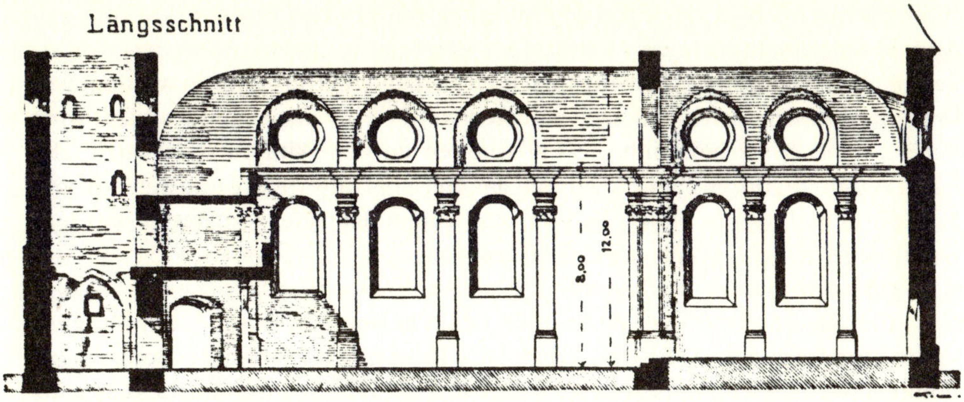

Längsschnitt der St. Leonhardskirche zu OBEROTTERBACH *(Bayerisches Landesamt für Denkmalpflege)*

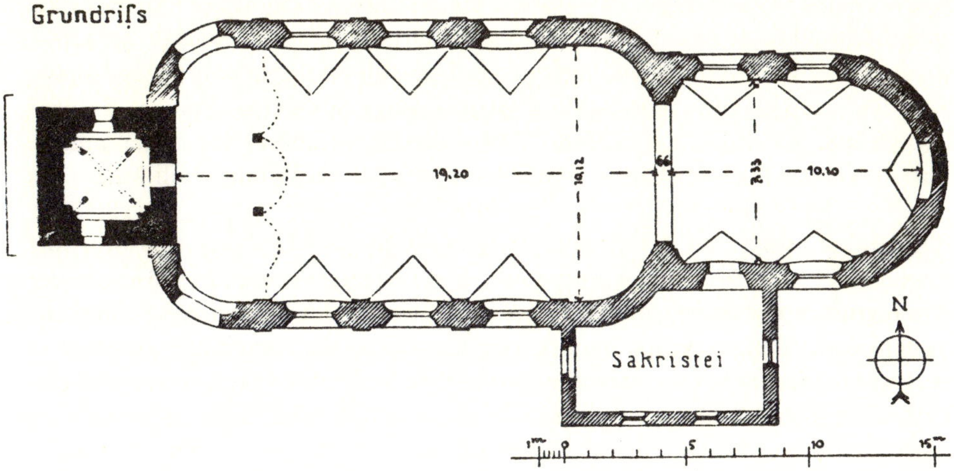

Grundriß der St. Leonhardskirche zu OBEROTTERBACH *(Bayerisches Landesamt für Denkmalpflege)*

Johannes und Paulus dar. Für die Fresken erhielt er 420 Gulden, für die Altargemälde 305 Gulden ausbezahlt.
1755 gestaltete Ignaz Kaufmann ferner zwei Deckenfresken in der Kirche zu SCHILDTHURN bei Pfarrkirchen mit Gemälden der Dreifaltigkeit und Mariens. 1756 empfing er für die Fassung des Hochaltars in PÜRKWANG 700 Gulden. Weiterhin stammen von seiner Hand die Altarblätter mit Enthauptung der hl. Katharina von 1759 und mit dem Martyrium des hl. Sebastian von 1760 der Seitenaltäre in der Wallfahrtskirche zu WIPPSTETTEN bei Gerzen. 1760 besorgte er auch die Fassung des neuen Tabernakels am Hochaltar der Pfarrkirche in LOICHING um 75 Gulden sowie die Tabernakelfassung in der benachbarten

Pfarrkirche Kirchberg. Vorher noch, 1758, sind seine Seitenaltarblätter zu Inkofen entstanden. Wahrscheinlich ist er auch der Schöpfer der etwa gleichzeitigen Deckengemälde in Wippstetten.

Aus dem Jahr 1761 wissen wir, daß Ignaz Kaufmann die Fassung der beiden Seitenaltäre in der Pfarrkirche zu Pürkwang vorgenommen und laut Kirchenrechnung eine Bezahlung in Höhe von 81 Gulden dafür empfangen hat; möglicherweise handelte es sich bei dieser verhältnismäßig niedrigen Summe um einen Abschlag oder auch um einen Teil- oder Restbetrag. Zur selben Zeit faßte Meister Kaufmann auch den Altar in der Pürkwanger Schloßkirche, wofür er 400 Gulden erhielt.

Im Jahr 1762 reichte Ignaz Kaufmann zusammen mit dem Gangkofener Schreiner *Joseph Homann* und dem Schlosser *Mathias Hueber* einen Kostenvoranschlag für einen neuen Tabernakel am Hochaltar der Pfarrkirche zu Frontenhausen um 296 Gulden ein. Als Anlage im heute noch erhaltenen Akt des dortigen Pfarrarchivs finden sich zwei unsignierte Entwürfe als lavierte Federzeichnungen, von denen der eine die Hand eines ausgezeichneten Künstlers verrät. Nachdem kein Voranschlag eines Bildhauers angefügt ist, darf wohl angenommen werden, daß nur Kaufmann als Verfasser dafür in Frage kommt. Übrigens nennt er sich auf dem Kostenvoranschlag »churfürstlicher Hofmaler in München«: dies bedeutet jedoch lediglich den Erwerb eines entsprechenden Titels und keineswegs die Ansässigkeit in der Landeshauptstadt. Allerdings wird dadurch das Prestige des Malers über den bereits erreichten Grad seines künstlerischen Ansehens hinaus in den Augen potentieller Auftraggeber gestiegen sein.

Ob der geplante Tabernakel ausgeführt worden ist, wissen wir nicht. Dagegen kamen in Hohenegglkofen zwei neue Seitenaltäre um 350 Gulden zur Errichtung, für welche 1763 Ignaz Kaufmann und der Geisenhausener Schreiner *Johann Bernhard* ihre Kostenvoranschläge über »alle Schneidarbeit besambt Mallung der Altarblätter« eingereicht hatten.

Nach seiner Übersiedlung nach Landshut, wohl aber auch schon früher, befaßte sich Ignaz Kaufmann nach Angabe des Stadtchronisten Meidinger vor allem auch mit der Porträtmalerei. Doch ist von Werken dieser Kunstgattung bisher nur ein Stück auf uns gekommen. Aufgrund der Signatur »Igz. Kauffmann pinx. 1781« könnte ihm als eines seiner letzten Gemälde ein Bildnis des Damian Hugo von Lehrbach im Mainzer Priesterseminar gehören. Andererseits lassen sich wieder wichtige Kirchenarbeiten nachweisen, die in seiner letzten Schaffensperiode entstanden sind.

Zu Beginn steht aber auch hier wieder die Auseinandersetzung mit einem Konkurrenten um einen größeren Auftrag. In einem ausführlichen Schreiben an die Regierung Landshut erinnerte Kaufmann 1766 eingangs an die früher verweigerten Arbeiten in Michaelsbuch und Rettenbach, dann kam er auf sein Anliegen zu sprechen. Es ging hier um die anstehende Fassung des Hochaltars in Michaelsbuch, welche ihm der Abt von Metten als Inhaber der Pfarrei auch »frey

Entwurfszeichnung (»Visier«), wohl von Ignaz Kaufmann, *als Beilage zum Kostenvoranschlag für den Tabernakel in der Pfarrkirche zu* Frontenhausen, *1762 (Pfarrarchiv Frontenhausen)*

zuegesagt« habe, »das ich also nit mehr zweiflen solle, in Anbetracht [, daß] das Jus quaesitum [= acquisitum!] schon lang auf mich gewarthet [hat], auf welches [ich] mich auch fuesse«. Trotz der Zusage des Prälaten habe jetzt das Gericht Natternberg dem »Bildhauer zu Posching [= Stephansposching]« den Auftrag übergeben. Während früher die Ausrede der »Künstler« *Zellner* gewesen sei, könne weder er noch jemand anders einen Bildhauer auch »aus Nächstenliebe vor keinen Künstler in der Mahl- und Fasskunst« halten. Man möge also Befehl an das Gericht erteilen, ihm selber diese Faßarbeit vor anderen zukommen zu lassen. Die Eingabe zeitigte das gewünschte Ergebnis und die Regierung schrieb am 8. November 1766 dem Pfleger von Natternberg, »daß der Supplicant die Arbeith bey verstandtnen Gottshaus nach den under obiger Resolution ratificirten Yberschlag verförtigen möge, soforth Du ihme hieran keinen Einhalt erzeugen, sondern villmehr all hilfliche Handt darbiethen sollest«.

Obwohl die Schwierigkeiten mit den staatlichen Behörden für Kaufmann behoben schienen, weigerte sich nun der Ortspfarrer entgegen einer entsprechenden Verfügung des Gerichts Geld für den Ankauf von Material als Vorschuß herauszugeben. Mit einem längeren Schreiben schilderte der Maler die Sachlage der Regierung und meinte, daß »aber jetzt höchste Zeit und unumgänglich nothwendig ist, die Praeparatoria zu machen und die Materialia, praesertim das bereits angefriemte Gold beyzutrachten, sohin ohne fernern Zeitverlurst in die Arbeith zu setzen, um darmit zum Schaden des Gottshaus nicht in den rauchen Herbst hinaus zu kommen«. Die Regierung gewährte auch diesem erneuten Angehen um Unterstützung ihre Hilfe und wies unterm 15. Mai 1767 das Gericht an, dem Bittsteller 200 Gulden ausfolgen zu lassen, wobei sogar – falls der Pfarrer sich wie bisher weigern würde die Schlüssel das Zechschreins, also der Geldkassette, herauszugeben – die Schlösser von amtswegen entfernt und die Gulden entnommen werden sollten.

Doch scheint sich dann Kaufmann offenbar mit dem Pfarrer in ein verträgliches Verhältnis begeben zu haben. Denn letzterer, ein Mettener Konventuale namens P. Michael Achaz, sandte mit Brief vom 11. Mai 1768 an das Gericht Natternberg auch spätere Kostenvoranschläge unseres Meisters mit dem Ansuchen, das Weitere bei der Regierung zu veranlassen. Nachdem nun nämlich in der Kirche zu Michaelsbuch die Oratorien »von Bildhaur und Schreiner gutt, schön und daurhaft hergestelt, iezt aber selbige auch die Fassung bedörfen«, habe Kaufmann die Kosten dafür zusammengestellt. Über die Genehmigung sind im erhaltenen Akt keine Unterlagen mehr überliefert.

Zwischen diesen Arbeiten kehrte Ignaz Kaufmann auch an seinen früheren Auftragsort PÜRKWANG zurück. Für die dortige Pfarrkirche faßte er 1767 sechs Pyramiden und malte 1773 den noch vorhandenen Kreuzweg um 210 Gulden.
1770 schuf er die Bilder im oberen Aufsatz der Seitenaltäre in der Kirche zu MIRSKOFEN bei Landshut um 24 Gulden. Damals entstand auch ein Altarblatt St. Josef für MARIA-DORFEN, das jüngst auf dem Speicher des Marienstifts wieder entdeckt worden ist. Zur selben Zeit begann er mit dem Deckengemälde im Chor

der Kirche zu Unterneuhausen, das Szenen aus dem Leben des hl. Laurentius zeigt; das Langhausfresko mit dem Martyrium des Heiligen stellte er 1773 fertig. Sein Kostenvoranschlag hatte auf 210 Gulden gelautet. Im gleichen Jahr 1773 war ihm um 550 Gulden die Fassung der beiden Seitenaltäre und der Kanzel in Schmatzhausen bei Rottenburg übertragen worden. Die Bezeichnung »Ig. Kauffman pinx. Landishutti 1774« auf dem Bild mit der Bekehrung des hl. Paulus am nördlichen Seitenaltar erweist ihn auch als Künstler in der Kirche zu Niedereulenbach. Dort zeigt der zweite Seitenaltar das Bild des hl. Michael ebenfalls von seiner Hand.

Im Jahr 1777 malte Kaufmann das Altarblatt für den Hochaltar der Kirche in Münster bei Rottenburg um 70 Gulden; während dieses Gemälde später durch ein Werk von Ende des 19. Jahrhunderts ersetzt wurde, ist das Oberbild Mariä Himmelfahrt von Kaufmann erhalten. 1777 empfing er auch für ein Hochaltarblatt des hl. Benedikt von der Kirche zu Weihbüchl Bezahlung und zwar 10 Gulden, was wohl wieder auf einen Teilbetrag deutet. Mit der Jahreszahl 1778 sind dann zwei Altarblätter aus dem ehemaligen Kloster Neustift bei Freising datiert, deren Bezeichnung »Kaufmann pinxit« auf unseren Meister verweist; offenbar hat er sie als Mitgift für seinen 1778 dort bei den Prämonstratensern eingetretenen Sohn Johann Carl Borromäus angefertigt. 1780 erhielt er für Malung des Altarbildes für den neuen Hochaltar, ferner eines kleinen Blattes in dessen Auszug aus der Kirchenkasse von Obergangkofen 65 Gulden. Für dieses Gotteshaus war er schließlich bis zu seinem Tod tätig, denn noch 1782 vereinnahmte seine Witwe für die Fassung des Hochaltars 400 Gulden, dann für weitere Arbeit, die seine Werkstatt geleistet hatte, 1783 den Betrag von 16 Gulden 34 Kreuzer 4 Heller.

Schließlich ist noch auf die in Landshut als dem zweiten Wohnsitz Ignaz Kaufmanns nachweisbaren, jedoch nicht mehr erhaltenen Schöpfungen einzugehen. Hier dient uns der Chronist Meidinger als Zeuge, der in seiner Stadtbeschreibung von 1785 bei den einzelnen Kirchen auch die Maler der verschiedenen Altarblätter aufzählt. Ohne nähere Bezeichnung ihrer Entstehungszeit möchten wir das Hochaltarblatt mit der Sendung des Hl. Geistes in der Spitalkirche und das Gemälde des Hl. Aloisius in einem Seitenaltar von St. Martin den Jahren um 1767/1770 angliedern. Von ersterem Bild sagt Meidinger, es sei »sehr gut gemalen«; den Altar selbst habe der Landshuter Maler *Lehrhuber* gefaßt. Von Kaufmann stammten dieser Quelle zufolge auch zwei Seitenaltarblätter in der Franziskanerkirche zu Landshut; sie stellten folgende Heilige dar: auf der Evangelienseite St. Franziskus und auf der Epistelseite St. Anna.

Zusammenfassend seien einige Worte zur Charakteristik des Schaffens von Ignaz Kaufmann geäußert. Den Einstieg dazu vermittelt uns der oben zitierte Historienmaler Chambrez, welcher anläßlich seines Besuches in Landshut mit den dortigen Arbeiten des Meisters bekannt wurde. Er gewann dabei den Eindruck, daß dessen Pinsel viel Ähnlichkeit mit jenem des in Mährisch-Trübau wirkenden Malers »Super« aufweise. Mit letzterem ist der von 1721 bis 1772 lebende

Thaddäus Joseph Supper gemeint. Eine Nachprüfung dieses Hinweises begegnet allerdings bei den heutigen politischen Verhältnissen unüberwindlichen Hindernissen.

So bleibt der unmittelbare Vergleich aller noch vorhandenen Werke Kaufmanns. Aber auch hier stehen uns von vereinzelt überlieferten Leinwand- und Tafelgemälden – z. B. in Oberotterbach, Wippstetten oder Niedereulenbach – abgesehen nur mehr die wichtigen Deckenfresken zur Verfügung. Während bei den Altarblättern die von der Zeit allgemein verwendeten Stil- und Ausdrucksmittel selbstverständlich auch bei Kaufmann auftreten und es kaum gerechtfertigt erscheint Besonderheiten eigengeprägter Kunst herauszulesen, glauben wir doch bei der Komposition der oben genannten Deckengemälde Einiges, was den ganz persönlichen Duktus Ignaz Kaufmanns zeigt, erkennen zu müssen. Jedoch sei die mehr oder weniger starke Anreicherung dieser Gemälde mit Figuren von der Betrachtung ausgeschieden, da sie sicherlich jeweils thematisch bedingt und von den aufzuwendenden Kosten vom Auftrag her vorgegeben wurde. Vielmehr wendet sich unsere Aufmerksamkeit der Ordnung und Gliederung des zur Ausführung bestimmten Themas zu.

Hier nun ist für alle erhaltenen Deckenfresken Kaufmanns festzustellen, daß ihren Reiz in hohem Maß die Staffelung und perspektivische Anordnung der Figuren ausmacht. Dabei kommt es nicht so sehr auf die Einzelheiten an, obwohl deutlich wird, daß der Blick des Betrachters von Figur zu Figur weiterwandern soll. Die Figurengruppe als Ganzes ist es, die das Interesse unmittelbar auf sich zieht. Um sie herum werden wieder zur nächsten hin Verbindungen geschaffen durch Landschaft andeutende und tektonische Elemente. Nicht zuletzt bestimmen auch Wolkengirlanden als Mittel für die Linienführung zum Zentrum der Darstellung das Konzept der Gestaltung.

Was die Farbgebung anbelangt, so verwendet Kaufmann lichte Töne, die er geschickt und die Plastizität seiner Gemälde steigernd starken Schattenwirkungen entgegenstellt. Es besteht hier ein deutlicher Unterschied etwa zu den Schöpfungen des Eggenfeldener Freskanten *Anton Scheitler,* dessen Komposition stets flächig, dabei jedoch stark bewegt wirkt. Kaufmann bringt demgegenüber ruhige, ja statuarische Gruppierungen, erweitert aber den Raumeindruck durch die erwähnte Hell-Dunkel-Technik. Die ihm zur Ausmalung anvertrauten, verhältnismäßig kleinen bzw. niedrigen Kirchen wachsen durch diesen Kunstgriff über den vorgegeben-gebauten Raum hinaus: von der Erde meint man direkt in den Rokoko-Himmel sehen zu können. Diese Wirkung war einst sicher mit der farblichen Behandlung der Ausstattungsgegenstände – Altäre, Kanzel etc. – abgestimmt. Heute ist davon infolge von inzwischen durchgeführten Neufassungen und/oder »Restaurierungen« kaum mehr etwas zu verspüren.

Kaufmanns Gemälde wenigstens sind in ihrer Leuchtkraft erfreulicherweise erhalten und sprechen uns noch unmittelbar von der Kunst ihres Schöpfers. Diese aber wurzelt ohne Zweifel in den Traditionen seiner Heimat und Herkunft. Wir erinnern uns, daß diese zunächst im Württembergischen lag. So wird Ignaz

Wallfahrtskirche St. Leonhard in OBEROTTERBACH Deckengemälde »Glorifikation des hl. Leonhard« von Ignaz Kaufmann, 1755 ▷

St. TRINITATIS

◁
Wallfahrtskirche auf dem DREIFALTIGKEITSBERG Hochaltarblatt »Die allerh. Dreifaltigkeit krönt Maria« von Franz Felix Finkenzeller, 1698 (Ansicht bei abgenommenem Gnadenbild)

Kaufmann mit dem in seiner Lehrzeit gewonnenen Rüstzeug und mit den aus eigener Anschauung gewonnenen Erkenntnissen südwestdeutscher Barockmalerei die neuen Eindrücke seiner Wanderjahre verbunden haben, bis er sich – zuerst in Teisbach und dann in Landshut niedergelassen – als eigenschöpferisch tätiger Künstler erwies. Die niederbayerische Kulturlandschaft verdankt ihm wesentliche Beiträge zur sakralen Malerei. Ihre weitere Erschließung wird Aufgabe der regionalen Forschung bleiben.

Quellen und Schrifttum

Staatsarchiv Landshut: Kirchenrechnungen der Gerichte; Briefprotokolle Markt Teisbach und Stadt Landshut.

Pfarrarchiv Frontenhausen: Akt über Errichtung eines neuen Tabernakels 1762.

Pfarrarchiv Hohenegglkofen: Akt über Errichtung neuer Seitenaltäre 1763.

Pfarrarchiv Inkofen: Bruderschaftsbuch der Skapulierbruderschaft.

Pfarrarchiv Michaelsbuch: Akt über die Kirchenausstattung 1754/68.

Pfarrarchiv Obergangkofen: Kirchenrechnungen.

Pfarrarchiv Pürkwang: Kirchenrechnungen.

Felix Josef Lipowski: Baierisches Künstlerlexikon I, München 1810, S. 141.

Die Kunstdenkmäler von Niederbayern, Heft I bis Heft XXV, München 1912–1936.

Thieme-Becker: Allgemeines Lexikon bildender Künstler XX, Leipzig 1927, Sp. 1–5 (Angelika K.), 12 (Ignaz K.), 12–13 (Joseph Johann K.).

Fritz Markmiller: Der Teisbacher Maler Ignaz Kaufmann (1721–1781), in: Der Storchenturm 6. Dingolfing 1971, Heft 12, S. 78–80.

Alfons Beckenbauer: Die Ausgestaltung der Pfarrkirche Hl. Blut in Landshut um 1800, in: Verhandlungen des Hist. Vereins f. Ndb. 99, Landshut 1973, S. 10–29.

Josef Haushofer: Bau- und Kunstnachrichten über die Kirche Anzenberg 1688 bis 1771, in: Heimat an Rott und Inn, Eggenfelden 1974, S. 98f.

Fritz Markmiller: Beiträge zur Biographie der Malerfamilie Kaufmann, in: Der Storchentum 13, Dingolfing 1978, Heft 25, S. 48–56.

Norbert Backmund: Profeßbücher oberbayerischer Prämonstratenserklöster. 1. Teil: Neustift, in: Beiträge zur altbayerischen Kirchengeschichte 33, München 1981, S. 56 (mit irriger Herkunftsangabe: Bäckerssohn).

Für Mitteilung der Unterlagen aus obengenannten Pfarrarchiven dankt der Verf. Herrn Karl Tyroller (Straubing).

Franz Albert Aiglstorffer (um 1675–1741) und Franz Josef Aiglstorffer (um 1713–1790)

Von Georg Brenninger

Der heutige oberbayerische Landkreis Erding ist erst ein Gebilde des 19. Jahrhunderts, denn bis 1803 gehörte dieser Bereich zum Rentamt Landshut und somit zum alten Niederbayern. Dies können wir heute noch – um nur ein Beispiel herauszugreifen – an den spätgotischen und barocken Figuren in unseren hiesigen Kirchen ablesen, die nicht von Münchener Künstlern, sondern von Landshutern stammen: das berühmte Leinberger-Kruzifix in der Erdinger Stadtpfarrkirche und die zahlreichen Jorhanfiguren in den Dorfkirchen etwa.

Seit einigen Jahren interessiert mich nicht nur die unbekannte Orgellandschaft unserer Heimat; ich wurde bei deren Inventarisierung auch neugierig, wer unsere Kirchen so herrlich ausgestattet hatte. Wir kennen durch die Forschung den Rokokomaler *Johann Martin Heigl* aus München als den Künstler der großen Deckengemälde in Buch am Buchrain (1761), Maria Thalheim (1764), Tading (1765), Langengeisling (1766) und Altenerding (1767). Dazu konnte ich selbst als Meister der Deckenfresken in meiner Heimatpfarrei den Erdinger Maler *Franz Zellner* (1738–1788) ausfindig machen: 1759 in Kirchberg und Schröding; von ihm stammen auch die Seitenaltarbilder in Hofstarring, Oppolding, Wifling und Maria Thalheim.

Die Ähnlichkeit der Ausmalung in den Kirchen von BURGHARTING und GROẞWIMPASING war mir längst aufgefallen. Mein Interesse wuchs aber beträchtlich, als ich in OBERBIERBACH im westlichen Gemälde auf einem dargestellten Getreidesack die Signatur »FA«, die Pflugschar als Wappenbild für die Stadt Erding und die Jahreszahl 1718 fand. Meine Zettelkartei zur barocken Kunst und die dazugehörigen Exzerpte aus Kirchenrechnungen der Pfarrarchive wie des Bayer. Staatsarchives Landshut verrieten mir, daß nur zwei Maler in Frage kommen konnten, denen zu ihren Namen bisher keine bekannten und erhaltenen Arbeiten nachzuweisen waren. Zum einen war dies *Friedrich Aurstorffer* aus Erding – darauf wies die Pflugschar –, als zweiter stand der Wartenberger *Franz Aiglstorffer*. Da aber Aurstorffer 1718 schon tot war, blieb nur mehr letzterer übrig. Nachdem ich immer mehr ähnlich geartete Beispiele aus stilistischen Gründen zusammengetragen hatte, fand sich endlich in HINTERHOLZHAUSEN am Hauptgemälde eine Signatur: »F. J. Aiglstorffer/Maller in Warttenberg / A: 1754«. Dadurch wurde auch deutlich, daß es zwei Aiglstorffer gegeben hat: den Vater, der regelmäßig mit dem Erdinger Maurermeister *Anton Kogler* arbeitete, und den Sohn, der häufig in neuen Kirchen des Baumeisters *Johann Baptist Lethner* beschäftigt wurde.

Aus den Matrikelbüchern des Pfarrarchivs Wartenberg lassen sich folgende

Lebensdaten für die Familie Aiglstorffer gewinnen: Franz Aiglstorffer wurde um 1675 als Sohn des hiesigen Schreiners *Oswald Aiglstorffer* geboren – das Taufbuch der Zeit um 1700 ist leider seit Jahrzehnten verschollen – und heiratete am 25. Februar 1710 die Landwirtstochter *Eva Bauschmid* aus Langenpreising. Dem Sterbeeintrag vom 25. November 1741 entnehmen wir auch den zweiten Vornamen dieses Malers, wenn es heißt: »Franciscus Albertus Aiglstorffer, inter consilii et pictor et 2do ab him die in nostro coemeterio sepultus fuit«. Seiner Ehe entstammte unser zweiter Maler, Franz Josef Aiglstorffer, der um 1713 geboren wurde und am 26. August 1742 die Erdinger Kaufmannstochter *Maria Violanta Sistl* heiratete. F. J. Aiglstorffer starb am 7. März 1790 im Alter von 77 Jahren. Ergänzend sei darauf hingewiesen, daß ein Bruder des letztgenannten Aiglstorffer ebenfalls das Malerhandwerk ergriff und in Frontenhausen ansässig wurde. Vom Wirken dieses *Joseph Oswald Aiglstorffer* sind allerdings bis jetzt noch keine weitere Einzelheiten bekannt geworden.

Franz Albert Aiglstorffer als Fresko- und Tafelmaler

Wenn wir in etwa chronologisch vorgehen, so finden wir im 1714 geschaffenen und signierten Hochaltarblatt von KIENRACHING (zwischen Taufkirchen/Vils und Dorfen) das erste Werk von Franz Albert Aiglstorffer. Es stellt den hl. Leonhard auf Wolken dar, umgeben von Engeln. Sie schauen auf eine Anzahl von Personen herab, die um Hilfe bitten. Alt und Jung, Mann, Frau und Kind, Arm und Reich sind vertreten und nicht zuletzt ein an eine schwere Eisenkugel geketteter, zerlumpter Gefangener. St. Leonhard ist ja vor allem Patron der Gefangenen; erst die spätere Umdeutung seines Attributs brachte den Wechsel zum Viehpatronat mit sich, das spätestens seit der Barockzeit vorherrscht: Eigenartigerweise ist bei unserem Bild davon nichts zu spüren. Auffallend wirkt auch ein Bauer mit

Signatur und Datierung von Franz Albert Aiglstorffer, *1714, am Hochaltarblatt St. Leonhard zu* KIENRACHING

einem Sack Mehl sowie ein junger Mann mit einem Glöcklein in der Hand, das möglicherweise einen Stummen andeuten soll. Es kann durchaus sein, daß die abgebildete Frau mit dem Kind die Frau des Künstlers darstellt, deren Sohn – unser zweiter Wartenberger Maler – damals gerade ein Jahr alt war.

Den ersten großen Zyklus von Deckengemälden Aiglstorffers finden wir dann in der Filialkirche OBERBIERBACH, ganz nahe bei Maria Thalheim. Eines der Hauptbilder des Langhauses zeigt uns wie in Kienraching eine Verehrung des hl. Leonhard. Wieder sind es Bauern, die dem vielangerufenen Patron mit einem Getreidesack ihre Reverenz erweisen. Einer davon trägt die Signatur »FA«, das Wappenbild der Erdinger Pflugschar und die Jahreszahl 1718, die als Unterschrift des ganzen Bildes in römischen Zahlzeichen noch einmal wiederholt wird. Links sehen wir auch die Ansicht der damals durch den Erdinger Maurermeister *Anton Kogler* neuerbauten Filialkirche. Zwischen dem auf Wolken thronenden St. Leonhard mit den ihn umgebenden Engeln und den flehentlich aufblickenden Bauern zieht sich ein Schriftband hin mit dem Text: »Vir magnus coram omni populo«.

Diese Schriftbänder, seien sie als lateinische Sentenz oder als moralisierendes, gereimtes deutsches Sprichwort bzw. Vers gestaltet, treffen wir nun immer und überall in den Aiglstorfferischen Schöpfungen an. Die Frage, wer der Übermittler dieser Texte war, konnte bis jetzt noch nicht beantwortet werden. Vergleiche sind noch nicht möglich, da z. B. die Edition des Corpus der barocken Deckenmalereien in Deutschland erst zwei Bände umfaßt, die Teile des oberbayerischen Raumes behandeln und andere thematische Zyklen bieten. Feststehen dürfte allein, daß Aiglstorffer Texte und Bildmotive der Emblemata aus einer Vorlage benutzte. Die eingesehenen Emblembücher der damit gut ausgestatteten Universitätsbibliothek München ließen aber noch keine direkte Quellenabhängigkeit erkennen.

Wenn wir wieder zu den Oberbierbacher Deckengemälden zurückkehren, so fällt sofort das große Bild des Langhauses auf. Es stellt das Zentrum dar, um das sich viele kleinere Gemälde scharen, die alle über verschiedene Stationen aus dem Leben des hl. Florian berichten. Besehen wir uns aber nur das köstliche Hauptbild näher: Im unteren Teil eine kleine Ortsansicht, wo ein stattlicher Hof in Brand steht, ein weiteres Haus zu brennen beginnt und aus dem Kirchturm ebenfalls schon Rauchwolken aufsteigen. Während einige Personen jammern und um Hilfe schreien, hat die örtliche Feuerwehr des 18. Jahrhunderts bereits die Initiative mit Wassertragen, Leitern aufstellen, Brandhaken setzen und Inventarbergen ergriffen. Während auf Erden Entsetzen herrscht, freut sich die Engelschar im Himmel über die Gelegenheit, das Wirken des hl. Florian wieder einmal zeigen zu dürfen. Denn mit dem Wasserkübel gießen neben St. Florian auch zwei andere Engel mit Schaffeln Wasser auf die Feuerstätte, ein weiterer Engel schwingt in Begeisterung die Fahne (natürlich mit dem österreichischen Reichsadler) – alles geschieht unter dem fliegenden Spruchband: »Sub Christi vexillo ecclesiae defensor Florianus.«

Bei der Vielzahl der über den ganzen Innenraum des Gotteshauses verteilten Bilder möchten wir eine Beobachtung mitteilen: Es scheint so, daß die vom Maurer vorgegebenen Felder nicht immer von nur einem Zyklus ausgestaltet werden konnten. Dementsprechend dürften die drei hintersten Darstellungen der hl. Drei Könige als Auffüllsel verstanden werden, die isoliert vom übrigen Bildprogramm dastehen.
Für das Jahr 1722 läßt sich aus den Kirchenrechnungen für Buch am Erlbach nachweisen, daß Aiglstorffer mit dem Moosburger *Sebastian Haas* Faßarbeiten ausführte (ebenso 1730). In diese Zeit ist auch die Stuckierung des Presbyteriums in der Pfarrkirche von Eitting zu datieren, wozu Aiglstorffer mehrere Schriftbänder sowie zwei kleine Deckengemälde schuf. In dem einen ist der Kirchenpatron, St. Georg, dargestellt, umgeben von vielen Putten(köpfen). Auf dem anderen Gemälde wird uns der Drachenstich gezeigt, diesmal aber nicht von St. Georg, sondern eigenartigerweise stellvertretend von einem der vielen Putti ausgeführt. Als Umschrift entdecken wir einen vom Oberbierbacher Florianszyklus her bereits bekannten Spruch, der diesmal auf der hl. Georg bezogen ist: »Sub Christi vexillo ecclesia defensor Georgius«.
1724 hatte Franz Albert Aiglstorffer gleich zwei neuerbaute Kirchen auszuschmücken: Burgharting und Großwimpasing.
In Burgharting galt es den Kirchenpatron St. Vitus in vollständiger legendarischer Breite darzustellen, denn schließlich waren 28 Felder zur Bemalung vorgesehen. Aiglstorffer beginnt die Ausmalung der Legende im Westen des Langhauses, um dann den Höhepunkt des Heiligenlebens über dem Hochaltar zu erreichen. Um einen Einblick in die Bildfolge und hier vor allem in die Beschriftung zu geben, nehmen wir als Beispiel Burgharting heraus und zitieren die dazugehörigen Texte.
Der im sizilischen Mazzara geborene Vitus war heimlich bereits Christ, als er zwölfjährig von seinem Vater beim Gebet entdeckt wird: »der Vatter erschrikkt und sich drum entrist, als er S. Veith sihet das er war ein Christ. In Corupta Fide«. Der Vater schlägt ihn, kann ihn aber nicht vom Glauben abbringen, weshalb er ihn vor den Richter Valerianus bringt. Auch dieser will ihn schlagen – doch da verdorren ihm und den Knechten die Arme: »den Richter und Sündter S. Veith zornig findt, / der Vatter und Mutter ungnedig sindt. / S. Vitus judicio castigandus traditur«. Durch das Gebet des Vitus werden sie aber wieder geheilt. Doch der Vater trachtet ihm nach dem Leben, wird deswegen sogar blind, von Vitus aber wieder geheilt: »S. Veith sich erbarmet, sein vatter umbefangen / für ihm gott thueth bitten das licht ihm erlangen. / Illuminat caecum«. Ein Engel veranlaßt Vitus, mit seinem Lehrer Modestus und seiner Amme Kreszentia zu fliehen: »on wissen der Eltern S. Veith sich macht auf, / fleicht, findt, und erlanget den H. Tauff, / In aetendo inVeniunt«; »Jetzt werden gefüert die drey Heilige Leuth / hin zu dem Fluß Silo durch Englisch Geleith / Migrat in alienas terras«. Doch sie werden ergriffen und gemartert: »Secht wie sie die Peinnen und alle Tormenten / für Nul und nichts achte von Gott sich nit wendten / Non Timeo Tormenta Tua«.

Im mittleren Hauptgemälde sehen wir dann das Martyrium des hl. Vitus, der in einem siedenden Ölkessel gekocht wird und damit ins ewige Leben eingeht: »Ne Laedamur. / Jetzt sitzet S. Veith in siedendem Oel, / doch gantz unverletzet Gott lobend sein' Seel«. Den triumphierenden Kirchenpatron erblicken wir im Hauptgemälde des Presbyteriums noch einmal: »De gloria Retributionis hilarescit / S. Greg[orius] hom[ilia] 15 / Auf den streith volgt die VICTORI / auf die arbeith volgt der lohn. / drumb Tragt S. Veit auch in der glori / Jetzt die Ewig Freudt darvon«.

Die zusätzlichen Emblemata in den Stichkappen werden nur verständlich, wenn man die ganze Heiligenbiographie kennt, da sie anhand von Symbolen weitere Details widerspiegelt so z. B. die Mandoline, die besagt, daß der Vater den Vitus mit musizierenden und tanzenden Mädchen eingeschlossen hatte, um ihn zum Abfall vom Glauben bewegen zu können.

Die Filialkirche zu Großwimpasing wurde ebenfalls 1724 von F. A. Aiglstorffer reich ausgeschmückt, diesmal gemäß dem Patrozinium St. Jakob. Die biblischen Bezüge werden hergestellt durch die Bilder der Berufung Jakobus d. Ä. zum Apostel, seiner Anwesenheit bei der Verklärung Jesu und vieler anderer Details seines missionarischen Wirkens. An der Emporenbrüstung wird sogar bildlich die Brücke vom Kirchen- und Gemeindepatron zur neuerbauten Kirche Großwimpasing geschlagen mittels eines grünenden Zweiges, der aus dem abgebildeten Koglerbau sproßt und den zwei seitliche Engel auf Spruchbändern verdeutlichen: »In dißer kirchen griene ich, und wax immer bösser, das billich deß kann rhuemen mich zu gottes Ehr noch grösser«. Hingewiesen sei noch auf die Darstellung der 14 Nothelfer, mit ihr füllte Aiglstorffer die ganze Chorbogenbreite aus.

Von den vielen Gemälden Aiglstorffers in der 1729 erbauten Filialkirche zu Tegernbach (zwischen Taufkirchen/Vils und Hofkirchen), die den Kirchenpatron St. Petrus zum Thema haben, sei nur eines herausgegriffen. Im Presbyterium sehen wir unter dem Stichwort »Tu es Petrus« eine Kirche – mit darüberschwebender Tiara – auf einem hohen Felsen. Von ihr gehen Blitze aus, die acht Reformatoren vernichten sollen. Aiglstorffer hat als Bildunterschrift gewählt: »die kötzerey und Teufelsgschmeiß / abtreibet und drein Blitzet, / S. PETRUS wie ein ieder weiß, / sein kürch er alzeit beschitzet«. Das Interessanteste am Bild ist die Darstellung dieser Reformatoren, die namentlich gekennzeichnet sind, wobei mancher uns heute nicht mehr geläufige Name auftaucht: (von links) Martin Luther, Minzer [= Thomas Müntzer], Ulric[h] Zwingel [= Zwingli], Jon. Koch [= Johann Coccejus], Theo[dor] Beza, Jo[hannes] Calvin, [Georg] Major, [Martin] Buzer. Spätestens hier fragt man sich nochmals: Woher hatte Aiglstorffer das Text- und Bildmaterial bekommen?

1731 hatte Aiglstorffer den Auftrag bekommen, in der kleinen Wallfahrtskirche zum hl. Valentin in Großköchlham die Seitenwände und die Decke mit der Lebensgeschichte des Patrons auszugestalten. Er brachte aber zusätzlich einen konkreten Fall aus der Wallfahrtsgeschichte, der einem ketzerischen Edelmann – gemeint ist sicher ein schwedischer Soldat während des Dreißigjährigen Krieges –

hier widerfuhr. Die Darstellung erinnert im Typ an eine Votivtafel. Aiglstorffer unterschrieb seine Bilder mit folgenden Texten:
[1]»Fontei des Zunftmeisters sohn / S. Valentin Curieret. / von schwerer fraiß, und noch forthan / er dises Practicieret.
[2a] S. Valentin zu Wintters Zeit, / gab einem armen Betler her, / sein hemet oder Untterkleid, / unwissent das sein Gott und herr,
[2b] Sein unterkleid Gott wider hat / ihm geschikht ohn zeit verlichten / und gab darfür ihn dise gnad / die hinfahlen sucht z(u) curiere.
[3] Ein kötzerischer Edlman, /ungfähr vor hundtert Jahren / zu knöchelhamb ist komen an / hat in der Tath erfahren / Alß er S. Valentin gespoth / sich er zur erdt wia mit dem Pferth. / Da wüst er bald was er gethan, / in disen seinen nethen / Ruefft er gleich Valentinum an / hat umb verzeihung betten. / Verspricht ein opfer brachts auch / und war erhört was er braucht.«
Gleich in der nächsten Ortschaft – eigentlich ist es nur ein stattlicher Bauernhof – finden wir die kleine Filiale BLAINTHAL, wo Aiglstorffer 1732 Wandgemälde geschaffen hatte, die leider nur in sehr schadhaftem Zustand erhalten sind. Es handelt sich um Bilder des Augsburger Bistumpatrons St. Ulrich. Wir meinen auch, daß die vier Gemälde an der Emporenbrüstung der ehemaligen Kollegiatstiftskirche ST. WOLFGANG bei Dorfen von F. A. Aiglstorffer und aus dieser Zeit stammen. Sie erzählen vom wunderbaren Wirken des Wallfahrtsheiligen in seiner Eigenschaft als Nothelfer. Ähnlich verhält es sich bei den vor einigen Jahren erst freigelegten Deckenmalereien in der Filialkirche AICH bei Moosburg. Sie dürften ebenfalls von Aiglstorffer stammen. Hier sind die Motive den Heiligen Georg und Anton (Arme Seelen) zugeordnet. Noch nicht genauer datierbar ist auch das Deckengemälde in GEISLBACH bei Wambach. Es stellt wieder den Kirchenpatron, diesmal St. Nikolaus dar, der – umgeben von Engeln auf einer Wolke – von den unten abgebildeten Einwohnern der Ortschaft (mit Ortsansicht) unter Vortritt ihres Geistlichen angerufen wird: »Vor allen Ungewitter, Blitz, Donner u. Feuer / behüt' uns St. Niklas die Häuser u. Scheuer / dann bittet diß Seufzet die hiesige Gemein /auf ewig wir wollen dir zugethan sein«.
Bei der bisherigen Nennung von Orten ist auffallend, daß F. A. Aiglstorffer in seiner Heimatpfarrei Wartenberg offensichtlich keinen Auftrag zur Ausmalung einer Kirche erhielt – und dies, obwohl Maurermeister *Kogler* 1719/23 eben die heutige Pfarrkirche erbaute. Wir wissen aber ziemlich sicher, daß nicht etwa Geringschätzung des Malers im Marktflecken daran schuld hatte, sondern einfach die dauernde Geldnot, in der die Gemeinde damals steckte, als z. B. öfters Feuersbrünste durch Brandlegen zu erleiden waren.
Aber als die nächstgelegene Pfarrkirche BERGLERN 1734/35 nach den Plänen des Münchener Maurermeisters *Michael Pröbstl* durch *Johann Baptist Lethner* aus Erding errichtet wurde, kam für die Innenausmalung Aiglstorffer zum Zug. 1735 hat er dort die aus der Heiligen Schrift geschöpfte Historie um die Apostelfürsten Petrus und Paulus in allen Einzelheiten ausgelegt, gleichsam eine barocke Biblia Pauperum geschaffen. Hinter dem Chorbogen entdeckt man in gereimten Versen

die Nachricht vom mühseligen Kirchbau zur Ehre Gottes, wobei sich der Pfarrer in den Anfangsbuchstaben der jeweiligen Zeit verewigen ließ, die untereinander gelesen wie im Kreuzworträtsel den Namen »Martin Helmair« ergeben. Der Name des Künstlers ist allerdings nicht erwähnt, das Werk aber eindeutig als »aiglstorfferisch« zu erkennen. Wir brauchen hier nicht den gesamten Peter- und Paulszyklus auszubreiten, sondern wollen lediglich auf eine Eigenheit dieser Pfarrkirche hinweisen, nämlich auf die lebensgroß gemalten Kreuzwegstationen. Sie bestehen aus 14 Tafeln, die hier an die Wände gemalt sind mit den jeweiligen Stations- und Ablaßangaben, mit Schaubildern, mit Unterschrift und – was hier besonders auffällt – mit Stifternamen. Viele Hofbesitzer in der Pfarrei hatten die Kosten für eine Station übernommen und sind deswegen genannt worden. Den Anfang machte ein Geistlicher, der Eittinger Caspar Perneder, damals in Hl. Blut bei Erding tätig. Immer neue Namen tauchen auf und dem Ortskundigen klingen die auch heute noch gebräuchlichen Hofnamen im Ohr, z. B. »Vithus Heigl und sein hausfrau zu Nider Lehrn, Maria«. Manchmal taten sich zwei Nachbarn zusammen, um eine Station bezahlen zu können, wie bei Nr. 11: »Antoni Angermayr Amon und Balthasar Scheckhenhofer Selmayr beide am harth«. Auch diese lebensnahen Kreuzwegstationen wurden im 19. Jahrhundert übertüncht und erst 1923 wieder freigelegt. Allem Anschein nach stammt auch das Hochaltarbild mit dem Martyrium der Apostelfürsten von unserem Wartenberger Maler.

Für das Jahr 1738 ist Aiglstorffer im Auftrag der Filialkirche Oberding bezeugt, denn in der dortigen Kirchenrechnung heißt es: »Anstatt des alten, sehr schlechten und kleinen ein neu proportioniertes hl. Grab Christi zur mehrerem Eifer und Andacht des Volks unumgänglich erforderlich gewest. *Georg Paur* Schreiner Erding, Franz Aiglstorffer verburgerter Maler in Wartenberg 153 fl«. Für die Innenausmalung der 1737/40 von *Johann Baptist Lethner* erbauten Pfarrkirche Wörth zwischen Erding und Markt Schwaben haben wir zwar keinen archivalischen Beleg darüber, wer die Künstler waren. Aus stilistischen Gründen können wir die Hauptgemälde jedoch dem Freisinger *Joseph Unterleutner* zuweisen. Offensichtlich hatte dieser nicht nur eine Tochter unseres Meisters 1755 geheiratet, sondern schon vorher mit ihm zusammengearbeitet. Denn alles deutet darauf hin, daß die zahlreichen Emblemdarstellungen in Wörth wieder aus der Hand Franz Albert Aiglstorffers kommen. Ja, es ist nicht ausgeschlossen, daß Aiglstorffer im Zeitraum der Ausmalung gestorben ist (1741) und deswegen Unterleutner die Hauptarbeit übertragen erhielt.

Daß es nach 1740 bis 1749 keinen Kirchenneubau durch *Johann Baptist Lethner* im alten Landgericht Erding gab – wo uns doch sonst von 1680 bis 1780 fast jedes Jahr die Errichtung einer neuen Kirche vermeldet wird –, hängt sicher mit den Wirren um den Österreichischen Erbfolgekrieg zusammen. Auch mit den Arbeitsnachweisen der beiden Aiglstorffer verhält es sich gleichermaßen. Im November 1741 schon war Franz Albert gestorben; sein Sohn Franz Josef läßt sich aber mit Kirchenaufträgen erst ein knappes Jahrzehnt später nachweisen.

Franz Josef Aiglstorffer und seine Arbeiten

Ob das um 1751 in SALMANNSKIRCHEN bei Erding entstandene Deckengemälde im Presbyterium unserem zweiten Aiglstorffer schon zugewiesen werden darf, ist noch strittig. Dagegen gehört ihm die Ausmalung der Filialkirche HOLZEN eindeutig. 1753 hatte er in dem wiederum von *Lethner* erbauten Gotteshaus einen über den ganzen Innenraum verteilten Kreuzzyklus geschaffen, der sofort an die Bildprogramme seines Vaters erinnert. Das Patrozinium des hl. Erzengels Michael wurde selbstverständlich auch im Bild dargestellt: gleich zweimal sehen wir ihn allein in den Hauptgemälden. In demjenigen über dem Hochaltar ist er, wie gewohnt, als Kämpfer gegen den Satan in Gestalt eines Drachens abgebildet, im westlichen Langhaus als Blitzeschleuderer gegen Teufel und Reformatoren. Man vergleiche die Gemeinsamkeiten mit 1729 in TEGERNBACH! Der Kreuzsymbolik gehört neben den vielen Emblembildern vor allem die Darstellung des Kreuzmastens eines Schiffes in tobender See an. Am originellsten ist jenes Gemälde, das die Aufforderung Jesu enthält, jeder nehme sein Kreuz auf sich und folge ihm nach. Denn Kreuztragen heißt nach Aiglstorffer, im Kreuz zu Gott in den Himmel gezogen werden: »Laß dir das Creutz kein Creutz nit sein, thue dich nur drum erhitzen / und halt dich fest in dises ein, wirt dich in himel ziehen«. Die Wirkung sieht jeder Kirchenbesucher beim Aufblick zu diesem Gemälde, wo vier mühselig Beladene neben vielen anderen kleinen Kreuzen von der Erde in den Himmel aufgezogen werden. Eine einfache, weil einsichtige Bildaussage im tiefsten Sinne des Wortes!

Für die 1752 erbaute Marienwallfahrtskirche HOHENPOLDING konnten wir aus stilistischen Gründen – neben der Altarausstattung und Stuckierung durch den Vilsbiburger Bildhauer *Johann Paul Wagner* – die Deckengemälde sowie die Ausschmückung der Langhauswände und Emporenbrüstungen dem Freisinger *Joseph Unterleutner* zuschreiben. Wenn nicht auch hier F. J. Aiglstorffer, der Schwager Unterleutners mithalf, so stammen sicher von ihm die vielen kleinen Gemälde in der im Hohenpoldinger Friedhof befindlichen Kapelle. Von der dortigen Allerseelenbruderschaft als Eigentümerin wurde Aiglstorffer beauftragt einen Zyklus zu schaffen, der an einen barocken Totentanz erinnert – denken wir nur an Straubing – St. Peter oder an das oberpfälzische Wondreb.

Als 1753 am Fuße des Holzlandes bei Wartenberg die Filialkirche HINTERHOLZHAUSEN erbaut wurde, kamen lauter Erdinger Meister – wie Maurermeister *Lethner,* Zimmermeister *Kirschenhofer,* Kistler *Eckhardt* und andere – zum Zug. Lediglich mit der Ausmalung wurde ein Wartenberger beauftragt, eben unser Franz Josef Aiglstorffer. Diesen Vorrang hat er auch dadurch bekräftigt, daß er das Hauptgemälde im Langhaus gleich mit »F. J. Aiglstorffer / Maller in Warttenberg / A: 1754« signiert hat.

Der erste Eindruck schon setzt die Arbeit mit denen in HOLZEN und AMELGERING in direkten Zusammenhang: Mit Farben nicht sparend, mit zahlreichen und mehrzeiligen Sprüchen erläuternd, mit überschlanken Personen figurierend, mit

Signatur und Datierung von Franz Josef Aiglstorffer, *1754, am Deckengemälde Kreuzauffindung zu* Hinterholzhausen

originellen Einfällen in der Motivwahl ausgestattet, steht F. J. Aiglstorffer hier auf der Höhe seines Schaffens. Vieles erinnert an seinen Vater, wenig an die mehr höfische Manier, die bald mit *Heigl* und *Zellner* ins Land kommen sollte. Gegenüber den Landshutern wie *Vischer* oder *Scheitler* in Eggenfelden ist er viel einfallsreicher. Er hat seine Freude an den vielgestaltigen Episoden aus den lebenden Bildern der Bibel und der Heiligenlegenden. Wenn es auch vereinzelt Wiederholungen bzw. Umprägungen gibt, so scheint seine Materialsammlung schier unerschöpflich zu sein.
In Hinterholzhausen hat Aiglstorffer gemäß dem Patrozinium der Kreuzauffindung die Legende und Symbolik jenes historischen Geschehens um die hl. Kaisermutter Helena ausgedeutet, ausgebildet. Über dem Hochaltar finden wir die Szene der Kreuzauffindung durch Helena und die Bestätigungsprobe durch die Erweckung eines Toten. Die Verbindung zur Verheißung »In hoc signo vinces« wird dann im großen Deckengemälde des Langhauses aufgerollt, nämlich in der Darstellung der Schlacht Konstantins gegen Maxentius an der Milvischen Brücke zu Rom. Auch der Patron des linken Seitenaltares, St. Anton, wird in Hinterholzhausen mit einigen Bildern in den Stichkappen und Gurtbögen geehrt.
Die Vorführung eines Kampfgetümmels nahm Aiglstorffer sicher in Freude wegen der Möglichkeit zu lebhaftem Gestalten noch einmal auf und zwar in der Pfarrkirche von Reichenkirchen – nur diesmal in größerem Rahmen und dementsprechend volkreicher und damit dramatischer. Ein Vergleich dieser beiden Darstellungen ist lehrreich!
Erst seit einigen Jahrzehnten wieder aufgedeckt ist die Langhausausmalung in Reichenkirchen. In den seitlichen Gemälden werden weitere Patrone der Kirche – Elisabeth und Leonhard – in ihrem hilfreichen Wirken gezeigt.
Wieder in einer 1754/55 neuerbauten Kirche *Lethners* wurde F. J. Aiglstorffer in Hecken bei Bockhorn beschäftigt. In den dortigen fast wessobrunnisch anmutenden leichten Rokokostuck komponierte unser Wartenberger Maler neben einigen Emblemdarstellungen zwei Gemälde, die sich auf die Kirchenpatronin St. Margareth beziehen. Im Presbyteriumsbild sieht man die schöne Jungfrau, wie sie gerade Schafe hütet, während im Hintergrund der Stadtpräfekt Olybrius

auftaucht, der sie zur Frau begehrt. Im Hauptgemälde des Langhauses ist die Heilige zum einen in der Gefängnisszene mit Drachen und Kreuzesstab dargestellt, zum andern in ihrem Martyrium während der Diokletianischen Verfolgung durch Enthauptung, mit zuschauenden Soldaten, dem Stadtpräfekten und zwei aus den Wolken mit dem Siegeskranz herbeieilenden Engeln.
Von der Ausmalung der Pfarrkirche Buch am Erlbach 1757 durch Franz Josef Aiglstorffer haben wir keine Kenntnis mehr, da die ganze Kirche 1811 einem Brand zum Opfer gefallen ist. Aus den im dortigen Pfarrarchiv liegenden Kirchenrechnungen wissen wir allerdings, daß er 1756 zwei Bilder, die Heiligen Joachim und Anna darstellend, anfertigte und einen Baldachin malte. Mit Faßarbeiten ist er dort auch in den Jahren 1758 und 1779 belegt.
Da man im 18. Jahrhundert in der 1756 von Lethner erbauten Rokokokirche von Amelgering statt des Hauptpatrons St. Lambert von Maastricht mehr die Wetterheiligen Johann und Paul verehrte, galt ihnen die thematische Ausmalung des Kircheninnern 1757 durch F. J. Aiglstorffer. Wie gewohnt zeigt er uns in Wort und Bild deren Lebensgeschichte auf und gibt dem Betrachter moralische Hinweise, wie er sein eigenes Leben nach den gezeigten Vorbildern auszurichten habe. Auch hier haben wir wieder eine zeitgenössische Ortsansicht mit den im damaligen Stil gekleideten Filialisten unter Leitung des Geistlichen vor uns.
Um 1757 dürfte auch das große Deckengemälde der Filialkirche in Niederstraubing entstanden sein. Das dazugehörige und 1896 abgebrannte Schloß war damals im Besitz der Landshuter Dominikaner, die hier eine kleine Niederlassung eingerichtet hatten. Wieder sind die Patrone der Altäre – Martin, Leonhard, Antonius – dargestellt, die zum Himmel aufblicken, der geöffnet die Trinität zeigt und Engel, die Blumen aus Füllhörnern gießen. Zeitgeschichtlich am interessantesten ist der untere Teil des Gemäldes: alle acht Kirchen der damaligen Großpfarrei Steinkirchen sind dargestellt – von links: Kirchberg mit Petersbrünnl, Schröding in seiner ursprünglichen Kirchenbauform, Niederstraubing mit Schloßgebäuden, dahinter Ebering, darunter Amelgering, dann Hofstarring, Hohenpolding und rechts unten das Pfarrgotteshaus Steinkirchen mit dem Pfarrhof. In Anlehnung an Matthäus 18,20 kann man als bewährte Unterschrift im Spruchband lesen: »Wann diße drey kommen zu bitten, / zu Ihnen Ich Mich gsell in d' Mitten. / Wo Ihrer aber zey oder drey mit mir versamblet sein / gantz hilfreich sich mein himmlischer vatter alzeit stellet ein«. Die genaue Datierung ist schwierig: zum einen ist das Gemälde von guter Qualität und somit wohl ein Spätwerk Aiglstorffer; und nimmt man an, daß er ein wahres Konterfei der Kirchen nachzeichnete, dann ist die Datierung wegen der Amelgeringer Kirche nicht vor 1757 anzusetzen.
Ob die beiden Gemälde zu Seiten des Niederstraubinger Hochaltares (Rosenkranzmotiv, weil Dominikanerniederlassung) und die fünf Felder an der Emporenbrüstung (Szenen aus dem Leben des hl. Martin) von F. J. Aiglstorffer oder noch von dessen Vater stammen, läßt sich bis jetzt noch nicht entscheiden. Sie sind erst um 1970 wieder aufgedeckt worden.

Die nächsten Arbeitsbelege sind gleichzeitig die letzten und müssen auch als die einfachsten Kirchenausmalungen F. J. Aiglstorffers gelten. Es scheint so, daß 1761 beim Ausmalen der Pfarrkirche LENGDORF durch den Freisinger *Joseph Unterleutner* auch Schwager Aiglstorffer mitgeholfen hat. Denn im rechten vorderen Seitenschiff trägt das Bild mit der Skapulierübergabe und der Darstellung von drei Armen Seelen die Handschrift unseres zweiten Wartenberger Malers. Ein Jahr später sind zwei weitere Gemälde von ihm entstanden – keine Meisterleistungen, eher ein verklingender Abgesang: die Darstellung der Kirchenpatrone Johannes d. Täufer in JAIBING und St. Martin in LANDERSDORF. Von einem Bildprogramm kann man nun nicht mehr reden, das Hauptgewicht nimmt unversehens der rokokohafte, weit ausladende Treppenaufgang ein, der noch dazu überproportioniert ist und wenig zum Verständnis des Bildes beiträgt.
Es ist zuletzt noch durchaus wahrscheinlich, daß das Deckengemälde im Presbyterium der wegen seiner prächtigen Rokokokanzel weitberühmten Filialkirche von OPPOLDING (1764) ebenfalls vom zweiten Aiglstorffer stammt. Das Interessanteste daran ist lediglich der untere Teil mit der zeitgenössischen, heute allerdings stark veränderten Dorfansicht.
Die Bedeutung der beiden Aiglstorffer ist lokal und stilistisch begrenzt. Wir wissen noch nicht, welche Vorlagen ihnen zur Verfügung standen, was eigenschöpferisch von ihnen stammt, was ihnen die auftraggebenden Pfarrer zutrugen. Zeitlich liegen unsere beiden Meister – von der Perspektive des heutigen Landkreises Erding aus gesehen – zwischen dem Landshuter Maler *Johann Jakob Plätzger* (vgl. Riding 1704), dem Freisinger *Joseph Unterleutner* (vgl. Wörth um 1741, Hohenpolding 1752, Lengdorf 1761 und Pfrombach 1763) und den eingangs schon genannten Rokokofreskanten *Heigl* und *Zellner*. Und gerade mit dem Eintritt Zellners in die Erdinger Landkirchen hört das Wirken F. J. Aiglstorffers auffallenderweise auf. Dies bedeutet doch nicht zuletzt, daß er in seiner konservativen Manier, mit Benutzung vieler Vorlagen, dem modernen Rokoko unterlegen ist. Auf der anderen Seite war der Bedarf an Deckengemälden großenteils gedeckt – die Freskierung der Dorfener Wallfahrtskirche 1786 durch den Augsburger *Johann Huber* erfolgte auch nur wegen Gewölbeeinsturz und Wiederaufbau von 1782, das verklingende Rokoko hatte schnell seinen Ausgang gefunden.
Da in den alten Kirchenrechnungen die Deckenmalereien der Aiglstorffer nie genannt sind, ist es sehr wahrscheinlich, daß diese immer private Stiftungen der Gemeindemitglieder waren. Am deutlichsten haben wir dies in BERGLERN gesehen, wo bei jeder Kreuzwegstation das Stifterehepaar genannt ist. Aber gerade darin zeigt sich die Volksverbundenheit und Beliebtheit unserer beider Wartenberger Barockmaler: Nicht vom Münchener Hof kam ein fremder Meister, ein Einheimischer wurde beauftragt, die betreffenden Bildkatechesen zu schaffen.
Ohne Zweifel fanden diese seinerzeit wegen ihrer volkstümlichen Gestaltung besonderen Anklang. Aber nicht nur für die damaligen Kirchenbesucher waren sie bis in die Einzelheiten verständlich. Auch uns Heutigen können sie ihre Aussagen noch vermitteln, wenn wir uns nur um Verständnis bemühen.

Quellen und Schrifttum

Pfarrarchiv Wartenberg: Matrikelbücher.
Kirchenrechnungen der betreffenden Pfarrarchive und des Staatsarchives Landshut (jetzt im Staatsarchiv München).
Georg Brenninger: Die Aiglstorffer. Zwei neuentdeckte Wartenberger Kirchenmaler der Barockzeit, in: Wartenberg und die Wittelsbacher (Hsg. von Alfred Dreier), Wartenberg 1980, S. 133–135 (mit Abb. S. 129–132).
Ders.: Die Kirchen der Pfarrei Hofkirchen, Hofkirchen 1979.
Ders.: Die Kirchen der Pfarreien Schröding und Burgharting, o. O. 1980.
Ders.: Die Kirchen der Pfarrei Hohenpolding, Steinkirchen 1981.
Ders.: Joseph Unterleutner, ein Freisinger Maler der Rokokozeit, in: Amperland 17, Dachau 1981, Heft 2, S. 151–154.
Nach Abschluß der Manuskriptarbeiten erschien die Diss. von Cornelia Kemp: Angewandte Emblematik in Süddeutschen Barockkirchen, München–Berlin 1981. Die Autorin zitiert zwar einen Teil der oben mitgeteilten Emblemsprüche, kennt allerdings nicht den Maler.

Die Malerfamilie Mang (1720 – um 1810)

Von Hans Rudolf Spagl

Unter den Barockmalern des 18. Jahrhunderts, welche für die Gegend zwischen Inn und Vils von Bedeutung waren, spielt der in Buchbach ansässige *Balthasar Mang d. Ä.* eine wichtige Rolle. Aus seiner Werkstatt ging eine stattliche Anzahl künstlerisch beachtenswerter Malarbeiten hervor.

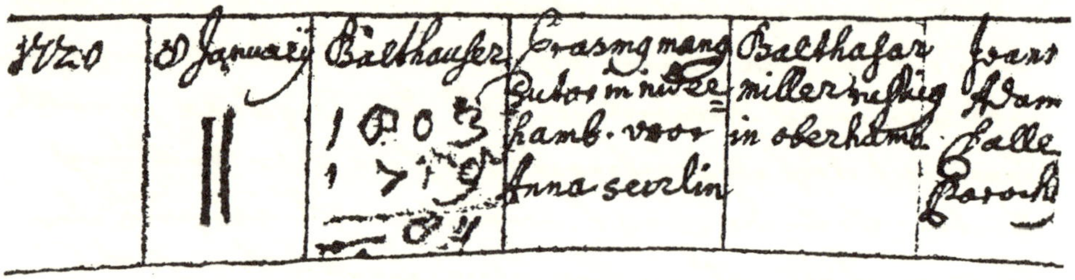

Taufeintrag in Arget/Obb. für Balthasar Mang, *8. Januar 1720 (Pfarrarchiv Arget, Taufmatrikel 1672/1725, S. 151)*

Balthasar Mang, getauft am 8. Januar 1720 in Arget/Obb. als Sohn des Schuhmachers Erasmus Mang in Niederham und der Anna, geb. Seidl, heiratete am 14. Mai 1754 in Buchbach die Malerswitwe *Therese Mazole*. Nach deren Tod ging er eine zweite Ehe mit *Maria Anna Ludwig* ein. Von den neun Kindern verstarben zwei Töchter und drei Söhne noch im Kindesalter. Der Sohn *Johann*, geboren am 25. Dezember 1757 wurde später Maler in Dorfen, der Sohn *Balthasar*, geboren am 11. März 1764 übernahm die väterliche Malerwerkstatt in Buchbach. Balthasar Mang d. Ä. starb am 1. August 1803, seine Frau Anna am 25. November 1806; beide liegen in Buchbach begraben.
Die wichtigsten Lebensdaten von Balthasar Mang d. Ä. sind also bekannt, doch fehlen bisher Hinweise auf seine Lehr- und Wanderjahre. Als er im Jahr 1754 zu Buchbach in eine verwaiste Malerwerkstatt einheiratete, brachte er gleichzeitig seinen offenbar ersten größeren Auftrag zum Abschluß, nämlich die Ausmalung der Kirche zu Niederaschau im Chiemgau.
Schon um diese Zeit müssen für ihn auch engere Verbindungen zum damaligen salzburgischen Mühldorf bestanden haben, denn ein von ihm gemaltes gutes Portrait des dortigen Dekans Wolfgang Summerer, eines einflußreichen Kirchenmanns im Fürstbistum Salzburg, trägt die Jahreszahl 1756; es wird im Kreisheimatmuseum bewahrt. Aus der beachtlichen Zahl der von ihm angefertigten Portraitbilder an kirchlich bedeutsamen Orten des Umlandes, wie Gars und Au a. Inn, St. Wolfgang bei Dorfen oder Ranoldsberg wird wahrscheinlich, daß er auch als Maler für die dortigen Kirchenausstattungen vorzugsweise Aufträge

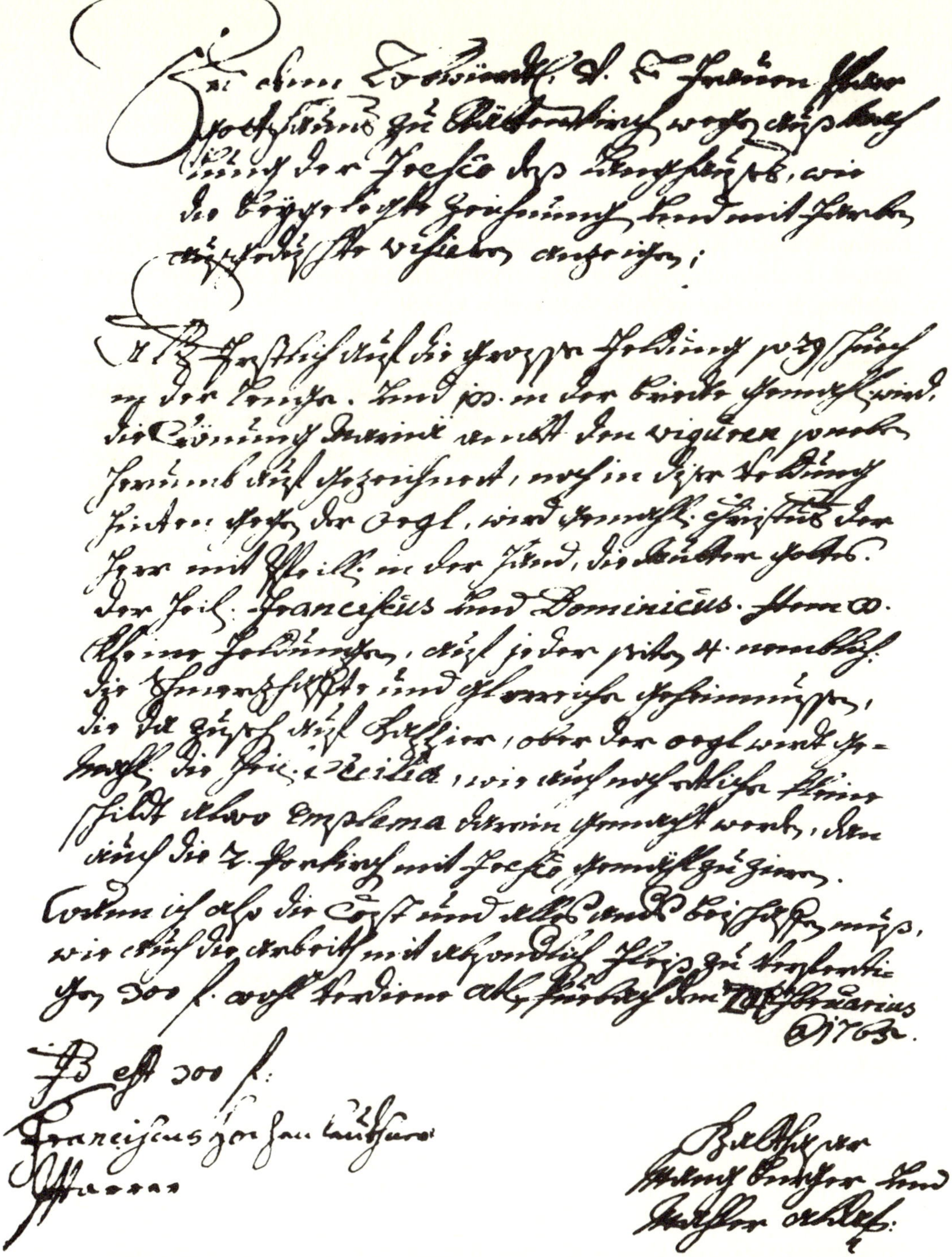

117 *Kostenvoranschlag des* Balthasar Mang, *24. Februar 1765, über die Freskierung des Gotteshauses zu* Rattenkirchen *(Pfarrarchiv Rattenkirchen)*

erhielt. In der Tat finden sich in allen Kirchen der genannten Orte Altarbilder oder kleinere Malarbeiten, die von ihm bzw. seiner Werkstatt stammen können oder ihm zuzuweisen sind. An Portraitbildern sind bisher über zwölf bekannt geworden. Daß er für die Kirche seines Heimatortes Buchbach aber vorrangig beschäftigt wurde, auch mit Faßarbeiten und Ausbesserungen, weisen die dortigen Kirchenrechnungen von 1757 bis 1790 aus.
Zu den schon lange bekannten Ausmalungen der Kirche von Niederaschau 1753/54, Rattenkirchen 1765, Buchbach 1766/67 und Oberornau 1768 kommen seit der gelungenen Restaurierung der Kirche von Wörth bei Schwindegg (im Jahr 1977) auch die dortigen Deckenfresken als Werk des Buchbacher Malers hinzu. Das Hauptfresko in Wörth, das den heiligen Georg als römischen Soldaten zeigt, der sich vor seinem Kaiser Diokletian weigert, einem Standbild der Göttin Diana zu huldigen, trägt die Signierung: »Balthasar Mang Pinxit. 1768; H: Dang Renovirt 18:19.«, wobei der Name des letzteren richtig »Dagn« lauten muß. An der Darstellung bemerkenswert ist vor allem das orientalische Gewand des weströmischen Kaisers, das eher einem türkischen Sultan zukommen würde. Verständlich wird diese historisch unzutreffende Kleidung, wenn man bedenkt, daß im Bewußtsein der bayerisch-barocken Welt in den Jahrzehnten nach den Türkenstürmen des ausgehenden 17. Jahrhunderts eine christenfeindlich-heidnische Haltung gleichgesetzt wurde mit türkisch-islamischer Lebensart. Das Deckengemälde ist überaus typisch für den Mang'schen Malstil. Unverkennbar sind die trotz aller Dramatik verhalten wirkenden Gebärden und der vom betonten Augenaufschlag beherrschte Gesichtsausdruck seiner Gestalten.

▷
Pfarrkirche Mariä Himmelfahrt in Rattenkirchen
Kolorierte Vorzeichnung zu dem Deckengemälde »Himmelfahrt und Fürbitte Mariens« von Balthasar Mang d. Ä., um 1765 (Erzbischöfliches Ordinariatsarchiv München)
Vgl. S. 193 rechts oben.

Signatur und Datierung von Balthasar Mang, *1768, sowie von Renovierungen 1819 und 1977 am Deckengemälde St. Georg zu* Wörth

II STATION
Allwo 7 Jahr und

EX VOTO
17 67

◁ Filialkirche LANDASBERG bei Haibach
Kreuzweg II. Station, Maler noch unbekannt, um 1730–1740

Schartenkapelle in THURMANNSBANG
Kreuzweg II. Station, wohl von einem Neukirchener Maler, um 1750

Kreuzweg I. Station von Joseph Matthias Wittmann, 1816 (Privatbesitz)

Kirche Mariä Namen gen. Bergkirche in ZWIESEL (jetzt Waldmuseum)
Votivbild von Paul Joseph Andreas Lohberger [?], 1767

Als eine sichere Arbeit von Balthasar Mang lassen sich zweifelsfrei die Deckenbilder in der Kirche von GEORGENZELL bei Velden an der Vils beurteilen. In den »Kunstdenkmälern« für das Bezirksamt Vilsbiburg ist dazu vermerkt: »Größere und kleinere Deckengemälde in geschweiften oder in dreipassförmigen Feldern stellen Szenen aus dem Leben des heiligen Georg dar. 1903 erneuert.«
Neben diesen Stationen des Wundertäters und Märtyrers befindet sich über der Orgelempore noch ein marianisches Gnadenbild in gleichem Malstil. In diesem Bild erkennen wir ein vom Münchener Kupferstecher *Franz Xaver Jungwierth* (1720–1790) stammendes kleines Andachtsbild wieder, zu dem Balthasar Mang auch die Zeichnung geliefert hat. Abgesehen von der deutlich erkennbaren Hand des Buchbachers in den Ausmalungen, befindet sich in einer Skizzensammlung, die in der Hauptsache aus Vorzeichnungen und Entwürfen Mangs besteht und im Münchener Erzbischöflichen Ordinariatsarchiv aufbewahrt wird, ein Blatt mit fünf in Farbe gezeichneten Feldern mit Themen aus der Georgslegende, ausgeführt in ganz ähnlicher Weise wie die Deckenfresken von Georgenzell.

Kupferstich des Gnadenbilds von GEORGENZELL *durch* Franz Xaver Jungwierth *in München nach einer Vorzeichnung durch* Balthasar Mang

Auch ein Wandfresko hinter dem Hochaltar an der Apsis mit einer Landschafts- und Ortsdarstellung, deren ikonographische Bedeutung noch geklärt werden müßte, sowie ein Ölbild an der Wandfläche der Kanzel – ein heiliger Franz von Assisi – lassen sich nach erster Beurteilung ebenfalls Balthasar Mang zuschreiben. Kirchenrechnungen oder andere Belege, aus denen genauere Entstehungsdaten der Bilder zu entnehmen wären, sind jedoch offenbar nicht mehr vorhanden.

In gleicher Art läßt sich die Kirche zu OBERNEUKIRCHEN südlich von Mühldorf in Beziehung zur Mang'schen Werkstatt bringen. Wenn die Bilder in der dortigen St.-Margareten-Kirche einen von seinen übrigen Deckenfresken etwas abweichenden Eindruck erwecken, so dürfte dies auch auf spätere Restaurierungen zurückgehen. Die Ausmalung wurde 1758 vorgenommen, steht also zeitlich zwischen der Arbeit in NIEDERASCHAU und den späteren Kirchenfresken von 1765/68. Auch das Altarbild »Christus in der Kelter« und das Antependium in der Vorhalle der Kirche lassen sich stilistisch der Mang'schen Werkstatt zuordnen. Eine enge Verbindung zu Oberneukirchen dokumentiert schließlich auch das Portrait des dortigen Tafernwirtes Anthony Reichthalhamber, 1786 gemalt vom ältesten Sohn, *Johann Evangelist Mang*, jetzt im Mühldorfer Kreisheimatmuseum.

Von den Altarblättern, die aus der Buchbacher Werkstatt hervorgegangen sind, besitzt vor allem die Darstellung einer Apotheose des heiligen Sebastian über der Stadt MÜHLDORF um 1780 nicht nur künstlerisch, sondern auch ortskundlich eine große Bedeutung. Mang hat für dieses Bild mehrere Skizzen angelegt. Das gleiche gilt für das Hochaltarbild in SCHÖNBERG bei Neumarkt-St. Veit, eine Himmelfahrt Mariens, für die »Sieben heiligen Zufluchten« im rechten Seitenaltar zu BUCHBACH und für eine altarblattgroße Darstellung einer Immaculata in der Klosterkirche GARS.

Auch die beiden Bilder in den Seitenaltären von ST. WOLFGANG bei Dorfen, jeweils 1777 datiert, die wiederum eine Maria Immaculata und eine Schutzengelsszene darstellen, sowie die entsprechenden Oberbilder mit dem heiligen Leonhard und dem heiligen Nikolaus, sind mit Sicherheit Arbeiten des Buchbacher Malers. Erst in allerjüngster Zeit ist anläßlich einer Instandsetzung der Schloßkapelle in STEEG bei Buchbach ein Ölbild von Balthasar Mang festgestellt worden. Es handelt sich um die Darstellung des hl. Johannes Nepomuk im Auszug des Hochaltars. Das Leinwandgemälde ist mit den Initialen »B-M.« signiert; auf der Rückseite trägt es die Bezeichnung »Balthasar Mang pinxit 1775«.

In der erwähnten Skizzensammlung des Ordinariatsarchivs in München befinden sich noch weitere Altarblattentwürfe mit folgenden Themen: Hl. Felix über dem Kloster GARS; Apotheose des hl. Jakobus über dem alten BUCHBACH vor dem Brand von 1762; eine Taufe Christi; eine Marienkrönung; die hl. Leonhard und Franz von Assisi; Spende der hl. Kommunion; knieender Chorherr vor dem Gekreuzigten; drei Heilige unter der Dreifaltigkeit; der hl. Wendelin mit Keule und schließlich der gleiche Heilige mit Stab in den Wolken über weidendem Vieh.

Den eindeutigen Stil Mangs weisen ebenfalls die Kreuzwegstationen in der Pfarrkirche St. Nikolaus zu MÜHLDORF auf und ein vierteiliges Ölgemälde in der Kirche, das den jeweils baulichen Zustand vor und nach dem Einsturz des Gotteshauses im Jahr 1768, den Wiederaufbau und die wiederhergestellte Kirche zeigt. Auch hierüber existieren Vorzeichnungen.
Durch die im Mai 1979 im Diözesanmuseum Freising gezeigte Ausstellung »Gnadenstätten zwischen München und Freising« wurden schließlich zwei im Jahr 1791 von Balthasar Mang angefertigte Kopien römischer Christus-Ikonen bekannt, die sich heute im Besitz von St. Martin in LANDSHUT befinden.
Was die Skizzensammlung betrifft, so finden wir vielfach schwungvollere Linien und Bewegungen als sie in den entsprechenden Fresken und Gemälden zum Ausdruck kommen. Auch in der Farbgebung erscheinen die Vorentwürfe zum Deckenbild von RATTENKIRCHEN, von der Ortsansicht von MÜHLDORF oder vom Hochaltarbild in SCHÖNBERG lebendiger und kontrastreicher als im späteren Original.
In den großflächigen Darstellungen Balthasar Mangs erinnert vieles an ländliche, volksnahe Votivmalereien, wie umgekehrt die auf ihn zurückzuführenden Votiv- und Mirakelbilder in RANOLDSBERG und RATTENKIRCHEN eine überdurchschnittliche Aussagekraft im Hinblick auf die landläufige Volkskunst aufweisen. Oft hat es den Anschein, als hätte Balthasar Mang eine bewußt verhaltene Malweise gepflegt und sie der Virtuosität der berühmten bayerischen Rokokomeister gegenübergestellt. Den großen Durchbruch zur vollendeten Künstlerschaft eines Genies hat Mang nicht erreicht, auch wenn wir in seinem Stil eine unverkennbar persönliche Linie finden.
Aus der zweiten Ehe von Balthasar Mang gingen – wie erwähnt – neun Kinder hervor, von denen fünf schon im Kindesalter verstarben. Der älteste Sohn, *Johann Evangelist Mang,* unterhielt Ende des 18. Jahrhunderts bis ins 19. Jahrhundert hinein eine Malerwerkstatt in Dorfen und man kann annehmen, daß auch aus ihr eine größere Anzahl von Bildern hervorging. Gesichert ist von ihm das bekannte Deckenbild der Kirche St. Vitus in DORFEN, das wegen seiner eingehenden Darstellung des Marktes Dorfen eine ortsgeschichtlich beachtliche Bedeutung besitzt. Ebenso wie dieses Deckenbild zeigen auch die Ausmalung der Feldkapelle WIMPASING bei Kraiburg a. Inn (1788), das Altarbild in LOINBRUCK und das Porträt des Pfarrers Thomas Hachenauer in ST. WOLFGANG, ferner das oben erwähnte OBERNEUKIRCHENER Konterfei die enge stilistische Verwandtschaft mit der väterlichen Malweise.
Im Baierischen Künstlerlexikon des Felix J. Lipowsky von 1810 ist ein Mang Johann zu »Beubach« erwähnt, »ein Maler zu Mühldorf im Salzachkreise«. Er ist sicher mit Johann Evangelist Mang identisch. Die enge Beziehung der Buchbacher Malerfamilie zu Mühldorf ist ja offenkundig.
Nach dem Tod des Vaters 1803 führte der Sohn *Balthasar Mang d. J.* die Buchbacher Werkstatt weiter. Bisher sind nur ein paar, auf ihn eindeutig zurückgehende Arbeiten bekannt geworden. Es handelt sich zum ersten um eine

Ansicht von dem in der Nähe Buchbachs gelegenen Wasserschloß Steeg, das im 19. Jahrhundert bis auf die Schloßkapelle abgebrochen wurde. Das Ölgemälde im Format 150×62 cm ist sorgfältig und im Stil der väterlichen Werkstatt, jedoch ganz in der Art ländlicher Votivmalerei ausgeführt und trägt die Signatur »B. Mang 1805«. Im Jahr 1979 konnte die Gemeinde Buchbach das bis dahin kaum beachtete Bild erwerben. Neu entdeckt und im Privatbesitz stehend sind ferner drei kleinformatige, oval gerahmte Porträts mit den Datierungen 1808 und 1810. Sie zeigen das Bild eines Geistlichen sowie die Darstellungen der Eltern des Malers.

Gerade diese Beispiele lassen deutlich werden, daß eine große Zahl von Bildern, die auf die Malerfamilie Mang zurückgehen, der Nachwelt nicht mehr erhalten oder noch nicht wieder neu aufgefunden wurde. Man darf davon ausgehen, daß bei weiteren Nachforschungen noch das eine oder andere Malwerk als Arbeit von Mang, Vater oder Sohn, erkannt werden wird. Dazu kann festgestellt werden, daß wir auf Grund des charakteristischen Malstils, der bisher urkundlich gesicherten Arbeiten aus der Buchbacher bzw. der Dorfener Werkstatt und der erhalten gebliebenen Skizzensammlung eine recht sichere Basis besitzen, um entsprechende Zuschreibungen geben zu können. So soll diese Übersicht Anlaß sein, das malerische Werk unserer Buchbacher und Dorfener Meister weiter zu erschließen.

Quellen und Schrifttum

Die Kunstdenkmale des Königreichs Bayern, Bez.-Amt Mühldorf und Bez.-Amt Wasserburg, München 1902.
Die Kunstdenkmäler von Niederbayern, Heft V, München 1921, S. 110.
Sigfrid Hofmann: Die Kirchen der Pfarrei Buchbach, in: Wissenschaftliche Veröffentlichungen des Heimatpflegers von Oberbayern, Heft 10, Schongau 1956.
Peter von Bomhard: Niederaschau, Kirchenführer St. Mariae, München 1957.
Edgar Krausen: Buchbach St. Jakob, Kirchenführer, Salzburg 1972.
Hermann Aigner: Marktkirche St. Vitus und Wallfahrtskirche Mariae Himmelfahrt, in: Festschrift 1200 Jahre Dorfen (Hsg. J. A. Schmöger), Dorfen 1973, S. 71ff.
Hans Rudolf Spagl: Das Kelterbild von Oberneukirchen, in: Das Mühlrad XV, Mühldorf 1973, S. 29–33.
Georg Hackl: St. Wolfgang bei Dorfen, Kirchenführer, München 1974.
Hans Rudolf Spagl: Balthasar Mang – Barockmaler im Buchbach, in: 200 Jahre Pfarrkirche Buchbach, Buchbach 1975, S. 27.
Hans Rudolf Spagl: Balthasar Mang und seine Malerwerkstatt in Buchbach, in: Das Mühlrad XIX, Mühldorf 1977, S. 85–105.
Edgar Krausen: Balthasar Mang – Barockmaler in Buchbach. Ergänzungen zu seinem Werksverzeichnis, in: Das Mühlrad XXI, Mühldorf 1979, S. 16–18.
Für verschiedene Mitteilungen dankt der Verf. Herrn Fritz Lutz (Krailling).

Franz Xaver Hornöck (1752–1822)

Von Edgar Krausen

An der Nordwand des Turms der Stadtpfarrkirche von Neumarkt-St. Veit, der ehemaligen Klosterkirche der Benediktiner von St. Veit »cis Rotham«, befindet sich eine einfache Steinplatte in der Größe von 44,5×30,5 cm mit nachstehender Inschrift:

»Grabstätte / welche von F. Xavier Hornöck / Maler alhier / für dessen Freundschaft / errichtet worden / 1801 / Sanft ruhe ihre Asche.«

Wiewohl der Stein sich unmittelbar neben dem Haupteingang zum Gotteshaus befindet, dürfte er den wenigsten Besuchern von Kirche und Friedhof bekannt sein bzw. ihnen der Name Hornöck etwas besagen. Die Angaben über Leben und Wirken dieses aus Schönau bei Eggenfelden gebürtigen Malers, der an der Zeitenwende vom Rokoko zum Biedermeier stand, sind im einschlägigen Schrifttum ungenügend und fehlerhaft. Die noch zu Lebzeiten des Meisters in Benedikt Pillweins »Biographische Schilderungen oder Lexikon Salzburgischer theils verstorbener theils lebender Künstler« gebrachten Angaben wurden unverändert übernommen in das Biographische Lexikon von Wurzbach (Wien 1863) und zuletzt noch in Thieme-Beckers Künstlerlexikon (Leipzig 1924). Man hat in beiden Fällen darauf verzichtet, festzustellen, wann und wo Franz Xaver Hornöck gestorben ist. Das Sterbedatum (18. Januar 1822) haben wir auf Grund persönlicher Einsichtnahme in die Matrikelbände der Salzburger Dompfarrei 1961 erstmals veröffentlicht. Ungeachtet dessen wurden später wieder die alten fehlerhaften Angaben gebracht. Und in erst kürzlich erschienenen kulturgeschichtlichen Werken über den Raum Niederbayern muß man leider sogar den Namen Hornöck vermissen. Der Maler aus Niederbayern, auch wenn er nicht zu den ganz Großen seiner Zunft zählt, hat es aber verdient, daß man sich in der Heimat seiner erinnert.

Franz Xaver Hornöck wurde am 4. Juli 1752 zu Schönau bei Eggenfelden als Sohn des Mesners *Joseph Hornöck* und seiner Ehefrau *Maria* geboren. Die Eltern erscheinen im Trauungsbuch der Pfarrei Schönau unter dem 13. Januar 1743. Der Vater Joseph Hornöck (auch Horneck, Hornöcker oder Hornegger geschrieben) stammte aus dem nahen Nöham, wo seine Eltern ein »Bauernsachl« betrieben; er trat dann in die Dienste des Barons v. Closen, des Hofmarksherrn von Schönau. In Schönau scheint Joseph Hornöck in das Mesneranwesen eingeheiratet zu haben; jedenfalls heißt es von seiner nachmaligen Frau, sie wäre die Tochter des Matthias Hueber, »aeditui resignati« in Schönau, gewesen. Bis zum Jahr 1758 begegnet nun der Name Hornöck in den Taufbüchern von Schönau. Es war eine stattliche Kinderzahl, die dort im Mesnerhäusl aufwuchs; Franz Xaver war das vierte Kind.

Neben dem Mesnerdienst wird sich Vater Hornöck wohl schon in Schönau dem Malerhandwerk gewidmet haben. Wann er von Schönau wegzog, wissen wir nicht. Angeblich ging er zunächst nach München, wo er – wie Pillwein zu berichten weiß – der Lehrer seines Sohnes Franz Xaver wurde. In den einschlägigen Beständen des Münchner Stadtarchivs freilich ließ sich ein Aufenthalt von Joseph Hornöck in der kurbayerischen Residenzstadt nicht ermitteln. Jedenfalls verbrachte Joseph Hornöck seine letzten Lebensjahre in Neumarkt a. d. Rott. Dort hatte sich sein Sohn Franz Xaver niedergelassen und am 13. Mai 1777 durch seine Verehelichung mit *Maria Katharina Hilz,* Tochter des bürgerlichen Bierbräus Franz Xaver Hilz in Landshut, einen eigenen Hausstand begründet. Dieser Ehe sind 15 Kinder entsprossen, darunter zweimal Zwillinge; bis auf die beiden Söhne Franz Joseph und Anton und eine Tochter namens Katharina starben sie alle im frühen Kindesalter, teilweise bereits wenige Tage nach der Geburt.

Entgegen den bisherigen Angaben im Schrifttum über Franz Xaver Hornöck kann dieser im kurfürstlichen Markt Neumarkt a. d. Rott bereits drei Jahre vor seiner 1777 erfolgten Eheschließung nachgewiesen werden. Am 10. November 1774 ging bei der Regierung in Landshut eine Beschwerde des Franz Xaveri Horneckh, Bürger und Maler zu Neumarkt – so die Unterschrift –, über zwei in der von Klessing'schen Hofmark Adlstein tätige »Pfuscher« ein. Hornöck weist darauf hin, daß er die »inhabende Gerechtigkeit und Malersbehausung« zu Neumarkt »um einen hohen Werth« gekauft hätte; nunmehr würden ihm zwei »unberechtigte« Maler »auf dem Hals sitzen« und »das Brod dem Maul wegnehmen«. Die Rückfragen der Regierung beim Hofmarksgericht ergaben, daß der eine Pfuscher, ein ehemaliger Soldat, bereits die Hofmark verlassen hätte und der zweite sich andernorts niederzulassen gedenke. Hornöck gab sich mit diesem Bescheid zufrieden.

Im Jahr 1797 sah sich Hornöck abermals veranlaßt, sich gegen unliebsame Konkurrenz zu wehren. Wiederum mit einem undatierten Schreiben – anscheinend lebte Hornöck als Künstler zeitlos dahin – beschwerte er sich beim kurfürstlich Geistlichen Rat zu München (Präsentationsvermerk 15. August 1797) über die aus dem Gericht Vilsbiburg in Neumarkt »eingebrochenen« Faßmaler und Bildhauer *Johann Michael* und *Philipp Wagner.* Hornöck bat, ihm weitere Kirchenarbeiten im Landgericht Neumarkt »kurmildest anzugönnen«. Die Gebrüder Wagner konterten mit dem Hinweis, die Klage des Hornöck beruhe auf reinem »Brodneid«. Beide Parteien legten Atteste über ihre bisherige Tätigkeit vor, die heute wertvolle Unterlagen für nicht mehr feststellbare Arbeiten von Franz Xaver Hornöck wie der Gebrüder Wagner darstellen. Unser 1961 erstmals zusammengestelltes Werkverzeichnis von Hornöck läßt sich entsprechend ergänzen.

Frühester Nachweis über die Betätigung von Hornöck als Freskomaler sind nach wie vor die im Pfarrarchiv von Haunzenbergersöll liegenden Abrechnungen über die Ausmalung des dortigen Gotteshauses im Jahr 1776. Die damals entstandenen Fresken, die wohl Szenen aus dem Leben des Kirchenpatrons, des

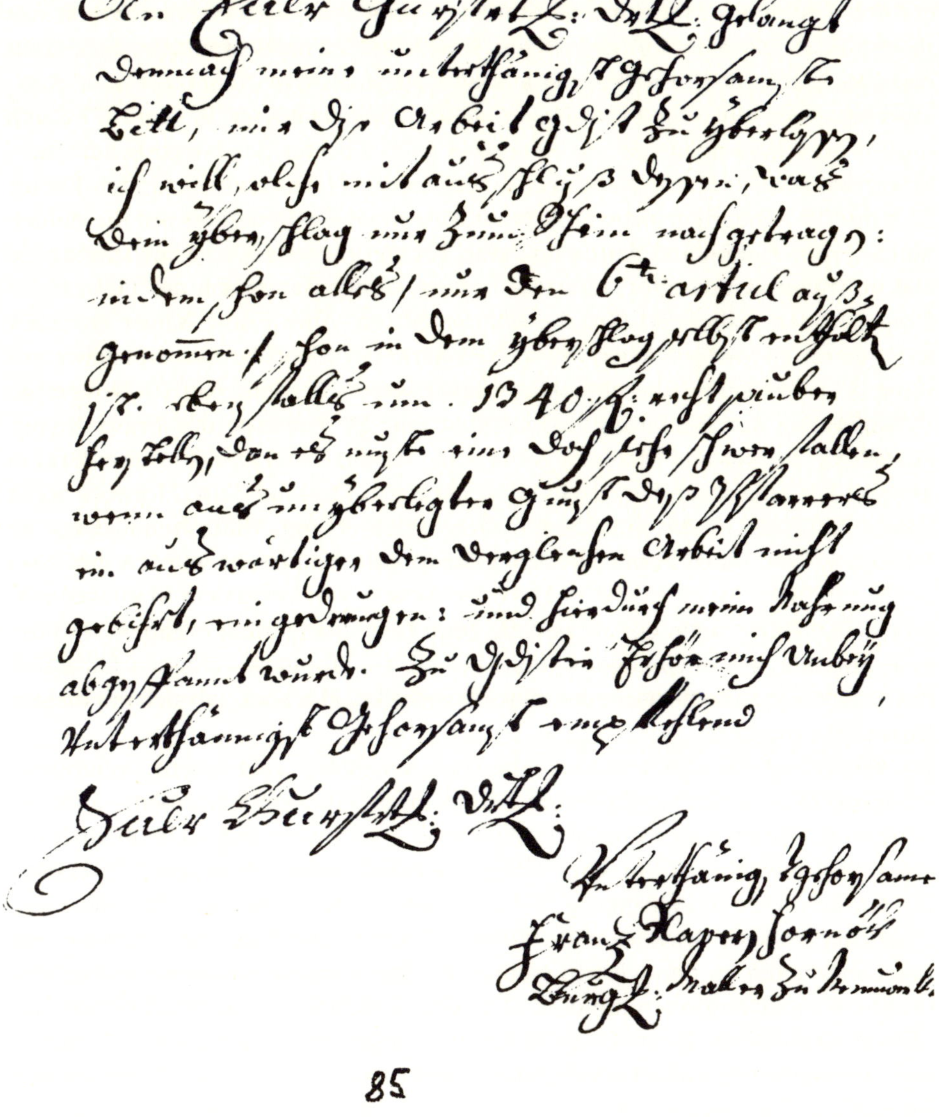

127 *Bittschreiben von* Franz Xaver Hornöck *um die Überlassung von Malerarbeiten mit Unterschrift, 1797 (Bayer. Hauptstaatsarchiv München: Ger. Lit. 2989, S. 85)*

heiligen Johannes des Täufers, zeigten, sind im 19. Jahrhundert, als man die Kirche vom Zierat des 18. Jahrhunderts »reinigte«, bedauerlicherweise zu Verlust gegangen.
Im Jahre 1789 wurden durch einen »gehörten Donnerschlag« die Deckenfresken in der Kirche von LOHKIRCHEN so verdorben, daß eine Ausbesserung erforderlich wurde. Hornöck bekam den Auftrag. Nachdem ihm hierfür ganze 15 Gulden ausbezahlt wurden, scheint es sich um keine größere Arbeit gehandelt zu haben. In der Kirche von Lohkirchen sind heute keine Reste einer barocken Deckenmalerei mehr zu erkennen.
Das Gleiche gilt für die Fresken, die Hornöck im Jahr 1792 für die Kirche in ASCHAU bei Kraiburg schuf. Sie gehörte zu den durch die Augustinerchorherren von Au am Inn betreuten Gotteshäusern. 1791 hatte dort die Pfarrgemeinde aus eigenen Mitteln den Chor verzieren lassen, doch waren die Arbeiten nicht gelungen oder hatten kein Gefallen gefunden. Der für die Restaurierung des übrigen Kirchenraumes in Aussicht genommene Hornöck erbot sich, auch den Chor gleich mitzuverbessern. Daraufhin sandte der Propst von Au ein Bewilligungsgesuch samt Skizzen und Kostenvoranschlag an den Patronatsherrn der Kirche, August Reichsgraf von Törring zu Jettenbach. Dessen Antwort lautete: »Da ich der Verschönerung des lieben Pfarr-Gottshauses Aschau mit eben jener Sehnsucht entgegensehe wie Herr Prälat zu Kloster Au, auch diesen bei allen Angelegenheiten gefällig zu sein mir ein wahres Vergnügen macht, so entstehe ich nicht länger, meine Bewilligung zu dem aus dem Gottshaus Mitteln erforderten 250 fl. zu erteilen und überlasse dem bekannt guten ›Gusto‹ des Herrn Prälaten, was er für eine Skizze nach gehöriger vorausgegangener Begehung erkiesen wolle. Zu welchem Ende das überschickte Paket wieder zurück erfolgt. München 3. 7. 1792. Gutwilliger August, regierender Reichsgraf und Herr von Gronsfeld, Graf zu Törring«.
Der Kostenvoranschlag Hornöcks hatte damals 250 Gulden betragen. Freilich kamen die Arbeiten unseres Malers, als die Ausschmückung der Kirche beendet war, auf 325 Gulden zu stehen; doch auch diese Summe fand die Genehmigung des Grafen. Spätestens beim Umbau der Kirche in den Jahren 1883/84 sind dann Hornöcks Fresken zu Verlust gegangen.
Nach einem von Hornöck dem Geistlichen Rat in München vorgelegten Attest des Pfarrers Maximilian Edler v. Klessing von RATTENKIRCHEN, datiert am 8. August 1797, hat Hornöck vier Jahre zuvor, also 1793, den Plafond seiner Pfarrkirche mit dem Bild Mariä Verkündigung zu seiner und »des sämtlichen Publicums« Zufriedenheit geschmückt. Ein weiteres Attest, das des kurfürstlichen Marktes VILSBIBURG vom 21. Juli 1797, besagt, daß Hornöck, Mitglied des Rats und bürgerlicher Maler zu Neumarkt, vor zwei Jahren die Mariahilfkirche auf dem Berg mit Freskomalerei»solchermaßen schön und unausstellig hergestellt« hat, daß sie jedermanns Beifall fand. Über die Ausschmückung der bekannten Wallfahrtskirche durch Hornöck war bisher nichts bekannt; infolge der wiederholten, nicht immer sehr glücklichen Restaurierungen, vor allem aber

Signatur und Datierung von Franz Xaver Hornöck, *1796, am Deckengemälde St. Georg zu* Weilkirchen

der Umbauten ist aber von seiner Pinselkunst dort keine Spur mehr erhalten geblieben.

Ein besseres Schicksal widerfuhr den Deckengemälden von Hornöck in der Sankt Georgs-Kirche von Weilkirchen bei Zangberg aus dem Jahr 1796. Trotz späterer Restaurierungen sind sie als einzige von Hornöcks Fresken noch erhalten. Es ist die typische Spätphase der kirchlichen Freskomalerei Altbayerns im Zeitalter des Barock und Rokoko, die uns hier entgegentritt. Die Bewegungen verraten nichts mehr von dem Pathos eines *C. D. Asam* oder *M. Günther,* sondern sind teilweise unbeholfen-eckig. Wir vermissen das leuchtende Kolorit der »hohen Zeit« der Freskomalerei des 18. Jahrhunderts; Hornöck wählte erdfarbene, braune und graue Töne. Kein ekstatisch schillerndes Rot oder kräftiges Blau gibt seinen Bildern mehr belebende Akzente. Die Fresken sind signiert und datiert und stellen Szenen aus dem Leben des Kirchenpatrons dar.

Das Werkverzeichnis der von Hornöck durchgeführten Faß- und Tafelmalereien kann gegenüber unserer Aufstellung von 1961 jetzt ebenfalls vermehrt werden. Als früheste Arbeiten sind solche im schon genannten Haunzenbergersöll von 1777 (Vergoldung von zwölf Apostelleuchtern, heute nicht mehr vorhanden) anzusprechen, ferner die Darstellung der Rosenkranzgeheimnisse auf dem Wallfahrerweg von Neumarkt-St. Veit nach Teising von 1778. Letztere sind nur mehr in stark verwittertem Zustand erhalten. Etwa gleichzeitig hat Hornöck, was bisher nicht bekannt war, für die nahe Pfarrkirche von Schönberg – sie war von *Silvester Mayrhofer* aus Neumarkt erbaut und wurde 1914 bis auf den Turm abgerissen – den Hochaltar mit Marmor, Gold und »weiß blamierter« Arbeit verziert.

Als 1780 in der Pfarrkirche von Obertaufkirchen eine neue Fassung der Altäre wie der Kanzel erforderlich wurde, bewarb sich Hornöck um diese Arbeit. Er suchte den dortigen Pfarrer Franz Kaspar Niedermayr persönlich auf in der Erwartung, daß ihm als »Gerichtsmaler« von Neumarkt der Auftrag erteilt würde (Kostenvoranschlag 1340 Gulden). Dieser ließ ihn aber »zwischen Furcht und Hoffnung« wieder ziehen. Die Arbeiten wurden Hornöcks Konkurrenten aus Vilsbiburg, *Johann Michael Wagner,* übertragen.

Auf Weißblamierungsarbeit scheint sich Hornöck im besonderen verstanden zu haben. Abt Anselm Schuler von St. Veit bestätigte dem Künstler am 10. April 1790, daß seine vor sechs Jahren in der Klosterpfarrkirche vorgenommenen Arbeiten an den beiden Seitenaltären so gut durchgeführt wurden, daß sie kaum vom weißen Marmor unterschieden werden könnten. Im gleichen Jahr 1784 hat Hornöck, was der Forschung bislang auch nicht bekannt war, für die zum Kloster gehörige Nebenkirche von LAMBRECHTEN gearbeitet; hiervon ist jedoch heute keine Spur mehr zu sehen.

Im Jahr 1787 ist Hornöck wieder in VILSBIBURG gewesen. Er malte das Porträt des damaligen Pfarrvikars Pater Coelestin Weighart, der späterhin (1796) der letzte Abt des selbst seine Auflösung beantragenden Klosters St. Veit werden sollte. Auf der Rückseite der Leinwand, auf der der Künstler fast stets seinen Namen mit Jahreszahl anbrachte, vermerkte er zusätzlich: »Dum Sepulcrum D[omini] N[ostri] J[esu] C[hristi] in Eccl[esia] Paroch[iali] de novo restituit.« Hornöck hat also bei dieser Gelegenheit das in der Pfarrkirche von Vilsbiburg befindliche Heilige Grab neu gemalt; es ist nicht mehr erhalten. Die Kirchenrechnung berichtet, daß er dafür die beträchtliche Summe von 187 Gulden empfangen hat.

Signiert und mit 1786 auf der Rückseite datiert ist ein Votivbild von der Meisterhand Hornöcks (56,5–81 cm), das sich in NEUMARKT in der Stadtpfarrkirche St. Johann befindet. Es erinnert an die beiden Ortsbrände vom Oktober 1786 und vom Oktober 1787. Hornöck war in der Folgezeit ausschließlich im Seelsorgebereich des Klosters St. Veit tätig. 1791 malte er zwei Altarblätter für die dem Kloster inkorporierte Kirche von HÖRBERING; die Altäre wurden nach einem Attest des damaligen Pfarrvikars P. Modestus Forster von Hornöck mit Marmor und Gold »sauber und dauerhaft« zur allgemeinen Zufriedenheit gefaßt. Ein von Hornöck geschaffenes Brustbild der heiligen Mutter Anna befindet sich derzeit im Pfarrhof von Hörbering.

Für das Altärchen in der Lorenzikapelle zu KINNING malte Hornöck im gleichen Jahr ein Ölgemälde »Mariens leibliche Aufnahme in den Himmel«. Es ist auf der Rückseite vom Meister signiert und datiert und befindet sich heute noch an seinem Ursprungsort (Altarauszug). 1793 folgte der Aufsatz für den Hochaltar der Klosterkirche ST. VEIT (nicht das Hochaltarbild, wie wiederholt zu lesen steht). Das Bild, von Hornöck signiert, zeigt den Mönchsvater Benedikt, der auf die Klosteranlage von St. Veit hindeutet, die im Hintergrund zu sehen ist. Seitlich steht der Stifter des Klosters, Graf Dietmar von Lungau, als vornehmer Rokokokavalier mit Tressenrock und weißer Kniehose. Zwischen den beiden Gestalten blickt von rückwärts ein Benediktiner hervor, der als P. Anselm Moesl gedeutet wird; als Salzburger Steinmetzsohn hatte er den Marmor für den 1783 von seinem Vater geschaffenen Hochaltar als Mitgift erhalten.

Wie in fast allen Klöstern und Stiften des 18. Jahrhunderts wollten auch die Benediktiner von ST. VEIT eine Äbtegalerie besitzen. Man war freilich dort mit der Anlage spät daran. 1798 erhielt Hornöck von dem damaligen Abt – es war der letzte der dortigen Prälaten, der schon genannte Coelestin Weighart – den Auftrag zur Anfertigung von Brustbildern seiner Vorgänger Marian Wieser (1695–1720), Gregor II. Kiermair (1721–1764), Maurus II. Aimer (1764–1772) und Anselm Schuler (1775–1796). Sie hängen noch jetzt im Refektorium des ehemaligen Klosters. Inwieweit Porträtähnlichkeit außer bei Abt Gregor II.

Kiermair vorliegt, sei dahingestellt. Die Bilder verraten jedenfalls künstlerisches Können und einen gewandten Pinsel. Späterhin kam zu ihnen noch das bereits 1787 in Vilsbiburg gemalte Porträt von dem damals dort als Pfarrvikar wirkenden Abt Coelestin Weighart. Es dürfte nach der Wahl von Coelestin Weighart zum Abt nach St. Veit gekommen sein; vermutlich hat Hornöck dann nachträglich auf dem Porträt des nunmehrigen Abtes Ring und Pektorale angebracht.

Ein Jahr später malte Hornöck für das Refektorium des Klosters die beiden Tafelbilder »Fußwaschung« und »Letztes Abendmahl« sowie vier Brustbildnisse adeliger Herren (Graf Dietmar von Leonberg, Graf Wolfram von Dornberg, Graf Heinrich von Julbach und Bildnis eines unbekannten jugendlichen Adeligen). Sämtliche acht Porträtbilder, die der Prälaten wie die der adeligen Herren, haben eine Höhe von 112 cm und eine Breite von 76,5 cm. Sie sind heute noch wie ehedem in einfache Stuckrahmen eingelassen und mit Schrauben an der Rückwand befestigt. Hornöck hat sämtliche Bilder auf der Rückseite signiert und mit der Jahreszahl 1799 versehen.

Im Jahr 1801 hat Hornöck schließlich noch für die Schloßkapelle ADLSTEIN zu Neumarkt das von dort erst vor einigen Jahren entfernte Altarblatt Antonius' von Padua geschaffen. Es trägt in der linken unteren Ecke in roter Farbe die Signatur »F. Xavier Hornöck pinx[it] 1801«. Der Maler liebte es anscheinend, nach Art der vornehmen Leute von damals, seinen Vornamen französisch zu schreiben; dies zeigt auch die eingangs zitierte Inschrift auf der Gedenktafel. Das Antoniusbild zeigt den so vielverehrten Heiligen von Padua mit dem Jesuskind, das auf einem mit einem bunten Tuch geschmückten Tisch steht und von der Linken des Heiligen liebevoll umfangen wird. Auf dem Tisch befindet sich ein farbenfroher Blumenstrauß; das ganze Milieu spricht uns schon reichlich biedermeierlich an und zeigt, wie der Meister von der Kunstrichtung des 18. Jahrhunderts in die des 19. hinüberwechselte.

Im Mai 1802 hat der Abt von St. Veit im Einverständnis mit seinem Konvent – nur der Prior tat nicht mit – in wenig rühmlicher Weise in München die Aufhebung seines Klosters beantragt. Hornöck sah durch den Ausfall des Klosters als Auftraggeber materielle Einbußen auf sich zukommen. Er wandte sich nach SALZBURG, wohin vor und nach ihm mancher seiner Landsleute in ähnlicher Situation gegangen war in der Hoffnung, sich dort in ausreichendem Maß sein Brot verdienen zu können. Wohl hatte in Salzburg als Folge der Säkularisation vom Frühjahr 1803 das geistliche Regiment der Fürsterzbischöfe unterdessen auch ein Ende gefunden; an seine Stelle war jedoch ein weltlicher Kurfürst in der Person des Habsburgers Ferdinand von Toskana getreten.

Am 17. Oktober 1803 richtete Hornöck an den neuen Landesherrn von Salzburg »unterthänigst« ein Gesuch um den »gnädigsten Consens« zur Niederlassung in Salzburg. Hornöck wies dabei zunächst auf seine bisherige Tätigkeit in Neumarkt hin, die ihm ein Vermögen von 5000 Gulden – bei einem Mesnerssohn bestimmt kein ererbtes Gut, sondern der Ertrag seiner Hände Arbeit – erbracht hätte, um dann der Befürchtung Ausdruck zu geben, daß infolge der Aufhebung der

Klöster in Bayern seine Lage als Maler »von Zeit zu Zeit nothwendig mißlicher werden muß und am Ende bei diesem Metier gar nicht mehr fortzukommen seyn dürfte.« Hornöck unterließ nicht zu erwähnen, daß er sich während der Zeit seines kurzen Aufenthalts in Salzburg bereits zur Verfertigung der landständischen und stadtmagistratischen Triumphpforten zur bevorstehenden Illumination »bestens gebrauchen ließ«. Da der Polizeidirektor von Salzburg, Hieronymus v. Kleinmayern, das Gesuch Hornöcks befürwortete, wurde es noch im gleichen Monat positiv verbeschieden. Hornöck wirkte in Salzburg bis an sein Lebensende.

An die Stelle der religiös-kirchlichen Kunst, die bisher den hauptsächlich von ihm umrissenen Themenkreis ausmachte, traten nunmehr Porträts oder genrehafte Darstellungen. Ein Brustbild des letzten Fürstbischofs von Chiemsee, des Grafen Christoph Zeil, in schwarzem Taler mit Bäffchen und lila Umhang aus dem Jahr 1804 gehörte zur Sammlung von Hofrat Franz Martin in Salzburg. Das Museum Carolino Augusteum in Salzburg verwahrt weitere Porträts von Hornöcks Hand. Nach Pillwein porträtierte Hornöck auch Kaiser Franz und mehrmals König Max I. Joseph von Bayern – das vormalige Erzstift Salzburg gehörte bekanntlich von 1810 bis 1816 zu Bayern –, sodann Michael Haydn und Alois Sandbichler, Rektor Ignaz Thanner sowie den Komponisten M. Stadler.

Kirchliche Aufträge scheint Hornöck nach seiner Übersiedlung nach Salzburg entsprechend dem gewandelten Zeitgeist selten mehr erhalten zu haben. In der Kirche von Grödig befindet sich ein Zyklus von fünf aus verschiedenen Zeiten stammenden Bildern, welche die Geheimnisse des Schmerzhaften Rosenkranzes zum Thema haben. Von Hornöck stammt die Darstellung der Dornenkrönung Christi; das Bild zeigt den stilistischen Bruch auf, der zwischen Klassizismus und Biedermeier in Salzburg erfolgte. Im Jahr 1820 entstand für den Hochaltar der Pfarrkirche zu Koppl eine Darstellung der Maria Immaculata; sie zeigt die himmlische Jungfrau von Cherubsköpfen umgeben, zuoberst schwebt die Taube des Heiligen Geistes. Das vom Künstler signierte und datierte Bild wirkt jedoch matt; es fehlt die farbliche Wirkungskraft.

Letzte Arbeiten von Hornöcks Hand dürften zwei Ölbilder aus dem Jahr 1821 (laut Vermerk auf der Rückseite) sein, die sich in Salzburger Privatbesitz befinden. Sie stellen den Mittersiller Pfleger Johann Joseph Koch Ritter v. Sternfeld (gest. 1825) und dessen Gattin Anna Theresia Salzmann (gest. 1837) dar. Sie zeigen nochmals die Kunst des Meisters in der Porträtmalerei, der er sich mit Erfolg nach dem Versiegen der kirchlichen Barockmalerei zugewandt hatte.

Hornöck war Liebhaber von Graphiken. Seine Sammlung, unter der sich nach Aussage Pillweins sehr prachtvolle Kupferstiche befanden, soll wenigstens 5000 Stück umfaßt haben. Von Hornöcks Hand hat sich eine Reihe von Rötel- und Bleistiftzeichnungen erhalten. Die früheste dürfte jene mit der Signatur »F. X. H. den 26. Nov. 1762« sein, die einen Maler vor einer Staffelei sitzend zeigt. Sie ist eine ausgesprochene Schülerarbeit; möglicherweise hat der damals zehnjährige Franz Xaver Hornöck seinen Vater auf diese Weise dargestellt. Von

Hornöck selbst konnte leider bisher kein Bild, d. h. Selbstbildnis festgestellt werden.
Am 18. Januar 1822, abends 7 Uhr, segnete der Künstler, der zuletzt im Salzburger Haus Pfeiffergasse Nr. 94 über drei Stiegen gewohnt hatte, im Alter von 69 Jahren das Zeitliche. Er starb an einer Leberverhärtung. Nach Ausweis der Sterbematrikel der Dompfarrei fand er auf dem Sebastiansfriedhof seine letzte Ruhestätte. Wie der erhalten gebliebene Verlassenschaftsakt aussagt, befanden sich in seinem Nachlaß 50 Gemälde, für die insgesamt 100 Gulden veranschlagt wurden. Die Barschaft betrug 208 Gulden 20 Kreuzer; dazu kam noch der halbe Anteil am Hausboden von Haus Pfeiffergasse 94 in Höhe von 300 Gulden. Die Witwe Katharina und die in Wien als Instrumentenmachersgattin lebende Tochter Katharina hatten sich in das Erbe zu teilen. Was aus Hornöcks Sohn *Anton* (geboren zu Neumarkt a. d. Rott 1787), von dem das Museum Carolino Augusteum in Salzburg gleichfalls einige Zeichnungen verwahrt, geworden ist, muß weiteren Forschungen überlassen bleiben.
Die 1932 von einem Nachfahren von Hornöck in einer Ahnenliste gebrachte Notiz, Hornöck hätte meist (!) in Ungarn gearbeitet, dürfte nicht haltbar sein. Ein Aufenthalt von Hornöck in Ungarn hätte sicher in der älteren salzburgischen Literatur über den Meister einen Niederschlag gefunden.

Quellen und Schrifttum

Bayer. Hauptstaatsarchiv München: Ger. Lit. 2989 (Baufälle an Kirchen des Landgerichts Neumarkt 1776–1800; Hornöcks Klage beim Geistlichen Rat in München 1797).

Staatsarchiv Landshut: Rep. 49 Verz. 19 Fasc. 69/345 (Hornöcks Klage bei der Regierung in Landshut 1774).

Salzburger Landesarchiv: Regierung Nr. 36 lit. T I (Niederlassungsgesuch (1803) – Verlassenschaftsakten (1822).

Archiv der Dompfarrei Salzburg: Pfarrmatrikeln.

Pfarrarchiv Haunzenbergersöll: Kirchenrechnungen.

Pfarrarchiv Neumarkt – St. Veit: Pfarrmatrikeln.

Pfarrarchiv Schönau: Pfarrmatrikeln.

Benedikt Pillwein: Biographische Schilderungen oder Lexikon Salzburgischer theils verstorbener theils lebender Künstler, Salzburg 1821, S. 105.

Constantin v. Wurzbach: Biographisches Lexikon des Kaiserthums Oesterreich 9, Wien 1863, S. 302–303.

Thieme-Becker: Allgemeines Lexikon der bildenden Künstler XVII, Leipzig 1924, Sp. 521–522.

Josef Hamberger: Ahnenliste für Hildegard Hamberger, in: Bayerische Geschlechtertafeln 1, München 1932, S. 56.

Benno Hubensteiner: Franz Xaver Hornöck, der Maler von Neumarkt, in: Mühldorfer Anzeiger vom 11. Juli 1951.

Edgar Krausen: Zur Baugeschichte der Kirche von Haunzenbergersöll, in: Das Mühlrad 9, Mühldorf 1959, S. 65–68.

Edgar Krausen: Franz Xaver Hornöck. Ein Maler an der Wende vom Rokoko zum Biedermeier, in: Mitteilungen der Gesellschaft für Salzburger Landeskunde 101, Salzburg 1961, S. 297–307 (mit weiteren Literaturhinweisen).

Martin Lechner: Franz Xaver Hornöck, Pictor Neofori . . ., in: Heimat an Rott und Inn, Eggenfelden 1966, S. 97–101.

Martin Lechner: Das unbekannte Portrait des St. Veiter Abtes Gregor II. Kirmair (1721–1764), in: Heimat an Rott und Inn, Eggenfelden 1969, S. 149–152.

Martin Lechner: Ex voto - pro voto. Historische Miniaturen aus der alten Teisinger Marien-Wallfahrt, in: Heimat an Rott und Inn, Eggenfelden 1970, S. 76.

Edgar Krausen: Brotlos durch die Säkularisation, in: Unser Bayern, Heimatbeilage der »Bayerischen Staatszeitung« 20 (1971), S. 46–47.

Martin Lechner: Die Kirchen der Stadtpfarrei Neumarkt-St. Veit und ihre kunstgeschichtliche Bedeutung, in: Heimat an Rott und Inn, Eggenfelden 1973, S. 187–208; Eggenfelden 1974, S. 69–84.

Adolf Hahnl: Grödig/Land Salzburg. Pfarrkirche zu Mariä Verkündigung (= Christliche Kunststätten 97), Salzburg 1972.

Bernhard Ebermann: Die Heimat und ihre Geschichte: Aschau, in: Das Mühlrad 23, Mühldorf 1981, S. 91 (mit Verlesung »Hornböck«).

Rötelzeichnung »St. Petrus« aus einer Serie von 6 Apostelköpfen von Franz Xaver Hornöck, *um 1810 (Salzburger Museum Carolino Augusteum, Inv.-Nr. 3093/49)*

Johann Markus Held (um 1743–1772). Sein Haus und seine Werkstatt

Von Fritz Markmiller

Die Möglichkeiten, Einblick in die näheren Lebens- und Arbeitsumstände eines niederbayerischen Barockmalers zu gewinnen, sind nicht allzu breit gestreut. Wie bei anderen vergleichbaren Privatpersonen auch stehen dafür in erster Linie Unterlagen zur Verfügung, die im Zug von Verlassenschafts-Aufnahmen angefertigt worden sind. Während der hier behandelten Zeit war es üblich, daß die zuständige Obrigkeit – Stadt-/Marktrat oder Hofmarksherrschaft – eine Inventur des gesamten liegenden und beweglichen Vermögens vornahm, wenn der oder die Verstorbene ohne direkte Erben war oder minderjährige Kinder hinterließ.
In der Praxis ging dies folgendermaßen vor sich: Die betreffende Ortsbehörde entsandte einen oder zwei Vertreter aus dem Rat bzw. den Hofmarksrichter, die wiederum zusammen mit dem Bürgerdiener und zwei vorher unter Eid genommenen unparteiischen Schätzern das Anwesen besichtigten und alle Gegenstände in den jeweiligen Räumen in einem Verzeichnis mit Angabe des Schätzpreises festhielten. Dazu wurden alle Außenstände und Verbindlichkeiten notiert. Aus der Abgleichung des vorhandenen Vermögens mit den Schulden errechnete man den verbleibenden Rest, der sich allenfalls ergab. Nach Aufschreibung der erbberechtigten Personen und Verzeichnung etwa vorliegender Rechtsdokumente geschah zuletzt die Fixierung der Gebühren für die Amtshandlung selbst, deren Kosten vom Restbetrag bestritten werden mußten.
Aus der Tatsache, daß derartige Bestandsaufnahmen regelmäßig nur in den oben geschilderten Fällen vorgenommen und in längst nicht allen Städten und Märkten – von den Hofmarken ganz abgesehen – schriftlich überliefert wurden, läßt sich leicht erkennen, daß im Verhältnis zur großen Zahl der von uns bisher ermittelten Meister nur sehr wenig Verlassenschaftsinventare von Malern nachzuweisen sind. Um so erfreulicher ist, wenn mit einem sehr ausführlichen Verzeichnis dieser Art aus dem Markt Teisbach nicht bloß stellvertretend für andere Orte der selben Zeit und Größenordnung ein hervorragendes Beispiel zur Verfügung steht, sondern durch seine Auswertung erstmalig für unseren Raum unmittelbar Zugang zu Haus, Wohnung, Mobiliar und Arbeitsgerät, Kleidung und Gebrauchsgegenständen des täglichen Lebens eines Malers der Barockzeit geschaffen werden kann. Bevor wir aber dazu übergehen, sei kurz von dem als Erblasser fungierenden Johann Markus Held in Teisbach berichtet, was sich bislang aus den Quellen erschließen ließ.
Als Sohn des Malers *Simon Held* im oberbayerischen Amerang und gemäß der Altersangabe bei seinem Tod um das Jahr 1743 geboren, erwarb Johann Markus Held von dem nach Landshut übersiedelnden Maler *Ignaz Kaufmann* am

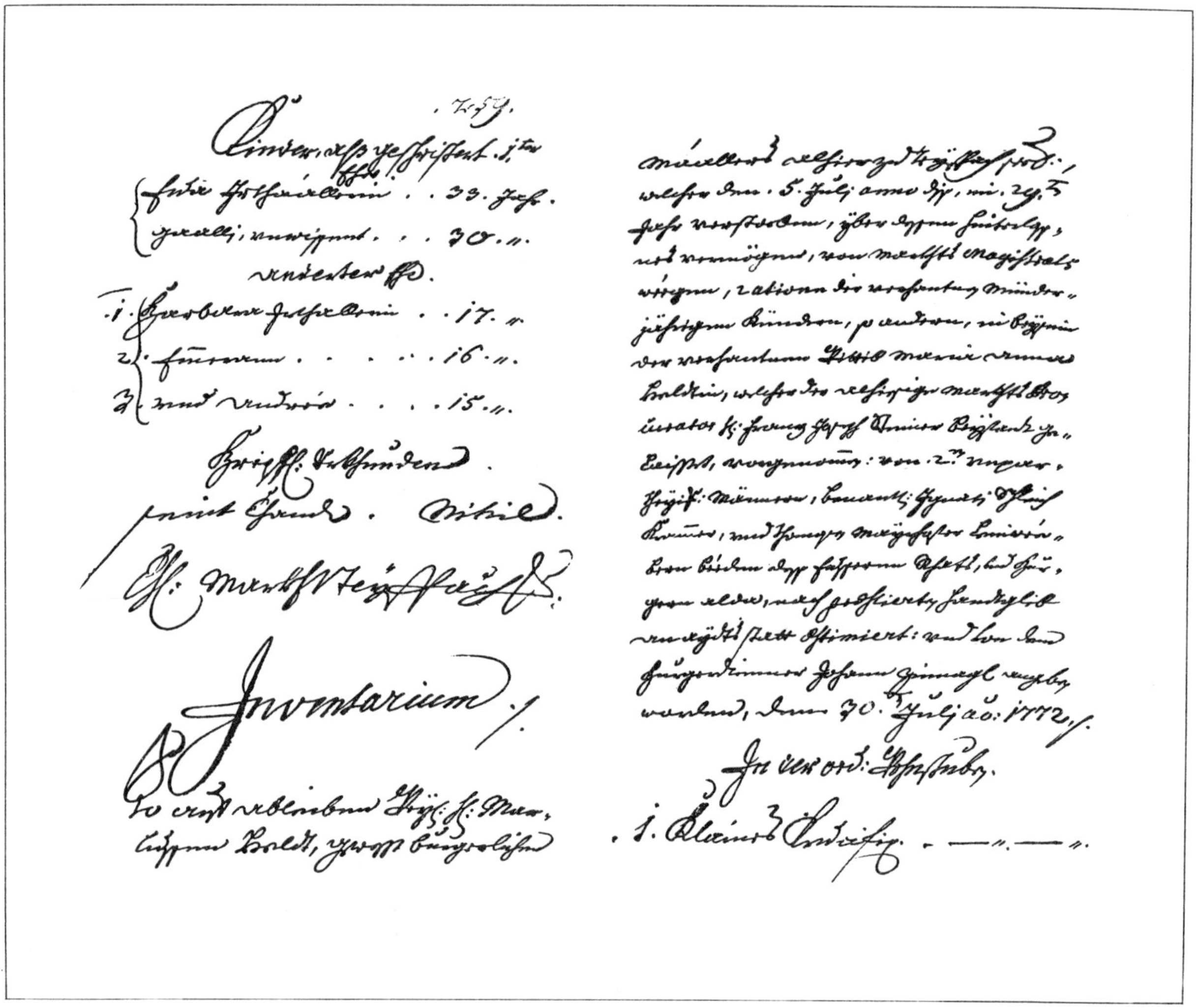

Anfangsseiten des Hinterlassenschafts-Inventars von Johann Markus Held, *30. Juli 1772 (Stadtarchiv Dingolfing: Marktarchiv Teisbach, Inventurbuch III, fol. 259–260')*

Eintrag über Ausmalung und Altarrenovierung durch Johann Markus Held *(1771) in der* ▷ *St. Anna-Kapelle der Stadtpfarrkirche zu* Dingolfing *(Stadtarchiv Dingolfing, B VIII Nr. 10, o. S.)*

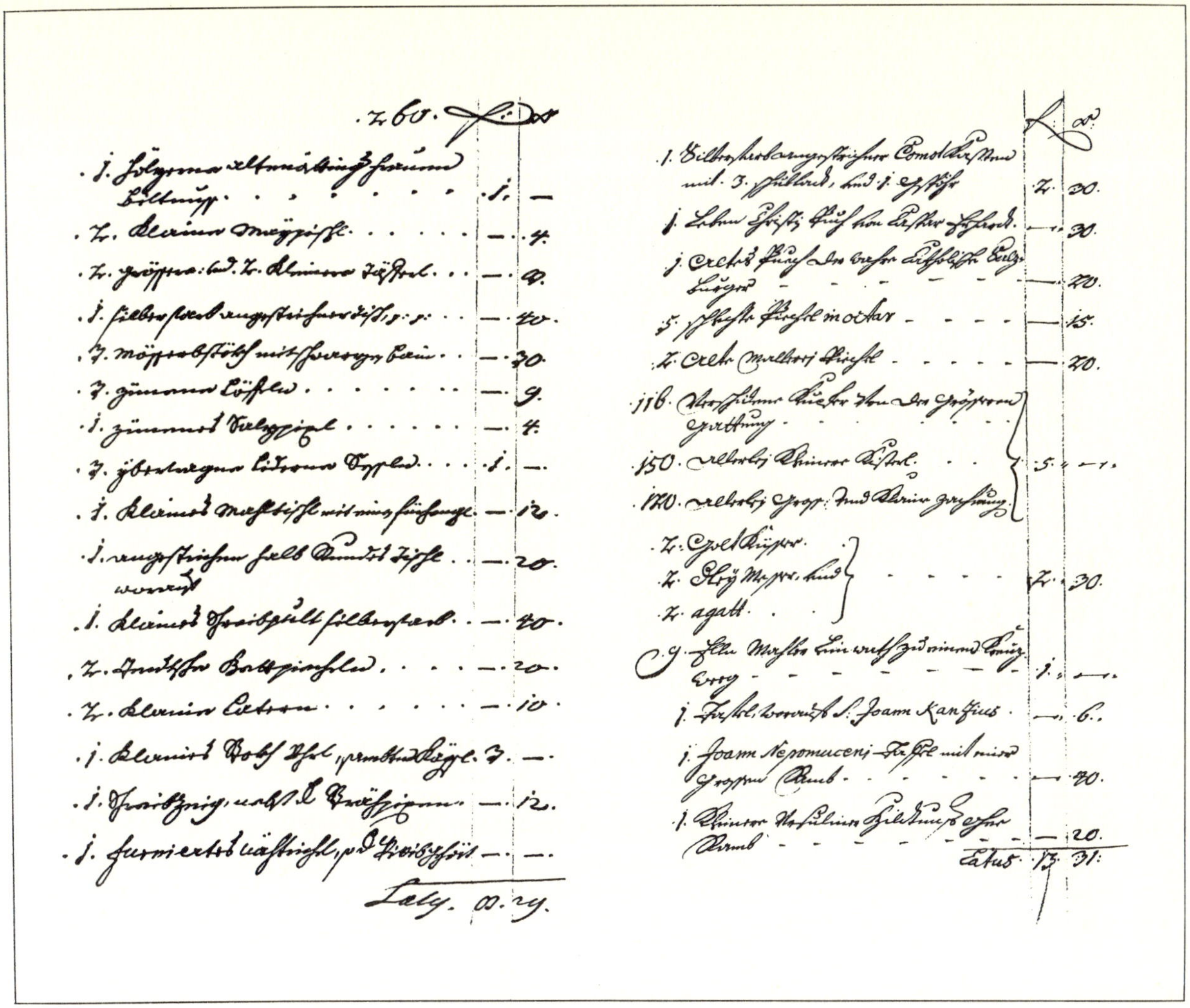

	fl.	xr
2 60.		
1. hölzerne [illegible] bildnuss	1.	—
2. kleine Messpulte	—	4.
2. grössere und 2. kleinere Täfl	—	9.
1. silber [illegible] angestrichenes Tischl	—	40
7. Messerstöck mit schwarzem bein	—	30
7. zinnerne Löffel	—	9.
1. zinnernes [illegible]	—	4.
7. überzogene lederne Deckel	1.	—
1. kleines Messtischl mit einem Fürhang	—	12.
1. angestrichenes halb rundes Tischl worauf	—	20.
1. kleines Schreibpult silberfarb	—	40
2. deutsche [illegible]	—	20.
2. kleine [illegible]	—	10
1. kleines [illegible]	3.	—
1. Schreibzeug nebst 2 [illegible]	—	12.
1. furniertes [illegible]	—	—
Latus	10.	29.

	fl.	xr
1. [illegible] angestrichener Comodkasten mit 3. Schubladen, und 1. Aufsatz	2.	30.
1. Leben Christi buch [illegible]	—	30.
1. [illegible] Buch [illegible]	—	20.
5. [illegible] Büchl in octav	—	15.
2. [illegible] Büchl	—	20.
118. verschiedene Bücher von der grösseren gattung		
150. allerley kleiner Büchl	5.	—
120. allerley gross- und kleiner gattung		
2. [illegible]		
2. Reiß Messer und	2.	30.
2. agatt		
9. alte Messer [illegible]	1.	—
1. Tafel, worauf S. Joann Kantius	—	6.
1. Joann Nepomuceni-Tafel mit einer grossen Rahm	—	40.
1. [illegible] Bildnus ohne Rahm	—	20.
Latus	13.	31.

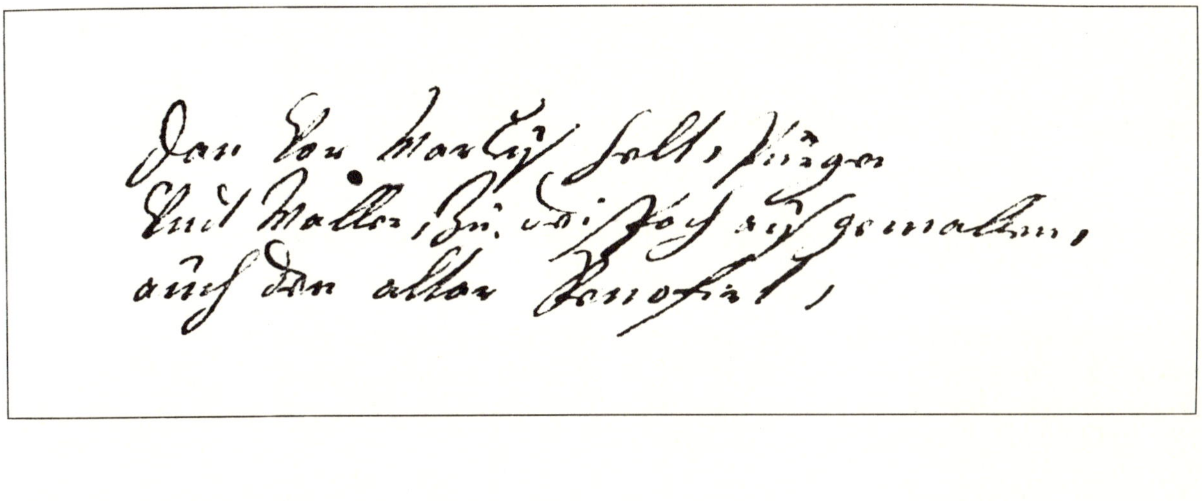

[illegible] Maller, [illegible] gemahlen,
auch den altar [illegible]

12. März 1767 Haus und Gewerberecht in der Teisbacher Grasgasse. Die näheren Umstände haben wir bei Behandlung der Familie Kaufmann in diesem Sammelband schon geschildert. Am gleichen Tag fand die Aufnahme Helds als Bürger zu Teisbach statt. Dabei mußte er zur Gebühr den Betrag von 6 Gulden 51 Kreuzer und 3 Heller bar erlegen. Anstelle einer Abgabe zur Feuerrüstung wurde ihm aufgetragen, nächstens die Uhrschilder auf dem Kirchturm zu renovieren. Als weitere Sporteln hatte der Maler 17 Kreuzer 1 Heller als »Tanzgeld« und 2 Gulden als »Ratificationsgeld« für das Rentamt Landshut zu entrichten.

Held war bereits mit einer zehn Jahre älteren Frau namens *Maria Anna* verheiratet, als er sich in Teisbach ansässig machte. Aus der Ehe sind zwei Buben, Johann Nepomuk und Johann Alois, hervorgegangen, die beim frühen Tod des Vaters erst vier und drei Jahre zählten; außerdem war noch ein Kind unterwegs, da das Hinterlassenschaftsinventar unter den Erben einen »Posthumus« aufführt. Johann Markus Held starb erst 29jährig am 5. Juli 1772 und wurde in Teisbach begraben. Seine Witwe ehelichte noch im selben Jahr den aus Deggendorf gebürtigen Maler *Franz Joseph Stelzer;* möglicherweise handelte es sich bei ihm um den ungenannten Gesellen, der ebenfalls im Verzeichnis Erwähnung findet.

Stelzers Bürgeraufnahme erfolgte am 12. November 1772. »Weegen der verhantnen villen Schulden und harten Zeiten« brauchte er nur 4 Gulden 34 Kreuzer 2 Heller als Gebühr aufzubringen; dagegen waren Tanz- und Ratificationsgelder in gleicher Höhe wie bei seinem Vorgänger fällig. Anstatt der Feuerrüstung hatte er »das Portraie Sr. Ch. Drtl. [= Seiner churfürstlichen Durchlaucht] in das hiesige Rhatzimmer auf Gelegenheit zu maallen und ohne Ramb zu lifern«.

Von den Arbeiten Helds sind vorerst nur wenige bekannt geworden. Einzig erhalten und erst vor kurzem wieder aufgedeckt ist ein Wandfresko von seiner Hand, das sich in der Anna-Seitenkapelle der Dingolfinger Stadtpfarrkirche St. Johannes befindet. Laut Einschreibbuch des dortigen Handwerks der Maurer und Zimmerleute hatte Held im Frühjahr 1771 die Ausmalung dieser Zunftkapelle besorgt. Das Gemälde ist nach Art eines Altarblatts gestaltet und stellt als Hauptbild St. Anna Maria das Lesen lehrend und St. Joachim dar; im Auszug darüber ist der Tempelgang Mariens wiedergegeben. Die anläßlich der Inneninstandsetzung der Stadtpfarrkirche 1976 erfolgte Freilegung und Konservierung des Freskos durch die Restauratorfirma Martin Zunhamer aus Altötting hat ein sehr qualitätvolles, in der malerischen Gestaltung überaus reizendes Werk bewahren helfen.

Mit den Personenstandsangaben, ein paar archivalischen Nachweisen und diesem vorher unter mehreren Tünchschichten verborgenen Fund wäre unsere Kenntnis über Johann Markus Helds Leben und Arbeiten bereits am Ende, wenn nicht die nach seinem Tod von Amts wegen durchgeführte Inventur eine Liste der Verlassenschaft erfordert hätte. Glücklicherweise haben sich auch im Archiv des Marktes Teisbach – seit dessen Eingemeindung in die Stadt Dingolfing 1972 im hiesigen Stadtarchiv als eigener Archivkörper aufgestellt – die das 18. Jahrhundert umfassenden Inventurbände erhalten. Hier nun ist in Band III auf den Blättern 259v bis 273r schriftlich festgehalten, was die Hausbegehung bei der Witwe Held am 30. Juli 1772 ergeben hat.

Jnventarium,
so auf Ableiben weyland Herrn Marcussen Heldt, gewest burgerlichen Maallers alhier zu Teyspach seelig, welcher den 5. Juli anno diss im 29ten Jahr verstorben, yber dessen hinterlassnes Vermögen von Markhts Magistrats weegen, ratione der verhantnen münderjährigen Kündern so andern, in Beysein der verhantnen Wittib Maria Anna Heldtin, welcher der alhiesige Markhts Procurator Herr Franz Joseph Steiner Beystandt gelaistet, vorgenommen, von 2^{en} unpartheyischen Männern, benantlich Jgnati Schleich, Krammer, und Thomasen Mayrhofer, Leinweebern, beeden dess Eüsseren Rhats und Burgern alda, nach praestierten Handtglib an Aydts statt aestimiert und von dem Burgerdiener Johann Zinnagl angeben worden, den 30. Juli anno 1772.

In der ordentlichen Wohnstuben

	fl.	kr.
1 klaines Krucifix	–	–
1 hölzerne Altenöttinger Frauen Biltnuss	1	
2 klaine Maypisch		4
2 grössere und 2 kleinere Täfferl		8
1 silberfarb angestrichner Tisch pp.		40
3 Mösserbstökh mit schwarzen Bain		30
3 zünene Löffeln		9
1 zünenes Salzpixel		4
3 ybertragne liderne Sessln	1	
1 klaines Mahltischl mit einen Fürhengl		12
1 angestrichen halb rundes Tischl, worauf		20
1 klaines Schreibpult silberfarb		40
2 teutsche Bettpiecheln		20
2 klaine Latern		10
1 klaines Stokhuhrl sambtm Käpsl	3	
1 Schreibzeig nebst der Strähpixen	–	12
1 furniertes Nähtrichel, so der Wittib gehört		–
1 silberfarb angestrichner Comotkasten mit 3 Schubläd und 1 Gspöhr	2	30
1 Leben Christi-Puch von Caspar Erhardt		30
1 altes Puech, der wahre Catholische Salzburger		20
5 schlechte Piechel in Octav		15
2 alte Mallerei-Piechel		20
116 verschidene Kupfer von der grösseren Gattung }		
150 allerlei kleinere Kisterl }	5	
120 allerlei gross und klaine Zachnungen }		
2 Goltküsser }		
2 derley Messer und }	2	30
2 Agatt }		
9 Ellen Mahler-Leinwath zu einen Kreuzweeg	1	
1 Tafel, worauf S. Joann Kanzius		6
1 Joann Nepomuceni Taffel mit einer grossen Ramb		40
1 kleinere Ursuliner Bildtnus ohne Ramb		20
1 Barometer		12

1 schlechter Spiegl		8
1 Muetter Gottes-Tafel mit einer geschnittnen Ramb	1	
1 klein kopierter Kreuzweeg ohne Rämbeln à 30 kr., tut	7	
1 kleinere Joannes Nepomuceni Taffel ohne Ramb		30
1 silberfarb gemahlene spänische Wandt mit 5 Plätl	2	30
1 silberfarb angestrichnes Spanpöttstädl mit einen Luckh ohne Pött dermahlen	1	
1 Spünrädl		8
1 Haspel		6
1 Ellnstab		2
1 Gwandtwalger } 1 Mangscheidt }		8
1 kupfener Höllhafen	1	
1 gross Pögleisen mit einem Rost und 2 Stächeln	1	30
1 klain eisenes deto mit 1 Stachl		15
1 lagierter Steckhen mit einen silbernen Plättl		30
2 klaine Stüellel		2
1 silberfarb angestrichner Schisslramb und 1 derlei Rämmel		20
8 zünene Schisserln von der klainen Gattung	3	
8 erdene Pudollien		24
9 Meolica-Schissln und Däller		36
5 solche Schallen		10
1 kupfernes Caffée-Gschier		30
2 erdene Caffée-Gschier		6
1 zünenes Thée deto		30
1 erdenes Thée-Gschier		4
2 Paar derlei Schaallen		6
1 kupfernes Fläschl uf 1½ Maass	1	15
2 klaine kupferne Pöckhl		24
1 stainener Maasskrueg		12
1 Maasskrueg und 1 Kändl deto		20
1 Halbmaassglaß		8
2 klaine plöcherne Trächterl		4
3 plöchene Mehlkibeln		12
2 Straubenlöffeln		8
2 Schöpflöffeln		6
3 Faimblöffeln		6
1 Rost		20
1 Dryfüessl		10
2 Küechelspüß		6
1 Nudlscherer		3
1 plöchene Seücher		6
2 Kochlöffln		2
1 Hackhmesser		3
1 Öehlämpel		2
1 grien erdener Krueg		2
1 Nudlwalger		1
1 Partwisch		1
1 plöchenes Weichprunkösterl		2

Im Flöz

3 Elln grundierte Leinwath mit der Ramb		45
2 Wasseremmer		10

Im Mahlzimmer

1 Mahltischl mit einen Schublädl		20
1 liderner Sessl		20
1 klaines Spansägl		8
1 Voglflintl	1	15
1 Terzerol		40
1 Maallerreißpuech	1	
1 grosse eisene Gluettpfannen		50
1 Farbkästl mit verschidnen Farben und Pemsln, dan 6 Spachtln und 6 Reparierhäckhen	6	
1 Wandtkästl, worinen auch allerlei Maallerei-Sachen und Glöser	1	
3 Polliten		30
3 Farbstain sambt 3 Oberstain	5	
2 Mahlstaffeleyen		40
3 Landschafts-Tafeln ohne Rammen	4	
4 Tafeln, worauf die 4 Lezte Ding vorgestöhlt werden	10	
4 andere Taffeln, worauf Joann von Nepomuc, S. Catharina, Adam et Eva und Wenzeslaus	10	
4 andere Tafeln, vorstehlent S. Sebastian, Vermählung Mariae, Emausgang und Geislung Christi	6	
4 etwaß kleinere Taffeln Maria Himmelfahrt, Bernhartus, Herz Jesu und ain welsches Stickhl	3	
2 clainere Stükhl Kunigunda und Susanna	1	30
1 Tafel, worauf die Heyligste Dreyfaltigkeit und ein heiliger Babst	1	30
20 verschidene Schiza-Tafeln von allerlei Vorstöhlungen à 1, tut	20	
Die ybrige 37 etwaß schlechtere derlei verschidene Tafeln aber à 30 kr., tut	18	30

In der Kuchel

3 grosse kupferne Pfannen	3	
2 kleinere deto		40
3 eisene Pfannen		36
2 Schmalzpfändl		8
2 Pradtspüß		10
1 Feurzang		10
2 Feurhundt		20
1 Schierhackhen		5
1 Dryfueß		30
1 Dryfüessl		4
1 kupfener Sedlköstl	3	
1 Glutschauffel		8
1 Rübeisen		3
1 Fleischhäckhl		10
1 Fleischhackhstöckhl		5
1 gross und 1 claines Nudlpröttl		8
1 Gluetpfändl		6
3 plöchene Leichter		6

1 Duzet hölzerne Dääller		12
2 eisene Seellen		4
1 Faimblöffel		2
1 Schöpflöffel		2
12 erdene allerlei Häfen		12
8 erdene Schissln		4
1 Feurzeug		6

In der Speiß

9 verschidene erdene Degln sambt denen Döckhen		50
1 Schnöllwaag		
1 andere eisene Waag mit 3, 1, ½, ¼, ⅛ Pfundt derlei Gwichtere		40
1 andere deto mit mossingeren Schissln und ½ Pfundt solchen Einsatz		40
8 stainerne Saurprunkrieg		40
10 glöserne Puetellien		20
1 Zögerer		2
1 Schmalzhafen		6
2 Köpfel Schmalz, werden verzöhrt	–	–
2 Hächeln		6
1 Lathern		8
1 Tragrigl		3
2 Schublädln zu Reiß		4
1 plöchenes Dryfüessl		4
1 eisener Dryfueß		12
1 Caffée-Mihl		15
2 solche Pixen		6
2 Fischnözln	–	–
4 Nudlrheinen		8
4 erdene Schneckhenhäusl		4
1 Dämpflkibel		2
1 grosse erdene Pudolli		10
1 plöchene Leinöehlflaschen		10

Im hintern Flözkämmerl

1 guette Spannsaag		30
1 Strähkerbel		3
2 Verschlägl, worinen einiger Stockhkreiden	1	
1 Holzhackhen		12
1 hölzener Sprizkrueg mit einer plöchernen Sprizen		12
2 Ziberl		6
2 Schäffel		4
1 Hennersteigen	–	–
1 Waschprill		2
1 Pachtrögel		20
2 Taigprödl		4
1 sauberes Spinradl		40
1 altes deto		6
2 Centen Grundt- oder Stockhkreiden ufm Pändln heraussen	3	
2 Fliegengäder		4

Im Keller

1 Sedlwannen		24
2 Sedlzieberl		16
3 Wasserziberl		12
1 clain aichenes Krauttvässl		15
1 Piervässl		5
1 Gölten		1
1 Kindtswändl		4

Ausser dem Hauß

1 Clafter pirckhene Scheider	1	30
1 Clafter feichtene deto	1	15
½ Schilling Wüdt	–	–
1 feichtener Mahltisch		8
1 Spielschäffel		2
2 erdene Degln		2
1 Holzschragen		2
1 lehrer Többich		10

Im Garten

6 Gartenscherben mit Nägln		24
2 grienne Gartentricheln		8

In der obern Stuben

1 Jesukindl in einen Käpsl	–	–
1 feichtener Tisch mit einen Depich	1	20
1 grienes Winckhlkästl, worinen	1	
3 Piecher in Quart, so schon alt		30
9 andere klaine Piechln und ainige Glösln	–	–
2 erdene Maykriegl		4
2 zünene Wandtleichterl		8
1 guett ausgemahlner Kreuzweeg mit 14 Stationen in originali	35	
1 Sciza Maria Himmelfahrt	1	30
1 deto Maria Heimbsuechung		30
1 deto Heylige Geistsendtung	1	30
1 deto Fueswaschung	1	30
1 Abentmahl und 1 Urlaub	2	
1 Schmerzhafte Muetterpildtnuß und 1 Spiegltäferl		30
2 Landtschäftln		18
2 Ursulinerpiltln		30
2 Piltl von Klosterfrauer Arbeith	–	–
2 andere lasierte Täfeln		30
2 Spiegltäferl		4
1 Spiegl mit einer guett vergolten Ramb von Bilthauerarbeith	2	30
4 ungefasste Sesslgestöhl	2	
1 grien lagierter Comottkasten mit 3 Schubladen ohne Gespöhr	3	
1 plaulechtes Klaidt von feinen Tuech, worbei die Westi mit Goltscharniern portiert 1 schwarz plurschene Hosen 1 Paar seidene weisse Strimpf 1 Paar schwarzseidene deto	48	

1 plauweis melierter tiechener Rockh mit Goltpaleten und derlei Knöpfen	6	
1 praun altseidene Westi		
1 plau sommerzeigener Rockh mit	3	
1 leederfarben Kamisohl		
1 schwarz- und 1 gelbliderne Hosen	3	
1 ybertragner Schliesser von Fuxpalckh	1	
1 pollnische Wünterpolzhauben		
2 glatte Hieth		40
1 weisstiechener Fliglmantl	2	30
1 anderer grien lagierter Comotkasten mit 3 Schubladten ohne Gspöhr, in welchem	3	
12 Däzl Hemmeter à 40 kr., thuen	8	
3 Unterhemeter	1	
13 Paar allerlei ybertragne Strimpf	3	
20 weisse Halspintl	1	20
5 weisse Schlafhauben		50
6 parchete Leibstickhl	3	
2 daffete Harpeitl		16
4 Paar Stuzierbel		40
1 Seithengewöhr mit einen Grif von Ebenholz, mit Silber beschlagen, nebst der Kuppel, per	18	
1 Sackhuhr mit einen silbernen Köttl	32	
1 Gärnetur silberne Schuech- und Hosenschnällel	5	
1 silberne Halspintlschnallen		45
1 goldenes Raiffel	3	
2 Paar silberne Hemmetknöpfel		20
12 verschidne Schnopftiechel	1	36
1 Landtrosenkränzl mit einen silbernen Ablaßpfening		30
1 Paar Schuech und 1 Paar Pandoffel		40
12 grosse guette Kupfer		
170 Stuckh allerhand Kupfer	4	
8 deto allerlei gezaichnete Figurn		
30 grädlische Tischsalvetera à 8 kr., thuen	4	
24 Handttiecher à 8 kr., thuen	3	12
4 Paar schöne Leylacher mit Spüz	4	
4 Paar ordinäre Leylacher	1	30
4 Paar Küsserziechen	1	8
4 Polsterziechel		34
5 Küsserziechel vor die Ehehalten		30
3 Polsterziechel		18
12 grädlische Tischtiecher	3	
4 Elln grien und 2 Elln gelbes Tuech zu 6 Sessln zu überziechen	5	
2 ℔ Zwiern und Garn	1	
2 Paar Messer und Gabeln mit schwarzpainenen Höftern		20
2 silberne Löffeln	4	30
3 zinene deto		15
1 puxpäumbener Löffel mit Silber beschlagen und		45
2 solche silberne Handthöben		
Auf denen 2 Comottkästen befünden sich		
2 Salzburger Kindl mit vergolten Käpslen	1	

2 Stuzenglöser und 14 Stuckh allerlei Glöser		48
6 Paar porculanene Théeschällel	1	12
6 Löfferl darzue		12
1 Zuckherpixen		6
1 weiß erdene Pudollien		6
1 zünenes Caffée-Gschier	1	
1 alt hölzen klaines Trichel		10
1 griene Schisslramb		15
6 zünene Schissln	4	
12 derlei Dääller	4	
4 mössingere Leichter nebst denen Puzscheren	2	
4 beschlagne halbe Masskriegl		40
1 stainenen grossen Krueg		15
1 klaines Kriegl		4
6 beschlagne Pierglöser	1	
1 zünnenes Thée-Gschierl		30
1 erdenes Milchgschierl		6
4 Paar weisse Fensterfürhäng à 30 kr.	2	
1 zünenes Weichprunkösterl		24
44 Näglstöckhscherben ausser denen Fernstern und ufm Gang sambt denen Nägerln per	2	
1 plöchene Latern zum Nachtliecht		30
1 grienes Kerbel		4

In dem Neben-Stibel oder Alkofen

2 klaine Krucifix	–	–
1 Unbefleckhte Maria Empfengnus-Tafel		40
1 Muetter S. Anna-Taffel		20
1 klaines Tischl, worauf		20
1 zünenes Lavor und ain Giesvaas	1	20
3 andere gemahlne Taffeln		45
7 clainere schlechtere Täferl		14
1 claines Käpsl mit Saullen		6
1 klaines Kindernähtriechel	–	–
1 Comottkästl mit 3 Schubladen ohne Gspöhr, worinen die Wittib ihr Gwandt	1	20
1 Glöckhl		18
1 silberfarbe Spanpöttstatt, worin der beeden Heldtischen Eheleuten Pött, mit 3 Ziechen, 1 Sommerdeckhen und 2 gelben Fürhängen	24	
1 alter Schlafrockh		20
2 weisse Fensterfürhängl		12
1 zünenes Nachtgschier		30

Im obern Flöz

4 alte Portrait à 15 kr., thuen	1	
2 grosse Salzburger Callender		20
2 Theses		12
1 angestrichnes Trichel, worinen das Dienstmensch ihr Gwandt		15

Im obern Seithen-Stibel

5 Theses à 5 kr., thuen		25
1 weisses Spanpöttstädl, worin 1 Pött uf 1 Persohn mit aller Zuegehör per	10	
1 klaines Kinderpöttstädl mit einen derlei Pöttl	3	
1 Wiegen sambt dem Pöttl	1	30
1 gegwölte Raistruchen	1	
4 ℔ schönnen Flax à 20 ß	2	20
1 Pettschämmerl		2
1 Pöttl ufm Poden, so in die untere Wohnstuben gehörig, vor das Dienstmensch	7	
1 langes Verschlägl mit gegrinter Mahlerleinwath	6	
2 grosse erdene Höfen		8
2 Handtkerbel		10
2 Wöschkerb		12
3 ℔ Leinwerch		18
1 plöchenes Weichprunkösterl		2

In der Gsöhlen-Kammer

1 Spanpöttstädl sambt dem Pöttl vor dem Gsöhlen	7	

Aufn Gang

1 salva venia Nachtstuell		10

Aufm Poden

2 Krautvässl		16
1 lehres Vässl		8
6 Winterfenster in die untere Stuben	2	
1 ungefasstes hölzernes altes Muettergottesbildt	–	–
2 Traidtsäckh		20
8 Plindtrammen	–	–
1 Wiegenpänckhl		6
1 Getraidttruchen		24
Härne Strich zum Wöschaufhenkhen	–	–
1 alte nit ins Haus gehörige Truchen	–	–
so anders weniges Krimpelwerch	–	–
Summa diser vorstehent geschäzten Hausvahrnuß und Mobilien	500	

An Stückhern

Die verhandene 1767 erkhauft ganz gemauerte zwaygädige aigenthombliche Behausung in der Graßgassen, nebst der zu gaudieren habenten Maallers Gerechtigkeit, dan darzue gehörigen Obstgärtl und 2 Thaill Wiesfleckhln im untern Gaisgrieß, wurden durch eingangs bemelte 2 Schäzmänner aestimiert per per se	800

Paar Gelt

Ist verhanden gewesen	Nihil

Schulden herein

Vor den unter der Arbeith habenten Kreüzweeg nacher Ädlkhofen kann yber das schon Eingenommene und weillen erst noch das Golt hierzue beygeschafft, dan die Wittib und Kinder nebst dem Gsöhlen bis weitters davon leben und sich verpflegen miessen, alda unter daß Vermögen gebracht werden	–	–
Summa der Schulden herein	–	–
Summarum dess völligen Vermögens	1300	

Schulden hinauß

Herrn Pfarrer zu Loiching Begröbnuß-Unkösten von Erblasser, massen all ybrige Posten schon zahlt, per	8	
Tituliert Herrn Exposito Ammer zu Teyspach an vorgelichnen Capital	120	
Interesse ab 1 Jahr bis 18. April anno 1772	6	
Der Frau Verwalterin zu Tunzenberg yber guettgemachte 8 fl. 30 kr. vor ein Todtenkreuz noch	121	30
Herrn Gerichtschreiber Hillburger alhier Anticipationsgelter	28	30
Herrn Steiner, Schuellhalter derohrten, yber bezahltes, noch restierenten Capital	35	
2-jähriges Interesse per	4	
Herrn Cooperator zu Berg Gerichts Kling Johan Paul Herzog ohne vorgeblich pactiertes Interesse	100	
Denen Gerichtsprocurator Schönnischen Erben zu Kling an Capital eben	100	
Interesse Ausstandt	–	–
Herrn Pfarrer zu Berg respective zu dasigen Marianischen Liebsbundts-Versamblung belobten Pfleggerichts Kling ohnverzinsliches Capital ohngefehr	200	
Dem Maaller Heigl zu Dinglfing umb Golt so anders	20	
Herrn Liechtenberger, Appodeckhern zu Dinglfing, umb abgegebne Medicin lauth Conto	5	58
Dem Johann Georgen Spätt, Baader zu Teyspach, auch umb Medicin so anders	6	25
Dem Marckhtschreiber derohrten an vorgelichnem Gelt	8	
Herrn Johann Carl Stüller, Handlsmann in Landtshuet, lauth ausgehendtigten Conto umb allerlei abgebne Mallerei-Sachen, welche ohne Liquidation in hochen Preyß angesezt worden auf	75	12
Vom Antoni Dellmayr in Wasserburg ist ein Conto von dato 6. October 1771 per 14 fl. 25 kr. vorgefunden worden, welche vermög abgelassnen Schreibens noch nit bezahlt, id est	14	25
Die hinterlassene Wittib Maria Anna Heldtin hat vermög Heyrathsbrief dato 21. April anno 1768 deren hereingebrachtes Heyrathguett zu fordern per	200	
Dan zur Widerlag eben 200 fl., welche sye aber nur nuzniesslich zu geniessen, also alda zu entwerfen	–	–
Und die Morgengab der 3te Pfening per	66	40
Summa der Schuldten hinaus	1119	40
Yber Abzug diser verbleibt noch ad massam haereditariam übrig	180	20

Erben

Die Frau Wittib Maria Anna Heldtin, 39 Jahr alt
Kinder
1. Johann Nepomucen 4 } Jahr alt
2. Johan Aloysi 3 }
3. und der Posthumus

Briefliche Urkhundten

1 Khauffbrief per 800 fl. dato 12. Marti 1767 umb die von dem Erblasser Marcusen Heldt erkhaufte Khauffmannische Behausung
1 Quittung per 800 fl. dato den 12. Mai 1767 den bezahlten Khauffschilling betreffent
1 Heyrathsbrief per 200 fl. dato 21. April 1768 zwischen obigen Marcusen Heldt und dessen Ehewürthin Maria Anna

Churfürstlicher Marckht Teyspach

Expens

	fl.	kr.	hl.
nach 200 fl. Vermögensrest, also			
dem Rhat 2 ℔ ₰, thuet	2	17	1
Markhtschreiber	1	8	4
Burgerdiener		34	2
Siglpapier 8 Pögen		16	
Zu . . . . . 16 Plat	1	4	
Schäzleuth verpflichten		42	2
disen Deputat à 30 kr.	1	30	
Pottenlöhn		4	
	7	36	2

Soweit der Wortlaut des Verlassenschafts-Inventars von Johann Markus Held. Im Anschluß daran sei nun auf verschiedene, besonders bemerkenswerte Einzelheiten hingewiesen, ferner eine Gesamtwürdigung nach bestimmten Kriterien unternommen.

Haus und Wohnung

Wenden wir uns zuerst dem Gebäude und seiner inneren Einteilung zu, so ist bereits aus dem früher Besprochenen bekannt, daß es in Teisbach an der damals sogenannten Grasgasse gelegen war, etwa an der Stelle des heutigen Pfarrhauses. Vor den Nachbesitzern *Kaufmann* und Held hatte es der Schwiegervater des ersteren, Maler *Joseph Anton Grainlechner,* 1720/21 neu errichten lassen. Es bestand daher 1772 erst rund 50 Jahre und dürfte sich wohl in gutem Bauzustand befunden haben.

Das Haus erwies sich als ganz gemauert und verfügte über zwei Stockwerke – Erd- und Obergeschoß –; dazu kamen ein Keller und der Dachboden. Zum Anwesen gehörten außerdem ein kleiner Obstgarten hinter dem Haus und zwei Anteile am Wiesengrund vor der Isar, »Unterer Gaisgries« genannt. Diese Liegenschaften, das Haus und das Maler-Gewerberecht wurden von den vereidigten Schätzleuten auf eine Gesamtsumme von 800 Gulden festgelegt.
Die dem Inventar zu entnehmende Einteilung des Wohnhauses und der daraus erschließbare Rauminhalt bestätigen diesen Ansatz und lassen ein durchaus ansehnliches Gebäude erkennen. Die beiden Wohngeschosse gliederten sich in folgende Räumlichkeiten. Zu ebener Erde erschloß ein »Flöz« den Zugang zur »ordentlichen Wohnstube«, d. h. zu dem als Hauptwohn- und Aufenthaltsraum genutzten Zimmer, von dem getrennt ein eigenes »Mahlzimmer« wohl auf der gleichen Seite vorhanden war. Gegenüber dürften die weiterhin genannten Räume, nämlich »Kuchel«, »Speiß« und »hinteres Flözkämmerl« gelegen haben. Vom »Flöz« aus war sicher auch der Abgang zum »Keller« angelegt; ebenso gelangte man von hier in das obere Stockwerk. Es enthielt die »obere Stube«, dazu ein »Neben-Stibel oder Alkofen«, das als Schlafzimmer des Ehepaars benutzt wurde. Über den »oberen Flöz« gelangte man ins »obere Seithen-Stibel« – das Kinderzimmer – und zur »Gsöhlen-Kammer«. Der dort erwähnte »Gang«, vielleicht eine Art kleiner Balkon, führte wahrscheinlich zum sonst nicht genannten Abort.
Die Ausstattung der Räume mit Mobiliar vermittelt auch Kenntnis von den damaligen Bewohnern. Neben den Eltern Held und ihren Kindern – ausgewiesen durch die »Spanpöttstatt« des Ehepaars und »Spanpöttstädl«, »Kinderpöttstädl« mit Wiege – lebten ein Geselle und eine Magd im Haus. Während ersterer sein »Spanpöttstädl« in einer eigenen Kammer stehen hatte, schlief das »Dienstmensch« in einem »Pöttl« auf dem Dachboden; im obern Flöz gab es für seine Kleider ein »angestrichenes Trichel«.

Mobiliar

Da im Inventar die aufgenommenen Gegenstände in der Reihenfolge des Rundganges der Schätzleute und nicht nach Gattungen verzeichnet sind, sei zur besseren Übersicht für jeden Raum herausgestellt, mit welchen Möbeln er eingerichtet war. So standen im Wohnzimmer ein Tisch mit drei älteren und deshalb »ybertragnen« Sesseln, ein »kleines Mahltischl mit einen Fürhengl«, ein weiteres halbrundes Tischchen mit einem Schreibpult darauf, ferner zwei kleine Stühlchen. Hinter einer spanischen Wand befand sich ein »Spanpöttstädl«, dessen Bettzeug damals für die Dienstmagd auf den Boden geschafft worden war. Ein »Schisslramb« vervollständigte diese Ausstattung, die im übrigen fast bei allen ihren Teilen als »silberfarb angestrichen« geschildert wird.

Der Arbeitsraum des Hausherrn, das »Mahlzimmer«, enthielt neben einem »Mahltischl mit einen Schublädl« und einem ledernen Sessel davor ein »Farbkästl« und ein »Wandkästl« mit verschiedenem Malergerät, dazu zwei Staffeleien. Dagegen erwiesen sich Küche und Speis ohne Mobiliar; die dort festzustellenden Haushaltsgegenstände hingen vermutlich frei an den Wänden oder standen offen, eventuell in dann nicht aufgenommenen Stellagen.
Die obere Stube verfügte über einen Tisch aus Fichtenholz mit einem »Depich«, der wohl als Tischdecke anzusehen wäre. Ein grüngestrichenes Eckkästchen, vier ungefaßte Sesselgestelle, zwei grünlackierte Kommodkästen mit je drei Schubläden sowie ein ebenfalls grüner »Schisslramb« bildeten die übrige Einrichtung. Freundlichen Eindruck dürften die genannten vier Paar weißen Fenstervorhänge gemacht haben.
Das elterliche Schlafzimmer im »Alkofen« enthielt ein Tischl mit der Waschgarnitur »zünenes Lavor und Giesvaas«, ein kleines »Kindernähtriechel«, sowie ein Kommodkästl mit drei Schubläden. Dazu kam die »silberfarbe Spanpöttstatt, worin der beeden Heldtischen Eheleuthen Pött«; dieses Himmelbett war mit drei Ziechen, einer Sommerdecke und zwei gelben Vorhängen versehen. Auch dieser Raum hatte zwei weiße »Fensterfürhängl«.
Als Kinderschlafzimmer ist das obere Seitenstübl durch die darin aufgestellten Möbel gekennzeichnet: ein »weißes Spanpöttstädl, worin 1 Pött uf 1 Persohn mit allen Zuegehör«, ein »kleines Kinderpöttstädl mit einem derlei Pöttl« und eine »Wiege sambt dem Pöttl«. Außerdem waren hier untergebracht eine »gegwölte Raistruchen«, ein Betschemel und ein »langes Verschlägl« mit aufbewahrter Malerleinwand.
In der Gesellenkammer existierte offenbar nichts weiter als das erwähnte »Spanpöttstädl sambt dem Pöttl«. Auf dem Gang gab es einen Nachtstuhl.

Geschirr und Haushaltsgerät

Gehen wir bei der Bestimmung des im Haushalt unseres Teisbacher Malers nachgewiesenen Geschirrs wieder in der Reihenfolge der Räumlichkeiten seiner Aufbewahrung vor, so begegnen uns in der unteren Wohnstube in dem dort aufgehängten »Schisslramb« unter anderem 8 zinnene Schüsserl, daneben aber auch Schüsseln, Schalen und Teller aus Majolika (Fayence) sowie mehrere Kaffee- und Teegeschirre aus Kupfer, Zinn und Irdenware. Letztere sonst kaum in den anderen Teisbacher Bürgerhäusern anzutreffenden Gegenstände lassen – wie auch aus den übrigen Gerätschaften zu erschließen – das Held'sche Maleranwesen seinem »Wohnkomfort« nach über das Niveau des Üblichen hinaustreten. Den selben Eindruck vermittelt die starke Differenzierung bei Bestecken, Koch- und Backgerät, wie sie sonst nur bei Inventaren von Wirten und den als Führungsschicht ausgewiesenen Ratsmitgliedern in Erscheinung tritt.

Auch im Obergeschoß des Hauses finden sich bemerkenswerte Gegenstände. Die obere Stube etwa enthält ebenfalls wertvolles Besteck, dann – als große Seltenheit am Ort – 6 Paar Teeschalen aus Porzellan, ferner zinnene Schüsseln und Teller, ein weiteres Kaffeegeschirr aus Zinn und ein solches für Tee. Und wo hätte es anderwärts damals in Teisbach ein Barometer oder auch ein »Nachtgeschier« aus Zinn gegeben? Kein anderer Haushalt verfügte über die unter der Bezeichnung »Näglstöckhscherben« notierten Blumentöpfe für Nelken; es waren davon 44 Stück an den Fenstern vorhanden, alle bepflanzt, und im Garten standen weitere sechs. Hier anzuführen sind auch die 12 Tischtücher, 30 Tischservietten und 24 Handtücher! Gerade an solchen ungewöhnlichen und im Vergleich mit dem Standard der anderen Ortsbewohner überraschenden Dingen ist abzulesen, daß sich die Familie durchaus in ihrem Wohn- und Lebensgefühl von der Umgebung unterschieden hat, was zweifellos seinen Grund in den künstlerischen und damit »außer-ordentlichen«, über die bürgerlich-gewöhnliche Art hinausreichenden Ansprüchen an das Alltagsleben besitzt. Nicht die Zahl und der Umfang des verwendeten Geräts und Geschirrs waren maßgebend, sondern seine Qualität, Form und Vielfältigkeit.

Kleidung

Die gleichen Merkmale sind bei den im Inventar aufgeführten Kleidungsstücken des Erblassers festzustellen. Seine Garderobe war nicht allzu umfänglich, aber gewählt. Sie wurde vornehmlich in den beiden Kommodkästen der oberen Stube aufbewahrt. Hier lagen etwa: ein blaues Tuchkleid samt goldbordierter Weste, eine schwarze Hose, ein blauweiß melierter Rock mit Goldpailletten und ebensolchen Knöpfen, ein blauer Rock aus leichtem Zeug, zwei lederne Hosen, dazu Strümpfe, Halsbinden, Schlafhauben, Hüte, eine polnische Pelzhaube, Hemden, ein Kamisol, ein weißtuchener Flügel- oder Radmantel.
Nicht als eigentliche Schmuckgegenstände, aber als Zeichen der Kleidung einer gehobenen Schicht können folgende Accessoires gelten: eine Sackuhr mit silbernem Kettchen, silberne Schuh- und Hosenschnallen, silberne Halsbindenschnallen, ein goldenes »Raiffel« und silberne Hemdenknöpfe.
Dagegen waren wie anderswo auch im Haushalt Helds diverse Kissen- und Polsterbezüge, Schnupftücher, Leinwand, Flachs, Zwirn und Garn vorhanden.

Kultbilder und Andachtsgerät

Untersuchungen zur religiösen Volkskunde der Barockzeit haben ergeben, daß es sehr lohnend sein kann, Hinterlassenschaftsinventare auch im Hinblick auf

Kultbilder und Andachtsgerät auszuwerten. Das hier behandelte Inventar macht dies besonders deutlich. Einmal wurden derartige Dinge generell wie in anderen Häusern auch benützt, dann finden sich darüberhinaus aufgrund der beruflichen Tätigkeit des Hausherrn als (Kirchen-)Maler zahlreiche Objekte vor.
In der Wohnstube hing selbstverständlich wie überall ein Kruzifix. Zu einem Ensemble geordnet befanden sich in diesem Herrgottswinkel weiterhin eine Holzfigur der Schwarzen Muttergottes von Altötting, zwei größere und zwei kleinere Tafelbilder sowie zwei Maibüsche, worunter aus Holz oder Ton gefertigte Vasen mit künstlichen Blumen zu verstehen sind. Außerdem haben die Verfasser des Inventars eine Reihe von Tafelgemälden religiösen Inhalts verzeichnet, von denen aber nicht gesagt werden kann, ob sie als Andachtsbilder zur Ausstattung des Raumes dienten oder auf Vorrat und als Vorzeigestücke für potentielle Kunden gedacht waren.
Letzteres macht ihre Anhäufung im Malzimmer und in der oberen Stube wahrscheinlich. Dagegen dürften die im Elternschlafzimmer festgestellten Kultbilder – Kruzifixe und Tafelgemälde – wieder der privaten Andacht gewidmet gewesen sein. Hierfür waren auch die in beiden Wohnstuben hängenden Weihwasserkesselchen gedacht. Ebenso können als Gegenstände häuslicher Verehrung die aufgeführten Christkindlfiguren in »Käpsln« gelten.
Was nun die Vielzahl der mit religiösen Themen gestalteten Bilder des Malers Held angeht, so dominieren hier eindeutig die lokal und regional beliebtesten Darstellungen Gottes, Mariens und der Heiligen. Kreuzwegbilder, Szenen aus dem Marienleben, der Bildtyp der Landshuter Muttergottes vom Geneigten Haupt und das Bild des hl. Johannes Nepomuk finden sich am häufigsten. Neben diesem religiösen Genre sind aber auch einige Landschaftsgemälde anzutreffen.

Malerutensilien

Besondere Aufmerksamkeit müssen wir bei unserer Betrachtung des Held'schen Nachlaßinventars schließlich jenen Gerätschaften zuwenden, die der Maler zur Ausübung seiner Kunst benutzt hat. Die Aufzeichnungen lassen uns damit einen sonst nicht zu gewinnenden Blick in die Werkstatt eines niederbayerischen Barockmalers werfen, wie sie allenthalben in den Landstädten und Märkten unserer Heimat ausgesehen haben wird.
Johann Markus Held arbeitete offenbar nicht nur in dem ausdrücklich als Malzimmer bezeichneten Raum, sondern auch in der unteren Wohnstube. Hier gab es jedenfalls ein kleines Maltischl, ein Schreibpult auf einem Tischchen sowie Schreibzeug. Als Vorlagen für Zeichnungen und Gemälde dienten zwei alte »Mallerei-Piechel«, vorzugsweise aber die hier angetroffenen 116 verschiedenen größeren Kupferstiche und 150 kleinere »Kisterl«. 120 allerlei große und kleine Zeichnungen sind ebenfalls genannt. Auch Blattgoldkissen und die Messer für

den Arbeitsgang des Vergoldens wurden in dieser Stube genauso aufbewahrt wie die Leinwand für einen noch anzufertigenden Kreuzweg.
Das Malzimmer selbst zeigte sich dann angefüllt mit fertigen oder in Arbeit befindlichen Bildern und Skizzen. Ein Maltischl mit Sessel und zwei Malstaffeleien standen darin. Ein Farbkästchen enthielt verschiedene Farben und Pinsel, sechs Spachteln und ebensoviele Reparierhaken. In einem weiteren Wandkästchen befanden sich zusätzlich »Maallerei-Sachen« und Gläser. Steine zum Farbenreiben und ein »Maallerreißpuech«, also ein Skizzenbuch, vervollständigten die Ausrüstung. Dazu kamen in der oberen Stube nochmals 12 große »guette« und 170 einfachere Kupferstiche, ferner acht »gezaichnete Figurn«.

Vermögensstand

Wir würden heute die bei Maler Held aufgenommenen Gemälde, Zeichnungen und Stiche sicher recht hoch bewerten. Zu seiner Zeit aber galten sie als Erzeugnisse von Kunst-Handwerkern wie sie überall gang und gäbe waren. Dies schlug sich natürlich in der Einschätzung nieder, welche die Mitglieder der Inventurs-Kommission schriftlich fixiert haben. Und doch waren solche Objekte abgesehen von Haus, Grund und Boden, die einzigen, die bei der Vermögenssumme ins Gewicht fielen und gegebenenfalls auch veräußert werden konnten. Denn von den auf 500 Gulden geschätzten Haushaltsgegenständen und beweglichen Stücken entfallen allein rund 145 Gulden oder nahezu ein Drittel auf diese Dinge.
Der Schätzwert des Hauses mit seinen zugehörigen Grundstücken – Obstgärtchen und Wiesenanteile – in Höhe von 800 Gulden und die 500 Gulden für Mobilien ergaben zusammen, nachdem kein Bargeld vorhanden war, das »völlige Vermögen« von 1300 Gulden. Demgegenüber mußten 1119 Gulden 40 Kreuzer an Schulden errechnet werden. Da etliche Außenstände und der zu erzielende Erlös aus einem noch nicht fertiggemalten Kreuzweg für die Kirche zu ADLKOFEN das nächste Auskommen der Witwe Held, ihrer Kinder und des Gesellen zu bestreiten hatten, verblieb als Erbmasse noch ein Betrag in Höhe von 180 Gulden 20 Kreuzer, nur wenig mehr als die bei einem Verkauf der im Vorrat stehenden Gemälde aufzubringende Summe.
Es zeigt sich demnach klar, daß die Familie allein von der Arbeitskraft ihres Vaters und von den Verkaufserlösen seiner Werke den Lebensunterhalt bestritt. So war es also nur folgerichtig, wenn die hinterlassene Witwe sich alsbald nach einem neuen Mann und Ernährer umsah, den sie dann auch in *Franz Joseph Stelzer* aus Deggendorf fand und noch im gleichen Jahr 1772 ehelichte. Die Tradition der Teisbacher Werkstatt konnte ohne nennenswerte Unterbrechung weitergeführt werden.

Das Inventar Joseph Anton Grainlechners 1742

Wir wollen die Betrachtung von Hausfahrnis, Mobiliar und Gerät aus dem Besitz des Teisbacher Malers Johann Markus Held nicht abschließen, ohne sie noch in Vergleich zu einem anderen Maler-Inventar zu stellen. Es ist als besonderer »Glücksfall« anzusehen, daß sich von einem seiner Vorgänger ebenso ein derartiges Verzeichnis erhalten hat. Wir sind deswegen im Stand, rückblickend ein und dasselbe Haus zu verschiedenen Zeiten zu betreten und seine Ausstattung mit beweglichen Gegenständen des alltäglichen Lebens wie solchen berufsspezifischen Charakters zu untersuchen. Innerhalb der Inventur-Bücher des Marktes Teisbach verfügen wir nämlich auch über die Beschreibung des Nachlasses von *Joseph Anton Grainlechner* aus dem Jahr 1742, dem Schwiegervater *Ignaz Kaufmanns,* der den Vorgängerbau 1719 gekauft, das Haus 1720/21 neu errichtet und bis zu seinem Tod Mitte 1742 bewohnt hatte. Von Kaufmann war es dann – wie berichtet – 1767 an Held gekommen. Hier der Wortlaut der Aufzeichnung.

Jnventarium,
so yber weyland deß ehrnvest und weisen Herrn Joseph Antoni Grainlechners, gewesten Amts-Cammerers und Mallers alhier zu Teyspach, seelig hinderlassenes Vermögen durch die burgerliche Marckhts Obrigkeit alda in Beysein der hierzue genommenen unpartheylichen Schäzmänern als Paulusen Gehewolf, Sattlern, und Vrban Reithofer, Pierpreuen, beeden Burgern derohrten, auf Angebung des Rhatdieners ordentlich inventiert und beschriben worden, den 6. August 1742.

Erstlichen an Vahrnuß
In der herundern Wohnstuben

1 Crucifix
1 Unser lieben Frauen Bildt von Altenöetting
1 biernbaumener Tisch sambt den Schubladen darin
1 härbenes Tischtuech
6 Esslöffeln
1 Gwandtcasten, darinen der Wittib Halsgwandt
1 anderes Cästl, darin alte Maller-Kupfer
1 Spiegel mit einer vergolten Ramb
1 alte hilzerne Uhr
1 kupfernes Weichprunköstel
4 alt liderne Sessel
1 alts Tischl
1 Schüsselramb, daran
20 erdene Schissln
1 kupferner Nudlköstl
3 eisene Leichter sambt dennen Puzscharen
2 zünene Kandln
3 Trünckhkrieg sambt dennen zünenen Luckhen
1 eysene Gluetpfan
1 kupferner Höllhaffen
14 gmalne Tafln mit underschidlen Gmahlen
1 Maller-Staffeley
2 Pollitten
3 Duzet Pembsln

In der Flöz-Cammer

1 hilzenes Crucifix
1 Tisch
1 Sponpottstatt sambt ainen gerichten Gsöllnpött
1 alter Lainsessl
1 Clvicodium
2 Farbstain sambt
2 Laufer

In der Kuchel

9 grosse und claine Pfannen, so Kupfer, Mossing und von Eysen seint
2 kupferne Mell- und Salz-Kibln
2 kupferne Nudlnpockhln
1 eiserner Rost
1 Tryfues
1 Feurhundt
3 plöcherne Faimblöfln
6 hilzene Kochlöfln
12 hilzene Thäller
1 Essigvässl
2 Leichter
12 erdene Hafen
6 erdene Degln
1 Ribeysen
1 Melltrucher, darinen
3 Mezen Mehl
8 erdene Höfen
6 glössene Pudelln
4 Sauprunflaschen
1 Brodtramb

In der obern Wohnstuben

2 Tisch
12 underschildliche gemahlne Tafeln mit underschidlichen Gmähln
5 Melonica-Schalln
1 Altärl
1 Gwandtcasten, darinen
6 Manns Hemather
6 Halstiecher
6 Tischtiecher
12 Handtiecher
6 Parr Leylacher
12 Tischsalvet
6 Parr gross und claine Polsterziechen
2 blautiechene Sessl
1 alt spänische Wandt

In der Stuben-Cammer

1 Himmelpettstatt, darin ein gerichts Bett
1 Spanbettstatt, darin ein gerichtes Bett
4 gmahlne Taflen
1 hilzerner Lainstuehl

1 Gwandtcasten, darin
1 griener Mannsrockh
1 derley Camisol
1 grauer Rockh
2 liderne Mannshosen
1 schwarz teichener Mandl

Im Flöz-Stiblel

1 Henckhtischl
1 Sponbettstatt, darin
1 ganz gerichtes Bett
1 erdenes Vesperbildt
2 zünene Cammergschier
2 ℔ Federn

In der Flöz-Cammer

1 Sponbettstatt, darin
½ Bettl
2 ℔ gebuzte Wohl
6 zünerne Schissln
6 derley Thäller
6 Krieg mit zünenen Luckhen
2 kupferne Seicher
1 kupfernes Pöckh
1 kupfernes Pfändl

Aufn Poden

1 Pachtrockh sambt den Schragen
4 Spinrädln
1 Garnfassl

Im undern Flöz

1 kupferner Sedlköstl
1 Waschwann
4 Ziber
2 Wasseremmer
4 gemahlne Tafeln

In Keller

2 Kraudböttinger

In Schaafstahl

4 Muetterschaaf

In Hof

3 Clafter Holz
1 Holzsaag
2 Hackhen

Summa der Hausvahrnus	168 fl.
Paar Geldt. Ist von der Wittib angezaigt worden	nihil

Schulden herein

Herr Pfleggerichtschreiber zu Eggenfelden Gmainer ist zur Erbschaft schuldig 300 fl., welche aber beim hochloblichen Hofrath in München strittig gemacht worden, sohin indessen auszusezen khombt

An verhandtnen Grundstückhern

Die verhandtne ganz gemauerte zweygädige Behausung, so aigenthomblich, ist geschäzt worden per 700 fl.

2 Thailn Wisfleckheln, so ¼ Tagwerckh halten, aestimiert worden –

Summarum des völigen Vermögens	868 fl.

Schulden hinaus

Dem Closter Nidernviebach an aufgerichten Capital	300 fl.
Dem Filial-Gottshaus Nideraybach aufgerichtes Capital	50 fl.
Zum Filial-Gottshaus Loitterstorf	50 fl.
Summa der Schulden hinaus	400 fl.
Verbleibt noch zur Erbschaft oder Verthaillung ybrig	468 fl.

Briefliche Urkhunden

1 pergamentener Khauffbrief dato 26. Februar 1712 umb die aigenthombliche Behausung und Gärtl in der Grasgassen entlegen lauttent

1 anderer Khauffbrief dato 19. July anno 1719 umb die vorbesagt aigenthombliche Behausung und Gärtl in der Grasgassen entlegen lauttent

1 Quittung dato 19. Juli 1719 umb den für obige Behausung bezallten Kaufschilling ad 15 fl. und 2 Thaller Leykhauff lauttent

Negste Erben

Die nachgeblibene Frau Wittib Maria Josepha

Künder

1. Franz Xaverius Grainlächner, dermahlen in Studiis, 20 Jahr alt
2. Anna Elisabetha, 18 Jahr alt
3. Maria Anna Margaretha, 15 Jahr alt

Expens

Dem Rhatt Deputat, alß von hundert 1 ℔ dl, thuet	5 fl. 8 kr. 4 hl.	
Dem Marckhtschreiber die Helfte	2 fl. 34 kr. 2 hl.	
Inventur einzutragen Tax ab 4½ Blat	18 kr.	
Schäzleut zu verpflichten	46 kr. 2 hl.	
Burgerdiener	1 fl. 17 kr. 1 hl.	
Marckhtschreiberey Teyspach	10 fl. 4 kr. 2 hl.	zalt

Ein Vergleich mit der Hinterlassenschaft des Nachfahren im Besitz von Haus und Werkstatt, Johann Markus Held, erbringt für das Eigentum *Joseph Anton Grainlechners* ein paar bemerkenswerte Unterschiede. Bei der Hauseinteilung vermissen wir im Erdgeschoß das »Mahlzimmer«, wie es im Inventar Helds genannt wurde. Es war wohl erst zu *Ignaz Kaufmanns* Zeiten, möglicherweise aber durch Held selber von der großen Wohnstube durch eine Wand abgetrennt worden. Auch die »Speiß« findet sich 1742 noch nicht eigens ausgewiesen und war damals offenbar noch ein Teil des als Küche genutzten Raumes. Das Obergeschoß verfügte bei Grainlechner über drei (Schlaf-)Räume, bei welchen die »Stuben-Cammer« noch nicht durch den 1772 erwähnten »Alkofen« in zwei Bereiche unterteilt war. Im Hof gab es laut Verzeichnis von 1742 einen Schafstall mit vier Muttertieren.
Was den Umfang des in vorgenannten Räumen festgestellten Mobiliars betrifft, so kann er nur als wesentlich bescheidener als dreißig Jahren später angesprochen werden. Dasselbe Urteil ist in Bezug auf die Wohnungseinrichtung mit Geschirr und Gerät zu fällen. Obwohl – wie am Ende der Zusammenstellung zu ersehen – aus dem Erbe des Verstorbenen durchaus noch eine nicht unbeträchtliche Vermögenssumme verblieb, die Familie folglich nicht so ungünstig situiert war wie jene Helds, lebte man damals sehr bescheiden, äußerst einfach und ohne den geringsten Aufwand. Holz, Ton, Eisen, Messing, Kupfer waren die Materialien für Geschirr. Zinngegenstände sind selten; keine Rede ist noch von Porzellan, von welchem wir verschiedene Stücke im Haushalt Helds gefunden haben.
Kaum anders äußert sich der Befund bei Kleidung und sonstiger Garderobe; Wäsche und Accessoires bleiben so gut wie unerwähnt. Während aber Unterkleidung, wenn auch bescheidener Art, zweifelsfrei vorhanden gewesen sein muß und nur keinen bei der Inventur des Aufzeichnens für wert erachteten finanziellen Niederschlag fand, kennzeichnet doch das überhaupt Notierte den Erblasser auch hinsichtlich seines äußeren Erscheinungsbildes als unauffällig und einfach. Und doch war *Joseph Anton Grainlechner* jahrelang im Inneren Rat gesessen und sogar Amtskammerer, d. h. Bürgermeister gewesen. Er hatte also Positionen eingenommen, die ihn als Angehörigen der Führungsschicht seines Wirkungsortes ausweisen. Eine Analyse dieser offensichtlichen Diskrepanzen kann deshalb nur in folgende zwei Richtungen führen. Einmal rechnete der Markt Teisbach keineswegs zu den wichtigsten Orten innerhalb des alten Niederbayern, war doch seine Wirtschaftskraft infolge der unmittelbaren Nachbarschaft zur Stadt Dingolfing grundsätzlich an einer größeren Entfaltung behindert. Zum andern muß ganz einfach die durch überzahlreiche Archivzeugnisse immer wieder und allerorts reichlichst belegbare Tatsache hervorgehoben werden, daß nämlich das Leben der mittelschichtigen Handwerks- und Ackerbürger unserer Städte und Märkte des flachen Landes zur Barockzeit in keiner Weise von Luxusgütern und/oder raffinierten, prächtigen, aufwendigen, künstlerisch-ästhetisch anspruchs- oder wertvollen Dingen erfüllt gewesen ist.
Einzig als besonders beachtenswert erscheint im Nachlaß des Malers *Joseph*

Anton Grainlechner die Existenz eines »Clvicodium«, womit die Schätzleute offenbar ein Clavicord, demnach ein Vorläuferinstrument unseres Klaviers bezeichnen wollten. Ein vergleichbares »Möbel« bestand weder damals noch zu Zeiten Johann Markus Helds in einem andern der Teisbacher Häuser. Die Erinnerung an das musikalische Innenleben des hiesigen Maler-Anwesens kann noch heute von der Emblematik der Gedenktafel für *Ignaz Kaufmann* und seine Frau *Anna Elisabeth,* geb. *Grainlechner,* an der Landshuter Jodoks-Kirche abgelesen werden.
Auch die zur beruflichen Arbeit des Erblassers *Joseph Anton Grainlechner* notwendigen Malerutensilien sind im Vergleich zu denen seines Nachfolgers Held verhältnismäßig wenig und geringwertig. Als Vorlagen dienende Kupferstiche sind zwar genannt, vermögen aber wie die vorhandenen Gemälde und sonstigen Bilder keineswegs die bei Held verzeichnete Fülle zu erreichen.
Dreißig Jahre später stellt sich uns der Maler Johann Markus Held in einem wesentlich anderen, differenzierter gestalteten Ambiente dar. Er besitzt nicht nur zahlreiche Gegenstände des täglichen Bedarfs, sondern auch vielerlei über reine Nützlichkeit hinausreichende Dinge. Mobiliar, Kleidung und Gerätschaften zeigen seinen erhöhten Lebensstandard. Der Vergleich beider Inventare hat uns also die Möglichkeit geschaffen, nicht bloß einen Überblick zu einem ganz bestimmten Zeitpunkt zu erlangen, sondern sogar eine Art historischen Längsschnitt zu legen. Die Entwicklung von »Wohnkultur« in einem niederbayerischen Bürgerhaus des 18. Jahrhunderts war dabei ebenso Gegenstand der Betrachtung wie die in vorliegendem Buch besonders interessierende Thematik um Lebens- und Arbeitswelt eines einheimischen Malers während der Barockzeit.

Quellen und Schrifttum

Stadtarchiv Dingolfing: Marktarchiv Teisbach, Inventurbuch III (1773–1790), fol. 259–273', Inventurbuch I (1717–1743), fol. 236'–240'.

Fritz Markmiller: Irdenware in Teisbacher Haushalten des 18. Jahrhunderts, in: Der Storchenturm 10, Dingolfing 1975, Heft 20, S. 61–72.

Riß zu einem Hinterglasbild »Gegeißelter Heiland« aus Raimundsreut, 2. Hälfte 18. Jahrhundert (Privatbesitz)

Volksbarocke Hinterglasmalerei im Bayerischen Wald

Von Raimund Schuster

Barock und Rokoko hatten nur langsam und zögernd in das Gebiet des Bayerischen Waldes gefunden. Seine Abgeschiedenheit, die Armut seiner Bevölkerung, die Wirren des Österreichischen Erbfolgekrieges und seine Folgen wirkten sich hemmend aus.

Wenn diese Stilepochen schließlich auch in der Kunst der Waldlandschaft ihre Merkmale hinterließen, so waren es vor allem die Donauklöster Metten und Niederaltaich, die weite Gebiete des Bayerischen Waldes seelsorgerisch betreuten, aber auch die Bischofssitze Regensburg und Passau, welche die künstlerische Entwicklung in ihren Gebieten beeinflußt haben.

Schließlich darf es aber auch als das Verdienst ländlicher Handwerker, vor allem der Maler angesehen werden, die in ihren Wanderjahren mit der zeitgenössischen Kunst in Berührung gekommen waren, oder aber auch solcher, die aus anderen Teilen Niederbayerns in den Wald übersiedelten und ihr Wissen um die zeitgenössische Kunst mitbrachten und weiter vermittelt haben.

Bei aller Bescheidenheit in seiner Kunstaussage im allgemeinen kommt jedoch dem Wald in der volksbarocken Hinterglasmalerei eine Bedeutung zu, die weit über die engeren Grenzen auszustrahlen vermochte, die ihm aber auch keine andere Landschaft streitig machen konnte. Dafür hatte der Wald alle Voraussetzungen zu bieten. Da war zunächst das vielfältige Angebot an Glas aus den vielen Hütten, der vertraute Umgang damit und seinen Veredelungstechniken, wie Schliff und Malerei. Da gab es die ländlichen Maler, die in dieser Glashüttenlandschaft tätig waren und die nun begannen, das Glas als Malgrundlage zu benützen. Angetan von der Leuchtkraft solcher Hinterglasbilder kam es bald zu reger Nachfrage, so daß sich viele Maler veranlaßt sahen, sich fast ausschließlich der Hinterglasmalerei zuzuwenden. Die Motive entnahmen sie meist der sakralen Kunst in Form von Andachtsbildern, Votivbildern und Kreuzwegtafeln.

So hat in verhältnismäßig wenigen Jahren die Volksfrömmigkeit im Wald gerade im Hinterglasbild ihren stärksten Ausdruck gefunden.

Begünstigt wurde diese Entwicklung weiter durch das Aufblühen des Wallfahrtswesens. Mit ihm erlangte auch NEUKIRCHEN B. HL. BLUT bald eine neue, große Bedeutung. Durch sein Gnadenbild, das nach Herkunft und Legende die Länder Bayern und Böhmen verbindet, und durch die Lage des Ortes, hart an der Grenze, kamen Wallfahrerströme aus beiden Ländern hier zusammen. Wie berühmt und besucht diese Wallfahrt einst war, geht aus der Beschreibung des dreihundertjährigen Wallfahrtsjubiläums hervor, das vom 10. bis zum 17. September 1752 mit großer Feierlichkeit begangen wurde. »... Während der Oktav zählte man über siebzigtausend Kommunikanten, ohne die anderen Wallfahrer, welche die Andacht schon zuhause verrichtet oder schon am Vorabend ihre Marianische Liebespflicht im voraus abgestattet haben. [. . .] Der Andrang der Wallfahrer war ein derartig großer, daß alle Häuser und Scheunen, alle Straßen und Gassen nicht mehr ausreichten und die beiden Kirchen nachts während der ganzen Oktav offen bleiben mußten, damit das Volk nicht unter freiem Himmel sein Lager aufzuschlagen genötigt war. Es ist aber nicht unerwähnt zu lassen, daß die würdigen Gotteshäuser keineswegs in Schlafhäuser verwandelt wurden, sondern man zählte bald so viele Lichter darinnen als Sterne am Firmament. Wechselweise und ununterbrochen erschallten Marianische Ehrengesänge, so daß man in Zweifeln hätte geraten können, ob die Gnadenmutter zu Tag oder Nacht mehr geehrt wurde . . .«

Ein weiteres Moment kam hinzu: Die rasche Verbreitung des Kreuzweges, besonders in Mitteleuropa. So ist aus den Büchern der Bayerischen Franziskanerprovinz ersichtlich, daß in der ersten Hälfte des achtzehnten Jahrhunderts die Patres in Bayern, Österreich und in der Schweiz weit über 1000 Kreuzwege einweihen konnten.

Im Wald vollzog sich auch diese Entwicklung im wesentlichen langsamer und später. Hier begann erst nach Beendigung des Österreichischen Erbfolgekrieges der Neu- oder Wiederaufbau von Kirchen und Kapellen und Hand in Hand damit die Errichtung von Kreuzwegen, von denen ein ansehnlicher Teil »hinter Glas« gemalt worden ist. Davon stammt wiederum der Großteil aus dem Raum Neukirchen b. Hl. Blut.

Im Gegensatz dazu weist das Hinterglasbild aus Raimundsreut im östlichen Bayerischen Wald zur gleichen Zeit nur wenige volksbarocke Elemente auf. Ja, es stellt in seiner strengen, volkskünstlerischen Eigenart geradezu den Gegenpol zur volksbarocken Hinterglasmalerei aus dem Neukirchener Raum dar.

Die Malerfamilie Schlegl in Neukirchen

Es ist leicht erklärlich, daß eine so bedeutende und gut besuchte Wallfahrt wie Neukirchen mit ihrem Bedarf an Wallfahrtsandenken und Votivbildern immer wieder Maler anzog. So können wir seit dem 17. Jahrhundert laufend Maler nachweisen und aus alten Kirchenrechnungen und Protokollen Näheres über ihre Tätigkeit erfahren.

Hier ist zunächst die Malerfamilie *Schlegl* zu nennen, deren Vorfahren aus dem Vilstal stammen. In einer Marktkammerrechnung der Stadt Eggenfelden von 1649 wird ein *Heinrich Schlegl,* »gewester Maler zu Velden« genannt. Das Bürgeraufnahmeprotokoll erwähnt Heinrich Schlegl ebenfalls. Man spricht darin vom »fürgewiesenen Abschied« von Velden, d. h. Schlegl war dort Bürger, hat um seine Entlassung aus der Veldener Bürgerschaft gebeten und darüber das gebräuchliche Attest erhalten. Das Verhörsprotokoll des Eggenfeldener Stadtarchivs von 1649 nennt Heinrich Schlegl ebenfalls »gewesten Bürger und Maler zu

Velden«, nach vorgewiesenem Abschied von dort. Als Bürgen »um die gewohnlichen 32 fl. auf drei Jahre« stellte er beide Marktsprokuratoren, den Hans Silbernagl und den Bartholome Zetl. Diese Bürgschaft sollte die Mitbewohner des Orts gegenüber Schulden eines Neubürgers absichern, falls dieser »vor der Zeit« wieder von Eggenfelden wegziehen sollte.

Der Sohn Heinrich Schlegls, *Erasmus,* erscheint im Verhörsprotokoll der Stadt Eggenfelden von 1657. Es heißt dort: »Erasmusen Schlegl, Maller, Heinrichen Schlegls, Bürgers und Mallers allhie zu Eggenfelden eheleiblicher Sohn, hat man auf sein gehorsames Anhalten und weiln er sich bereuts verheurath, auch daß er seinen Geburtsbrief zwischen hin und negst Weihnachten einlifern will, mit gedachtem seinem Vadtern und Geörgen Sauttnern, Kupferschmid, Porgschaft geleist, zu einem Bürger aufgenommen, warfür mueß bezahlen 7 fl.«

Anton Schlegl, Sohn des Erasmus Schlegl, finden wir 1694 als Maler in Neukirchen b. Hl. Blut. Er wurde im gleichen Jahr, als »filius legitimus des Erasmus Schlegl, civis et pictoris in Eggenfelden«, getraut mit *N. Englridter.* Im Jahr 1695 war ihm der Sohn Johann Anton, 1696 der Sohn Johann Wolfgang, 1698 der Sohn Johann Laurentius und 1700 der Sohn Franz geboren worden.

Nach dem Tod seiner Ehefrau heiratete Anton Schlegl am 13. Oktober 1706 die Schneiderstochter *Maria Vogel* aus Lam. Dieser Ehe entstammten die Kinder Anna Rosina, Josef Anton und Anna Maria. Anton Schlegl ist am 6. März 1733 in Neukirchen verstorben.

Aus Briefprotokollen in Neukirchen aus den Jahren 1752 und 1745 geht hervor, daß ein Sohn Anton Schlegls sich damals als Malergeselle in Paris befand; Maria Schleglin wird »verwittibte Malerin« genannt.

Es konnte bisher nicht festgestellt werden, ob weitere Nachkommen Anton Schlegls sich als Maler betätigt und die Werkstatt ihres Vaters weitergeführt haben. Hinterglasbilder aus der Werkstatt Schlegl ließen sich bisher auch noch nicht nachweisen. Doch geht aus Verlassenschaftsinventaren einwandfrei hervor, daß bereits 1740 sich solche in häuslichem Besitz befanden.

Weitere Neukirchener Maler zur Zeit Schlegls

Im 17. Jahrhundert ist hier der Maler *Franziskus Blaimb* nachgewiesen. Er verstarb am 11. Juni 1690 in Neukirchen. Im Jahr 1709 ist ein Maler *Balthasar Leo* ansässig. Ferner war der aus Zwiesel stammende *Ignaz Wagner* mehrere Jahrzehnte in Neukirchen als Maler tätig. Er heiratete 1739 in Neukirchen und verstarb 1777 im Alter von 66 Jahren. Er scheint schon in der Werkstatt Schlegls gearbeitet zu haben. Aus erhaltenen Kirchenrechnungen geht hervor, daß er auch noch mit *Johann Georg Wittmann* gemeinsam als Maler gearbeitet hat. So kann man annehmen, daß er auch »hinter Glas« gemalt hat, nur konnte man ihm bisher Hinterglasbilder nicht mit Sicherheit zuordnen.

Die Malerfamilie Wittmann in Neukirchen

Zu den großen, volksbarocken Hinterglasmalern gehören zweifellos die Maler der Familie *Wittmann* und hier besonders die der ersten und zweiten Generation mit *Johann Georg* und *Josef Mathias Wittmann.*

Die Familie stammt aus Bodenmais, wo der gleichnamige Vater *Johann Georgs* im ersten Viertel des 18. Jahrhunderts an der Bodenmaiser Glashütte tätig war. Hier ist er zunächst »famulus vitriarius«, dann »Bleigißer an der Hüttn« und schließlich »vitriarius«. In Bodenmais wurde am 27. Mai 1715 der Sohn Johann Georg, der spätere große Hinterglasmaler geboren, 1717 die Tochter Maria Anna, 1719 der Sohn Josef, 1719 die Tochter Maria und 1723 die Tochter Ursula. Später finden wir die Familie in Lohberg. Johann Georg Wittmann war hier als Spiegelmacher an der Lohberger Hütte tätig.

Wo der junge Johann Georg seine Malerausbildung erhalten hat, ist noch nicht mit Sicherheit nachzuweisen. Es kommen hier nicht nur die Neukirchener Maler in Betracht. Johann Georg hätte auch in Lam die Möglichkeit gehabt, das Malerhandwerk zu erlernen. Hier war etwa seit 1724 ein Tiroler Maler namens *Josef Stadlwieser* ansässig. Im Jahr 1724 heiratete dieser die Bauernstochter *Katharina Obermayer* von der Scheiben und verstarb 1740 in Lam. Aus Kirchenrechnungen geht hervor, daß er im Bereich der Pfarrei Viechtach umfangreiche Restaurierungsarbeiten durchgeführt hat. Ob er schon »hinter Glas« malte, ist nicht bekannt.

Johann Georg Wittmann war der bedeutendste Hinterglasmaler in Neukirchen b. Hl. Blut. Von seiner Verheiratung im Jahr 1751 bis zu seinem Tod 1771 hat er eine große Anzahl hervorragender, volksbarocker Hinterglasbilder gemalt. Dazu gehören Andachtsbilder, Votivbilder und besonders Kreuzwege. Gerade von ihnen haben sich hervorragende Beispiele in Kirchen und Kapellen erhalten: So der Kreuzweg in der Schloßkapelle Steinburg im Vorderen Bayerischen Wald, der Kreuzweg aus dem Katharinenspital in Deggendorf (jetzt Stadtmuseum),

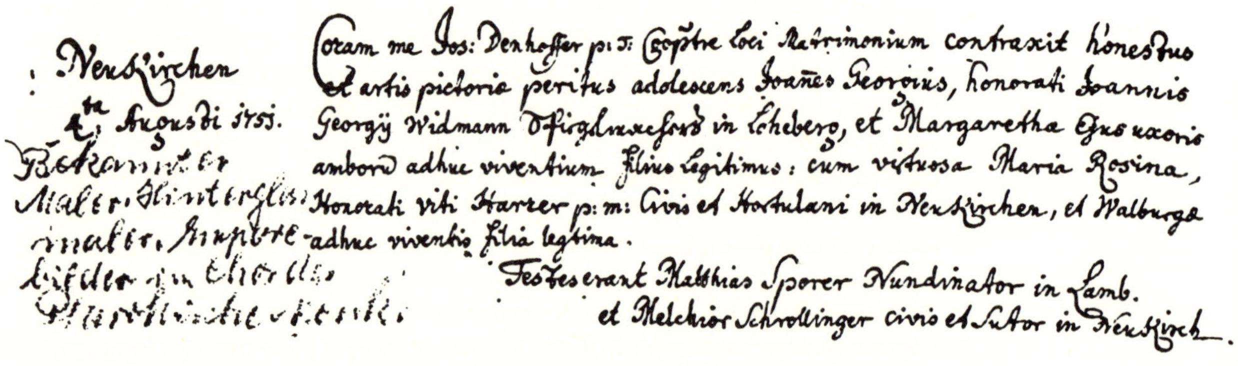
Neukirchen 4ta Augusti 1751.

Coram me Jos: Denhoffer p. t. Cooptre loci Matrimonium contraxit honestus et artis pictoriae peritus adolescens Joanes Georgius, honorati Joannis Georgij Widmann Spiegelmacher in Loheberg, et Margaretha ejus uxoris ambord adhuc viventium filius legitimus: cum virtuosa Maria Rosina, Honorati viti Harrer p: m: Civis et Hortulani in Neukirchen, et Walburga adhuc viventis filia legitima.
Testes erant Matthias Sporer Nundinator in Lamb. et Melchior Schrollinger civis et Sutor in Neukirch.

Trauungseintrag in Neukirchen beim Hl. Blut für Johann Georg Wittmann *und* Maria Rosina Harrer, *4. August 1751 (Pfarrarchiv Neukirchen, Trauungsmatrikel, S. 364)*

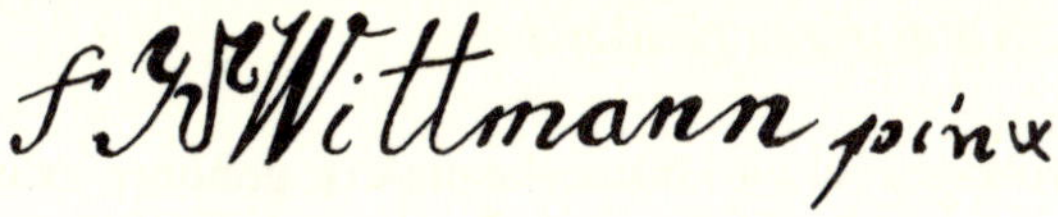

Signatur von Johann Georg Wittmann *(um 1750) auf einem heute verschollenen Bild (Photographie im Besitz des Verfassers)*

der Kreuzweg im Dorfkirchlein Dörfling bei Roding, der Kreuzweg St. Hermann bei Bischofsmais – erst in den letzten Jahren gestohlen –, schließlich der Kreuzweg in Zell b. Kirchberg.
Von seinem Sohn *Josef Mathias*, geboren 1753 am 22. April, verheiratet am 7. Juli 1784 mit *Katharina Winklmann,* gestorben am 17. Oktober 1823, stammen die Kreuzwege in Moosbach bei Viechtach, in St. Englmar sowie im Waldbauerngut Trailling bei Lam. Teilweise erhaltene Kreuzwege finden sich außerdem in Privatbesitz. Zu seinen Arbeiten gehören auch Votivbilder aus der ehemaligen Wallfahrt Schönau bei Viechtach oder aus der Heimsuchungskapelle in Arnbruck.
Qualitativ sind die Arbeiten von Johann Georg und Josef Mathias Wittmann kaum auseinanderzuhalten. Erst unter *Josef Anton Wittmann,* dem dritten Glied, ist ein spürbares Absinken zu verzeichnen. Von ihm stammt der Kreuzweg der Bauernkapelle Holzhof bei Kötzting.
In Familienbesitz hat sich außerdem ein Aquarell, von Johann Georg signiert, erhalten. Es soll sich hier um das Gesellenstück des Malers handeln.

Der Maler der Kreuzwege in Langbruck (Kreis Regen), Schartenkapelle Thurmannsbang sowie der Votivbilder aus der Bachmeierholzkapelle bei Kötzting

Von bis heute unbekannter Hand sind die Kreuzwege von Langbruck, Thurmannsbang sowie Votivbilder aus der Bachmeierholzkapelle. Nach Datierung auf den Votivbildern sind sie um 1740–50 entstanden, also vor der Ära Wittmann in Neukirchen. Die Kreuzwege wurden nicht nur nach anderen Vorlagen gemalt, sondern äußern nach Technik und Farbe spezifische Merkmale. So zeigen sich Gesichts- und Körperlinien in einem relativ hellen Braun-Rot gemalt. Besonders zu erwähnen sind die am Körper des Heilandes gemalten Blutspuren in vollkommen geraden Linien. Sie allein können als Erkennungsmerkmal für den Maler dieser Bilder dienen, die ein weiteres Beispiel darstellen für die Vielfalt volksbarocker Hinterglasmalerei, wie sie wohl keine andere Landschaft aufzuweisen hat.
Als Maler kommen wohl die Neukirchener vor den Wittmann in Frage. Es könnte sie aber auch ein Mitglied der Malerfamilie *Huber* aus Kötzting gemalt haben, von der wir annehmen dürfen, daß ihr auch die Hinterglasmalerei bekannt war.

Die Malerfamilie Huber in Kötzting

Von besonderem Interesse für die Hinterglasmalerei unseres Raumes ist auch die Malerfamilie *Huber* aus Kötzting. Vier Generationen davon haben in Kötzting als Maler gearbeitet und uns eine Reihe von Altar- und sonstigen Andachtsbildern in Kötzting und Miltach hinterlassen.

Stammvater dieser Familie ist *Josef Martin Huber,* am 20. Juni 1689 in Kötzting getraut. »Honestus et artficiosus dominus« wird er in der Trauungsmatrikel genannt. Sein Vater war Prokurator in Natternberg und Osterhofen. Auf Josef Martin folgte der Sohn *Georg Josef* und wiederum dessen Sohn *Josef.* Er starb 1794 »ob paupertatem nihil ecclesia«, ein Zeichen wohl dafür, daß die Huber im Lauf des 18. Jahrhunderts verarmt waren. Als letzter der Familie starb *Josef Huber,* lediger Malerssohn, 1829 an Schlagfluß im Alter von 60 Jahren; er hatte um 1800 einige Jahre als Porzellanmaler in Regensburg gearbeitet.

Für die Hinterglasmalerei wurde die Familie Huber durch das Tagebuch Franz Poschingers zu Frauenau interessant, datiert von 1666 bis 1701. Darin berichtet Poschinger für das Jahr 1696, daß er dem Bader Adam Rith zu Regen durch seine Kuchldirn Catharina Weiklin »100 turchsichtig Taller-Scheiben yberschickht, welche er seinem Schwager, dem Mahler zu Khötzting namens Martin Joseph Hueber mit Gelegenheith yberschicken solle«.

Dazu sei bemerkt, daß Poschinger verschiedene Scheibengrößen auf Lager hatte, zunächst der Qualität nach die gemeinen und die durchsichtigen Scheiben. Diese wurden der Größe nach eingeteilt in die kleinen Scheiben, die »Guldenscheiben«, von denen hundert einen Gulden kosteten, dann die »Taler-Scheiben«, von denen hundert einen Taler kosteten. Die übrigen Größen wurden einzeln berechnet. Bei den Talerscheiben handelte es sich wohl um Scheiben mittlerer Größe, wie man sie für die Hinterglasmalerei verwendet hat.

So ist es nicht von der Hand zu weisen, daß Martin Josef Hueber diese Scheiben »hinter Glas« bemalte. Leider war es bisher nicht möglich, der Werkstatt Huber in Kötzting Hinterglasbilder mit Sicherheit zuzuordnen. Es konnte auch noch nicht eruiert werden, in welchem Umfang Huber neben seiner sonstigen Malertätigkeit Hinterglasmalerei betrieb. Es wäre weiter interessant festzustellen, ob und inwieweit von hier aus ein Impuls nach dem nahen Neukirchen ausgegangen ist.

Der Maler des Kreuzweges von Landasberg bei Haibach

Besonderer Art ist auch der Kreuzweg in der Kirche zu LANDASBERG bei Haibach. Die Anlage der Kirche selbst geht ins 12. Jahrhundert zurück, die letzte Innenausstattung wird um 1730 datiert. Nicht viel jünger ist wohl der dortige Hinterglaskreuzweg. Er unterscheidet sich in Gestaltung und Malweise wiederum von den bisher aufgezählten Kreuzwegen. Bemerkenswert ist die deutlich hervorge-

hobene Kopfform des Heilandes mit seinen charakteristischen, relativ großen Augen.
Da sich später zu datierende Bilder dieser Art, so ein »Christus auf dem Dreikant«, ebenfalls im Raum Kötzting erhalten haben, könnte man auch hier an den Maler *Huber* in Kötzting denken.

Der Maler der Votivbilder aus der Bergkirche in Zwiesel

Volksbarocke Elemente enthalten schließlich auch die Votivbilder aus der Bergkirche in ZWIESEL, jetzt im Waldmuseum.
Sie stammen aus der zweiten Hälfte des achtzehnten Jahrhunderts. Zeitlich käme als Maler *Paulus Josephus Andreas Lohberger* in Frage, dessen Tätigkeit im Raum Zwiesel nachgewiesen ist.

*

Allen diesen Bildern kommen die Kriterien volksbarocker Malweise zu: Die Bewegtheit der einzelnen Darstellungen, die Komposition, der reichliche und elegante Faltenwurf, die Farbkombinationen, die hinzugefügten Engelsfiguren und besonders bei den Votivbildern das breite, erzählende Moment. Gerade im Votivbild konnte der Hinterglasmaler seinen Ambitionen freien Lauf lassen, hier war er nicht an das starre Schema der Vorzeichnung gebunden.
Kein anderer als Herbert Wolfgang Keiser hat in seinem Buch über »Die Deutsche Hinterglasmalerei« dies hervorgehoben, wenn er schreibt:
»Die wechselseitigen Begegnungen des Bayerischen Kunstkreises mit dem Böhmischen und dem Österreichischen haben im südostdeutschen Raume die allerreichsten Möglichkeiten sowohl im Künstlerischen wie im Thematischen entfaltet. Die Reihenfolge der verschiedenartigen Typenbildungen leitet die Kunst der Dorfhandwerker ein. Keine Landschaft aber hat die schlechthin urtümliche, polare Gegensätzlichkeit so unverwischt nebeneinandergestellt: den ›ausladenden‹ und den ›abkürzenden‹ Stil, die freie Beweglichkeit des nachlebenden ›Volksbarock‹ und die gleichnishafte Strenge der volkskünstlerischen Tektonik.«

Quellen und Schrifttum

Pfarrarchiv Neukirchen b. Hl. Blut.
Gemeindearchiv Neukirchen b. Hl. Blut.
Pfarrarchiv Viechtach
Die Kunstdenkmäler von Niederbayern, Heft IX (1922) und XX (1929).
Heinrich Buchner: Religiöse Volkskunst als Hausgewerbe im alten Wallfahrtsort Neukirchen hl. Blut, in: Bayer. Heimatschutz 31, München 1935, S. 78–81.
Heinrich Buchner: Hinterglasmalerei in der Böhmerwaldlandschaft und in Südbayern. Beiträge zur Geschichte einer alten Hauskunst, München 1936.

Herbert Wolfgang Keiser: Die Deutsche Hinterglasmalerei, München 1937.
Karl Krämer: Landkreis Kötzting, Kötzting 1964.
Notker Eckmann: Kleine Geschichte des Kreuzweges, Regensburg (Pustet) 1968.
Reinhard Haller: Der Glasbildermaler Paulus Josephus Andreas Lohberger. Ein Beitrag zur Geschichte der Hinterglasmalerei in Niederbayern, in: Beiträge zur Heimatkunde von Niederbayern (Hsg. Hans Bleibrunner) II, Passau und Landshut 1970, S. 410–438.
Reinhard Haller: Volkstümliche Hinterglasbilder in Verlassenschaftsinventaren des 18. Jahrhunderts, in: Verhandl. d. Hist. Vereins f. Ndby. 99, Landshut 1973, S. 52–63.
Raimund Schuster: Hinterglasbilder der Neukirchener Schule, Grafenau 1975^{2}.

Stadtpfarrkirche St. Jakob in STRAUBING
Wandgemälde »Bäckerknechtsbruderschaft unter dem Schutzmantel Mariens« von Joseph Anton Merz, 1713

169 Wallfahrtskirche Mariä Himmelfahrt in SOSSAU ▷
Deckengemälde »Übergabe des Ordenskleides an den hl. Norbert« von Joseph Anton Merz, 1715

ACCIPE VESTEM CANDIDAM

△ Pfarrkirche St. Martin in Reichersdorf bei Landau
Seitenaltarblatt »Hl. Joseph« von Joseph Anton Merz, 1727

Wallfahrtskirche Mariä Himmelfahrt in Haindling
Hochaltarblatt »Mariä Himmelfahrt« von Joseph Anton Merz, 1728

◁ Klosterkirche St. Petrus und Paulus in Oberaltaich
Deckengemälde »Gründung des Klosters« von Joseph Anton Merz, 1727–1730

◁◁ Klosterkirche St. Petrus und Paulus in Oberaltaich
Die Deckengemälde im Mittelschiff von Joseph Anton Merz, 1727–1730

Wallfahrtskirche Mariä Himmelfahrt in HAINDLING
Deckengemälde »Mariä Reinigung« von Joseph Anton Merz, 1721

Stadtpfarrkirche St. Jakob in STRAUBING
Deckengemälde »Glorie des hl. Johannes Nepomuk« von Joseph Anton Merz, 1746

175

Kirche St. Johannes Nepomuk in Thürnthenning
Deckengemälde »Aufnahme des hl. Johannes in den Himmel« von Joseph Anton Merz, um 1732

Kirche St. Johannes Nepomuk in THÜRNTHENNING
Deckengemälde »Beichte der Königin« von Joseph Anton Merz, um 1732

177

Pfarrkirche St. Martin in Reichersdorf bei Landau
Deckengemälde »Aufnahme Mariens in den Himmel« von Joseph Anton Merz, 1735

STRAUBING
Gemälde auf Leinwand »Speisung der Fünftausend« von Joseph Anton Merz, 1738
Privatbesitz

178

Ehem. Prämonstratenserkloster ALTENMARKT bei Osterhofen
Deckengemälde-Ausschnitt im Festsaal »Joseph gibt sich seinen Brüdern zu erkennen«
von Joseph Rauscher, um 1730

179

Filialkirche St. Hippolyt in NIEDERMÜNCHSDORF bei Osterhofen
Hochaltarblatt »Martyrium des hl. Hippolyt« von Joseph Rauscher, 1740

Pfarrkirche Mariä Himmelfahrt in THUNDORF
Deckengemälde »Martyrium des hl. Quirin« von Franz Anton Rauscher, 1755–1760

VINEÆ FLORENTES DEDERUNT ODO
REM SVUM·SVRGE AMICA·
MEA SPECIOSA MEA ET VENI
F. A. Rauscher

Feder-Stiftzeichnung »Entwurf für ein hl. Grab« von Franz Anton Rauscher, 1762 (Staatliche graphische Sammlung München, Inv. Nr. 30603 Halm Maffei VI/42)

◁ ◁ ◁ Bürgerspitalkirche St. Katharina in Deggendorf
Deckengemälde-Ausschnitt »Martyrium der hl. Katharina« von Franz Anton Rauscher, 1762

◁ ◁ Bürgerspitalkirche St. Katharina in Deggendorf
Deckengemälde-Ausschnitt »Martyrium der hl. Katharina« von Franz Anton Rauscher, 1762

◁ Kirche Mariä Namen gen. Bergkirche in Zwiesel (jetzt Waldmuseum)
Deckengemälde »Marienleben« von Franz Anton Rauscher, 1767

S.PETRUS

S.IOHANNES

S.ANDREAS

S.PAULUS

◁ Pfarrkirche St. Johannes in OBERDIETFURT
Wandgemälde von Anton Scheitler, 1765

»Beschneidung des hl. Johannes des Täufers«

»Predigt des hl. Johannes«

»Taufe Jesu«

»Enthauptung des hl. Johannes«

Bürgerspitalkirche St. Katharina in DEGGENDORF
Wandgemälde »Engel« von Franz Anton Rauscher, 1762

Pfarrkirche St. Georg in GERN
Deckengemälde »Aufnahme St. Georgs in den Himmel« von Anton Scheitler, 1763

189 Pfarrkirche St. Georg in GERN
Deckengemälde »Allerheiligste Dreifaltigkeit« von Anton Scheitler, 1763

Wallfahrtskirche St. Leonhard in Oberotterbach
Seitenaltarblatt »St. Erhard und St. Erasmus« von Ignaz Kaufmann, 1755

Wallfahrtskirche St. Leonhard in Oberotterbach
Seitenaltarblatt »St. Johannes und St. Paulus« von Ignaz Kaufmann, 1755

Wallfahrtskirche St. Leonhard in Oberotterbach
Deckengemälde »Taufe des hl. Leonhard« von Ignaz Kaufmann, 1755

Stadtpfarrkirche Mariä Himmelfahrt in Landau
Seitenaltarblatt »St. Katharina« von Alois Kaufmann, 1796

Filialkirche St. Martin in Oberbierbach
Deckengemälde »St. Florian« von Franz Albert Aiglstorffer, 1718

Non Frustra

1

Ne Lædamur

2

Regnare mecum porta crucem mecum

3

Tu es PETRVS
S. PETRUS

4

1 Wallfahrtskirche St. Valentin in GROSSKÖCHLHAM Deckengemälde-Ausschnitt aus dem Valentinszyklus von Franz Albert Aiglstorffer, 1731

2 Pfarrkirche St. Vitus in BURGHARTING Deckengemälde »Martyrium des hl. Vitus« von Franz Albert Aiglstorffer, 1724

3 Filialkirche St. Michael in HOLZEN bei Vilsheim Deckengemälde zu Matthäus 10,38 (in positiver Anwendung) von Franz Joseph Aiglstorffer, 1753

4 Filialkirche St. Peter in TEGERNBACH bei Taufkirchen/Vils Deckengemälde »Kampf des hl. Petrus gegen die Reformation« von Franz Albert Aiglstorffer, 1729

5 Pfarrkirche St. Margaretha in OBERNEUKIRCHEN Deckengemälde »St. Margaretha« von Balthasar Mang d. Ä., 1758

6 Pfarrkirche Mariä Himmelfahrt in RATTENKIRCHEN Deckengemälde »Himmelfahrt und Fürbitte Mariens« von Balthasar Mang d. Ä., 1765 (vgl. S. 119).

7 Kirche St. Georg in WÖRTH Deckengemälde »St. Georg« von Balthasar Mang d. Ä., 1768

8 Wallfahrtskirche St. Georg in GEORGENZELL Deckengemälde »Marianisches Gnadenbild« von Balthasar Mang d. Ä., um 1790

5

6

7

8

Filialkirche St. Georg in WEILKIRCHEN
Deckenfresko »Martyrium des hl. Georg« von Franz Xaver Hornöck, 1796

Abt Gregor II. Kiermair (1721–1764)

Abt Maurus II. Aimer (1764–1772)

Abt Anselm Schuler (1775–1796)

Graf Wolfram von Dornberg

Stift St. Veit bei Neumarkt; Äbte- und Stifterporträts von Franz Xaver Hornöck, 1798/99

»Marienkrönung« ▷
von Johann Georg Wittmann, um 1760
Privatbesitz

»Maria Hilf«
von Johann Georg Wittmann, um 1760
Privatbesitz

Katharinenspital in DEGGENDORF (jetzt Stadtmuseum)
Kreuzweg XI. Station von Johann Georg Wittmann, 1762

BACHMEIERHOLZ bei Kötzting
Votivbild wohl von einem Neukirchener Maler, 1750

Stadtpfarrkirche St. Johannes in DINGOLFING
Wandgemälde »St. Anna« in der Anna-Seitenkapelle von Johann Markus Held, 1771

2846
XI STATIO.

hanß georg milbau
er von hülerr
1750

Fassade des Rathauses in VILSBIBURG
Kolorierte Federzeichnung von Johann Philipp Hauser, 1727
(Stadtarchiv Vilsbiburg, I Nr. 105 Fach 8)

Klosterkirche Mariä Himmmelfahrt in ALDERSBACH
Seitenaltarblatt »Vision des hl. Bernhard« von Andreas Math, um 1730

199 Klosterkirche Mariä Himmelfahrt in ALDERSBACH
Seitenaltarblatt »Anbetung der hl. Drei Könige« von Andreas Math, um 1730

Friedhofskapelle St. Thekla in DINGOLFING
Wandgemälde und Altarblatt »St. Thekla« von Franz Joseph Heigl, 1765

DATEN UND WERKKATALOG

bisher ermittelter Meister der Städte, Märkte und Hofmarken

Von Fritz Markmiller

Wenn nachfolgend erstmals für Niederbayern in den Grenzen seiner alten Gebietsorganisation eine Liste der in Städten, Märkten und Hofmarken ansässigen Maler der Barockzeit geboten wird, so sind sich der Bearbeiter und seine Material zuliefernden Helfer darüber im Klaren, daß eine irgendwie geartete Vollständigkeit nicht erreicht zu werden vermag. Dies gilt für die Vollzähligkeit der Namen und der Personaldaten genauso wie für das Werkverzeichnis. Allerdings wurde größte Mühe aufgewendet, um alle bisher erschienenen Veröffentlichungen auszuwerten und Pfarrmatrikeln, Rechnungen und sonstige Archivalien heranzuziehen, soweit dies zeitlich und arbeitstechnisch möglich war. So gut wie komplett dürften dagegen jene Orte erfaßt sein, die als Wohnsitze der behandelten Maler aufscheinen.
Bei allen quellenbedingten Lücken und/oder noch nicht bearbeiteten Beständen – hier wären vorzugsweise die Kirchenrechnungs-Reihen im Staatsarchiv Landshut zu nennen, deren systematische Auswertung einen sehr hohen Zeitaufwand erfordern würde –, unter Berücksichtigung dieser Schwierigkeiten also bietet unsere hier vorgelegte Liste bereits eine ausgezeichnete Grundlage für eine ganze Anzahl neuer Erkenntnisse. Wir wollen sie aber nicht als abgeschlossen gelten lassen, sondern von Fall zu Fall weiter ergänzen, ferner die jeweils neuesten Forschungsergebnisse einfügen. Auf diese Weise könnte in einer späteren Auflage des Buches das Gesamtbild noch mehr Tiefe und Relief gewinnen; grundsätzliche Änderungen sind dagegen wohl nicht mehr zu erwarten. Insofern hat der jetzt dargebotene Katalog bereits Zeugnischarakter und bildet für die wissenschaftliche Betrachtung der Gegebenheiten eine gut tragfähige Basis.

Räumliche und zeitliche Verteilung

Wie eingangs erwähnt umfaßt der Untersuchungsraum die Fläche der altbayerischen *Rentämter Landshut* und *Straubing* wie sie von 1505 bis 1802 als Gerichts- und Verwaltungseinheiten das niederbayerische Land definiert haben. Der heutige Regierungsbezirk, Ergebnis vielfacher Staats- und Gebietsreformen seit Beginn des 19. Jahrhunderts, deckt sich nicht überall damit. Während vor allem das Gelände der alten Landgerichte Erding und Moosburg jetzt in Oberbayern liegt und der Bereich um Kötzting und Cham mehrheitlich oberpfälzisch geworden ist, hat Niederbayern andere Gebiete zugeteilt erhalten, die zu der von uns betrachteten Zeit selbständig bestanden haben – wie z. B. das Hochstift Passau oder auch die Grafschaften Neuburg/Inn und Ortenburg.
Wenn wir also kulturgeschichtlich von »Niederbayern« sprechen, dann meinen wir für das 16. bis 18. Jahrhundert stets die damals geltende Raumgliederung: die Rentämter Landshut und Straubing. Ihre Rechtsordnung war bestimmend und verpflichtend für alle Bewohner und deswegen auch einzig relevant für unsere Maler, die darin Wohnung und Werkstatt besaßen. Aus diesem Grund weisen wir auch die Behandlung der Meister der Stadt und des Hochstifts Passau – wie im

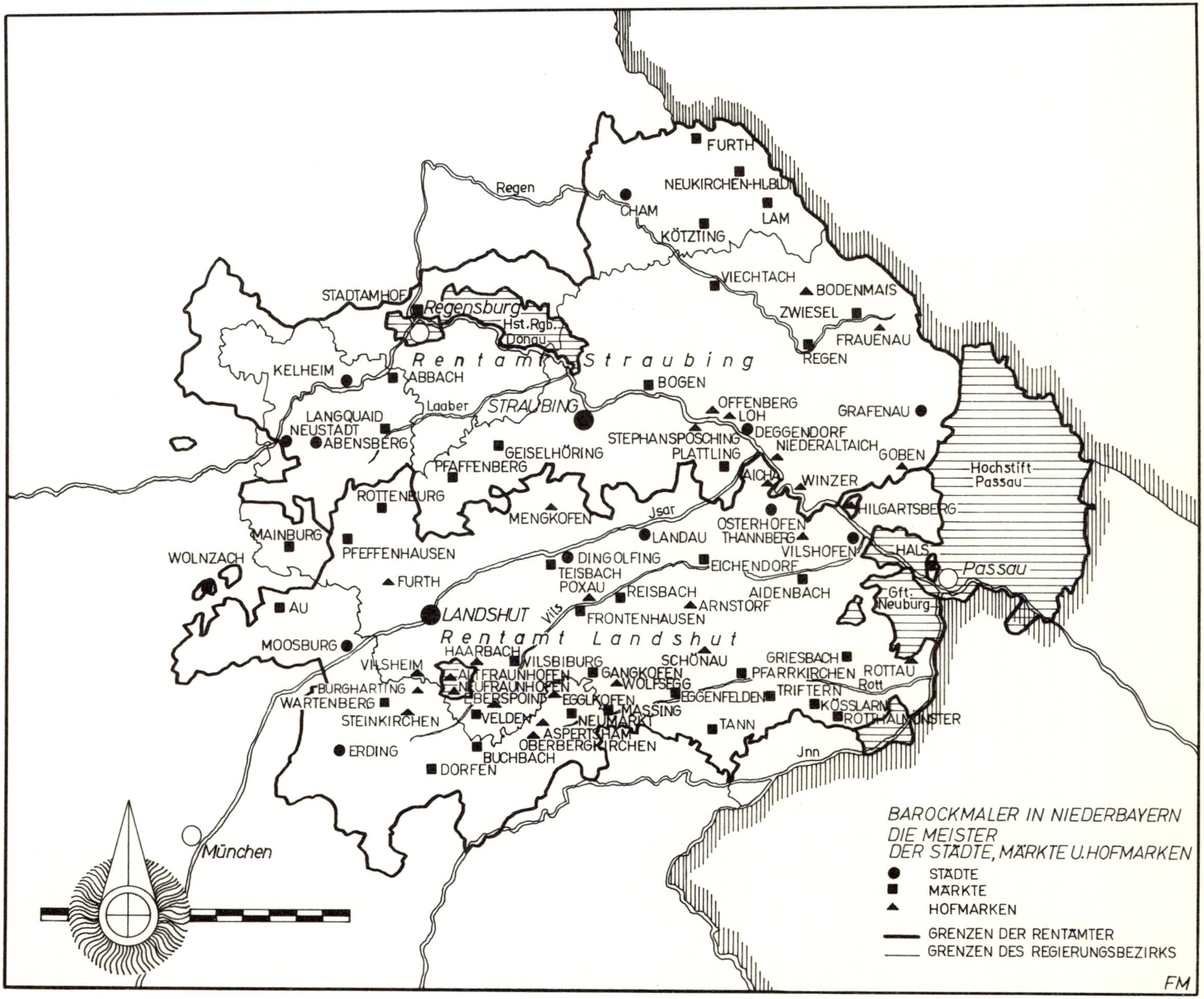
BAROCKMALER IN NIEDERBAYERN
DIE MEISTER
DER STÄDTE, MÄRKTE U. HOFMARKEN
STÄDTE
MÄRKTE
HOFMARKEN
GRENZEN DER RENTÄMTER
GRENZEN DES REGIERUNGSBEZIRKS
FM
Rentamt Straubing
Rentamt Landshut
Regensburg
Hst. Rgb.
Donau
Regen
Laaber
Jsar
Vils
Rott
Jnn
Hochstift Passau
Passau
Gft. Neuburg
München
FURTH
NEUKIRCHEN-HLBLUT
CHAM
LAM
KÖTZTING
VIECHTACH
BODENMAIS
ZWIESEL
FRAUENAU
REGEN
STADTAMHOF
KELHEIM
ABBACH
BOGEN
OFFENBERG
LOH
GRAFENAU
DEGGENDORF
LANGQUAID
NEUSTADT
ABENSBERG
STRAUBING
STEPHANSPOSCHING
PLATTLING
NIEDERALTAICH
GOBEN
GEISELHÖRING
PFAFFENBERG
AICHA
WINZER
ROTTENBURG
MENGKOFEN
HILGARTSBERG
OSTERHOFEN
THANNBERG
VILSHOFEN
HALS
MAINBURG
PFEFFENHAUSEN
LANDAU
WOLNZACH
DINGOLFING
TEISBACH
EICHENDORF
FURTH
POXAU
REISBACH
AIDENBACH
ARNSTORF
AU
LANDSHUT
FRONTENHAUSEN
MOOSBURG
HAARBACH
VILSBIBURG
SCHÖNAU
GRIESBACH
VILSHEIM
ALTFRAUNHOFEN
GANGKOFEN
PFARRKIRCHEN
ROTTAU
BURGHARTING
NEUFRAUNHOFEN
WOLFSEGG
TRIFTERN
WARTENBERG
EBERSPOINT
EGGLKOFEN
EGGENFELDEN
KÖSSLARN
MASSING
ROTTHALMÜNSTER
STEINKIRCHEN
VELDEN
NEUMARKT
TANN
ASPERTSHAM
OBERBERGKIRCHEN
ERDING
BUCHBACH
DORFEN

Vorwort dargelegt – einem eigenen Band dieser Reihe zu. Das seinerzeit oberbayerische Mainburg wurde allerdings noch miterfaßt.

Die bestehende Ordnung der niederbayerischen Gerichts- und Verwaltungsorganisation besaß als Untergliederung die sogenannten »Pfleg-« oder »Landgerichte«, die selber wiederum in »Ämter« aufgeteilt waren. Erstere sind in etwa den jetzigen Landkreisen vergleichbar; ihr Vorstand, der Pfleger oder Landrichter, vereinigte in seiner Hand jedoch neben den Verwaltungsaufgaben regelmäßig auch die Befugnisse eines heutigen Finanz- und Forstamtsleiters, Amtsrichters, Notars, Wehrkreiskommandanten und staatlichen Domänenverwalters. Alle diese Funktionen waren räumlich an den Umfang des jeweiligen Gerichts gebunden.

Während nun der Pfleger oder Richter die im Lauf der vorhergehenden Jahrhunderte in einem genau definierten Katalog erfaßte Hoch- oder Blutgerichtsbarkeit für seinen Bezirk übte, bestimmte Delikte allerdings der Aburteilung durch die auf Rentamtsebene arbeitenden Staatsbeamten zugewiesen waren, hatten die bayerischen Herzöge des Mittelalters gewissen Rechts- und Personalverbänden durch entsprechende Privilegierung zur sogenannten Niedergerichtsbarkeit verholfen. Diese enthielt schließlich ein Bündel von Rechten und Befugnissen, die ohne Einflußnahme des Landrichters genossen und in eigener Regie, jedoch unter staatlicher Oberaufsicht, ausgeübt werden konnten. Nutznießer und Inhaber dieser Niedergerichtsbarkeit waren die Städte und Märkte, dann die Prälatenklöster und der Adel. Bei ersteren hielt der Stadt- oder Marktrat im Bereich des jeweiligen Ortsgebietes, des »Burgfriedens«, die Befugnisse in Händen. Bei letzteren waren sie räumlich in ihren geistlichen oder weltlichen »Hofmarken« organisiert; ein »Hofmarksrichter« oder »Hofmarksverwalter« fungierte als Beauftragter der Herrschaft.

Zu den wichtigsten Obliegenheiten innerhalb der Niedergerichtsbarkeit zählte die Gewerbeaufsicht und alle daraus abzuleitenden Aktionen, besonders das Recht der Aufnahme und Konzessionierung eines Gewerbetreibenden. Und dieses Recht haben in der hier abzuhandelnden Zeitspanne die Inhaber durchaus kräftig genutzt. In den Städten des Landes sind so bereits vor 1600, dem von uns als frühestes Eckdatum gewählten Jahr, und wohl schon seit dem ausgehenden Mittelalter Maler nachzuweisen. Die meisten Märkte allerdings nahmen erst im Lauf des 17. oder gar erst im 18. Jahrhundert der Malkunst erfahrene Bewerber auf. Bei den Hofmarken können in den meisten Fällen nur sporadisch und dann vorzugsweise erst im späteren 18. Jahrhundert solche Personen ermittelt werden.

Es waren also die zentralen Orte des niederbayerischen Landes, an denen sich die Maler niederließen und oft über mehrere Jahrhunderte hin wirksame Werkstattfolgen begründeten. Auf dem flachen Land, in den Bauerndörfern und Weilern – soweit es nicht Hofmarken waren – gab es offensichtlich in der Barockzeit keine Maler. Dies hängt ohne Zweifel mit einer aus der Zentralität erwachsenen breiten Auffächerung von Berufen zusammen, wie sie eben besonders in den

Städten und Märkten ausgebildet wurde. Nur hier eröffneten sich aussichtsreiche Möglichkeiten beruflichen Aufstiegs und Chancen der Kommunikation mit Auftraggebern der verschiedenen Stände.

Der *zeitliche Rahmen,* den wir mit den Jahren 1600 und 1800 umschreiben wollen, erweist sich demzufolge in stilterminologischer Hinsicht weiter gesteckt als es die im Titel des Werkes fixierte »Barockzeit« erwarten ließe. So wirken die Kunstäußerungen der Renaissance in unserem Heimatbereich noch tief ins 17. Jahrhundert herein und werden in breiter Linie erst nach dem Ende des Dreißigjährigen Krieges von neuen Ideen und deren Verwirklichung abgelöst. Wiederum sind viele der mit erhaltenen Werken in Verbindung zu bringenden Meister des ausgehenden 18. Jahrhunderts vollständig in barockhafter Auffassung und Manier geblieben, haben diese sogar bis zu ihrem Lebensende über die Jahrhundertgrenze getragen, während andere die Formelemente des Klassizismus aufnahmen und verarbeiteten. Um nun diese Strömungen mitzuerfassen wie auch aus dem praktischen Grund, die für diese Zeitspanne regelmäßig recht einheitlichen Quellenbestände verfügbar zu haben, wurden die oben angesprochenen zweihundert Jahre niederbayerischer Kulturgeschichte als Betrachtungsfeld abgesteckt.

Zahlenmäßig erfassen konnten wir im vorgegebenen Untersuchungsraum 14 Städte, 40 Märkte und 28 Hofmarken, in denen zwischen den Jahren 1600 und 1800 Maler ihren Wohnsitz und Arbeitsplatz hatten. Insgesamt handelt es sich also um 82 Orte dieser Kategorie. Bestand bei der überwiegenden Zahl davon jeweils nur eine Werkstatt zur gleichen Zeit, so verfügten die Regierungshauptstädte LANDSHUT und STRAUBING in der Regel über zwei und mehr. Aber auch anderswo, z. B. in der Stadt LANDAU arbeiteten neben dem einen sozusagen offiziellen Meister und seinen Nachfolgern noch weitere Personen in der Malkunst. Jedoch waren hier immer besondere Verhältnisse maßgebend, die infolge weitergehender Bedürfnisse eine Sonderlösung erforderten. Wir werden darauf noch zurückkommen.

Die Ansässigmachung eines Malers wie ähnlich eines anderen Gewerbetreibenden war in formaler Hinsicht durch einschlägige Bestimmungen der bayerischen Landes- und Polizeiordnungen sowie durch spezielle Erlasse der Ortsbehörden geregelt. Gab es – wie im hier behandelten Raum nur in den Regierungsstädten LANDSHUT und STRAUBING – eine aus mehreren Meistern gebildete Handwerkszunft, so hat auch diese in eigener Regie noch diverse Dinge nach örtlichen Erfordernissen geordnet. Leider haben sich offenbar darüber keine Unterlagen erhalten wie überhaupt zur Zunftorganisation der Maler in Niederbayern mangels Material bisher keinerlei Auskunft möglich ist.

Dagegen können einige allgemein gültige Formalien im Zusammenhang mit der Aufnahme eines Malers in unsere niederbayerischen Städte, Märkte und Hofmarken angesprochen werden. Dem in der Regel mündlich vor dem Rat bzw. Hofmarksrichter vorgebrachten Aufnahmeantrag hatte der Petent folgende Schriftzeugnisse beizugeben: Nachweis der ehelichen wie ehrlichen Geburt und

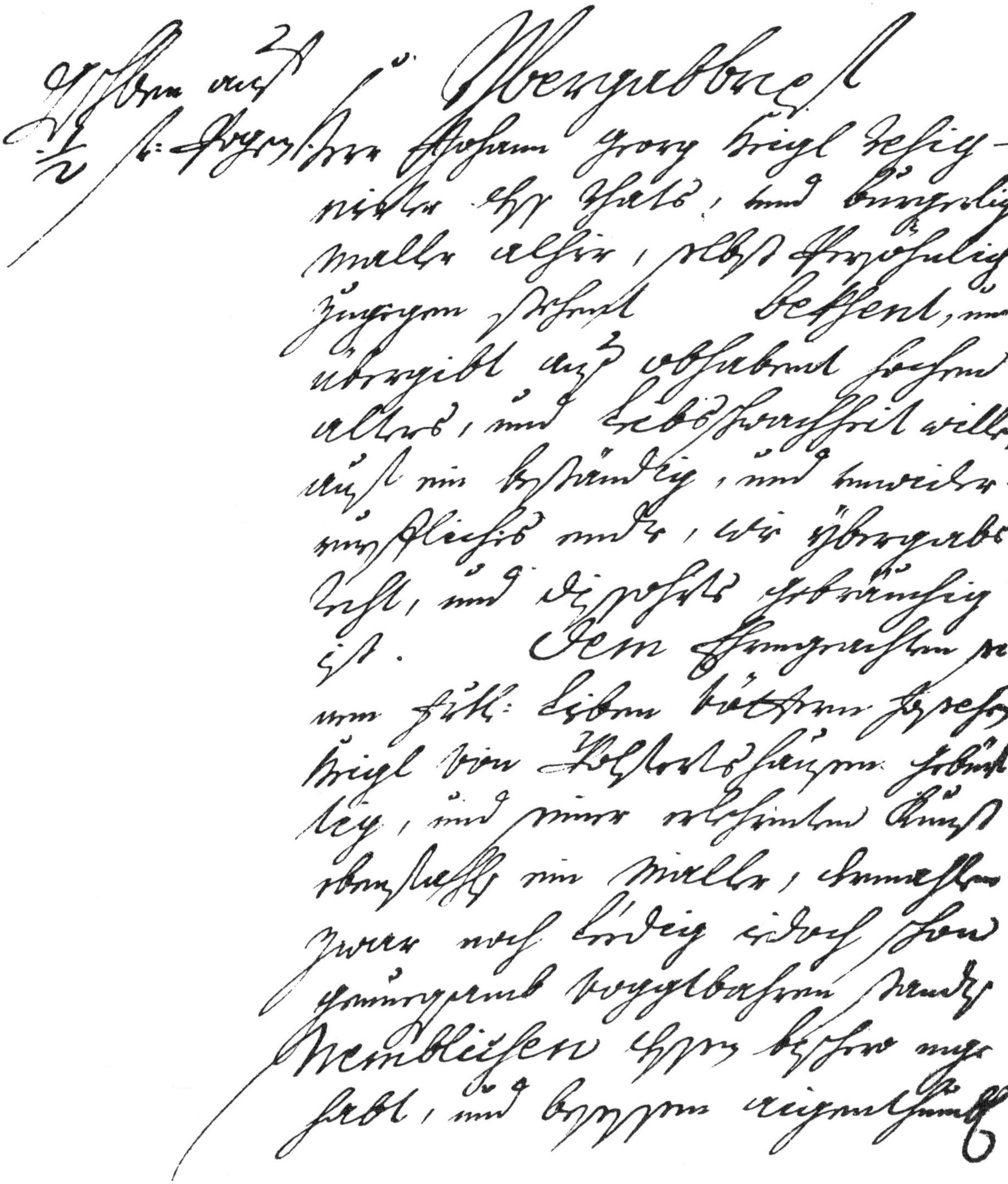

Anfangsseite des Übergabebriefs für Haus und Malerrecht von Johann Georg Heigl *an* Joseph Heigl *in Dingolfing, 5. März 1760 (Staatsarchiv Landshut, Briefprotokolle Dingolfing Nr. 655, fol. 194')*

Beleg für ordnungsgemäß durchlaufene Lehrzeit. Außerdem mußte er die Übernahme eines Hauses durch Erbe, Einheirat oder Kauf vollziehen, da er ohne Grundbesitz kein Bürgerrecht erwerben, allenfalls als »Beisitzer« aufgenommen werden konnte. Die Handwerksvereinigungen an den Regierungssitzen der beiden Rentämter, denen aller Wahrscheinlichkeit nach auch die übrigen Maler im Land gemäß der Rentamtszugehörigkeit angeschlossen waren, führten daneben mit Sicherheit bestimmte Register, die uns jedoch nicht mehr überliefert sind. Dazu rechnete ein Zunftbuch für die Eintragung der Lehrlinge bei Aufdingung und Freisprechung, ferner ein Gesellenbuch und eine Matrikel für die Meister.

Forschungsstand

Es ist nicht verwunderlich, wenn unsere Liste der niederbayerischen Barockmaler an manchen Orten von Namen überzuquellen scheint und anderswo kaum mehr als ein paar Nachweise zu bieten vermag, obwohl auch dort Städte und größere Märkte in Frage stehen. Dies mag zwar nun mit deren minderer Bedeutung in Wirtschaft und Kultur zu tun haben, wie es etwa im Bereich des Bayerischen Waldes der Fall sein kann. In überwiegendem Maß ist jedoch dafür die ungünstige Forschungslage verantwortlich zu machen, wenn auch nicht übersehen sei, daß beide Dinge als durchaus voneinander abhängig erscheinen. Ein Ort mit großem kulturhistorischem Gewicht und demgemäß wichtigen Werkstätten stellt sich eben der Forschung als wesentlich interessanter dar als ein anderer, der offenbar nur durchschnittliche Kräfte hervorgebracht hat.
Unter diesen Prämissen können wir im niederbayerischen Raum z. B. Aicha, Buchbach, Deggendorf, Dingolfing, Erding, Landau, Landshut, Straubing, Teisbach, Vilsbiburg und Wartenberg als sehr gut erforscht bezeichnen. Zu den mittelmäßig bearbeiteten Orten zählen etwa Cham, Dorfen, Eggenfelden, Frontenhausen, Griesbach, Kößlarn, Pfarrkirchen, Regen, Rottenburg, Tann und Vilshofen. Kaum erfaßt, jedoch zum Teil intensiver Forschung wert sind Abensberg, Aidenbach, Eichendorf, Frauenau, Gangkofen, Geiselhöring, Grafenau, Hals, Kelheim, Mainburg, Neustadt, Osterhofen, Plattling, Rotthalmünster, Velden, Viechtach und Zwiesel. In dieser letzten Kategorie befinden sich auch fast sämtliche Hofmarken.
Nachdem uns die Aufgabe ihrer Erforschung kaum die etablierte Kunstwissenschaft abnimmt, müssen die in unserer niederbayerischen Heimat selbst ansässigen Mitarbeiter das Ihre leisten, um hier mehr Licht in das Dunkel zu bringen. Der Herausgeber vorliegender Dokumentation bittet deshalb alle einschlägig Tätigen um ihre weitere Mithilfe an dem großen Werk einer möglichst umfassenden Darstellung niederbayerischer Kultur und Geschichte, an welcher die Barockmaler einen keineswegs geringen Anteil haben.

Herkunft und Abstammung

Soweit es bei der bisherigen Quellenlage und dem erreichten Forschungsstand möglich ist, seien auch zu Herkunft und Abstammung niederbayerischer Barockmaler einige Aussagen gemacht.

Wenn wir unsere Liste der Meister betrachten und die Jahre nach dem Einsetzen ab 1600 näher besehen, erschließen sich uns zwei Hauptrichtungen. Die eine geht dahin, daß die Werkstätten durch Vererbung innerhalb der Familie im männlichen Stamm weitergegeben werden oder über die Heirat der Witwe bzw. Tochter an einen Nachfolger aus einem anderen niederbayerischen Ort gelangen. Die zweite Richtung eröffnet die Tatsache, daß zahlreiche auswärtige, ja ausländische Bewerber nach Einheirat in niederbayerische Malerhäuser ihre Wirksamkeit entfaltet und blutsmäßig eine nicht unbedeutende Auffrischung mitgebracht haben.

In diesem Zusammenhang muß ausdrücklich darauf hingewiesen werden, daß es sich die Kunstwissenschaft zu leicht macht, wenn sie für regionale Schöpfungen den Einfluß der jeweiligen Landschaft als bestimmend erachtet, ohne dabei die unmittelbare Herkunft und die in den Wanderjahren des betreffenden Künstlers gewonnenen Einsichten als entscheidend zu berücksichtigen. Es kann kaum einem Zweifel unterliegen, daß Geburtsheimat und besuchte Landschaften mit ihrem zeitspezifischen Kunstschaffen wesentlich größeren Einfluß auf das eigene Arbeiten des betreffenden Meisters ausgeübt haben als die neue Heimat mit ihrer Umwelt. In weit überwiegendem Maß wird er für letztere der Gebende und nicht der Nehmende gewesen sein.

Sehen wir nun von den genuin einheimischen, weil in Erbfolge nacheinander arbeitenden Meistern, ab und wenden wir uns den von auswärts in niederbayerische Orte zuziehenden Malern zu, so scheint offenbar der oberbayerisch-alpenländisch/österreichische Raum den Hauptanteil entsandt zu haben. Die Wanderrichtung verlief also meist – wie dies übrigens auch generell für andere Gewerbetreibende festgestellt werden kann – von Süden nach Norden und von Westen nach Osten.

Um nur einige bezeichnende Beispiele herauszuheben, nennen wir: *Hans Adam Klopfer* aus MÜNCHEN, 1680 in STRAUBING eingebürgert; *Joseph Anton Merz* aus MARKTOBERDORF 1710, *Johann Bernhard Scheck* aus SAULGAU 1748, *Joseph Anton Weigeroli* aus TEGERNSEE 1724, *Felix Hölzl* aus DIETRAMSZELL 1750, *Joseph Mayr* aus ST. BLASIEN 1775, alle gleichfalls in STRAUBING als Bürger aufgenommen. *Joseph Rauscher* in AICHA stammte aus MURNAU; *Johann Georg* und *Franz Joseph Heigl* in DINGOLFING kamen aus WOLFRATSHAUSEN. *Christoph Ackermann* und *Ignaz Xaver Paur* in EGGENFELDEN waren 1643 aus BURGHAUSEN bzw. 1741 aus ALTÖTTING eingetroffen; *Anton Scheitler* gelangte 1753 dorthin aus PFRONTEN. In GRAFENAU heiratete 1607 *Balthasar Lechner* aus WASSERBURG ein. *Sebastian Rainer* in VILSHOFEN (1709) war aus KUFSTEIN gebürtig und *Joseph Anton Haas* in NEUMARKT (1707) aus SCHÄRDING. Die LANDSHUTER Maler *Johann Jakob Plätz-*

ger, Matthias Daburger und *Georg Franz Fischer* hatten ihre Heimat in Berchtesgaden, Traunstein und Braunau. Aus Innerösterreich ins Niederbayerische zogen *Gregor Zobriacher* von Aflenz in der Steiermark nach Dingolfing, *Georg Arzberger von* Graz nach Eggenfelden, *Joseph Ambros Spizer* von Mattsee nach Griesbach. *Johann Wolfgang Corduletsch* in Landshut könnte dem Klang seines Familiennamens zufolge aus Graubünden oder Südtirol eingewandert sein.
Demgegenüber finden sich noch folgende Herkunftsangaben unserer niederbayerischen Maler, die nach Osten und in den Südwesten weisen. In Straubing etwa machten sich 1625 *Carl Stöbler* aus Reichenberg in Schlesien und 1676 *Johann Christoph Schultz* aus Friedland in Böhmen ansässig; von Dobrezau in Böhmen kam *Johann Voith* nach Dingolfing. Aus dem württembergischen Ochsenhausen wanderten *Andreas Math* 1738 nach Vilshofen und *Johann Georg Kaufmann* 1779 nach Landau; *Ignaz Kaufmann* in Teisbach/Landshut stammte aus Ellwangen. *Johann Heinrich Ruestaller* aus dem schweizerischen Wallfahrtsort Einsiedeln erhielt 1674 in Vilsbiburg Bürgerrecht.
Was nun die soziale Herkunft anbelangt, so waren es außerhalb unmittelbarer Erbfolge – soweit zu sehen – nur wenige Malerssöhne, die in der Fremde ihr Glück suchten und an niederbayerischen Orten eine neue Heimat und Arbeitsstätte fanden. Hierher rechnen die beiden *Heigl* in Dingolfing aus Wolfratshausen und *Johann Markus Held* in Teisbach, dessen Vater bereits Maler im oberbayerischen Amerang gewesen ist.
Ansonsten begegnen wir bei den Vätern unserer Maler den verschiedensten Berufen auf der Ebene mittelschichtlicher Handwerker; gehobene Gewerbetreibende wie Weinwirte, Bierbrauer oder Kaufleute scheinen so wenig auf wie Akademiker. *Joseph Rauscher* in Aicha war z. B. der Sohn eines Gerbers, *Gregor Zobriacher* in Dingolfing der eines Bauern. *Ignaz Kaufmanns* Vater arbeitete als Metzger; *Joseph Anton Weigerolis* und *Felix Hölzls* Väter waren Köche. *Joseph Mayr,* wie die beiden Vorigen in Straubing ansässig, hatte einen Schlosser als Erzeuger. Eine Schreinerwerkstatt betrieb *Franz Aiglstorffers* Vater in Wartenberg und jener *Johann Georg Ungelehrts* in Arnstorf zu Geiselhöring. Der Vater *Cajetan Ambros Prellingers* in Deggendorf war Eisenhändler. Die Eltern von *Lorenz Schalk* in Erding, von *Stephan Widenberger* in Straubing und von *Franz Anton Simon* in Dingolfing unterhielten eine Krämerei.

Familiäre und künstlerische Verbindungen

Diese in Niederbayern neu zugezogenen Meister haben dort ihre Familien gegründet und mancherorts über zwei und mehr Generationen hinweg künstlerische Wirksamkeit entfaltet. Darüberhinaus wurden familiäre Verbindungen zu

anderen Orten hergestellt und auch dort Ausgangspunkte für neue Werkstätten geschaffen.
Zu ihren Begründern zählen die Malerfamilien *Magg* in Au/Hallertau (1718/32) und Bad Abbach (1747/51), *Weyerer* in Aspertsham (1720), Oberbergkirchen (1740/95) und Eberspoint (?, 1790/92), *Merz* in Straubing (1710/1816), Cham (1711/35) und Bogen (1762/1800). Vergleichbar gestalteten sich die Verhältnisse bei den *Mang* in Buchbach (1754/1803) und Dorfen (1786/1816), bei den *Riederer* in Landau (1747/1832) und Eggenfelden (1812/1832), bei den *Staudinger* in Osterhofen (1754/70) und Landau (1764/79), sowie bei den *Gröz* in Landshut (1710/77) und Landau (1747/63). Ähnlichen Umfang nahmen die Beziehungen bei folgenden Malerfamilien an. So verbreiteten sich die *Vogl* von Obernberg am Inn über Landshut (1724) und Kösslarn (1671/1733). Die *Hämerl* aus Straubing (1635/68) heirateten nach Landshut (1662/1710) und Erding (1664/1722), die *Zellner* aus Furth i. W. (1728/90) ließen sich in Erding (1762/88) und Stadtamhof (1768) nieder. Aus Wartenberg (1710/90) gab es einen Ableger der *Aiglstorffer* in Frontenhausen (1751/55) und die *Schlögl* von Eggenfelden (1648/57) verzweigten sich nach Landshut (1694/1720) und Neukirchen beim Hl. Blut (1694/1733); möglicherweise gehört auch ihr Namensvetter in Velden (1670/75) zur gleichen Sippe. Die Maler *Schweinhuber* aus Burgharting bei Erding blieben dort ansässig, begründeten aber auch in Rottenburg eine in drei Generationen tätige Werkstatt (1753 – nach 1841).
Daneben können einige Maler namhaft gemacht werden, deren Familienmitglieder in anderen Kunsthandwerk-Berufen tätig waren. Die aufzuzeigenden Verbindungen führen uns zu einer für die Kunst der Barockzeit in Bayern besonders bedeutungsvollen und genealogisch interessanten Erscheinung, den Handwerker- und Künstlersippen. In ihren Familien wurden nicht bloß rein fachlich-handwerkliche Kenntnisse weitervererbt, sondern auch Kunstverständnis, Empfindung und Auffassungsgabe geprägt und überliefert. Auf diese Weise gelang es ihnen, in verschiedenen künstlerischen Berufen Beachtliches zu leisten.
Als Stammvater der Maler und Schreiner *Baumeister* gilt der erstmals 1609 in Hohenwart bei Schrobenhausen genannte *Bartholomäus Paumeister*. Dort lebten dann Familienmitglieder im 17. Jahrhundert als Schreiner und Schlosser, von dort verteilten sie sich über fast ganz Bayern. So machte sich auch *Georg Baumeister* (1643/1704) in Frontenhausen 1667 als Schreiner ansässig. Dessen ältester Sohn *Michael* (1668/um 1736) übte das gleiche Handwerk in Dingolfing aus. Seine Brüder *Wolfgang, Franz* (1700/60) und *Georg* (1703/59) waren ebenfalls Schreiner, der erstere in Massing, die beiden anderen in Frontenhausen. Alle betätigten sich nicht zuletzt als Altarbauer und Hersteller von Kirchenausstattungen. *Georg Baumeister* besaß zwei Söhne, von denen der eine *Johann Georg* (* 1727) wieder Schreiner, aber auch Faßmaler in Mengkofen, der andere *Georg* (* 1748) Schreiner in Mangern bei Gerzen war. Ein Bruder der beiden namens *Florian* (* 1736) arbeitete anfänglich als Schreiner und Faßmaler in Frontenhausen, dann als Kirchenmaler in Langquaid. Seinen Sohn *Joseph* ließ

er 1785 wieder als Schreinerlehrling in FRONTENHAUSEN aufdingen. Weitere Angehörige der selben Sippe finden sich als Schlosser bzw. kurfürstliche Büchsenmeister in MÜNCHEN, als Orgelbauer in EICHSTÄTT und BERCHING, als Schreiner in UNTERSCHNEIDHEIM bei Ellwangen, als Buchbinder und Buchhändler in CHAM.

Die aus REISBACH stammende Familie *Schwarzmayr* ist an ihrem Heimatort mit *Franz* (1698), *Adam* (1693/1702), *Karl* (1719/53), *Hans Georg* (1743/59) und *Joseph* (1762/1824) in mehreren Generationen vertreten; sämtliche Mitglieder leisteten als Kunstschreiner sehr Qualitätvolles – wie noch heute an vereinzelt überlieferten Stücken in unseren Heimatkirchen abzulesen ist. Mit ihnen verwandt waren der EICHENDORFER Maler *Balthasar Schwarzmayr* (1747/68), dessen Sohn *Franz Joseph,* Maler in EGGENFELDEN (1789), und *Hans Georg Schwarzmayr,* Schreinermeister in WENG.

Mit vielen noch jetzt vorhandenen Schöpfungen beweist die besonders beachtenswerte Familie *Wagner* ihre künstlerische Tätigkeit in unserem Raum. Sie beginnt mit den Bildhauern *Christian* (um 1666/1742) und *Bernhard Wagner* (1758/ um 1786) in LANDAU. Als Sohn des ersteren ließ sich *Johann Paul Wagner* (um 1699/1774) in VILSBIBURG nieder; er unterhielt hier eine Bildhauer-Werkstatt und wirkte vor allem auch als ausgezeichneter Stukkateur. Sein Nachkomme *Johann Michael Wagner* (1748/1828) begegnet uns ebenfalls als Bildhauer, war jedoch zudem als Faßmaler beschäftigt. Die Familie *Wagner* blieb in VILSBIBURG bis in unsere Zeit herein dem Kunstschaffen verbunden, nachdem hier des letzteren Sohn namens *Anton* (1783/1860) sowie dessen Abkömmlinge in drei weiteren Generationen als Bildhauer und Baumeister-Architekten lebten und arbeiteten.

Zuletzt muß in diesem Zusammenhang noch auf den Maler und Mesner bei St. Jodok in LANDSHUT, *Zacharias Joseph Jorhan* (1790/98), verwiesen werden, der ein Sohn des großen *Christian Jorhan* gewesen ist und Mitglied der aus *Bilin* in Nordböhmen stammenden, über GRIESBACH im Rottal nach LANDSHUT, SCHÄRDING/BURGHAUSEN und PASSAU verzweigten Bildhauerfamilie.

Kunsthistorische Analysen erblicken eine ihrer wichtigsten Aufgaben unter anderem darin, wie das jeweils betrachtete Werk oder die betreffende Künstlerpersönlichkeit in ein größeres Umfeld einbezogen werden kann. Als Mittel dient das erhaltene Oevre und/oder die Kenntnis der künstlerischen Entwicklung des Meisters, vorzugsweise unter Berücksichtigung seiner Lehr- und Gesellenjahre. Um nun auch dafür im Bereich unserer in Niederbayern ansässigen Maler einige Beiträge zu leisten, seien folgende Quellenangaben mitgeteilt.

Soweit es sich um Personen handelt, deren Vater bereits am selben Ort als Maler tätig war, darf ohne weiteres angenommen werden, daß letzterer auch als Lehrmeister für den Sohn fungiert und dieser sich allenfalls noch als Geselle andernorts umgeschaut hat. Ansonsten sind wir über Lehrverhältnisse unserer Maler zu wenig informiert, nachdem sich bisher im Raum Niederbayern dazu noch kein weiterführendes Archivmaterial auffinden ließ. So wissen wir vorerst

Kürchen Rechnüng

Dess Würdigen St:

Joannis Baptistae Gottshauß, und Pfarr-
kürchen zu [illegible], dan bey S. Salvator
außer des Markhts, Bistumb Regenspurg,
so zusamben in einer zeitlichen Verwahrt, und
dem verordneten Gottshaus Adamen
[illegible] [illegible] zu [illegible] [illegible],
und in dessen [illegible] [illegible] [illegible]: und
[illegible] Herrn Franz Andree [illegible]-
[illegible] [illegible] Pfarrers zu [illegible]
[illegible], [illegible] [illegible] [illegible] [illegible]-
[illegible] [illegible] Obrigkeit vorgelegen,
und abgelegt worden vom 1. Jenner, bis
letzten Xber ao

1757.

nur, daß der wohl mit dem späteren DINGOLFINGER Maler *Georg Spiegl* identische Lehrling *Jörg Spiegl* 1605 in München bei *Hans Schöpfer d. J.* aufgedingt worden ist oder daß der in DORFEN und dann in LANDSHUT wirkende *Franz Felix Finkenzeller* als dort gebürtiger Seilerssohn beim MÜNCHENER Maler *Balthasar Egger* seit 1671 in die Lehre gegangen ist, die damals sechs Jahre dauerte, ferner *Johann Grainlechner* in EGGENFELDEN um 1671 bei seinem Werkstatt-Vorgänger *Erasmus Schlögl* gelernt hat, während *Johann Franz Probst* in REISBACH seinerseits wieder Lehrling bei *Grainlechner* gewesen ist. Der später in MOOSBURG als Meister wirkende *Johann Anton Mayerhofer* ist 1754 im Gesellenstand bei Maler *Anton Pöschl* in WOLNZACH nachgewiesen. *Joseph Ambros Spizer* in GRIESBACH arbeitete 1761 als Gehilfe des in Österreich tätigen Malers *D. Kerle* (Stift Altenburg 1765). *Franz Anton Rauscher* in AICHA soll gar Schüler *Egid Quirin Asams* gewesen sein.

Sozialer Stand

Obwohl bisher für die Zusammenstellung unserer Liste der niederbayerischen Barockmaler keine Archivalien herangezogen wurden, die – wie Steuerregister, Haus- und Herdstättenverzeichnisse – genauere Kenntnis über Finanz- und Vermögenslage sowie über den sozialen Status unserer Meister vermitteln könnten, scheinen doch hie und da einige Nachweise auf.

So berichten etwa STRAUBINGER Unterlagen von 1692, daß der dortige Maler *Ignaz Wenzeslaus Sagstetter* als »unterstützungsbedürftig« angesehen wurde. Und in der Kirchenrechnung von Oberhausen des Jahres 1739 ist vom LANDAUER Maler *Johann Bartholomäus Reiter* zu lesen, er sei »ein armer, mit villen clainen Kindern versehener Burgersmann«. Die Auswertung des Nachlaßinventars von Maler *Johann Markus Held* in TEISBACH (1772) hat gleichfalls gezeigt, daß dort über das Haus und die vorhandenen, noch nicht abgesetzten Arbeiten hinaus weder Bargeld noch sonstiges Vermögen festzustellen war. Wenn wir auch hier in Bezug auf die Wohnungsausstattung einige sonst ungewöhnliche Dinge aufgeführt fanden, so muß doch die allgemeine finanzielle Lage des Erblassers als recht ungünstig eingestuft werden. Er lebte mit seiner Familie sozusagen von der Hand in den Mund und war ganz auf seine Arbeitskraft wie auf den Abnahmewillen seiner Kunden angewiesen.

Demgegenüber wissen wir, daß verschiedene Maler in den Landstädten und Märkten Niederbayerns nicht bloß im dortigen Äußeren und Inneren Rat saßen, sondern auch als Kammerer – nach heutigen Begriffen als Bürgermeister – amtiert haben. *Joseph Anton Grainlechner* († vor 1745) zum Beispiel war Ratsmitglied und Bürgermeister in TEISBACH. Die selbe Funktion übte Maler

◁ *Titelblatt der Kirchenrechnung von St. Johannes Baptist und St. Salvator zu* BINABIBURG, *1757 (Pfarrarchiv Binabiburg, Kirchenrechnungen)*

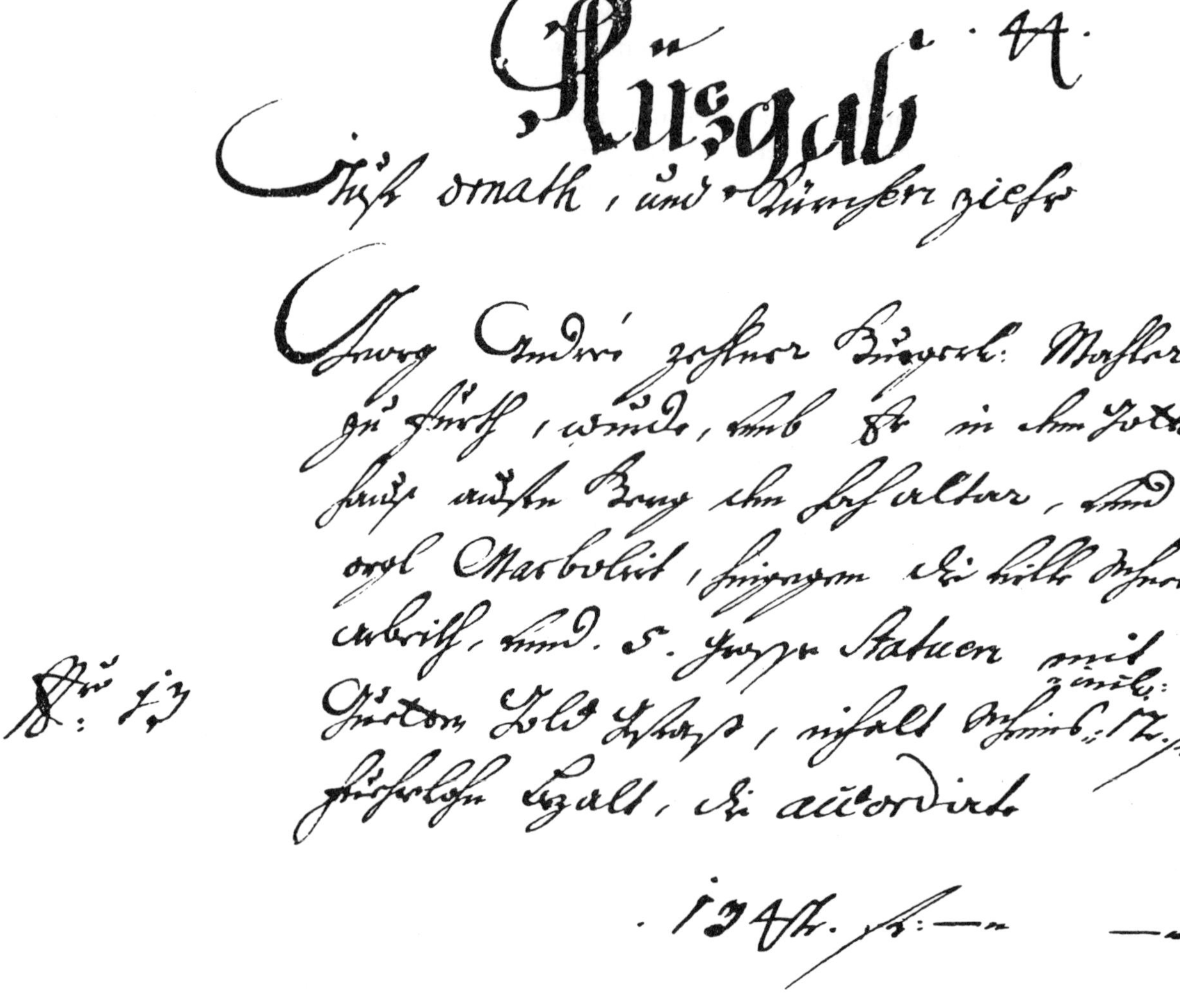

Rechnungseintrag über bezahlte Faßarbeiten an Georg Andreas Zellner *von Furth, 1757, in der Wallfahrtskirche St. Salvator zu* Binabiburg *(Pfarrarchiv Binabiburg, Kirchenrechnung 1757, fol. 44)*

Erhard Anton Nöbl († 1810) in VILSHOFEN 1793/94 und 1802/03 aus. In DINGOLFING stand *Anton Simon* 1789/95 und 1804/06 seiner Heimatstadt als Amtskammerer vor. Die vielfältigen Aufgaben *Anton Scheitlers* († 1791) im EGGENFELDENER Marktrat schildert seine Biographie.

Wenn auch diese öffentlichen Positionen – zumindest seit Mitte des 18. Jahrhunderts – nicht unbedingt an Wohlhabenheit oder gar Reichtum gebunden waren, so kennzeichnen sie doch das Ansehen und das soziale Prestige ihrer Inhaber.

Bemerkenswert ist ferner, daß eine ganze Reihe unserer Malermeister außer ihrem eigentlichen Beruf noch einem weiteren nachgingen, der da und dort mit der Malerei verwandt war oder zu ihr eine Affinität besaß. So arbeitete *Erhard Anton Nöbl* († 1810) in VILSHOFEN auch als Bildhauer, während *Anton Simon* († 1821) in DINGOLFING eine Konzession als Fabrikant von Spielkarten innehatte und des öfteren in den Archivalien als »Kartenmacher« angesprochen ist. *Johann Michael Wagner* († 1806) in VILSBIBURG allerdings betätigte sich hauptsächlich als Bildhauer und erst in zweiter Linie als (Faß-)Maler. Ähnlich wird es sich mit dem STEPHANSPOSCHINGER Bildhauer *Anton Reithmayer* verhalten haben, der 1765 die Fassung des Hochaltars in Michaelsbuch erhalten sollte, jedoch von *Ignaz Kaufmann* abqualifiziert und aus dem Feld der Bewerbung geschlagen wurde. Die Tochter *Johanna Susi* von *Johann Sigismund Seidl* in DEGGENDORF wird in den Quellen als »Kartenmalerin« bezeichnet. Schließlich sei nochmals an die Schreiner und Faßmaler *Baumeister* in MENGKOFEN, FRONTENHAUSEN und LANGQUAID erinnert. In gleicher Weise arbeitete *Bartholomäus Groß* in GEISELHÖRING als Bildhauer und Maler (1673/91).

Vollkommen berufsfremd erscheint die nachweislich ausgeübte Malerei dagegen bei dem Tändler *Peter Promberger* in LANDSHUT (1799) und dem Schuster *Benedikt Schiller* in ROTTAU (1799). Wahrscheinlich haben sie ihre Kunst nur gelegentlich und aus besonderen Anlässen in bescheidenem Umfang betrieben. Dies wird auch bei den nachfolgend zu erwähnenden vier Schulmeistern der Fall gewesen sein, die häufig bloß einfache Anstricharbeiten, möglicherweise aber auch künstlerisch gestaltete Schreibarbeiten ausgeführt haben. Nicht zuletzt kommen sie auch für die Votivtafelmalerei und ähnliche Sonderformen in Frage.

Unter ihnen wird der von 1688 bis 1719 im Markt TEISBACH als Schulmeister amtierende *Johann Georg Pöhl* als »zugleich des Mahlens khindtig« bezeichnet; wir ersehen aus der Liste, daß er u. a. die Uhrschilder seiner Kirche bemalt und verschiedene Dinge im Rathaus farbig behandelt hat. Weitere Schulmeister-Maler sind dann gewesen: *Johann Kaspar Fischer* in EGGLKOFEN 1747/57, *Franz Kaindl* in LOH 1756 und *Joseph Franz Weyerer* in OBERBERGKIRCHEN 1760/95, letzterer Angehöriger einer auch andernorts ansässigen Malerfamilie.

Neben ihrem Malerberuf unterhielten eine Kramerei *Josef Wilhelm Seidl* in DEGGENDORF († 1769) und *Franz Josef Sänftl* in REGEN († 1763). Als Wirte fungierten die Maler *Joseph* und *Franz Anton Rauscher* in AICHA († 1744 bzw. 1777), dann *Franz Michael Altmann* in CHAM (1788), *Anton Simmerl* in GRAFENAU

(1778), *Johann Franz Probst* in REISBACH († vor 1761) und *Johann Joseph Wagner* in ZWIESEL († 1808).
Die Herstellung der oben erwähnten Votivtafeln, dann Faß- und Ausbesserungsarbeiten bis hin zur Anfertigung von bemalten Antependien, Tafelbildern und Altarblättern lassen sich aufgrund von archivalischen Nachweisen sichern für jene Maler, als deren Zweitberuf Mesner einer Kirche angegeben ist. Sie versahen dort den kirchlichen Dienst, bewohnten das zugehörige Mesnerhaus und waren – soweit in Städten oder Märkten ansässig – bei ihrer Bürgeraufnahme gleichzeitig als Maler konzessioniert worden. Ihre Ansiedlung steht zweifellos mit der Bedeutung des jeweiligen Gotteshauses im Zusammenhang.
Wenn wir dies zwar bei *Joseph Hornöck* in SCHÖNAU (1760/80) noch nicht deutlich machen können – vielleicht ermöglichte ihm nur die Übernahme der Mesnerstelle erst die Aufnahme in die dortige Hofmark –, so treten derartige Verhältnisse klarer ins Licht, wenn wir die Mesner-Maler bei St. Jodok in LANDSHUT betrachten. Für die reichhaltigen Bedürfnisse dieser großen Stadtpfarrkirche konnte es nur wünschenswert sein, wenn stets ein Fachmann und Künstler für Erhalt und Ergänzung der Ausstattung als Kirchenmaler zur Verfügung stand. Außerdem ließen die dortigen Gnadenstätten durch den Zustrom von Gläubigen mannigfache Arbeiten im Bereich des Votivbrauchtums und des Devotionalienwesens erwarten. Somit dürften die in Landshut-St. Jodok während des 18. Jahrhunderts tätigen Mesner – Maler *Johann Andreas Nember* (1723/47), *Thomas Hueber* (1742/79) und der »kunstreiche« *Zacharias Joseph Jorhan* (1790–98) – über Auftragsmangel kaum zu klagen gehabt haben. Als Mesner und Maler wird ferner der bislang 1791/95 nachweisbare *Johann Schweinhuber* in BURGHARTING bezeichnet sowie *Gregor Valtermeier* in STEINKIRCHEN (1752).
Auch die Ansässigmachung von Malern im Mesnerhaus an der weitberühmten Wallfahrtskirche Maria-Steinfels in LANDAU geht bestimmt auf den bedeutenden Aufschwung der dortigen Wallfahrt zurück. Auch hier mußten vielerlei Arbeiten im Gotteshaus erledigt werden und ebenso wünschten die ankommenden Pilger ihrer Bitte und/oder ihrem Dank durch die Überlassung von Votivgaben Ausdruck zu verleihen. Sie genossen durch die Anwesenheit eines Malers in ihrem Wunsch nach einem Votivbild unverzüglich Erfüllung, konnten unmittelbar die Bestellung gemäß ihren Anliegen aufgeben und durften sicher sein, die Tafel auch alsbald am Gnadenort angebracht zu finden. Mit Namen wird erstmals 1738 *Philipp Aicher* als Maler und Mesner an der Steinfels-Kirche genannt. Ihm folgten *Adam Gröz* (1747/63), *Franz Staudinger* (1764/79), *Johann Georg Kaufmann* (1779/90) und *Maria Magdalena,* Witwe des letzteren, bis 1811.
Für die Anfertigung von Votivbildern durch einen bürgerlichen Maler besitzen wir übrigens einen ausgezeichneten Nachweis. Als sich nämlich *Franz Joseph Hipp* in GANGKOFEN anläßlich der Hausübergabe am 16. April 1768 an seine Tochter den »Austrag« schriftlich sichern ließ, behielt er sich neben materiellen Dingen ausdrücklich vor, »Verlobt-Täferl auf eigene Kosten zu malen«.
Die Betätigung Berufsfremder und Nichtkonzessionierter als Maler war selbst-

verständlich des öfteren Gegenstand von Klagen bei den zuständigen Obrigkeiten. Während es in Städten und Märkten den mit Bürgerrecht begabten und unter dem Schutz des Rates stehenden Meistern regelmäßig und schnell gelang, derartige »Pfuscher und Stimpler« oder Auswärtige zu vertreiben, begegnete dies auf dem flachen Land, im Bereich der Landgerichtsbezirke größeren Schwierigkeiten.

So verhinderten die Straubinger Maler über ihren Stadtmagistrat 1761 die Ansässigmachung des Sohnes *Franz Xaver* von *Joseph Anton Merz* und ließen ihn »in die Fremde weisen«, wo er dann in Bogen als Bürger aufgenommen wurde. In gleicher Weise hatten sich die Maler in Straubing 1730 vor dem Rat über *Johann Adam Schöpf* als »einen zu Kagers sich aufhaltenden böhmischen Maler« beschwert, einen großen Künstler, Sohn eines Straubinger Bürgers und damals mit Prager Bürgerrecht versehen. Das Ratsprotokoll von 1733 enthält neuerliche Beschwerden und 1737 klagten die örtlichen Meister, daß Schöpf wiederholt in Straubing gearbeitet habe – es handelte sich vorzugsweise um Wand- und Deckengemälde in St. Jakob. 1752 suchte er, inzwischen kurkölnischer Hofmaler, in Straubing ein Haus zu erwerben, was ihm allerdings nicht gelang; er kaufte dafür dann die Hofmark Geiselpullach bei Dachau.

Beispielhaft äußerten sich auch die Vorgänge um die Niederlassung *Paul Joseph Andreas Lohbergers* in Deggendorf als Hinterglasmaler im Jahr 1775; sie seien deshalb ausführlicher dargelegt. Auf seinen Antrag wurde der örtliche Maler *Cajetan Prellinger* als der mit dem Bürgerrecht versehene offizielle Konzessionist befragt, der natürlich eine Schmälerung seines Einkommens zu befürchten hatte und deshalb zu Protokoll gab: »Zum Voraus Protestiere, daß dem Käufer von Seithen des löbl. Magistrats ein Mahler Gerechtigkeit, wie solche imer namen haben könte, zue gestanden werden derfe. Zweytens wil ich mich auf des Käuffers ansuchen, aus burer Christen liebe, sohin mir und den meinigen ohne geringsten prejudiz oder mindister Consequenz dahin umstehen, daß er in hisig burggeding auf Glas gemahlne Tafeln nur fertigen, dabey aber alda niemahlen einen Gesellen halten derfe . . . als kein Verlob, arm sellen und Kreuz seullen tafel angefriembter auf Glas zu mahlen, vor hiesige Statt oder umligente orth . . . weder in öhl, leim, Kalch oder Pastel Farben anzustreichen . . . auch ausser Jahr Marckht Zeit nichts fail halten oder umhausieren« darf. Mit Unterstützung einiger Ratsherren, die der Ansicht waren, daß der Antragsteller »nur ein Glas Mahler ist, mithin ihme Prellinger in seiner Kunst keinen eintrag machen könne«, erhielt Lohberger schließlich das geringerwertige »Beisitzrecht« in der Stadt Deggendorf eingeräumt. Allerdings mußte er sich verpflichten, außer den oben von Prellinger angesprochenen Arbeiten auch keine Vergoldungen und Faßmalereien anzufertigen, »und zwar all hier bey Confiscierung der arbeith und sonst ergebiger Bestrafung«. Er habe sich vielmehr »bar mit übrigen auf den Kauf herrichtenten Taflen zu ernähren«.

Ähnliche Auseinandersetzungen hatte auch *Alois Kaufmann* in Landau zu gewärtigen. Er mußte bei seiner Einheirat 1801 vertraglich davon abstehen,

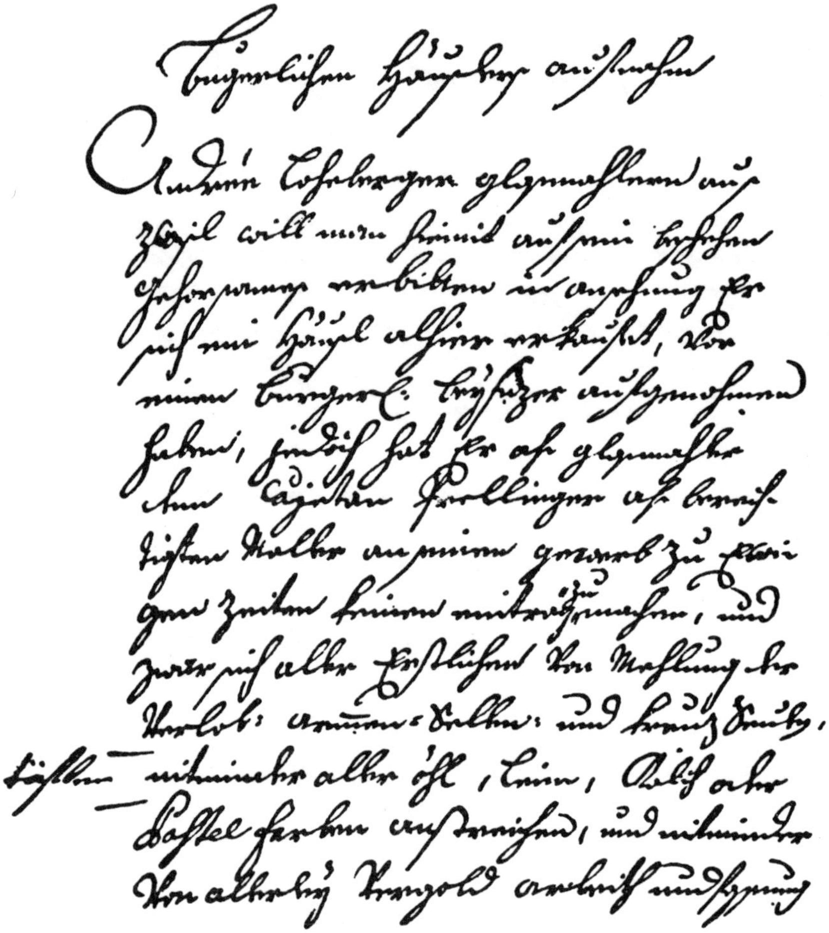

Eintrag über die Aufnahme als Beisitzer von Andreas Lohberger *in Deggendorf, 1775 (Stadtarchiv Deggendorf, Ratsprotokoll 1775)*

innerhalb des Landgerichts Aufträge zu suchen und anzunehmen, um nicht den in der Stadt ansässigen Malern das Brot zu verkürzen. Wie diese so hatte sich schon 1774 *Franz Xaver Hornöck* in NEUMARKT gegen zwei »Pfuscher« in der Hofmark Adlstein gewehrt, die von dort aus auf das Land arbeiteten. *Anton Scheitler* in EGGENFELDEN sprach 1775 gar »von mehr als zehn Pfuschern« in der Umgebung des Marktes und zwar im Zusammenhang mit Glasmalerei.

Künstlerische Leistungen

Bei der Behandlung verschiedener Aspekte, die sich aus der aufmerksamen Betrachtung unserer Liste der Barockmaler in Niederbayern ergeben, konnten wir bereits auf die künstlerische Wirksamkeit unserer Meister den einen und

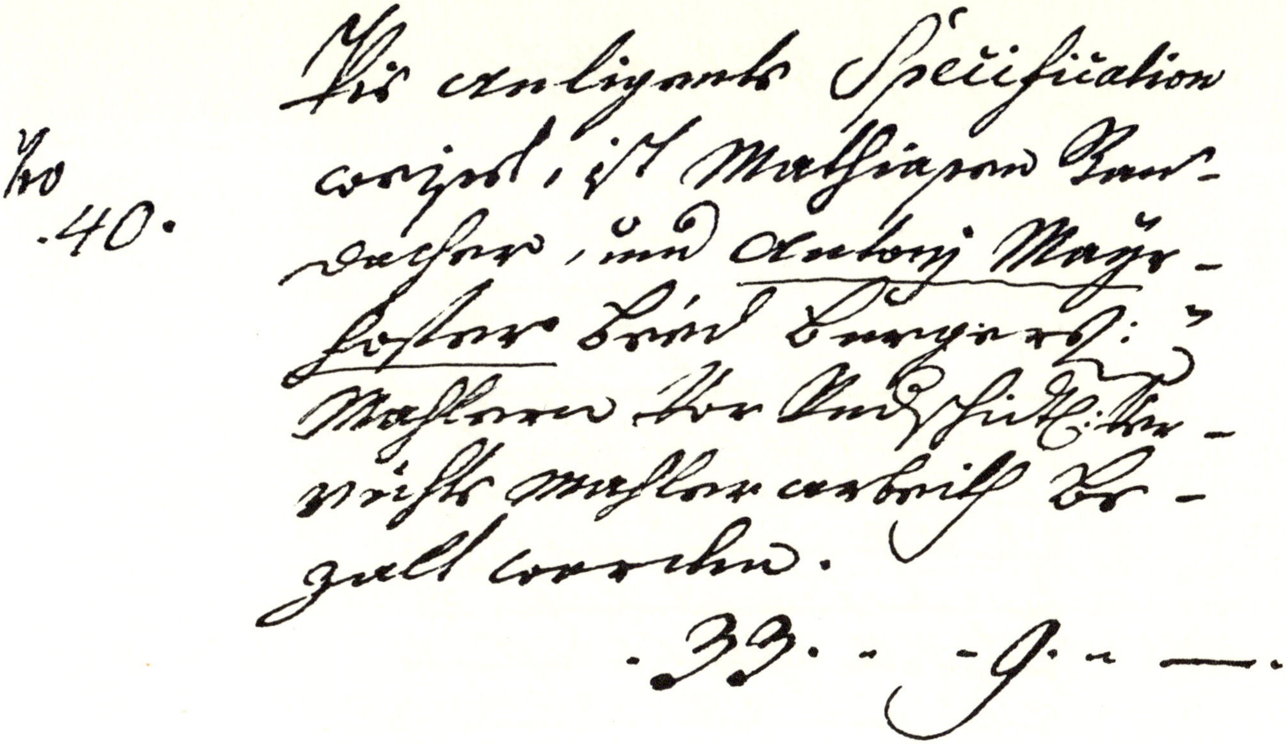

Rechnungseintrag über bezahlte Malerarbeiten an Mathias Staudacher *und* Anton Mayrhofer *in* Moosburg, *1758 (Pfarrarchiv Moosburg, Kirchenrechnung St. Johannis u. St. Michael 1758, fol. 90)*

anderen Blick werfen. Neben über den Durchschnitt herausragenden Kräften finden sich – wie sollte es auch anders sein – durchaus mediocre Talente, ferner Personen, die nur geringwertige Arbeiten auszuführen hatten und auch gar keine höheren Ambitionen entwickelten.

Gegenüber heutigen Verhältnissen, wo technisch-zivilisatorische Errungenschaften dominieren und handwerklich-künstlerische Schöpfungen selten geworden sind, erstaunt immer wieder das hohe Niveau der hier angesprochenen Zeit- und Stilepoche. Ganz abgesehen von den Spitzenleistungen der erstrangigen Künstler, die – wie zum Beispiel die *Brüder Asam* oder *Johann Baptist Zimmermann* – europäischen Standard erreichten, sind in Bayern zur Barockzeit generell im Bereich des Kunsthandwerks Leistungen auf breiter Basis entstanden, die seither nicht mehr erreicht werden konnten. Dies gilt für das Handwerk in allen seinen Branchen genauso wie für das Kunstgewerbe. Bezeichnenderweise stehen diese beiden Begriffe heute für zwei ganz von einander verschiedene Tätigkeitsfelder.

In besonderem Maß hat diese Feststellung für den Bereich der Malerei zu gelten. Wenngleich heute wieder – infolge von Anforderungen der Denkmalpflege und des allgemein gestiegenen Interesses am Erhalt künstlerischer Erzeugnisse ver-

gangener Jahrhunderte –, das Berufsbild des Kirchenmalers und Restaurators an Bedeutung gewonnen hat und demnach auch in Niederbayern mehrere Werkstätten einschlägiger Richtung arbeiten, so beschränken sich diese korrekterweise auf »pflegerische« Behandlung der ihnen übertragenen Aufgaben. Neuschöpfungen stehen weder in ihrem Auftrag noch in ihren Möglichkeiten.
Ganz anders hatten sich die Verhältnisse während der Barockzeit gestaltet. Neben den durchaus zahlreichen Arbeiten im Bereich von Renovierungen – Restaurierungen, Denkmalpflege und historische Befunduntersuchungen mit entsprechenden Konsequenzen für die praktische Arbeit kamen damals nicht in Betracht – sowie neben dem weiten Feld der Faßmalerei und Marmorierung waren neue Werke gefordert: Wand- und Tafelgemälde, Deckenfresken und Altarblätter. Unsere Barockmeister wurden ständig mit derartigen Anforderungen konfrontiert und sie haben sich ihnen gestellt. Den einen gelang dies mit Bravour, andere taten sich härter: wir wollen keineswegs die qualitativen Unterschiede übersehen.
Der kritische Leser dieses Buches möge selber urteilen. Herausgeber und Mitarbeiter haben einzelne Künstlerpersönlichkeiten und ihre Werke zu würdigen versucht. Manche davon waren bereits den an niederbayerischer Kultur und Geschichte Interessierten bekannt, andere werden erstmals der Vergessenheit entrissen und unserem Leserkreis vorgestellt. Alle aber sollen sie in die gesamtbayerische Kunstgeschichte eingeführt werden, die gerade unseren Heimatraum bisher nicht allzu stark berücksichtigt hat.
Sind nun etwa die Werke der *Merz, Rauscher, Scheitler, Kaufmann, Aiglstorffer, Mang* und *Hornöck* durch die hier veröffentlichten Beiträge in den besonderen Blickpunkt des Lesers und Betrachters gerückt worden, bleiben doch für Niederbayern zahlreiche andere Künstler in ihrer Arbeit noch detailliert zu erforschen. Zwar versucht unsere Liste mit dem bislang ermittelten Werkkatalog eine gewisse Breitendeckung zu erreichen, trotzdem kann nicht beiseite geschoben werden, daß bestimmte Einzelpersonen von der Forschung immer noch ungenügend berücksichtigt sind. Vor allem den LANDSHUTER Malern *Geiger, Fürstenbreu* und *Finkenzeller,* aber auch verschiedenen anderen ihrer Kollegen dort muß künftig unsere Aufmerksamkeit gelten. Dies veranlaßt allein schon hier wie anderswo der vorerst nur bruchstückhaft in der Liste aufgezeigte Werknachweis.
Während wir nun vorzugsweise über das Berufsbild unserer Meister als Kirchenmaler informiert sind, können Nachweise über andere Tätigkeiten nur sporadisch vorgelegt werden. So haben wir erfahren, daß neben den im Bayerischen Wald ansässigen Malern auch solche im Hügelland Hinterglasbilder fertigten. Offenbar nahmen hier die EGGENFELDENER Meister *Schlögl* und *Scheitler* eine besondere Stellung ein; letzterer kämpfte allerdings gegen die Konkurrenz eines örtlichen Glasers und von mehr als zehn »Pfuschern«, die in der Ungebung als Hinterglasmaler tätig waren.
Von besonderem Interesse würden auch Belege zur Möbelmalerei sein, doch

besitzen wir dafür aus der hier behandelten Zeit keine direkten Nachrichten. In erster Linie können aber die zugleich als Faßmaler und Schreiner arbeitenden Personen – etwa die *Baumeister* in MENGKOFEN und FRONTENHAUSEN/LANGQUAID – in Betracht gezogen werden. Zumindest die mehr künstlerische Ausgestaltung von Mobiliar repräsentativeren Charakters mit Heiligen- und Landschaftsdarstellungen möchten wir eindeutig den Malern zuweisen, während einfache und farblich kaum differenzierte Leimanstriche im Kammzugverfahren oder mittels ähnlicher Techniken durchaus dem handwerklichen Bereich der Schreiner zuzumessen sind. Nachweislich gehörte zum Beispiel das Abfassen von Türen und Fenstern mit Leinölfirnis zu ihren berufsspezifischen Aufgaben. Im übrigen war ja der jeweilige Arbeitsanteil durch die Handwerksordnungen bzw. durch gerichtliche Entscheide bei strittigen Fällen genau geregelt: ein Eingreifen des Schreiners in die berufliche Sphäre des Malers wäre wenigstens in den Städten und Märkten von letzterem nie hingenommen und durch Anrufung der Obrigkeit sofort geahndet und abgestellt worden. Doch ist zu berücksichtigen, daß dies nur solang Geltung haben konnte, als die betreffenden Bestimmungen in Wirkung und noch nicht durch die seit Anfang des 19. Jahrhunderts einsetzende neue Gewerbegesetzgebung abgelöst waren.

Um in diesem Zusammenhang nur auf eine der in Niederbayern anzutreffenden Möbellandschaften des späten 18. und frühen 19. Jahrhunderts einzugehen, so wird etwa für DEGGENDORF angenommen, daß die örtliche sog. *Weinzierl*-Werkstatt die für sie ganz typischen Schränke und anderes Mobiliar selbst, d. h. durch die ausführenden Schreiner bemalt habe. Zum Beweis erinnert man an die dort festgestellten Vorlagen für Heiligenbilder, deren Umsetzung tatsächlich auf verschiedenen Möbelstücken erscheint. Nun ist aber mit dem letzten Verbleib

Vogl (Anton) von Obernbeg am Innfluß gebürtig, kam im Jahre 1724 nach Landshut, wurde als Bürger und Maler aufgenommen, war ein sehr geschickter Mann. Das Altarblat der heilige Jodok und der sterbende Joseph in dasiger Kirche ist von seinem fleißigen und mühesamen Pinsel. Er zeigte grosse Fähigkeit und Macht in Landschaften und Thieren aller Art, so man aus dem Prospekt von Landshut nach München, welcher auf dem Rathhause in der Wartstube ober der Thür aufgehangen überzeigend genug bemerken kann. Er starb glaublich fruhzeitig, weil nichts weiters zu finden ist.

Eintrag über Johann Anton Vogl *zu Landshut in Franz Sebastian Meidingers Beschreibung von Landshut 1785, S. 247.*

dieser Vorlagen bei Nachkommen der Weinzierl-Schreiner noch in keiner Weise belegbar, daß sie auch hier angefertigt worden sind. Vielmehr können sie genau so gut von einem Maler hergestellt und der Werkstatt als Muster für die Kunden überlassen worden sein.

Werkstatt-Inhaber waren *Ignaz Weinzierl* (* 1757, † 17. I. 1825) und dessen Sohn *Franz Ignaz* (* 8. VII. 1786, † 16. XII. 1866). Von den genannten Vorlagen für die figürliche Bemalung von Möbelpartien wie Füllungen, Brüstungen und Aufsätze dürfte ein Teil noch dem 18. Jahrhundert angehören; weitere Objekte liegen zeitlich später und bleiben hier außer Betracht. Aufgrund unserer Ermittlungen über die in Deggendorf seinerzeit ansässigen und konzessionierten Maler ergibt sich, daß die älteren Stücke dieser durchaus bemerkenswerten Sammlung dem Maler *Ambros Cajetan Prellinger* zugerechnet werden können, sofern sie nicht – was keineswegs ausgeschlossen werden darf – von einem Kirchenmaler anderen Orts stammen, mit dem die Schreiner Weinzierl zusammengearbeitet haben.

*

So kann also unsere Zusammenstellung in mehr als einer Hinsicht Geltung beanspruchen für den gegenwärtigen Wissensstand im Bereich niederbayerischer und damit süddeutscher Kunst- und Kulturgeschichte. Mit fortschreitender Erkenntnis sollen aber auch hier noch Lücken gefüllt und Nischen ausgeleuchtet werden. Und es bleibt die Aufgabe, eine nie zu erreichende Vollständigkeit wenigstens so weit als möglich anzustreben.

Ausgewähltes Schrifttum (Spezialliteratur ist bei den einzelnen Orten vermerkt):

Hermann Bauer: Der Himmel im Rokoko. Das Fresko im deutschen Kirchenraum des 18. Jahrhunderts, Regensburg 1965.

Hermann Bauer: Rokokomalerei. Sechs Studien, Mittenwald 1980.

Romuald Bauerreiß: Kirchengeschichte Bayerns, Bd. VII, Augsburg 1970.

Hans Bleibrunner: Niederbayern. Kulturgeschichte des Bayerischen Unterlandes, Bd. II Landshut 1980.

Bruno Bushart: Deutsche Malerei des Rokoko. Königstein i. T. 1967.

Die Kunstdenkmäler von Niederbayern, Heft 1 bis XXV, München 1912–1936.

Adolf Feulner: Bayerisches Rokoko, München 1923.

Benno Hubensteiner: Vom Geist des Barock. Kultur und Frömmigkeit im alten Bayern, München 1978².

Cornelia Kemp: Angewandte Emblematik in Süddeutschen Barockkirchen. München–Berlin 1981.

Kleine Kunstführer des Verlags Schnell + Steiner. betr. niederbayerische Kirchen.

Norbert Lieb: Barockkirchen zwischen Donau und Alpen, München 1953.

Volker Liedke: Die Lehrjungen der Münchner Maler und Bildhauer des 17. und der 1. Hälfte des 18. Jahrhunderts, in: Ars Bavarica 19/20, München 1980, S. 119–143.

Wilhelm Pinder: Deutscher Barock, Königstein u. Leipzig 1943.

Bernhard Rupprecht: Die bayerische Rokoko-Kirche, Kallmünz 1959.

Herbert Schindler: Große Bayerische Kunstgeschichte. Verbesserte Studienausgabe, Bd. II, München 1976.

Hugo Karl Maria Schnell: Der baierische Barock. Die volklichen, die geschichtlichen und die religiösen Grundlagen, München 1936.

Max Spindler (Hsg.): Handbuch der bayerischen Geschichte, Bd. II. München 1966.

Ursula Spindler-Niros: Farbigkeit in bayerischen Kirchenräumen des 18. Jahrhunderts, Diss. Saarbrücken 1976, Frankfurt 1981.

Ulrich Thieme-Felix Becker: Allgemeines Lexikon der bildenden Künstler von der Antike bis zur Gegenwart, 37 Bde., Leipzig 1903–1950.

Hans Titelnot: Die barocke Freskomalerei in Deutschland. Ihre Entwicklung und europäische Wirkung, München 1951.

Der Verfasser dankt folgenden Herren, die mit den von ihnen gesammelten Materialien an der Liste der bisher bekannten Barockmaler Niederbayerns mitgearbeitet haben: Ludwig Albrecht (Eggenfelden), Franz Baumeister (Straubing-Cham), Anton Beil (Erding), Heinz Blank (Gangkofen), Georg Brenninger (Schröding-München), Erich Eder (Pfarrkirchen), Franz Gabriel (Landau), Max Bengl (Moosburg), Lambert Grasmann (Vilsbiburg), Isfried Griebel (Regen-Viechtach), Reinhard Haller (Zwiesel), Josef Haushofer (Eggenfelden), Erich Kandler † (Deggendorf), Ludwig Kitzinger (Arnstorf), Edgar Krausen (München), Joseph Menath (Cham), Gottfried Schäffer (Passau), Raimund Schuster (Zwiesel), Hans Rudolf Spagl (Mühldorf), Georg Spitzlberger (Landshut), Ludwig Treimer (Viechtach), Karl Tyroller (Straubing), Karl Wild (Vilshofen). – Weiter gilt besonderer Dank Hans Bleibrunner (Landshut) für verschiedene Hinweise und die Vermittlung von Bildvorlagen, sowie Johann Geier (Landshut) für die Bereitstellung einschlägiger Archivalien.

Abkürzungen und Siglen (Mehrzahl durch Verdopplung: s. ABlBl)

*	geboren bzw. getauft	Fa	Fahne	R	Renovierung
⚭	verheiratet	FaBl	Fahnenblatt	Sa	Seitenaltar
†	gestorben	G	Tafel-/Lwd-Gemälde	SaBl	Seitenaltarblatt
▭	begraben	Ha	Hochaltar	Usch	Uhrschild
		HaBl	Hochaltarblatt	WfK	Wallfahrtskirche
A	Altar	K	Kanzel	V	Vergoldung bzw. Versilberung
ABl	Altarblatt	Kv	Kostenvoranschlag		
ABlBl	Altarblätter	Kw	Kreuzweg	Wg	Wandgemälde
Al	Altarleuchter	M	Malerarbeiten	zgl.	zugleich
Ap	Antependium	MR	Meisterrecht		
BR	Bürgerrecht	O	Orgelgehäuse		
Dg	Deckengemälde	P	Porträt		
F	Faßarbeiten	PfK	Pfarrkirche		

Bei Ortsangaben im Werkkatalog ohne nähere Bezeichnung ist stets die dortige Kirche gemeint.

ABBACH

Johann Martin Magg

1747 Teugn: R, Hl. Grab
1751 Teugn: F Kruzifix

ABENSBERG

Johann Peter Plaiml

1726 Abensberg/KarmelitenK: F
1728 Teugn: F + V einer Krone
1730 Abensberg/PfK: V
1731 Teugn: F 4 Maikrüge

Georg Hubert Ulrich

1785 Pürkwang: G 14 Nothelfer
1786 Pürkwang: F A, G Wetterpatrone, R Kw, M + F St. Wendelin, M Turmhaus, Usch
1790 Pürkwang: F KreuzA

AICHA a. d. Donau

Joseph Rauscher
⟨Simon Rauscher, Gerber in Murnau⟩
* 13. VI. 1683
ꝏ 9. X. 1724 Maria Clara Plößl, Wein- u. Gastwirtstochter von Deggendorf
† 1744
zgl. seit 1724 Hofwirt

1717 Außernzell: ABlBl St. Johannes Baptist + St. Margareta (Auszug) + F
1720 Bischofsmais/St. Hermann: HaBl St. Hermann + Hl. Drei Könige
1725 Windberg/Sakristei, Kapitelsaal: Dg
1726/27 Zwiesel/PfK: Dg St. Nikolaus
1730 Bischofsmais/PfK: Dg Hl. Jakobus + 4 Kirchenlehrer
um 1720/30 Altenmarkt/Festsaal: DgDg Joseph und seine Brüder
1740 Niedermünchsdorf: HaBl St. Hippolyt

Franz Anton Rauscher
⟨Joseph Rauscher ꝏ Maria Clara⟩
* 6. V. 1731
ꝏ 13. V. 1771 Maria Anna, Hoffleischhackers- u. Gastwirtstochter aus Niederaltaich († 28. X. 1775)
† 12. II. 1777
zgl. Hofwirt

um 1750/55 Oberaltaich: G Versuchung des hl. Benedikt
1751 St. Salvator: Dg
1754 Zeitlarn: ABl St. Sebastian
um 1755 Dornach: AABlBl Himmelfahrt Christi + Mariens
1755 Windberg/KlosterK: Dg
1755/60 Thundorf: AABlBl, Dg St. Quirin
1757 Plattling/St. Magdalena: ABlBl St. Florian + St. Magdalena

1759 Unterfrauenau: DgDg Mariä Himmelfahrt und Maria Zuflucht der Christen
1760 Plattling/St. Magdalena: ABl, Wg
1760 Obernberg b. Künzing: HaBl Taufe Christi
um 1760 Berg b. Metten: HaBl Petrus u. Paulus
um 1760 Grafenau/SpitalK: ABl St. Elisabeth
1762 Deggendorf/SpitalK: Dg St. Katharina
1762 Schwanenkirchen: ABlBl
1766 Deggendorf/GrabK: Fresken
1767 Zwiesel/BergK: Dg Verkündigung + Geburt Mariens
1768 Deggendorf/St. Martin: HaBl
1770 Rinchnach: HaBl Taufe Christi
1770 Kötzting: SaSaBlBl Magdalena + Sebastian
um 1770 Wisselsing = Dg Martyrium St. Petrus [?]
1777 Schloßbrauerei Gossersdorf: PP Oberaltaicher Prälaten
1780 [?] Regen/Hl. Geist: HaBl Krönung Mariens
? Kirchdorf/Wald: Dg
? Asbach: Wg
? Viechtach/PfK: Dg

Moritz Benedikt Rauscher
⟨Joseph Rauscher ⚭ Maria Clara⟩
* 1730

1751 St. Salvator: F O
1757 Plattling/St. Magdalena: F A
1774 Deggendorf/Katharinenspital: F
um 1780 Schönberg: M

Schrifttum

Vgl. den Beitrag von Karl Tyroller in diesem Sammelband, S. 32–51.

AIDENBACH

Johann Redschmidt

1764 Aidenbach: F Ap

ALTFRAUNHOFEN

Franz Wagner

1739 Haining: Kw
1739 Obergangkofen: ABl u. a.
1755 Obergangkofen: V Turmkreuz

	1757 Geisenhausen: F 3 Kanontafeln
	1760 Vilsheim: V Hl. Geist

ARNSTORF

Johann Franz Sailer	1689
Michael Ferdinand Schmidt	1707 Reichersdorf: Usch 1714 Reichersdorf: F 1718 Reichersdorf: Wg
Mathias Conrad N. **Dominicus Ferdinand N.** } Malerssöhne	1739 Reith b. Reisbach: GG
Johann Georg Ungelehrt ⟨N. Ungelehrt, Schreiner zu Geiselhöring⟩ ⚭ 1757 Barbara Mayr ⟨Michael Mayr, Maurer zu Arnstorf, ⚭ Magdalena⟩	1765 Mariakirchen: Marmorierung Ha
N. Gallinger	1804

ASPERTSHAM b. Neumarkt

Sebastian Weyerer (s. Oberbergkirchen)	1720 Seifriedswörth: A

AU i. d. Hallertau

Michael Magg	1718 Au: F 2 Friedhofkreuze 1719 Au: F + R 1 Frauenbild + Simon Stock 1723 Pfettrach/Reichertshausen: M Kruzifix 1729 Au: R des alten HaBl 1732 Au: Usch, F für die Krippe

BODENMAIS

Johann Mässlsried	1759 Bodenmais/LoretoK: Dg Loreto-Wunder

BOGEN

Pankratius N.	1. H. 17. Jh. Oberaltaich: Albertustafeln

Niklas Reicher (Reichl)

1698 Bogen/St. Florian: F Statuen Johannes u. Paulus
1705 Bogen/St. Florian: F Urständ Christi
1708 Bogen/St. Florian: F Verkündigung
1710 Bogen/St. Florian: Usch + Sonnenuhr
1720 Bogen/St. Florian: V Turmkreuz
1729 Bogen/Rosenkranz-Br.: F Unserer lb. Frau Bildnis
1730 Bogen/Rosenkranz-Br.: G Christus am Ölberg, M
1732 Bogen/Rosenkranz-Br.: F + M für d. Karfreitag
1734 Bogen/Rosenkranz-Br.: M
1735 Bogen/Rosenkranz-Br.: F Bruderschaftsstäbe
1736 Bogen/Rosenkranz-Br.: R
1739 Bogen/Rosenkranz-Br.: M
1740 Bogen/Rosenkranz-Br.: M

Franz Xaver Merz
⟨Joseph Anton Merz, Maler in Straubing⟩
* 2. XII. 1733
⚭ Straubing 23. II. 1762 Viktoria Meister, Lederertochter von Cham († 15. III. 1801)

1768 Geltolfing: F T
1769 Windberg/BlasiusK: F Ha, O u. a.
1776, 1770/76 Geltolfing: FF
1777 Bogenberg/St. Salvator: A + Dg
1780/82 Geltolfing: F Hl. Grab + Krippenfiguren
1784 Windberg/Hl. Kreuz: Dg
1786 Aiterhofen: F K
1789 Azlburg/ElisabethinerinnenK: Dg
1793 Elisabethszell: G Hl. Elisabeth
1799 St. Englmar: G Abschied Christi

Franz Seraph Merz
⟨Franz Xaver Merz ⚭ Viktoria⟩
I ⚭ 10. XI. 1790 Anna Maria Franck († 6. VIII. 1796)
II ⚭ 10. I. 1797 Maria Anna Wild, Färberstochter
Bis 1800, dann in Straubing (s. d.)

Schrifttum

Vgl. den Beitrag von Karl Tyroller in diesem Sammelband, S. 11–31.

BUCHBACH

N. Mazole
⚭ Therese N.

Balthasar Mang d. Ä.
⟨Erasmus Mang, Schuhmacher zu Arget, ⚭ Anna Seidl⟩
* 8. I. 1720
I ⚭ 14. V. 1754 Therese Mazole, Malerswitwe
II ⚭ 1758 Maria Anna Ludwig († 25. XI. 1806)
† 1. VIII. 1803

1753/54	Niederaschau: A
1756	P Dekan in Mühldorf
1757	Buchbach: F
1758	Oberneukirchen: Dg + ABl [?]
1761/69	St. Wolfgang: PP
1764	Esterndorf: ABl St. Leonhard
1765	Rattenkirchen: Dg
um 1765	Ranoldsberg: P
1766/67	Buchbach: Dg + A
1767/68	Oberornau: Dg
1768	Wörth b. Schwindegg: Dg St. Georg
1775	Schönberg b. Neumarkt: HaBl
1775	Steeg/SchloßK: HaBl (Auszug) St. Nepomuk
1777	St. Wolfgang: SaSaBlBl Immaculata + Schutzengel
um 1780	Mühldorf: ABl St. Sebastian (+ Skizzen)
um 1780	Gars/KlosterK: ABl Maria Immaculata
1781	Mühldorf/St. Nikolaus: SaBl + Kw [?]
1790	Buchbach: R
?	Georgenzell: Dg St. Georg
um 1790	Georgenzell: Vorzeichnung f. Kupferstich
1791	Landshut/St. Martin: GG Christus Ikonen

Balthasar Mang d. J.
⟨Balthasar Mang d. Ä.⟩
* 11. III. 1764

1805	G Wasserschloß Steeg
1808/10	Mühldorf: P Geistlicher + PP Eltern

Schrifttum

Vgl. den Beitrag von Hans Rudolf Spagl in diesem Sammelband, S. 116–124.

BURGHARTING

Johann Schweinhuber
zgl. Mesner

1791	Vilsheim: F Auferstehungsfigur
1795	Altenburg: F A u. R K
1814/15	Münchsdorf: 6 ApAp

Schrifttum

Peter Bergmaier: Vilsheim. Heimatbuch vom Oberlauf der kleinen Vils, Landshut 1961, S. 13, 113, 161.

CHAM

Andreas Merz
* Marktoberdorf 1678
Bruder von Joseph Anton Merz, Maler in Straubing
† um 1735

1711 Michelsneukirchen: HaBlBl + F
1714/15 Michelsneukirchen: SaSaBlBl + FF
1724 Michelsneukirchen: F Chorbogenkruzifix
1724 Bogenberg: G Sieben Zufluchten
um 1725 Patersdorf: Dg
1727/28 Oberaltaich: Mitarbeit A
? Furth i. W.: Dg
? Roding: Dg
? Arnschwang: Dg
? Gotteszell: M

Georg Wilhelm Vollmar (Vollmayr)
BR 1737

Johann Peter Sollfleisch
⚭ Straubing 6. II. 1753 Maria Anna Cäcilia Schretter, Goldschmiedstochter

Johann Wolfgang Hennenvogel
† um 1775

1760 Michelsneukirchen: V T
1763 Michelsneukirchen: SaSaBlBl + FF
1764 Cham/SpitalK: Marmorierung A
Cham/SpitalK: F Ha
1769

Johann (Ignaz) Anton Sollfleisch
wohl ⟨Johann Peter Sollfleisch⟩
* Walburga N.
⚭ um 1785

1764 Cham/SpitalK: Marmorierung A
1777 Miltach: Dg
? Chamerau: Dg
? Weißenregen: SaSaBlBl St. Sebastian + Mariä Verkündigung
? Miltach: SaBl St. Martin
? Lalling b. Deggendorf: SaBl

Franz Michael Altmann
Malerrecht 1788
zgl. Bierzäpfler

Schrifttum
Karl Gschwendner: Baugeschichte der Pfarrkirche Michelsneukirchen, in: Die Oberpfalz 5, Kallmünz 1962, S. 111–116.
Franz Baumeister: Die Spitalkirche in Cham, in: Oberpfälzer Heimat 25, Weiden 1981, S. 75–78.
Vgl. den Beitrag von Karl Tyroller in diesem Sammelband, S. 11–31.

Oswald Schaur	1602
Georg Spitzer	1602
Ludwig Seitz	1605 Deggendorf/St. Martin: V 1608 Deggendorf/GrabK: G an der Gnadentür, F der Gnaden-Fa, Wg St. Michael u. Rupert, R Auferstehungsfigur
N. Hölzl	1622 Deggendorf/StiftsK: Riß Ha, M Ta
Hans Hofmann	1625 Deggendorf/StiftsK: F Ha
Christoph Reinhard (Reichhart) * Tittling BR 1634 ⚭ N. N. † 1649	1639 Deggendorf/GeiersbergK: Wg
Othmar Hohensinn BR 1646 † 1648	1638 Deggendorf/GrabK: M 1642 Deggendorf/GrabK: F am Hl. Grab
N. Reichhart Witwe nach Christoph Reichhart	1656 Deggendorf/PfK: V ? Deggendorf/Gruft: F Figuren 1669 Deggendorf/Stadtturm: Anstrich
Franz (Hieronymus) Reischl *Deggendorf I ⚭ 1655 Margarete Roth aus Vilshofen II ⚭ 1668 Jakobe Halser	1654 Deggendorf/GrabK: V Auffahrt Christi 1656 Metten: V 1656 Deggendorf/PfarrK: V Dachkreuz 1656 Deggendorf/SpitalK: HaBl St. Katharina 1656 Geiersberg F A + V T 1657 Deggendorf/PfK: UschUsch, F O, F Tumba 1662 Buchberg: F A 1665 Geiersberg: F + V O 1667 Deggendorf/GrabK: F Gnadenpforte 1669 Deggendorf/Stadtturm: Anstrich 1672 Greising: G Mariahilf 1689 Deggendorf/Brunnen: VV
Christoph Kafinger	1672 Grafenau/Rathaus: GG Heilige u. Wappen
Daniel Haslrainer	1680 Metten: G Kreuzabnahme, G Grablegung

Johann Joseph Urban
* 1697
† 19. VI. 1743, ▭ Rain

Philipp Neri Miller
* Osterhofen
⚭ Straubing 26. V. 1687 Anna Maria Wiser
† 1735

1687 Deggendorf/Rathaus: P Kurfürst
1689 Deggendorf/GrabK: Ap, V
1690 Stephansposching: HaBlBl St. Stephan + Dreifaltigkeit (Auszug)
1690 Grafling: F
1692 Greising: G Mariahilf
1698 Deggendorf/SpitalK: Wg (außen)
1698 Grafling: M
1702 Wühn: ABlBl St. Florian + ULF (Auszug)
1704 Deggendorf/Unteres Tor: Wg [?]
1704 Deggendorf/GrabK: M, Ap
1708 Deggendorf/Brunnen: M, V
1710 Deggendorf/GrabK: V, M
1710 Ulrichsberg: R
1711 Grafling: V, M
1711/12 Greising: V, M, F T, Entwurf T
1713 Grafling: ABl St. Andreas
1714/15 Deggendorf/GrabK: M, W, F K
1714 Seebach: F
1714 Wühn: Abl
1714 Grafling: M, A
1715 Deggendorf/GrabK: F K
1715 Wühn: F O
1716 Deggendorf/PfarrK: V Ha, M
1717 Deggendorf: FaBl
1717 Ulrichsberg: M
1718 Wühn: F, M
1718 Deggendorf/PfarrK: V
1719 Deggendorf/PfarrK: V, M, V Sa + Ha
1719 Deggendorf/Brunnen und Stadtturm: M
1720 Seebach: M, F
1720 Wühn: M, F
1723 Deggendorf/Brunnen: u. a. M, FaBl
1724 Deggendorf/ErasmusK: V, R, F
1724 Grafling: SaBlBl
1725 Greising: M, F
1726 Greising: F Ha, F SaSa, F K
1727 Bischofsmais/St. Hermann: F K

Johann Sig(is)mund Seidl
* Osterhofen

1726 Deggendorf/ErasmusK: ABl 14 Nothelfer

BR 14. IX. 1725 und Übernahme des Malerrechts seines Vetters Ph. N. Miller
† um 1747

1726 Deggendorf/GrabK: Usch, M
1727 Deggendorf/GrabK: Usch, M
1727 Deggendorf/NepomukK: A
1727 Bischofsmais/St. Hermann: F Bildnis des Guten Hirten
1728 Viechtach/PfK: HaBl Mariä Himmelfahrt
1728/29 Deggendorf/GrabK: M
1731 Deggendorf/Rathaus: M
1731 Deggendorf/Brunnen: V
1732 Deggendorf/GrabK: Wg, FaBl
1732 Deggendorf/Brunnen: M
1734 Deggendorf/Brückenkreuz: F
1735 Deggendorf: Usch
1736 Seebach: F A
1737 Deggendorf/GrabK: FaBl, M, V
1738 Deggendorf/GrabK: M, V
1738 Michaelsbuch: F Ha
1738 Ulrichsberg: Ap
1739 Halbmeile: F Ha
1741 Greising: F
1744 Greising: F

Josef Wilhelm Seidl
⟨Johann Sigismund Seidl⟩
BR 30. VI. 1747
⚭ 1747 Anna Maria Würth, Krämerswitwe von Deggendorf
† 1769
zgl. Krämer

1726 Greising: V
1728 Greising: F Sa, M
1729 Grafling: M, V
1729 Greising: V T, M
1729 Fronstetten: F A, Ap, ABl St. Anna
1730 Fronstetten: F A, Ap, Dg St. Nikolaus
1731 Fronstetten: M, V
1732 Fronstetten: F K
1738 Michaelsbuch: Kv Ha
1740 Deggendorf/ErasmusK: ABl 14 Nothelfer, G Jüngstes Gericht
1741 Deggendorf: M
1747 Deggendorf/Rathaus: PP Kurfürstenpaar
1748 Deggendorf/PfarrK.: DgDg Mariä Himmelfahrt
1751 Ulrichsberg/Kirchturm: V
1753 Ulrichsberg: DgDg, M
1757 Seebach: V
1762 Deggendorf/Brücke: F Kreuz

Johanna Susi Seidl
⟨Johann Sigismund Seidl⟩
Kartenmalerin

Cajetan Ambros Prellinger
⟨Anton Prellinger, Eisenhändler zu Deggendorf⟩

1764 Deggendorf/GrabK: R, V, M
1765 Halbmeile: F O
1784 Ulrichsberg: Ap

vorher in Tann
I ⚭ N. Dunzinger († 1785)
II ⚭ Magdalena Baumgartner, Häuslerstochter
† um 1815
Seine Witwe verkauft das Malerrecht an den »Eleven der Kunstakademie« Josef Kürzl

? Deggendorf/St. Martin: Marmorierung A, Wg St. Maria
1786 Deggendorf/Brücke: F St. Nepomuk
1789 Deggendorf/PfarrK: FF Urständ Christi + Hl. Geist
1790 Deggendorf/Brücke: A NepomukK
1792 Deggendorf/Rathaus: A Ratszimmer, F
1796 Deggendorf/PfarrK: M Christkind f. Ha

Paul Joseph Andreas Lohberger
⟨N. Lohberger, »Rieder-Müller«/Pf. Lam⟩
I ⚭ um 1740 Katharina ⟨Andreas Schauer, Tafelglasmacher in Buchenau⟩ († 14. VI. 1784)
bis 1775 in Griesbach b. Zwiesel
Beisitzrecht 1775
II ⚭ 1786 Walburga Piller († 22. III. 1814)
† 27. XII. 1809
Hinterglasmaler (»vitroni pictor«)

1762 Bodenmais/Schloß: 4 auf Glas gemalene Tafeln
1762/72 Votivbilder hinter Glas
1777/1807 Vertrieb von Hinterglasbildern über Träger in Bayern, Franken, Österreich, Schweiz, Frankreich
1792 Deggendorf/SpitalK: Kw-Station VIII (jetzt Museum)

Schrifttum

Wilhelm Fink: Der Maler Philipp Neri Miller von Deggendorf, in: Heimatblätter für den Stadt- und Landkreis Deggendorf, Deggendorf 1964, S. 471–472, 475–477.
Wilhelm Fink: Maler Johann Sigmund Seidl, in: Heimatblätter für den Stadt- und Landkreis Deggendorf, Deggendorf 1964, S. 477–479.
Wilhelm Fink: Joseph Wilhelm Seidl, in: Heimatblätter für den Stadt- und Landkreis Deggendorf, Deggendorf 1964, S. 479–480.
Reinhard Haller: Der Glasbildermaler Paulus Josephus Andreas Lohberger. Ein Beitrag zur Geschichte der Hinterglasmalerei in Niederbayern, in: Beiträge zur Heimatkunde von Niederbayern II, Passau u. Landshut 1970, S. 410–438.
S. Michael Westerholz: Die Suche nach dem Wunderbaren. Wallfahrten im Landkreis Deggendorf, Deggendorf 1978, S. 54–60 (Hervorragende Handwerker im Landkreis) und S. 98–103 (Unsere Liebe Frau von Greising).

DINGOLFING

Jeremias Lins
⚭ 1598 Christina ⟨Christoph Eckher, Karrer⟩ († 1634)
† 9. VII. 1606

Wolf Reicheneder
† 5. XII. 1610

Georg Urban
† 1634

1603
1613 Gottfrieding: FaBl

Hans Mill(n)er
⚭ Maria N.

1608
1611 Loizenkirchen: R

Kaspar Fronpeckh † 14. XI. 1617	1616
Valentin Nay ⓞ Maria N. † 1634	1618 1620 Teisbach: R Figuren
Martin Crammer † 1634	
Georg Spiegl wohl identisch mit »Jörg Spiegl ⟨Jörg Spiegl, »erbarer Mann« zu Germering⟩ 1. VII. 1605 als Lehrling aufgedingt beim Maler Hans Schöpfer d. J. in München ⓞ Barbara N. († 8. XII. 1665) † 8. IV. 1658	1640 Teisbach: V 1640 Loizenkirchen: FaBlBl 1640 Oberweigendorf: F A 1640 Piegendorf: F A 1650 Oberviehbach: F
Johann Kriner ⓞ Agatha Barbara N. † 12. VII. 1669	1660 Hüttenkofen b. Leiblfing: F Sa
Agatha Barbara Kriner Witwe nach Johann Kriner	1670 Kollbach: F Sa 1679 Teisbach/St. Vitus: Usch
Gregor Zobriacher ⟨Rupert Zobriacher, Bauer zu Aflenz (Stmk.)⟩ ⓞ 17. VIII. 1671 Witwe Agatha Barbara Kriner † 10. VI. 1684	1673 Dingolfing/St. Johannes: SaBl St. Anna 1679 Teisbach: Usch + V Zeiger 1680 Frauenbiburg: HaBlBl Hl. Drei König 1680 Gottfrieding: HaBlBl St. Stephan 1680 Niederhöcking: FaBlBl 1681 Dingolfing/Geißlung Chr.: Wg 1682 Dingolfing/KlosterK: A
Agatha Barbara Zobriacher Witwe nach Gregor Zobriacher	1690 Gottfrieding: SaBlBl Mariahilf 1690 Untergünzkofen: R + F Ha
Johann Voith ⟨Lorenz Voith, Schreiner in Dobrezau/Böhmen⟩ I ⓞ 11. IX. 1690 Witwe Agatha Barbara Zobriacher († 29. XI. 1701) II ⓞ 4. VII. 1702 Anna ⟨Georg Räder, Lebzelter ⓞ Anna⟩ III ⓞ 10. VI. 1704 Maria Josepha ⟨Georg Schmidhueber, Bader, ⓞ Justina⟩ † 18. VII. 1715	1691 Dingolfing/Seelhäusl: Wg 1691 Loiching: F + V Corp. Christi – Bruderschafts – Stäbe 1699 Dingolfing/St. Johannes, Michaelikapelle: F 1700 Lengthal/Seelhaus: Wg 1703 Dingolfing/Geißlung Chr.: F 1710 Mamming: Usch
Johann Georg Heigl ⟨Wolfgang Heigl, Maler in Wolfratshausen ⓞ Anastasia Leisch⟩ * um 1688 I ⓞ 26. XI. 1715 Witwe Maria Josepha Voith († 9. VIII. 1731)	1720 Dreifaltigkeitsberg: F SaSa 1720 Gottfrieding: F Ha 1720 Graflkofen: Ap 1736 Dingolfing/Geißlung Chr.: Wg 1737 Kollbach: ABl St. Wolfgang, F Ha + Sa + K, HaBl St. Emmeran

II ∞ 16. X. 1731 Anna Ursula ⟨Johann Kaltnberger, Tuchmacher in Türschenreuth⟩
† 27. VII. 1768

1739 Dingolfing/St. Johannes: F Sa Mariahilf
1740 Frichlkofen: SaBl Maria mit Kind + F
1748 Dingolfing/Geißlung Chr.: Wg
1749 Mamming: F SaSa
1751 Dingolfing/St. Anton, Seelhäusl: Wg
1753 Dingolfing/Geißlung Chr.: A
1755 Dingolfing/St. Johannes: F T
1756 Dingolfing/St. Johannes: F Ölberg
1759 Dingolfing/Geißlung Chr.: F Ha
1759 Frauenbiburg: F Sa St. Sebastian + ABl

Franz Joseph Heigl
⟨Joseph Heigl, Maler in Wolfratshausen⟩
* 20. II. 1732
∞ 13. VII. 1761 Maria Katharina ⟨Johann Simon Ingerl, † Weininspektor in Straubing⟩, II ∞ 7. VIII. 1775 Johann Nepomuk Killinger, Stadtgerichtsprokurator, † 19. VI. 1806
BR 1761
† 15. V. 1775

1760 Wörth a. Isar: F Kruzifix
1761 Dingolfing/St. Johannes: F + G
1762 Dingolfing/St. Johannes, Mariahilfkapelle: A, F
1763 Dingolfing/St. Johannes: GG
1764 Dingolfing/St. Thekla: ABl + F, WgWg
1767 Oberdingolfing: F
1768 Dingolfing/St. Johannes, Ölberg: R
1770 Dingolfing/St. Johannes: F K

Franz Anton Simon
⟨N. Simon, Handelsmann⟩
* Landau
BR 1776
∞ Maria Anna N.
kauft 1776 das Malerhaus,
zgl. Kartenmacher
† 1821

1778 Oberdingolfing: F
1780 Dingolfing/St. Johannes: F
1784 Dingolfing/St. Anton: F SaSa
1785 Oberdingolfing: FaBlBl
1785 Brunn: HaBl St. Isidor, SaBlBl Herz Jesu + Herz Mariä
1786 Oberdingolfing: F + G f. K
1787 Dingolfing/St. Anton: F + G f. K
1789 Oberdingolfing: HaBl St. Leonhard
1790 Dingolfing/Schulhaus: M + F
1791 Dingolfing/St. Johannes, Michaelikapelle: SaBl
1792 Dingolfing/Rathaus: M Ratszimmer »in Fresco mit Architecturn und Landschaften«
1799 Dingolfing/St. Johannes, Michaelikapelle: F Sa
1800 Dingolfing/St. Johannes: GG
1802 Dingolfing/St. Johannes: RR
1803 Dingolfing/St. Johannes: Hl. Grab
1805 Dingolfing/Rathaus: Usch
1819 Dingolfing/Rathaus: Wg, Usch

Schrifttum

Fritz Markmiller: Dingolfinger Kunsthandwerker vom Mittelalter bis zur Mitte des 19. Jahrhunderts, in: Der Storchenturm 9, Dingolfing 1974, Heft 18, S. 58–61.

DORFEN

Lucas Hamperger	1653	Dorfen: M in der Sakristei
	1661	Dorfen: M 12 Apostelkreuze
	1662	Dorfen: Ap
	1667	Dorfen: F 5 Bildnisse im Ölberg, F
	1671	Dorfen: GG Herz Jesu, Herz Mariä; G Arme Seelen, Kränze um die Apostelleuchter
	1676	Dorfen: F Taufsteinkuppel
Franz Felix Finkenzeller ⟨N. Finkenzeller, Seiler in München⟩ 24. IV. 1671 als Lehrling aufgedingt beim Maler Balthasar Egger in München (Lehrgeld 30 fl.) seit 1682 in Landshut (s. d.)	1681	Dorfen: SaBl Vesperbild
Franz Anton Ignaz Reither	1716	Dorfen: F Ha
	1716	Dorfen/AllerseelenK: F + V Ha
	1719	Dorfen/Kalvarienberg: F Figuren + Ausmalung Gewölbe, F + V Schulterwundenchristus (jetzt PfK)
	1723	Dorfen: F Sa Schmerzh. Muttergottes + ABl (Auszug) Letztes Abendmahl
Franz Xaver Gruber ꝏ Katharina N.	1725	Zeilhofen/St. Anton: R Hl. Grab-Szenen
	1731	Landersdorf: F
	1740	Rinning: F A
	1744	Zeilhofen/St. Anton: Bemalung Brunnenbilder
	1748/49	Dorfen: F Ha (mit A. Fux, Massing)
	1766	Dorfen/AllerseelenK: R 11 Skulpturen in der Gruft
Joseph Frietinger	1774	
ꝏ Theresia Gruber, Malerstochter	1783	
Johann Evangelist Mang	um 1785	St. Wolfgang: P Pfarrer
⟨Balthasar Mang, Maler zu Buchbach, ꝏ Maria Anna Ludwig⟩	1786	Oberneukirchen: P Tafernwirt
	1786/92	Loinbruck: ABlBl
* Buchbach 25. XII. 1757	1788	Wimpasing b. Kraiburg: A
	1799/1801	Dorfen: Dg St. Vitus mit Dreifaltigkeit und Ortsansicht
	1816	

Schrifttum

Albrecht A. Gribl: Unsere Liebe Frau zu Dorfen. Kultformen und Wallfahrtsleben des 18. Jahrhunderts, Dorfen 1981.
Vgl. den Beitrag von Hans Rudolf Spagl in diesem Sammelband, S. 116–124.

EBERSPOINT

Johann Weyerer Mit folgendem identisch?	1790 Seifriedswörth: M
Georg Weyerer	1792 Ruprechtsberg: F Sa St. Michael

EGGENFELDEN

Georg Burgkhard * Bruck b. Fürstenfeld BR 1602 † um 1635	1606/07 Eggenfelden/SpitalK: Fastentücher 1611 Zimmern: F A
Stephan Hößlwanger BR 1618	
Christoph Ackermann * Burghausen BR 1643	
Georg Arzberger * Graz BR 1646	
Heinrich Schlögl * Velden BR 1648	
Erasmus Schlögl ⟨Heinrich Schlögl⟩ BR 1657	1657 1671 Hinterglasbilder [?]
Johann Grainlechner * Eggenfelden Lehrling bei Erasmus Schlögl um 1671 BR 1677	1684 Rottenstuben: ABl + F 1690 Eggenfelden/PfK: F Neuausstattung 1690 Eggenfelden/SpitalK: Hl. Grab 1695
Johann Melchior Puttner * Aichach BR 1716	1730 Schildthurn: SaBlBl 1731 Mariakirchen: F K 1736 Schildthurn: F 1739 Mariakirchen: SaBl St. Leonhard + F

Ignaz Xaver Paur
* Altötting
BR 1741
ↀ Maria Apollonia N.
† um 1744

1741/44

Maria Clara Dorothea Maisthuber
aus Braunau, Malerswitwe nach Anton Maisthuber
BR 1. IV. 1745
kauft 1745 das Paur'sche Malerrecht
† 25. IX. 1752

1747 Eggenfelden/SpitalK: Hl. Grab

Anton Scheitler
⟨Sebastian Scheitler ↀ Maria, geb. Schmid⟩
* Pfronten 15. X. 1718
BR 9. III. 1753
ↀ 15. III. 1753 Maria Magdalena Maisthuber, Malerstochter aus Braunau († 1783)
† Donaustauf 24. XII. 1791

1747	
1754	Eggenfelden/Rathaus: GG Justitia
1755	Hirschhorn: UschUsch
1755/57	Eggenfelden: FF
1758	Hirschorn: M Ölberg
1760	Heiligenberg: F SaSa
1760	Gern: FF
1761	Anzenberg: V
1761/63	Gern: DgDg St. Georg, Dreifaltigkeit + Engelskonzert
1763	Frauentödling: F K
1763	Hirschhorn: V Turmknopf + Kreuz
1764	Eggenfelden/Spitalkirche: F Ha
1765	Oberdietfurt: WgWg St. Johannes Bapt. + 12 Apostel
1765	Eggenfelden/Rotter Turm: Usch
1766 [?]	Seemannshausen/KlosterK: WgWg
1766	Eggenfelden: SpitalK: F K
1768	Eggenfelden/SpitalK: Apostelkreuze
1769 [?]	Binabiburg/St. Salvator: Dg
um 1774/75	Hinterglasbilder
1777	Eggenfelden/PfarrK: F Ha
1777	Gern: F T am Ha
1778	Eggenfelden/SpitalK: ApAp
1780	Eggenfelden: PfarrK: F Sa
1784	Schreihof: F A
1789/89	Eggenfelden: FF

Franz Xaver Hilzenegger
Glaser und Glasmaler
* Vilshofen

1775

Franz Joseph Schwarzmayr	1789	
⟨Balthasar Schwarzmayr, Maler in Eichendorf⟩	1812	
BR 1789		
kauft 1789 das Scheitler-Haus samt Malerrecht		
Benedikt Riederer	1818	Pischelsberg b. Eggenfelden: Kw
⟨Joseph Riederer, Maler zu Landau⟩	1832	
BR 1812		

Schrifttum

Vgl. den Beitrag von Ludwig Albrecht in diesem Sammelband, S. 52–76.

EGGLKOFEN

Johann Caspar Fischer	1747	Binabiburg: F Leuchter
zgl. Schulhalter	1747	Binabiburg: M, R
	1752	Binabiburg: M + F
	1754	Binabiburg: F Orgel
	1757	Binabiburg: M
	1757	Binabiburg/St. Salvator: V 8 Wandleuchter
	1759	Binabiburg/St. Salvator: M

EICHENDORF

Franz Reischl	1705	Gergweis: G
	1715	Gergweis: F
Balthasar Schwarzmayr	1747	Niederpöring: F
	1750	Eichendorf: M zum Karfreitags-Passionsspiel
	1750	Ettling: G
	1756	Mariakirchen/AllerseelenK: A + V Turmknopf
	1761	Niederpöring: Usch
	1763	Niederpöring: F, Fa
	1764	Ettling: F + V Fa
	1764	Wallerfing: M
	1765	Mariakirchen: V Ha
	1768	Wallerfing: F + V Fa
Johann Georg Buchberger	1783	Andorf: R ABl

Tobias Traut ꝏ Anna N.	1606 1613	
Egidius Adam ꝏ 17. VI. 1635 Maria Regina Irnberger	1636 1648	
Rudger Aurstorffer ꝏ Barbara N.	1640 1643	
Georg Koch I ꝏ 8. VIII. 1637 Maria Witwe nach Johannes Senes († 30. III. 1655) II ꝏ 2. VI. 1655 Sophia Santner, Ratsherrntochter		
Sophia Koch Witwe nach Georg Koch	1670	Kögning: M f. SaSa
Matthias Hämerl ⟨Michael Hämerl, Maler in Straubing, ꝏ Anna⟩ ꝏ 1666	1664 1667	
Franz Gerbl * um 1643 I ꝏ N. N. II ꝏ 7. II. 1689 Anna Maria Piäten [?] III ꝏ 6. VI. 1690 Maria Regina Hilleprandt † 16. XII. 1723	1674 1680 1688 1710	Angerskirchen: F Sa Moosinning: F Sa Weng: M Oberding: F SaSa
Friedrich Aurstorffer wohl ⟨Rudger Aurstorffer⟩ ꝏ Regina N. († 4. XII. 1698) † 10. V. 1698	1684	Erding/St. Johann: F Urständ Christi + 2 Engel
Peter Paul Hämerl wohl ⟨Matthias Hämerl⟩ ꝏ Maria Regina Halbedl † um 1722 Witwe ꝏ 20. VII. 1722 Johannes Melchior Leopold, Maler in Ascholding	1704	
Lorenz Schalk ⟨Johannes Schalk, Kaufmann in Dingolfing, ꝏ Maria⟩ * um 1690 ꝏ 9. VII. 1720 Maria Magdalena Gerbl, Malerstochter († 4. VII. 1767) † 4. VII. 1767	1725 1726 1735 um 1740	Buch a. Erlbach: F Himmelstangen Buch a. Erlbach: V Turmkreuz u. a. Taufkirchen: F + V, Ha Maria Thalheim: F K (seit 1770 in Oberding)

Johann Michael Rieder
ↀ Anna Meringer († 25. IX. 1772)
† 10. II. 1760

1731	Aufkirchen: R Ha + SaSa, F K + Portale, V Turmknopf
1734	Notzing: Dg St. Wolfgang, Nikolaus, Ulrich, Korbinian
um 1735	Hinterauerbach: Entwürfe f. SaSa
1736	Maria Thalheim: Pläne f. Ha + SaSa (seit 1770 in Aufkirchen)
1737	Maria Thalheim: F Ha + SaSa
1747	Hofstarring: F K
1751	Maria Thalheim: F Ha

Franz Xaver Andreas Zellner
⟨Johann Georg Andreas Zellner, Maler in Furth i. W., ↀ Maria Klara⟩
* 21. II. 1738
ↀ 17. I. 1762 Josepha Schalk, Malerstochter
† 29. XII. 1788 »pictor artificiosus«

1757	Binabiburg/AllerseelenK: A
1757	Binabiburg/PfarrK: Dg Erlösung aus dem Fegfeuer
1759	Kirchberg b. Erding: Dg
1759	Schröding: Dg
1764/70	Maria Thalheim: F SaSa + O
1766/70	Altenerding: F Ha u. a.
1766	Esterndorf: F SaSa
176?	Oppolding: F Ha + K u. SaBl
1766	Niedergeislbach: F SaSa
nach 1770	Esterndorf: F Ha + SaSa
1776	Berglern: F Auferstehungs-Christus
1780/81	Rappoldskirchen: F Schutzengelfiguren am Ha
1782/84	Thurnstein/SchloßK: F Ha + K
?	Maria Thalheim: SaBlBl
?	Hofstarring: SaSaBlBl
?	Wifling: SaSaBlBl

Johann Nikolaus Miller
* um 1708
† 1. VI. 1781

1764	Salmannskirchen: 3 ABlABl
?	Erding/St. Johann: GG
1771	Angerskirchen: HaBl St. Martin + F Ha
1775	Buch am Erlbach: F K

Josef Feichtinger
* um 1761
† 3. IV. 1840

1794	Zeilhofen/St. Anton: R HaBl
1804	Buch am Erlbach: Hl. Grab

Schrifttum

Josef Blatner: Barock und Rokoko, in: Im Zeichen des Pferdes. Ein Buch vom Landkreis Erding, Erding 1963, S. 138–150.
Georg Brenninger: Die Kirchen Aufkirchen, Kempfing, Notzing, Oberding, Niederding, Schwaig und Franzheim, o. O. [Aufkirchen] 1981.

FRAUENAU

Wolf Adam Festner
Glasmaler

1657	Deggendorf: 2 gemalte Tafeln

Christoph Khaiser
bisher Maler in Gangkofen
BR 7. II. 1623

Martin Dobler
1631
1640 Loizenkirchen: F Ha
1640 Niederhöcking: F Ha
1640 Pavenzing: R Ha

Johann Wolf
1653

Georg Bartholomäus Seyller
* Straubing
BR 1669
1672 Frontenhausen/Rathaus: M Fensterumrahmung, Wappen
1680 Kollbach: Ap + F

Andreas Fasius
* Pfarrkirchen
1675
1683

Hans Georg Hittenkofer
* Geisenhausen
1706
1708 Teisbach/St. Vitus: Usch + V Zeiger
1720 Gangkofen/PfK: R HaBl
1728 Frontenhausen/Tore: Wh Wappen
1730

Georg Mesner
* Bergbrunn b. Füssen
BR 1698

Florian Paumeister
⟨Georg Paumeister, Schreiner in Frontenhausen⟩
* 1736
später in Langquaid, (s. d.) zgl. Schreiner

Lorenz Zellner
* Furth i. W.
Kauft 1744 das Hittenkofer-Haus

Johann Staimer
* Kitzbühel/Tirol
1734

Veit Füßl
* Teisbach
1736

Joseph Oswald Aiglstorfer
⟨Franz Albert Aiglstorfer, Maler in Wartenberg, ⚭ Eva Bauschmid⟩
1751
1755

Johann Nepomuk Wanner
* München
BR 1786
1793 Altfraunhofen: F
1795 Altfraunhofen: F SaSa
1809 Kirchberg/PfK: SaBl

FURTH b. Landshut

Hans Georg Schauer
* um 1655
seit 1704 in Rottenburg

1684
1700 Attenhausen: Ap
1700 Schatzhofen: Totenkreuz

FURTH im Wald

Johann Georg Andreas Zellner
* um 1700
ⓧ vor 1728 Maria Klara N. († 21. VIII. 1766)
▭ 29. V. 1766
»Pictor multis in locis et urbibus propter artem suam ibidem in variis altaribus monstratam celebris«

1749 Neukirchen/WallfahrtsK: F Taufsteinplastik
1750 Neukirchen/WallfahrtsK: DgDg Mariä Himmelfahrt u. a.
1754 Michaelsbuch: F AA
1755 Oberotterbach: F Ha + SaSa + K
1757 Binabiburg/St. Salvator: A, F Ha, F O, F 5 gr. Statuen u. a.
1757 Reisbach/St. Salvator: F Ha + Wg
? Amberg/ehem. Jesuitenkolleg, Kongregationssaal: GG St. Aloisius
1758/59 Reichenkirchen: SaBlBl + F, F K
1758/59 Hörgersdorf: F Ha + SaSa
1760/61 Niederding: F AA + K
1760 Buch a. Buchbach: F Ha + SaSa

Franz Zellner
⟨Johann Georg Andreas Zellner ⓧ Maria Klara⟩
seit 1762 in Erding (s. d.)

Schrifttum
Josef Blatner: Barock und Rokoko, in: Im Zeichen des Pferdes. Ein Buch vom Landkreis Erding, Erding 1963, S. 138–150.

GANGKOFEN

Christoph Khaiser
ab 1623 in Frontenhausen

Anton Plattner
1718 Anzenberg: G Geißlung Christi

Franz Joseph Hipp
I ⓧ um 1740 Maria Katharina N. († 1766)
II ⓧ Susanna N.
† um 1773

1740
1749 Hölsbrunn: Wg + M
1752 Gangkofen/Heiligenstadt: F O

Georg Bernhard
ⓧ Franziska N.

1804

Christoph Strauß	1619 Haindling: F Usch 1626 Haindling: V + F Turmknopf + Kreuz 1630/31 Haindling: V + F Knopf + Krone
Johann Brigler † 18. VII. 1634	
Thomas Leonhard	1632 Haindling: Usch
Michael Praitenfelder	1655 Geiselhöring/PfK: Sa St. Joseph + Usch 1661 Haindling: M, F + M Fa
Bartholomäus Groß zgl. Bildhauer	1673 Rottenburg/PfK: F Ha 1673 Gisseltshausen: FaStange + V Kreuze 1676 Haindling: V Turmkreuz + Knopf 1677 Haindling: V Ampel 1681 Haindling: F gr. Kruzifix, M 3 Epitaphien auf den Friedhof 1682 Metting: SaBl 1686 Teisnach R Ha, F Hl. Geist u. ein Kruzifix, V T 1691 Metting: Ap 1694 Haindling: M Totenbahre
Georg (Heinrich) Kaufmann	1686 Haindling: ABl St. Benedikt + FaBl 1689 Haindling: V + F Fa, F Ölberg 1691/92 Haindling: F Ölberg, FF 1692 Gisseltshausen: Rückständige Zahlung f. frühere M (20 fl.)
Balthasar Haas	1696 Haindling: F Ölbergfiguren u. a. 1705 Haindling: F St. Antonius 1707 Haindling: F Fa + FaBl 1708 Haindling: M Ölberg 1712 Haindling: 12 Apostelkreuze 1714 Haindling: F A u. a. 1715 Haindling: M Fa 1716 Haindling: M Ölberg, F Heiligtümer 1717 Haindling: F + V Turmknopf, F T u. a. 1718 Haindling/Seelhaus: ABl 1719 Haindling: Prälatenwappen, Wg in SeelenK 1720 Haindling: F K 1721 Haindling: F Fa

Hans Neidhart	1708 Haindling: 2 UschUsch 1722 Haindling: M Emblemata
Georg Balthasar Kaufmann wohl ⟨Georg Kaufmann⟩	1717 Haindling: ABl
Thomas Neidhart wohl ⟨Hans Neidhart⟩	1731 Haindling: FaBl, F Gnadenbild, F 10 Maikrüge 1732 Haindling: V 2 Pyramiden 1737 Haindling: F Pyramiden
Johann Georg Sarzenhofer	1738 Haindling: M 1739 Geiselhöring: Usch 1740 Haindling: F + V 2 Pyramiden 1741 Haindling: Krippenhintergrund 1743 Haindling: R Frauenbild
Johann Michael Hörmann	1741 Hainsbach: F gr. Kruzifix 1746 Haindling: F SaSa, V 4 Pyramiden 1751 Haindling: R Ölberg, F 2 Pyramiden 1761 Haindling: R + F 3 ApAp 1762 Haindling: M + F Spalier an den Oratorien
Bernhard (Leonhard) Amann	1764 Sallach: M 1765 Sallach: V der Fresken, R, M 1769 Haindling: F 10 Maikrüge 1770 Haindling: F + R
Joseph Amann	1784 Hirschling: Kv K 1793 Alburg: F 4 Leuchter

GOBEN b. Thurmannsbang

Franz Höllgartner	1797 Eging: Marmorierung K

GRAFENAU

Adam Wagner	1607
Balthasar Lechner (Lehner) * Wasserburg ⚭ 29. I. 1607 Apollonia Wenig	1607
Stephan Wäschinger	1632 Grafenau/Rathaus: V und Fa 1637 Grafenau: F »Stern zu der Weihnacht Comedi«
Christoph Simberl (Simmerl)	1716 Grafenau/Rathaus: Usch 1717 Grafenau/Rathaus: G 1724 Grafenau/Spital: Wg Vesperbild und Passion

Anton Simmerl
wohl ⟨Christoph Simmerl⟩
zgl. Gastgeb
verkauft 1778 seine Behausung samt der Wirtsgerechtigkeit

1778 Grafenau/Pfarrkirche: »Für die zum Gottesdienst S. Chr. D. höchstsel. gemalten 8 Bayer. Wappen und Churhut etc. 5 fl. 6 kr.«

GRIESBACH i. Rottal

Christoph Rast

1619 Kößlarn: M am Ha

Johann Baptist Pälckhl

1734 Karpfham: F Kreuz + Al

Joseph Ambros Spizer
* Mattsee
1761 in Frischeck als Gehilfe von D. Kerle tätig
∞ Dorothea N.
† um 1780

1761 Frischeck: Dg
1762 Breitenberg/Pfarrhof: PP
1768 Berg b. Griesbach: F Al
1772 Eggersham: F SaSa
1772 Oberuttlau: F Al
1773 Reutern: F Ha
1773 Eggersham: F T
1774 Weng b. Griesbach: HaBlBl + F
1778 Ruhstorf: SaBlBl + F
1779 Oberindling: SaBlBl + F
1779 Weng: SaBlBl + F
1779 Kirchham: ApAp
1779 St. Veit b. Griesbach: F K

Dorothea Spizer
Witwe nach Joseph Ambros Spizer

1782 Oberuttlau: F T + R Ha
1782 Ruhstorf: F Ha
1782 Weng b. Griesbach: F K
1784 Oberuttlau: SaSa
1785 Mittich: F Ha

Jakob Haaß

1797 Oberuttlau: F K

HAARBACH b. Geisenhausen

Johann Attenhausen

1776 Holzhausen: V

HALS

Franz Simon

1755 Hutthurm: F Ha

HILGARTSBERG/Grubhof

Ferdinand Ertl

1714 Lalling: M, R Hl. Grab
1716 Grattersdorf: R Kruzifix

KELHEIM

N. Detter

1628 Kelheim/PfK: F T

N. Schönschmidt

1639 Saal: R Hl. Grab
1640 Saal: M Taufstein
1645/46 Saal: F Leuchter, M am SebastianiA
1647 Bettbrunn/Sakristei: F Holzdecke
1650 Bettbrunn: R KreuzA + F »auf die Alabaster Manier«

Andreas Dötter

1650 Holzharlanden: Ha
1657 Bettbrunn: V + F O
1673 Holzharlanden: F Sa

Wolf Jakob Scheu(e)rer (Schemmer)

1711 Abensberg/KarmelitenK: Dg
1720 Teugn: F Ha
1721 Teugn: G Fastenbilder
1725 Teugn: M »die Schildt für die Rennets«
1734 Saal: F Fa
1738 Weltenburg/Klostergang: G

Schrifttum

Siegfried Hofmann: Die Ausstattung der Kirche in Bettbrunn bis 1700 im Spiegel der Kirchenrechnungen, in: Sammelblatt des Hist. Vereins Ingolstadt 88, Ingolstadt 1979, S. 129, 135, 136.

KÖSSLARN

Balthasar Riedl

1653 Aigen: Bemalung der Kragsteine

Franz Jerg

1686 Kößlarn: F

Johann Paul Vogl
⟨Jakob Vogl, Maler in Obernberg/Inn⟩
⚭ Altötting Maria Margarete ⟨Johann Lederer, Maler zu Altötting⟩

1691 Münsteuer (OÖ): SaBl
1702 Mörschwang (OÖ): HaBl
nach 1708 Kößlarn: HaBlBl Dreifaltigkeit + St. Michael
1709/10 Passau/LambergK: Dg
1710 Erlach: SaBl Maria
1713 Pfarrkirchen/Gartlberg, Langhaus: Dg Credo
1720 Schliersee: HaBl
1733 Julbach: HaBl

Johann Peter Vogl
⟨Jakob Vogl, Maler in Obernberg/Inn⟩

1715/21 Kößlarn: SaSaBlBl St. Sebastian, St. Katharina, St. Johannes, St. Leonhard, Ap Stammbaum Mariens

Johann Matthias Vogl ⟨Johann Paul Vogl ⚭ Maria Margarete⟩	1756 Kößlarn: F Sa St. Florian 1757 Rotthof: F Ha 1758 Birnbach: HaBlBl + F 1764 Kößlarn: Wg Wallfahrtslegende

KÖTZTING

Martin Joseph Hueber ⟨Wolfgang Hueber, Prokurator zu Natternberg und Osterhofen⟩ ⚭ 20. VI. 1689	1689 Kötzting/St. Anna: SaBl 1696 Kötzting/St. Veit: F 1696 Hinterglasbilder 1697 Kötzting/St. Veit: F Ha + Sa 1720 Miltach/FriedhofsK: ABl + F
Bernhard Einzinger † vor 1723	
Georg Joseph Hueber ⟨Martin Joseph Hueber⟩	
Joseph Hueber ⟨Georg Joseph Hueber⟩ * 1722 ⚭ 1758 † 1. III. 1794	
Franz Joseph Hueber ⟨Joseph Hueber⟩ * 30. I. 1767 ⚭ 13. VI. 1797 † 1829	Hinterglasbilder [?]

Schrifttum
Vgl. den Beitrag von Raimund Schuster in diesem Sammelband, S. 161–168.

LAM

Josef Stadlwieser
* in Tirol
⚭ 1724 Katharina Obermayer, Bauernstochter »von der Scheiben«
† 1740

LANDAU

Sebastian Schielle (Schichel) II (?) ⚭ Straubing 27. VII. 1635 Clara Eckl, Bräuverwalterstochter † 1649	1624 Landau/PfK: Fa

Ema Herdist [?]

1664 Reichersdorf: M

Johann Stigler
ↀ Eva N. († 1692)
† 1702

1670/94 Landau/PfK: F
1678 Reichersdorf: V Fa
1690 Reisbach/St. Salvator: F Engel
1694 Landau/Sebastiani-Br.: F
1694/95 Oberpöring/Maria Bürg: SaBl Tod St. Josephs + F
1697 Ottering: Fastenbilder
1698 Niederpöring: F Ha
1700 Mettenhausen: V Turmkreuz

Franz Karl Aicher (Ach)
ↀ Ursula N. († 1686)
† 1700

1676 Niederhausen: G
1682 Niederhausen: F
1685 Landau/PfK: F
1690 Kollbach: SaBl St. Wolfgang
1690 Reisbach/PfK: F + R ABlBl
1700 Haidlfing: V Turmkopf

Franz Cornelius [?]
(identisch mit folgendem?)

1681

Franz Carl Weiß

1685 Landau/Sebastiani-Br.: G, F

Franz Matthias Aich(n)er
wohl ⟨Franz Karl Aicher ↀ Ursula⟩

1700 Niederhöcking: Ap
1706 Oberpöring/Maria Bürg: SaBl St. Nepomuk
1710/20 Landau/PfK: FaBlBl
1711/20 Landau/PfK: F
1716 Reichersdorf: Marmorierung Hl. Grab
1718 Reichersdorf: Wappen

Sebulon Manseer (Manscher)
* um 1666
ↀ Ursula N.
† 21. III. 1738

1715 Reichersdorf: Hl. Grab
1720 Haingersdorf: V
1722 Landau/PfK: F
1727 Landau/PfK: F
1750 Oberhausen: F

Philipp Aich(n)er
zgl. Mesner an der Steinfelskirche

1738 Zeholfing: FaBlBl

Joseph Santt(n)er
* um 1696
ↀ Franziska N. († 1774)
† 23. X. 1744

1728 Reichersdorf: F, FaBlBl
1729 Landau/PfK: Labarum
1730 Altenbuch: V Turmkopf
1734 Landau/PfK: G
1735 Reichersdorf: F Ha + Taufstein
1734/41 Landau/Steinfels: F
1738 Oberhausen: HaBl Krönung Mariä
1738 Reichersdorf: V, Usch

Johann Bartholomäus Reither
* um 1686
ↀ Maria Anna N.
† 26. III. 1742

1739 Oberhausen: F Ha
1740 Lailing: F Engelsköpfe
1740 Oberhausen: F
1759 Oberframmering: ABl Hl. Drei Könige

Joseph Rieder(er) ⟨Severus Riederer, Bauer in »Lamating«, ⚭ Mechtildis⟩ * um 1726 ⚭ 29. VIII. 1747 Maria Anna Reitter, Malerstochter († 1790) † 18. V. 1791	1751/90 Landau/PfK: F 1764 Landau/PfK: G 1766 Haingersdorf: F Ha um 1770 Ettling: HaBl St. Alban 1773 Lailing: Ap 1775 Landau/PfK: SaBl St. Katharina 1780 Landau/PfK: SaBl St. Leonhard 1782 Landau/PfK: GG 1783 Lailing: F Gr. Kruzifix
Adam Joseph Anton Ignaz Gröz ⟨Wolfgang Simon Gröz, Maler in Landshut⟩ * um 1718 I ⚭ 4. VII. 1747 Barbara Aichner, Mesnerwitwe in Landau-Steinfels II ⚭ 19. VIII. 1755 Maria Anna ⟨Tobias Mitermair, Hoftrompeter in Passau, ⚭ Maria Magdalena⟩ † 17. IV. 1763 zgl. Mesner an der Steinfelskirche	1754 Landau/Sebastiani-Bruderschaftsbuch: Familienwappen
Franz Staudinger ⟨Sebastian Staudinger, Maler in Osterhofen⟩ * um 1739 I ⚭ 1764 Witwe Maria Anna Gröz II ⚭ Maria Magdalena Hochreitter † 29. III. 1779 zgl. Mesner an der Steinfelskirche	1768 Tabertshausen: F Ha 1770 Weihenstetten: F 1772 Aholming: Usch, V 1773 Pämling: F A 1774/75 Landau/PfK: Wg 1778 Aholming: HaBl
Johann Georg Kaufmann ⟨Joseph Kaufmann, Metzger in Ochsenhausen, ⚭ Anna Maria⟩ ⚭ 22. IX. 1779 Witwe Maria M. Staudinger † 20. III. 1790 zgl. Mesner an der Steinfelskirche	1780/84 Landau/Steinfels: ApAp 1785 Hartkirchen: HaBlBl + F 1786 Landau/Steinfels: F
Maria Magdalena Kaufmann Witwe nach Johann Georg Kaufmann † 30. IX. 1811	1791/1800 Landau/PfK: F 1794 Landau/Steinfels: F ApAp 1797 Landau/Steinfels: F Ha + K
Johann Michael Riederer ⟨Joseph Riederer ⚭ Maria Anna⟩ * um 1759 ⚭ 23. X. 1792 † 13. VIII. 1832	1791/1802 Landau/PfK: FF
Alois Kaufmann ⟨Ignaz Kaufmann, Maler in Landshut, ⚭ Anna Elisabeth⟩ * Landshut 4. VI. 1767	1796 Landau/PfK: SaBl St. Katharina ? Landau/PfK: SaBl St. Wolfgang 1814 Landau/Pfarrhof: Zeichnung Ha Maria Steinfels

vorher in Landshut (s. d.)
I ⚭ 6. VII. 1801 Clara Strobl, Zuckerbäckerin zu Landau († 28. V. 1822)
II ⚭ 13. I. 1823 Katharina ⟨Lorenz Kailinger, Seiler zu Landau, ⚭ Franziska⟩
zgl. Zuckerbäcker
† 13. VII. 1835

Schrifttum
Fritz Markmiller: Entstehungsgeschichte und Mirakelbuch der Landauer Wallfahrt Maria-Steinfels, in: Der Storchenturm 15, Dingolfing 1980, Heft 29, S. 92–94.
Vgl. den Beitrag von Fritz Markmiller in diesem Sammelband, S. 77–103.

LANDSHUT

Hans Pachmair	1598 Landshut/Landschaftshaus: M
	1602 Erlach: GG + R
	1603 Gerzen: FaBlBl
Hans Georg Knauf	1599 Landshut/Landschaftshaus: Wg
	1606
	1619 Berg ob Landshut: F
	1633
Christoph Plattenberger	1623
Georg Österl	1625 Landshut/St. Jodok: M Orgel
Hans Pürkmayer (Pirckhner)	1629
Hans Georg Schweininger	1635 Landshut/St. Jodok: R + V Himmel
Christoph Esterl	1640 Berg ob Landshut: M
	1640 Götzdorf: F
Thomas Priester »Illuminist u. Bildlmaler«	1652
Isidor N.	1656 Ergolding: F gr. Kruzifix
Hans Georg Schwindl	1656 Altdorf: M
Paulus Weinzierl	1656 Altdorf: M
Adam Geiger	1657
	1661 Arth: F Ha
	1670 Arth: M
	1670 Weihmichl: M
	1674
Johann Selig	1660 Diemannskirchen: SaSa M
	1662 Götzdorf: F
	1670 Attenhausen: F
	1680 Münchnerau: Fastentuch
Melchior Schweinizer	1670 Arth: M

Johann Georg Fischer	1670	Unterglaim: Ap u. M
Johann Franz (Raimund) Scherrich	1671	Aich: HaBl
	1674	Elsenbach: HaBl Mariä Himmelfahrt
	1676	Vilsbiburg/PfK: F Hl. Grab
Hans Paulus Schweinnizer	1670	Untergolding: F A
Paulus Geiger	1670	Ergolding/PfK: M
	1674	Elsenbach: HaBl Himmelfahrt Mariä
	1699	Oberglaim: GG
Franz Josef Geiger ⟨Adam Geiger⟩ * 1644 BR 1674 † 4. III. 1691 Kurf. Hofmaler	1666	Gisseltshausen: F Urständ Christi
	1670	Landshut/Trausnitz: R Narrentreppe
	1672	Altheim: HaBl Christus und Petrus
	1673	Kronwinkl/SchloßK: ABl
	1675	Niederaltaich: HaBl St. Mauritius
	1675	Ingolstadt/Münster: HaBl Mariä Verkündigung
	1676	Ingolstadt/Münster: GG 12 Apostel, 4 Evangelisten, Unser Herr, Muttergottes
	1677	Landshut/Seligenthal: SaBl
	um 1677	Moos/SchloßK: ABl St. Georg
	?	Landshut/DominikanerK: HaBl Kreuzabnahme [?]
	?	Landshut/Hl. Geist: SaBl 14 Nothelfer
	?	Landshut/FranziskanerK: SaBl St. Antonius von Padua
	?	Landshut/Seligenthal: SaBl St. Victor
	?	Landshut/KapuzinerK: SaSaBlBl St. Felix + St. Antonius von Padua
	um 1680	Landshut/Trausnitz: M
	1685/86	Neukirchen-Hl. Blut: ABl St. Antonius von Padua
	1686	Vilsbiburg/SpitalK: ABl St. Barbara
	1688	Neukirchen-Hl. Blut: GG St. Franziskus + Dreifaltigkeit
	1690	Erding/St. Johann: HaBl
Franz Strohmayr	1672	Baierbach: F Kruzifix
Franz Karl St(r)ellmayer	1690	Bruckbach: F Kruzifix
	1716	

Franz Felix Finkenzeller
vorher in Dorfen (s. d.)
seit 1682 in Landshut
† 1698

1691 Ergolding/PfK: SaBl Hl. Erasmus
um 1695 Gundihausen: SaBl St. Antonius
1698 Dreifaltigkeitsberg: HaBl Krönung Mariä
1699

Egid Rupert Schlögl
⟨Heinrich Schlögl, Maler in Eggenfelden⟩

1694 Pfaffendorf: HaBl [?]
1699 Egglhausen: A
1702 Pürkwang: Hl. Grab
1703 Pürkwang: 2 Türen zum Hl. Grab
1719 Weihenstephan b. Landshut: M
1720 Ergolding/St. Peter: F Ha + F

Johann Georg Sandtner

1695 Landshut/St. Jodok: M, F Gitter + Epitaphien u. a.
1699/1700 Vilsbiburg/Mariahilf: F Kreuzigungsgruppe

Johann Jakob Plätzger
* Berchtesgaden
BR 7. VI. 1698

1701 Vilsbiburg/Maria-Hilf: M
1701 Vilsbiburg/Mariahilf: A 4 Stationskapellen
1704 Vilsbiburg/Mariahilf: Langhausfresken
1704 Vilsbiburg/Mariahilf: 4 Evangelistenbilder in PassionsK
1704 Riding: 3 DgDg
? Landshut/Hl. Geist: SaSaBlBl St. Wolfgang, St. Johann Baptist, St. Erasmus
? Landshut/Hl. Geist: SaBlBl
? Landshut/DominikanerK: SaBl St. Thomas von Aquin
? Landshut/FranziskanerK: SaSaBlBl St. Petrus von Alcantara + Kreuzaltar-Rückseite
? Landshut/KapuzinerK: SaBl St. Franziskus
1715
1720 Högldorf: HaBl St. Martin
1721 Rohr: SaBlBl

Johann Friedrich Hämmerl
⟨Michael Hämerl, Maler in Straubing, ∞ Anna⟩
∞ 1662 [?]

1709
? Landshut/St. Martin: F Ha
1710 Altdorf: G zum Ha

Reichard Schweinitzer

1715

Joseph Ostermayr
II [?] ∞ 1711

1696 Mirskofen: F Ha
1700 Berndorf: F Ha
1720 Högldorf: F Ha
1735 Ergoldsbach: F ArmenseelenA

Johann Andreas Nember ꝏ 1723 † 1747 zgl. Mesner bei St. Jodok	1708 Landshut/St. Jodok: R Sakristeischränke, V Taufdeckel, V Maikrüge 1712 Landshut/St. Jodok: V Maikrüge, M 1720 Jenkofen: Wandleuchter
Johann Baptist Faltermayr ꝏ 1714 † 1723	1710 Oberglaim: ApAp 1720 Ergolding/PfK: R
D. G. Neumayr	1717 Gundihausen: SaBl Hl. Elisabeth
Wolfgang Simon Gröz * Landshut ꝏ 1710 BR 1720	1716 Dorfen/AllerseelenK: 2 ABlABl 1717 Dorfen/AllerseelenK: Ausmalung 1718 Unterglaim: ABl 1720 Litzelkirchen: ABl 1720 Ergolding/St. Peter: F 1726 Abensberg/KarmelitenK: HaBl 1739 P Franz X. Graf v. Seyboldsdorf (Museum Vilsbiburg) 1748 ? Landshut/St. Jodok: SaBl ? Baumgarten: HaBl
Matthias Daburger * Traunstein BR 1719 ꝏ N. N., Miniaturmalerin	1721 1721 Laberweinting: SaBl 1730 Failnbach: HaBl ? Haunersdorf: ABlBl Landshut/FranziskanerK: SaBl St. Petrus regulatus 1730/40 Landshut/DominikanerK: SaSaBlBl St.Katharina de Ricis + Freundschaft Christi ? Landshut/St. Jodok: SaBlBl 1738 Weltenburg/Klostergänge: GG 1746 Rainertshausen: SaBl 1751 Wisselsing: HaBl 1752 Landshut/DominikanerK: SaBl 1754 Wachelkofen: FA 1754 Wisselsing: HaBlBl 1755 Haunpolding: HaBl 1756 Hecken: F 1760 Altdorf: GG + Ap 1761 Taufkirchen/Vils: F HaK 1776
Georg Franz Fischer * Braunau Br 1698 I ꝏ N. N.	1722 Landau/PfK: SaBl St. Antonius 1724 Weihenstephan b. Landshut: M 1725 Dorfen: WgWg Gnadenbild + Mirakelgeschichten

II ⚭ Straubing 23. XI. 1717 Maria Justina Klopfer, Malerstochter von Straubing
† um 1750

1727 Gundihausen: SaBl
1730 Unterwattenbach: HaBl St. Ägidius
1732 Vilsheim: F A
1733 Landshut: Entwürfe f. Kupferstiche des Fronleichnamsbuches
1738 Hl. Brunn b. Rottenburg: Kw
1740 Aufhausen b. Regensburg: Kw
1740 Oberglaim: F Hl. Grab
1740 Seifriedswörth: M
1750 Ergolding/PfK: Labarum

Johann Baptist Unterrainer

1724

Georg Friedrich Moll

1724
1731

Johann Anton Vogl
* Obernberg/Inn
BR 1724

1728 Mariakirchen: SaBl Jordantaufe + F
1728 Landshut/Hl. Geist-Spital: F Ha
1730 Kirchberg b. Wartenberg: HaBl
1730 Tegernbach b. Taufkirchen: F Ha
? Landshut/St. Jodok: SaBlBl St. Jodok + St. Joseph
? Landshut/Rathaus: G
1735 Taufkirchen: HaBl

Andreas Plank

1730 Weihenstephan b. Landshut: F T
1736/37 Adlberg: SaBl St. Magdalena
1736/37 Herrngiersdorf: 2 GG

Johann Wolfgang Corduletsch (Corteletsch)
† 1772

1740 Artlkofen: HaBl St. Michael
1750 Mettenbach: F SaSa
1755 Weihenstephan b. Landshut: M
? Landshut/Hl. Geist: SaBl St. Florian
1770 Ergolding/PfK: G

Simeon Kordoletsch
⟨Johann Wolfgang Kordoletsch⟩

? Landshut/Hl. Geist: SaBl St. Florian

Simon Georg Wolf

1741 Weihenstephan b. Landshut/SchloßK: M

Maximilian Gröz
⟨Wolf Simon Gröz⟩
⚭ 1750
† 1777

1746/56 Gündlkofen: F
1758 Gundihausen: M
1758 Vilsheim: F Ha + T
1761
1764 Schrannen: F A
1763/67 Buch am Erlbach: F

Johann Baptist Finkenzeller
⟨Franz Felix Finkenzeller⟩

1751

Franz Xaver Wunderer
† 1764

1751 Vilssöhl: F Sa
175? Freising/WiesK: Dg
1753 Maria Dorfen: R
um 1760 Oberaltaich: SaBl St. Johann Nepomuk
1762 Holzhausen: F O
? Landshut/DominikanerK: SaBl St. Anna
? Freising/St. Andreas: Dg

Johann Peter Freundt

1754 Seyboldsdorf: Hl. Grab

Johann Sebastian David Fischer
⟨Georg Franz Fischer⟩

1756 Hohenegglkofen: Kw
1760 Ergolding: M
1760 Attenhausen/Seelenhaus: ABl
1762 Reichersdorf: R Muttergottesbild
1767 Ergolding/PfK: Dg

Joseph Fürstenpreu
(Berg ob Landshut)
† 1787

1757 Hölsbrunn: Dg
1761 Herrngiersdorf: F Ha + SaSa
1765 Paring: Dg St. Michael [?]
1776
1777 Bruckbach: F + R Ha

Veit Spieß

1757

Peter Fromberger

1759

Thomas Hueber
BR 1742
zgl. Mesner bei St. Jodok

1760 Gundihausen: V Himmelstangen
1770 Landshut/St. Jodok: R Gnadenbilder
1773 Landshut/St. Jodok: M
1779 Landshut/St. Jodok: R
? Landshut/St. Jodok: F K, F T, F Ha + O u. a.

Joseph Abfalter
⚭ Maria Barbara Wackher
kauft 1. VIII. 1755 ein Haus und veräußert es samt der Malerkonzession 23. XI. 1765 an Ignaz Kaufmann

1761 Niederding: ABlABl

Ignaz Kaufmann
bis 1765 in Teisbach (s. d.)
kauft 23. XI. 1765 Haus und Malerkonzession von Joseph Abfalter
† 15. IV. 1781

1767 Michaelsbuch: F Ha
1767 Pürkwang: F 6 Pyramiden
1768 Michaelsbuch: Kv F Oratorien
1770 Mirskofen: SaBlBl
1770 Maria Dorfen: ABl St. Josef
um 1770 Landshut/Hl. Geist: HaBl Sendung des Hl. Geistes
um 1770 Landshut/St. Martin: SaBl St. Aloisius
1773 Unterneuhausen: Dg St. Laurentius
1773 Schmatzhausen: F SaSa + K

	1773 Pürkwang: Kw 1774 Niedereulenbach: SaBlBl St. Paulus u. St. Michael 1777 Weihbüchl: HaBl St. Benedikt 1777 Münster b. Rottenburg: HaBlBl 1765/81 PP 1778 Freising/Neustift: AABlBl 1780 Obergangkofen: HaBl ? Landshut/FranziskanerK: SaSaBlBl St. Franziskus + St. Anna
Zacharias Lehrhuber I ⚭ 1764 II ⚭ 1777 † 1792	1770 Adlberg: SaBl St. Magdalena 1770 Altötting/SpitalK: ABl (aus Landshut/DominikanerK) um 1770 Landshut/Hl. Geist: F Ha 1771 Landshut/St. Sebastian: Votivgemälde 1777 Holzhausen: F Missionskreuz 1779 Poxau/St. Georg: F Ha [+ SaSa?] 1782 St. Salvator: F Ha + SaSa 1783 Thurnstein/SchloßK: F SaSa ? Poxau/St. Georg: F Ha 1784 Martinshaun: HaBl St. Martin 1785 Altheim: R Ha + F 1789 Landshut/DominikanerK: F Ha
Elisabeth Kaufmann Witwe nach Ignaz Kaufmann † 26. I. 1783	? Landshut/FranziskanerK: SaBlBl St. Anna + St. Franziskus 1782 Obergangkofen: F Ha, M
Joseph Reitter ⚭ Maria Johanna ⟨Ignaz Kaufmann ⚭ Elisabeth⟩	1784 Pattendorf/SpitalK: Wg
Xaver Schmid	1785
Alois Kaufmann ⟨Ignaz Kaufmann ⚭ Anna Elisabeth⟩ * 4. VI. 1767 mind. seit 1796 in Landau (s. d.)	1788 Landshut/Hl. Blut: Putzen d. Apostelstücke + F SaSa-Rahmen
Johann Joseph Gansrab † um 1825	1786 Göttsdorf: HaBlBl 1792 Buch a. Erlbach: F + R Fa
Zacharias Joseph Jorhan ⟨Christian Jorhan, Bildhauer zu Landshut, ⚭ Maria Theresia Pauer⟩ * 19. X. 1766 ⚭ 10. XI. 1790 Maria Elisabeth Gräzl, Lehrerstochter von Train († 10. II. 1810) † 12. XII. 1798 zgl. Mesner bei St. Jodok	1792/93 Landshut/St. Sebastian: F Sa

Ignaz Bergmann
* Wurmio/Schweiz 1767

1788 Landshut/Hl. Blut: SaSaBlBl Johannes Baptist + Magdalena
1789 Landshut/Hl. Blut: HaBl Kreuzigung Christi
1790 Landshut/Hl. Blut: F Ha
1792 Landshut/Hl. Blut: SaBl Johannes Baptist
1797 Landshut/Hl. Blut: F SaSa-Rahmen

Peter Promberger
zgl. Tändler

Schrifttum

Franz Sebastian Meidinger: Beschreibung der churfürstlichen Haupt- und Regierungs-Stadt Landshut, Landshut 1785.
Theo Herzog: Landshuter Häuserchronik, Neustadt/Aisch 1957.
Alfons Beckenbauer: Die Ausgestaltung der Pfarrkirche Hlg. Blut in Landshut um 1800, in: Verhandlungen d. Hist. Vereins f. Niederbayern 99, Landshut 1973, S. 10–29.
Siegfried Hofmann: Das Hochaltarbild Franz Geigers in Maria de Victoria und ein Altarbild in St. Moritz von Gerhard Seghers (Zegers). Ein Beispiel der Retrospektive in der Zeit des Barocks, in: Sammelblatt des Hist. Vereins Ingolstadt 86, Ingolstadt 1977, S. 84–85.
Vgl. den Beitrag von Fritz Markmiller in diesem Sammelband, S. 77–103.

LANGQUAID

Joseph Seidenbusch

1683 Gisseltshausen: »Malung im Gewilckh-Gewölbe oben auf den Poden des hl. Geists«

Florian Paumeister
früher in Frontenhausen
zgl. Schreiner

1782 Herrngiersdorf: R G

LOH

Franz Kaindl
zgl. Schulmeister

1755 Irlbach: F 2 Engel, F Kästen d. 2 SaSa

MAINBURG

Franz Bezolt — 1691 Gosseltshausen: ApAp

N. N. — 1711 Herrngiersdorf: F K

N. N. — 1732 Herrngiersdorf: F

Ferdinand Wallprunn — 1738 Sandsbach: M am Ha

MASSING

Franz Anton Fux

1724 Anzenberg: GG
1732 Binabiburg/St. Salvator: F K
1734 Anzenberg: A
1735 Angerbach: F Ha
1738 Anzenberg: F SaSa + K
1738 Dorfen: Kv f. M Ha
1738 St. Wolfgang b. Griesbach: F Ha
1748/49 Dorfen: F Ha (mit F. X. Gruber, Dorfen)
1749 Anzenberg: F Ha
1752 Anzenberg: R

MENGKOFEN

Johann Georg Paumeister
⟨Georg Paumeister, Schreiner in Frontenhausen⟩
* 1727
zgl. Schreiner

1761 Hüttenkofen b. Leiblfing: F Ha
1764 Hüttenkofen: F K

Johann Erasmus Kaindl

1795 Hüttenkofen: F

MOOSBURG

Hans Georg Höckh
† vor 1648

1638
1640 Moosburg/Rosenkranz-Bruderschaft: F

Hans Martin Kapplin
† 14. IV. 1664

ab 1659 Moosburg/Rosenkranz-Bruderschaft: FF

Hans Jakob Steinmayr
⚭ Katharina N. († 2. VI. 1681)
† vor 1681

1672/77 Moosburg/Rosenkranz-Bruderschaft: FF

Johann Georg Pinzger
⚭ Elisabeth N. († 26. IX. 1704)
† 13. V. 1708

1669
1687/1706 Moosburg/Rosenkranz-Bruderschaft: FF

Johann Jakob Grosch
⟨Johann Goerg Grosch, Organist in Erding⟩
⚭ 4. V. 1693 Anna Maria ⟨Petrus de Busenis, Prokurator in Erding⟩ († 24. XI. 1736)
† 20. VI. 1737 » im höchsten Alter«

1706/36 Moosburg/Rosenkranz-Bruderschaft: FF

Franz Sebastian Haas

1722 Buch a. Erlbach: F
1724 Moosburg/PfK: F Ha
1727 Moosburg/Rosenkranz-Bruderschaft: F 8 Tafeln der Evangelisten und des hl. Johannes Bapt.
1732 Moosburg/Rosenkranz-Bruderschaft: »gestochenes« Bruderschafts-Wappen
1738 Moosburg/PfK: F A-Tisch

Johann Sebastian Grosch
⟨Johann Jakob Grosch ⚭ Anna Maria⟩
* 7. I. 1699
⚭ 14. V. 1726 Margarete Häckl, Wagnerstochter von Moosburg
† 29. XII. 1741

1738/40 Moosburg/Rosenkranz-Bruderschaft: FF

Matthias Staudacher
* »Millhusy«
⚭ 1. II. 1750 Maria Eugenia ⟨Johann Sebastian Grosch ⚭ Margarete⟩ († 12. V. 1771)
† 2. I. 1793

1758 Moosburg/PfK: F
1758 Moosburg/PfK: M
ab 1758 Moosburg/Rosenkranz-Bruderschaft: FF

(Johann) Anton Mayerhofer
* um 1725
1754 als Malergeselle von Franz Anton Pöschl in Wolnzach zu Gosseltshausen tätig
⚭ Maria Barbara N. († 27. I. 1788)
† 29. XI. 1799

1754 Gosseltshausen: M Musikantenchor
1758 Moosburg/PfK: M
1758 Moosburg/St. Michael: F Obere Empore u. a.
1759 Großgundertshausen: ABl St. Agatha
1761 Moosburg/Rosenkranzbruderschaft: Labara [= fahnenartige Insignien]
1762 Gosseltshausen: V 4 Leuchter, M 4 Pyramiden
1764 Moosburg/Rosenkranzbruderschaft: Bruderschaftsstöcke
1769 Moosburg/PfK: Pfarrfahne
1770/92 Moosburg/PfK: FF + Malerarbeiten
um 1780 Moosburg/St. Kastulus: SaBl St. Franziskus
1782 Moosburg/St. Kastulus: F Leinberger-Ha

Schrifttum

Siegfried Hofmann: Die Kirche in Gosseltshausen (Wolnzach) im Spiegel der Kirchenrechnungen des Pfarrarchivs bis 1800 . . ., in: Sammelblatt des Hist. Vereins Ingolstadt 84, Ingolstadt 1975, S. 171, 173.

NEUFRAUNHOFEN

N. Peindtner

1739 Vilsheim: M

NEUKIRCHEN b. Hl.Blut

Franz Blaimb
† 11. VI. 1690

Anton Schlegl
⟨Erasmus Schlegl, Maler in Eggenfelden⟩
I ⚭ 1694 N. Englridter
II ⚭ 13. X. 1706 Maria Vogl, Schneiderstochter aus Lam
† 6. III. 1733

Johann Franz Lew
(s. Regen)

1695 Neukirchen/WallfahrtsK: F

Johann Balthasar Lew (Leo)

1709
1717 Neukirchen/WallfahrtsK: R

Ignaz Wagner
* Zwiesel um 1711
⚭ 1739
† 1777

1752 Neukirchen/Wallfahrtskirche: GG Oratorienbrüstungen

Johann Georg Wittmann
⟨Johann Georg Wittmann, Glasmacher in Bodenmais, ⚭ 1751 Margarita⟩
* Bodenmais, 27. V. 1715
† 1771

1752 Neukirchen/WallfahrtsK: GG Oratorienbrüstungen
Hinterglasbilder, darunter
Steinburg: Kw
Deggendorf/Katharinenspital: Kw
Dörfling: Kw
Bischofsmais/St. Hermann: Kw
Zell b. Kirchberg: Kw

Joseph Matthias Wittmann
⟨Johann Georg Wittmann⟩
* 22. IV. 1753
⚭ 7. VII. 1784 Katharina Winklmann
† 17. X. 1823

Hinterglasbilder, darunter
Moosbach b. Viechtach: Kw
St. Englmar: Kw
Trailling/Waldbauerngut: Kw
Schönau b. Viechtach: Votivtafeln
Arnbruck/HeimsuchungsK: Votivtafeln

Schrifttum
Vgl. den Beitrag von Raimund Schuster in diesem Sammelband, S. 161–168.

NEUMARKT a. d. Rott

Philipp Kantner

1657 Neumarkt/St. Veit: F
1661/67 Neumarkt/St. Veit: F SaSa

Johann Baptist Rabensteiner

um 1700
1715 Neumarkt/St. Veit, GruftK: Wg
1735 Binabiburg/St. Salvator: F SaSa
1743 Binabiburg/St. Salvator: G Hostienwunder

Joseph Anton Haas
* Schärding um 1684
⚭ 30. IX. 1707 Anna Rosina Forzmann, Gerberstochter
† 29. XII. 1742

um 1716 Binabiburg/St. Salvator: M
1718 Neumarkt/St. Veit, JosephiK: F AA + F ApAp
1725 Anzenberg: R
1726 Teising: Vorlagen f. Kupferstichserie zum Wallfahrtsjubiläum

Franz Xaver Hornöck
⟨Joseph Hornöck, Maler und Mesner in Schönau, ⚭ Maria⟩
* 4. VII. 1752
⚭ 13. V. 1777 Maria Katharina Hilz, Bierbrauerstochter aus Landshut
seit 1803 in Salzburg
† 18. I. 1822

1774
1776 Haunzenbergersöll: Dg
1777 Haunzenbergersöll: V AlAl
1778/78 Teising: R + Ergänzung der 15 Rosenkranztafeln
um 1778 Schönberg: F Ha
1783 Neumarkt/St. Veit: HaBl (Auszug) + GG
1784 Neumarkt/St. Veit: F SaSa
1784 Lambrechten: M
1786 Neumarkt/St. Johann: Votivbild Marktbrand
1787 Vilsbiburg: P Pfarrer + M Hl. Grab
1787 Haunzenbergersöll: Usch
1789 Lohkirchen: R Dg
1791 Kinning b. Neumarkt: ABl Mariä Himmelfahrt
1791 Hörbering: 2 ABlBl + F
1793 Rattenkirchen: Dg Mariä Verkündigung
1793 Neumarkt/St. Veit: HaBl (Auszug) St. Benedikt
1795 Vilsbiburg/Mariahilf: FreskenM
1796 Weilkirchen: Dg St. Georg
1798 Neumarkt/St. Veit: PP Äbte
1799 Neumarkt/St. Veit: PP Stifter
1801 Adlstein/SchloßK: ABl St. Antonius von Padua
1804 P Fürstbischof Graf Zeil
um 1810 Grödig: G Dornenkrönung Christi
1820 Koppl: HaBl Maria Immaculata
1821 PP

Schrifttum

Martin Lechner: Ex voto – pro voto. Historische Miniaturen aus der alten Teisinger Marien-Wallfahrt, in: Heimat an Rott und Inn, Eggenfelden 1970, S. 66–105, hier S. 73–76.
Martin Lechner: Die Kirchen der Stadtpfarrei Neumarkt-St. Veit und ihre kunstgeschichtliche Bedeutung. Teil I, in: Heimat an Rott und Inn, Eggenfelden 1973, S. 187–208.
Vgl. den Beitrag von Edgar Krausen in diesem Sammelband, S. 125–134.

NEUSTADT a. d. Donau

Abraham König	1696 Gosseltshausen: F K
Hans Kaspar Kriner	1707 Heiligenstadt b. Neustadt: HaBl
N. Frölich	1752 Straubing: HaBl St. Stephanus 1766 Aunkofen b. Abensberg: SaBlBl

NIEDERALTAICH

Sixtus Osterer	1660 Zwiesel: 12 Apostelkreuze 1664 Grattersdorf: M Fahnenkreuz, F Stange 1664 Außernzell: FaBl, F FaStange 1665 Außernzell: F + M d. renov. Ha 1665 Außernzell: R d. uralten Bildnisses am Ha 1668 Außernzell: Usch 1670 Schwarzach/Hengersberg: V Fa 1670 Lalling: R Stephanus-Bildnis
Franz Blasius Nickhl wohl ⟨Sebastian Nickl, Maler in Plattling⟩	1680 Iggensbach: F SaSa + K 1701 Iggensbach: ApAp, SaBlBl, F
Franz Stephan Aicher	1732 Straubing/Bäckerknecht-Bruderschaft: 2 G, Schilder, FV St. Joachim u. Anna 1734 Straubing/Bäckerknecht-Bruderschaft: FV Ap
Joseph Aicher wohl ⟨Franz Stephan Aicher⟩	1746 Lalling: G Arme Seelen
Peter Sänftl wohl ⟨Franz Josef Sänftl, Maler in Regen, ⚭ Magdalena⟩	um 1778 Halbmeile: Kv M 1778/79 Frauenau: F Sa 1782 Frauenau: F Ha + K 1786 Seebach: Kv F SaSa 1793 Wallersdorf: F AA + K

OBERBERGKIRCHEN

Sebastian Weyerer (s. Aspertsham)	1740 Seifriedswörth: M
Joseph Franz Weyerer »Fasser«, zgl. Schullehrer	1760 Oberbergkirchen: F (verschiedene Figuren) 1776 Oberbergkirchen: F O 1779 Oberbergkirchen: F Ha + T

	1780 Oberbergkirchen: F Ap 1785 Oberbergkirchen: F Oratorien, F 3 Chorstühle 1786 Oberbergkirchen: F Urständ Christi 1788 Binabiburg: F Ha, Sa, K, Chorgestühl, Gitter, Kw, R 1795 Walkersaich: F Ha
Franz Xaver Schalckh	1760 Seifriedswörth: M

OFFENBERG

Hans Griesenhorn † 1662	1662 Buchberg: Kv

OSTERHOFEN

Michael Reicher	1644 Weng b. Aldersbach: F Ha
Bonifatius Weizenbäck	1680 Niederwinzer: M
Wolfgang Wieninger	1706 Oberpöring/Maria Bürg: SaBl St. Nepomuk
Sebastian Staudinger ⚭ Maria Anna N.	1754 Wisselsing: F Ha + T 1755 Wallerfing: F ApAp + T 1755 Niedermünchsdorf: FaBl + F 1755 Haunpolding: F Ha, F 1757 Niedermünchsdorf: F 2 Holzleuchter 1758 Wallerfing: F K 1759 Kirchdorf: F + V Fa 1767 Pämling: F 1769 Aholming: F, G Johannes Baptist 1770 St. Leonhard a. Königsholz: F 1770 Ettling: F 1770 Buchkofen: M Tabulat

PFAFFENBERG

Liberatus Maybusch	1702 Schierling: F K 1706 Schierling: F Himmel; Fa 1710

PFARRKIRCHEN

Christoph Kirchmair	1601 Lengsham: F A
Christoph Wendlinger † 1645/46	1645 Pfarrkirchen: Marktwappen a. BlechSch.
Philipp Jakob Moll BR 1646	
Leonhard Stainmayr	1661 Wald: R SaBlBl 1661 Walburgskirchen: V
Georg Eder BR 1651	1661 Erlach: Ap 1670 Pfarrkirchen/Gartlberg: F 1674/75 Pfarrkirchen/Gartlberg: SaBlBl + GG St. Petrus u.Magdalena 1680 Waldhof: F Ha
Johann Michael Malchhueber BR 1677	1691 Waldhof: F 1691 Postmünster: F 1691 Walburgskirchen: F 1691 Wald: G 1693 Pfarrkirchen/Gartlberg: F K 1696 Pfarrkirchen/Gartlberg: F O
Johann Halla BR 1709 ꝏ 1709 Altötting Maria Katharina ⟨Johann Lederer, Maler in Altötting⟩	? Pfarrkirchen/Gartlberg: M Sakristeikastenfüllungen
Andreas Pointner	1730 Waldhof: ApAp ? Pfarrkirchen/Gartlberg: F Beichtstühle + T
Sebastian (Thomas) Hueber	1740 Dietersburg: F K 1740 Postmünster: F 1741 Pfarrkirchen: Dg 1742 Neuhofen: HaBl Enthauptung Johanni 1746 Pfarrkirchen: M für Ölberg, FaBlBl, F 1754 Pfarrkirchen: M 1764 Pfarrkirchen: ApAp, G 1770 Waldhof: ApAp 1771 Pfarrkirchen: M für Krippe
Joseph Leichtinger	1787 Pfarrkirchen: R + F

Schrifttum

Josef Huber: Geschichte der Wallfahrt Gartlberg bei Pfarrkirchen, Pfarrkirchen 1935.

PFEFFENHAUSEN

Ferdinand Schmidt

1701 Pattendorf: Tafel, »so bei den Kreuzgängen herausgestellt wird«
1708 Niederhornbach: 2 UschUsch
1712 (?) Pfeffenhausen: V Portalkranz, Krippenbilder
1715 Pfeffenhausen: F Frauenbild am Ha
1716 Pfeffenhausen: F HaGitter
1720 (?) Pürkwang: M Grab, Urständ Christi u. 2 Engel

Johann Bartholomäus Reither

1720 Altdorf: ApAp + R SaSa
1727 Reichersdorf: F SaSa, G
1730 Weihenstephan b. Landshut/SchloßK: M
1731 Petersglaim: F Ha + K

Johann Kaspar Spilz

1740 Niederhornbach/K SS. Lorenz, Stephan u. Ulrich: F 3 Figuren der Patrone + 2 Brustbilder, u. a.
1741 Niederhornbach: F 2 FaStängl, F Ap, F Figuren
1744 Niederhornbach: F Ölberg + Hl. Grab
1749 Niederhornbach: V Maikrügl
1750 Niederhornbach: F 4 Maikrüge
1751 Niederhornbach: R Friedhofskruzifix
1756 Niederhornbach: F 2 Engel zur Wandelkerze
1757 Niederhornbach: F Maikrüge

Schrifttum

N. N. [Anton Lieb ?]: Aus Rechnungen der Pfarrkirchenstiftung Niederhornbach, in: Rottenburger Geschichtsblätter, Rottenburg 1935, Nr. 57 und 1936, Nr. 69.

PLATTLING

Sebastian Nickl

1714 Loh: A
1714 Metten: F Ha (mit J. A. Merz, Straubing
? Metten/Abtkapelle: F A
1730

Johann Ulrich Hallmayr

1749 Plattling/MagdalenenK: F + V
1751 Plattling/MagdalenenK: Kw
1755 St. Leonhard a. Königsholz: V

Johann Kaspar Hallmayr	1762 Plattling/MagdalenenK: M
N. Kaindl * Gangkofen	1772 1782 Kleinweichs: M 1805

POXAU

Johann Christoph Härdl * um 1640 † 11. III. 1730	1702 Reisbach/PfK: F Gr. Kruzifix 1702 Reisbach/PfK, Seelhaus: ABl + F

REGEN

August Welser	1653 Frauenau: Hl. Grab 1662 Frauenau: R Gnadenbild
Johann Franz Leo (s. Neukirchen)	1671 Bischofsmais/PfK: ABlBl Geißlung und Dornenkrönung Christi 1691 Bischofsmais/St. Hermann: R
Stephan Waschinger wohl ⟨Stephan Wäschinger, Maler in Grafenau⟩	1673 Eging: ABl
Franz Sänftl * 6. II. 1685 ⚭ 19. VI. 1708 Maria Felizitas Lettl † 11. VIII. 1745	1716 Zwiesel: Grenztafeln
Franz Josef Sänftl ⟨Franz Sänftl ⚭ Maria Felizitas⟩ * 7. IV. 1709 ⚭ 5. VII. 1740 Magdalena Forster † 25. IX. 1763 zgl. Krämer	1737 Regen/Hl. Geist: SaBlBl + F 1754 Lalling: F Ölberg
Franz Quirin Sänftl ⟨Franz Sänftl ⚭ Magdalena⟩ * 30. III. 1720 ⚭ 20. VI. 1746 Barbara Steinbauer † 13. III. 1762	1745 Langdorf: Kw 1747 Regen: FaBl + F 1750 Langdorf: Kv F K 1759 Regen: FaBl + F
Johann Michael Hutter * Freising ⚭ 1763 Witwe Barbara Sänftl	1799 Regen/PfK: F, ABl
Michael Stoiber * Haslbach b. Perlesreuth ⚭ 8. II. 1778 Engelburga ⟨Franz Quirin Sänftl ⚭ Barbara⟩	

REISBACH

Hans Georg Kobalt	1693 Reisbach/PfK: F Palmesel 1693 Reisbach: St. Salvator: F ApAp
Johann Franz Probst ⟨Johann Michael Probst, kurf. Kastenbereiter in Eggenfelden⟩ Lehrling bei Johann Grainlechner in Eggenfelden † vor 1761 zgl. Wirt	1711 Reisbach/PfK: F K 1719 Reisbach/PfK: F T + R 1721 Feldkirchen: F Ha 1721 Reisbach/PfK: R + F Hl. Geistsendung 1721 Reisbach/St. Salvator: R + F 1731 Reisbach/PfK: F Engel 1732 Reisbach/PfK: R + F 12 Gr. Apostelbilder 1737 Reisbach/St. Salvator: R + F 1739 Reisbach/Friedhof: F Gr. Kruzifix 1739 Reith: M 1752 Töding = Kw

ROTTAU

Benedikt Schiller zgl. Schuster	1799 Rottersham: ABL St. Nikolaus

ROTTENBURG

Johann Heinrich Kaufmann	1698 Pattendorf: M Fa 1699 Weihmichl: F Urständ Christi
Johann Georg Schauer * 1655 BeisitzR 1704 zuvor in Furth b. Landshut ⚭ Maria N. († 7. VI. 1740) † 19. XII. 1739	1710 Schatzkofen: GG 1730 Weihmichl: R Kruzifix 1737 Gisseltshausen: F + V Hl. Grab
Wolfgang Schauer ⟨Johann Georg Schauer⟩ ⚭ 20. VI. 1741 Josepha Euber aus Rohr	
Johann Anton Schweinhuber ⟨Johann Schweinhuber, Hausbesitzer in Burgharting, ⚭ Helena⟩ * 1729 ⚭ 29. X. 1753 Maria Theresia Mali, Metzgerstochter († 1792) † 8. V. 1773	1755 Oberotterbach: F Deckenstuck 1761 Gisseltshausen: M Maibüsche 1763/64 Rottenburg/PfK: ABlBl + F AA + K 1764 Gisseltshausen: F + V T, F 2 Figuren u. Kruzifix 1765 Hofendorf: F Ha

1767 Gisseltshausen: 4 Fastenbilder Geißelung, Dornenkrönung, Kreuztragung u. Kreuzigung, ferner G Letztes Abendmahl

Franz Xaver Schweinhuber
⟨Johann Anton Schweinhuber ⚭ Maria Theresia⟩
⚭ 1795 Barbara Lohr

1794 Eichstätt b. Rottenburg: SaBl
1808 Ergoldsbach: F Ha

Xaver Schweinhuber
⟨Franz Xaver Schweinhuber ⚭ Barbara⟩
* 1. VII. 1813
⚭ 19. X. 1841 Theresia Neumaier, Chirurgenstochter von Pfeffenhausen

Schrifttum

A[nton] A. Lieb: Das Maleranwesen (vormals Hs.-Nr. 3) in Rottenburg, in: Rottenburger Geschichtsblätter, Rottenburg 1931, Nr. 9.
N. N. [Anton Lieb?]: Aus Rechnungen der Kirche zu Gisseltshausen, in: Rottenburger Geschichtsblätter, Rottenburg 1931, Nr. 10 und 1932, Nr. 23.
A[nton] A. Lieb: Mal- und Schreibkunst, in: Rottenburger Geschichtsblätter, Rottenburg 1937, Nr. 83.

ROTTHALMÜNSTER

Joseph Augustin Strauß

1773 Aigen a. I./WfK: Ölberg
1774 Aigen a. I./WfK: Ausmalung

SCHÖNAU

Joseph Hornöck
* Nöham um 1708
⚭ Maria ⟨Matthias Hueber, Mesner⟩
† 1780
zgl. Mesner
zuletzt in Neumarkt wohnhaft

1760 Wald: F

Schrifttum

Vgl. den Beitrag von Edgar Krausen in diesem Sammelband, S. 125–134.

STADTAMHOF

Josef Georg Aprill

1711 Laaberberg: F Ha

Georg Kaspar Zellner
⟨Johann Georg Andreas Zellner, Maler in Furth i. W., ⚭ Maria Klara⟩
* 23. XI. 1745

1768

STEINKIRCHEN

Gregor Valtermeier zgl. Mesner	1752	Holzstarring: M Apostelleuchter + Sonnenuhr u. a.

STEPHANSPOSCHING

Anton Reithmayer zgl. Bildhauer	1735 (?) 1760 1763 1765	Windberg/St. Blasius: GG Michaelsbuch: Kv Ha Michaelsbuch: F Ha vorgesehen Irlbach: F Sebastiansfigur (von Obermayr)

STRAUBING

Georg Kopp ꝏ Regina Reithperger († 5. VIII. 1634) † Anfang 1622	1600 ?	 Straubing/St. Jakob: WgWg
Thomas Huetter ꝏ 12. XI. 1601 Veronica Lindner aus Schwaz		
Martin Perger ꝏ 13. V. 1602 Sabina Franckenmann, Unterrichterstochter † um 1619	um 1610/15	Straubing/KapuzinerK: F + Fastentücher
Georg Ruestorffer ꝏ 27. XI. 1607 Katharina Herck, Schuhmacherstochter von »Hag«		
Kaspar Juvenell ꝏ Barbara N. † 23. IV. 1633	1614	
Georg Hösl ꝏ Maria N. † 10. V. 1616	1614	
Carl Stöbler * Reichenberg/Schlesien ꝏ 20. II. 1625 Anna Stahel, Wundarztenstochter	1626	
Christoph Habermair ꝏ Euphemia N. († 17. X. 1628) † 22. XI. 1633	1626 1629	Straubing: BruderschaftsFa Oberaltaich: Wg Äbte
Sebastian Hirsch ꝏ Katharina N. † 15. II. 1634		

Valentin Rothpaur 1631
⚭ Maria N.
† um 1635

Sebastian Heinrich Peurl
⚭ 4. VI. 1630 Anna Frölinger, Glaserstochter
† um 1635

Michael Heimerle (Hämerl)
* um 1608
I ⚭ 13. II. 1635 Witwe Anna Peurl († 9. XI. 1662)
II ⚭ 3. IX. 1663 Maria Schrauff (oder Strauß ?) von Landshut
† 10. I. 1668

Hans Krähner (Crenner) 1660 Straubing/KarmelitenK: SaBl St. Sebastian
* um 1620 ? Straubing/KarmelitenK: G Königin von Saba [?]
I ⚭ 19. II. 1635 Witwe Maria Rothpauer († 16. XII. 1641)
II ⚭ 5. V. 1642 Elisabeth Zattler von Kötzting
† 30. IV. 1672

Hans Jakob Planer 1642

Matthäus Riedl
* um 1635
MR 6. VIII. 1660
⚭ Maria Anna N.
† 28. XI. 1675

Ignaz Wenzeslaus Sagstetter
I ⚭ 25. II. 1669 Witwe Maria Hämerl († 1. II. 1688)
II ⚭ 1. VI. 1688 Maria Juliana Paur von Gossersdorf
† 1700

Wolfgang Leutner 1703 Straubing/St. Veit: Dg
⟨Simon Leutner, Bildhauer⟩
* Straubing 1642
MR 30. XII. 1669
I ⚭ 24. XI. 1670 Maria Rebekka Lang von Regensburg († 15. XII. 1680)
II ⚭ 28. IV. 1682 Maria Katharina Pichelmayr, Stadtmaurermeisterstochter († 18. IX. 1726)
† 17. XII. 1710

Johann Niderhueber
† vor 1670

Johann Holzer
* Dingolfing
MR 29. VII. 1672
übernimmt 14. VII. 1671 das Malerrecht von Hans Crenner, bei dem er 4 Jahre als Geselle war
⚭ 27. IX. 1672 Elisabeth Feml, Kaufmannstochter († 4. XI. 1709)
† 22. X. 1709

1691 Geltolfing: F T

Valentin Reischl

1705

Johann Christoph Schultz
* um 1652 in Friedland/Böhmen
MR 17. IX. 1677
⚭ 27. XI. 1676 Witwe Maria Anna Riedl
† 27. III. 1683

Lorenz Michael Vogl
(Kagers)
* 1698
⚭ Katharina N. († 24. III. 1737)
† 25. XII. 1742

Johann Thomas Leutner
* 1688
⚭ Maria Brigitta Katharina N.
† 8. VI. 1723

Hans Adam Klopfer
* München 1655
BR 1680
I ⚭ 8. VII. 1680 Anna Maria Purckgraf, Hutstepperstochter
II ⚭ 27.VI. 1695 Anna Maria Siber
† 17. III. 1721

1716 Straubing/St. Jakob: F Ap

Stephan Widenberger
⟨N. Widenberger, Krämer in Freienseyboldsdorf⟩
* 1697
I ⚭ 30. VI. 1723 Witwe Maria Brigitta Katharina Leutner († 26. III. 1731)
II ⚭ 7. II. 1735 Anna Maria Gschaider, Kürschnerstochter
† 2. X. 1737

Johann Valentin Reischl
(Azlburg)

1703 Straubing/St. Veit: Dg
1712 St. Anton b. Mainburg: HaBl St. Antonius

Joseph Anton Merz
* Marktoberdorf 1681
Übernimmt 1710 das Malerrecht des verst. Johann Holzer

um 1710 Wiesent: HaBlBl Mariä Himmelfahrt + St. Sebastian
um 1710 Wörth a. d. D./Pfk: DgDg [?]
1710/11 Straubing: FF

I ∞ 18. II. 1710 Maria Theresia Simon, Stadtpfeiferstochter († 19. VIII. 1732)

II ∞ 21. I. 1733 Anna Maria Ropold, Kasernmeisterstochter

† 7. I. 1750

1712 Pürgl: Fresko im Chor
1714 Loham/SchloßK: ABl
1714 Metten: F Ha
1715 Atting: F O, Kv F Ha
1715 Sossau: Dg
1720 Straubing/St. Peter: WgWg
1720/21 Haindling/WfK: DgDg
1721 Hadersbach: HaBl
1721 Haindling WfK: M in K = 4 Kirchenväter u. Lamm Gottes
1721 Geltolfing: F + V Fa
1722 Haindling WfK: 2 Beichtstuhlbilder
1722 Geltolfing: F Kruzifix, V Kirchenkreuz
1723 Oberaltaich: Hl. Grab
1723 Haindling/WfK: SaBlBl Mirakelaltar
1723/26 Bogenberg: A + DgDg
1725 Reichersdorf: SaBlSaBl
um 1725 Schierling: DgDg
1726/27 Reichersdorf: SaBlBl
1727/30 Oberaltaich: A + DgDg
1727 Geltolfing: 6 AABlBl, F AA + O
1728 Haindling/WfK: HaBlBl
1728 Geltolfing: F K, F Kruzifix + St. Magdalena-Bildnis
1729 Geltolfing: F + V Fa
1729 Gotteszell: Dg
um 1730 Pürgl: Dg
1731 Geltolfing: R Statue St. Peter
1731 Ittling/AuK: DgDg
1731 Regensburg/St. Emmeram: F SaSa, G
1730/31 Michaelsbuch: DgDg
1731/32 Thürnthenning: DgDg St. Johannes Nepomuk
um 1734 Irlbach/PfK: Dg
um 1735 Degernbach: DgDg
1735 Reichersdorf: DgDg Herz Jesu + Himmelfahrt Mariä, HaBl St. Martin und 2 Nebenbilder
1738 Straubing/Bäckerknecht-Br.: G Speisung der Fünftausend
1739 Straubing/St. Peter: F Ha
1739 Windberg/BlasiusK: DgDg
um 1740 Haunkenzell: DgDg
1744 Irlbach: F Ha
1746 Straubing/St. Jakob, NepomukK: Dg

1748 Straubing/Marian. Kongreg.: G Mariä Verkündigung
um 1748 Straubing/St. Jakob: Kleines Fresko

Sebastian Ziehrer
* Mallersdorf 1707
MR 3. VI. 1739
ꝏ 9. VI. 1739 Witwe Anna Maria Widenberger († 21. IX. 1780)
† 18. XII. 1791

1740 Straubing/KarmelitenK: F Sa St. Sebastian
1742 Straubing/KarmelitenK: F Ha
1755 Straubing/KarmelitenK: F + SaBlBl St. Anna
1756/57 Straubing/KarmelitenK: F K
1762 Pönning: Dg

Georg Sigmund Felderer
* 1686
ꝏ Sabina N. († 13. V. 1747)
† 7. VIII. 1743

1739 Straubing/UrsulinenK: F Speisgitter
1740 Straubing/UrsulinenK: F

Johann Matthias Held
* Stadtamhof 1716
MR 1745
ꝏ 30. IX. 1745 Maria Barbara Viktoria Felderer, Malerstochter
† 5. V. 1748

1746 Straubing/Bäckerknecht-Bruderschaft: G (Schutzmantelmadonna im Protokollbuch)
1748 Straubing/Bürgerspital: F Maikrüge

Joseph Anton Weigeroli
⟨N. Weigeroli, Klosterkoch in Tegernsee⟩
* 1692
I ꝏ 13. XI. 1724 Anna Maria Klopfer, Malerstochter († 9. I. 1735)
II ꝏ 3. IX. 1731 Anna Maria Zaglmair († 24. IX. 1760)
† 12. V. 1742

Karl Joseph Kastenauer
Malerrecht 29. I. 1738
MR 5. III. 1745

Franz Degler
(Kagers)
* 1704
I ꝏ Anna Katharina († 31. I. 1743)
II ꝏ 7. I. 1744 Maria Anna Schranck von Saulburg († 30. VI. 1756)
III ꝏ 31. VIII. 1761 Eva Kern, Weberstochter von Kagers
† 3. II. 1764

Franz Xaver Merz
⟨Joseph Anton Merz⟩
ab ca. 1762 in Bogen

1751 Straubing/Oberschwesternhaus: F Frauenbildnis
1761

Johann Bernhard Scheck * Saulgau 1724 MR 1748 I ⚭ 28. X. 1748 Witwe Maria Barbara Viktoria Held († 18. IV. 1773) II ⚭ 11. IV. 1784 Anna Elisabeth Sallinger, Wachszieherstochter aus Staab/Böhmen † 25. VIII. 1799	1752 Frauensattling/Totenkerker: Wg 1754 Frauensattling: Kw 1767 Straubing/St. Jakob: F K 1771 Reichersdorf: Usch 1773 Straubing/St. Jakob: F A + ABl St. Nepomuk 1784/85 Halbmeile: F AA + Stuck 1786 Loh: ABl St. Nepomuk ? Pönning: ABl St. Nepomuk nach 1780 Straubing/ St. Jakob: R Wg Wg 1787 Straubing/Bürgerspital: F
Franz Seraph Merz ⟨Franz Xaver Merz, Maler in Bogen ⚭ Viktoria Meister⟩ kauft 31. III. 1800 das Scheck'sche Malerrecht BR 22. XII. 1800 vorher in Bogen ab 1790 † 25. XII. 1816	1806 Straubing/Bürgerspital: M 1812 Straubing/Bürgerspital: Abbeizen v. 3 AA
Felix Hölzl ⟨N. Hölzl, Klosterkoch in Dietramszell⟩ * 1725 I ⚭ 4. X. 1750 Witwe Anna Maria Merz († 15. VII. 1769) II ⚭ 26. II. 1770 Ursula Sporer, Weißgerberstochter † 19. II. 1774	1757/59 Straubing/St. Jakob: F + G Krippenfiguren ? Straubing/KarmelitenK: ABl Christus + Maria + Arme Seelen ? Straubing/St. Peter: G St. Sebastian + Chorfresko um 1760 Welchenberg: Dg St. Mauritius + Petrus + Benedikt und Ortsansicht 1762 Straubing/St. Veit: Dg Eucharistie + St. Veit 1763 Straubing/St. Peter, Totentanz-K: Wg
Gottlieb Kastenauer ⟨Karl Joseph Kastenauer⟩ MR 3. VI. 1772 ⚭ Magdalena N.	
Franz Joseph Mayr ⟨N. Mayr, Schlosser in St. Blasien⟩ MR 10. II. 1775 I ⚭ 14. II. 1775 Witwe Ursula Hölzl († 9. IX. 1800) II ⚭ 25. IV. 1801 Maria Theresia Lutz von Rain	1781 Halbmeile: Kv + Skizzen DgDg + WgWg nach 1780 Straubing /St. Jakob: R WgWg

Schrifttum

Joseph Keim: Straubinger Künstler-Verzeichnis, in: Jahres-Bericht d. hist. Vereins f. Straubing u. Umgebung 52, Straubing 1950, S. 86–96.
Josef Freilinger/Wolfgang Hierl/Werner Schäfer: Zu den Bildern des Felix Hölzl in der Toten- oder Seelenkapelle im Friedhof St. Peter in Straubing, Straubing 1973.

Karl Tyroller: Zur Geschichte der Wallfahrtskirche Halbmeile . . ., in: Jahresbericht des Hist. Vereins f. Straubing u. Umgebung 79, Straubing, 1976, S. 173–198.
Vgl. den Beitrag von Karl Tyroller in diesem Sammelband, S. 11–31.

TANN

Bernhard Ebenpeckh	1661 Kirchdorf a. I.: F
Cornelius Betitsch	1677 Taubenbach: ApAp 1678 Reut: F
Kaspar Nidermayr	1700 Zeillarn: F Urständ Christi
Andreas Lamppersperger	1711 Reut: Hl. Grab 1719 Taubenbach: F 1724 Eggstetten: G 1730 Zeillarn: FaBl 1734 Tann: F 1736 Schildthurn: Ap 1740 Schildthurn: F
Cajetan Ambros Prellinger (s. Deggendorf)	
Carl Johann Gasteiger	1773 Stubenberg: Dg 1781 Pildenau: R ABl 1787 Reut: F SaSa

THANNBERG

Georg Käser (Kayser)	1710 Gergweis: F 1728 Gergweis: R 1740 Gergweis: Ap 1760 Obernberg: V

TEISBACH

Johann Georg Pöhl Schulmeister seit 1688, »zgl. des Mahlens khindtig« BR 23. IV. 1688 ⚭ N. N. († 1719) † 1719	1696 Teisbach/Ratsstube: Anstrich Tische, Bänke, Fensterstöcke + Läden, Haustür 1708 Teisbach/St. Vitus: Usch
Joseph Anton Grainlechner ⟨Johann Grainlechner, Maler in Eggenfelden⟩ BeisitzR 1714 BR 20. III. 1716 ⚭ 1716 Maria Josepha N. † Mitte 1742	1718 Teisbach/Torgebäude: Wappen-Wg 1720 Oberviehbach: F Ha 1738 Teisbach/St. Vitus: Usch

Ignaz Kaufmann
⟨Johann Kaufmann, Metzger in Ellwangen, ⚭ Afra⟩
* um 1721
BR 1747
⚭ 22. XI. 1747 Anna Elisabeth Grainlechner, Malerstochter
seit 1766 in Landshut

1747 Teisbach/Rathaus: Burgfriedensplan
um 1750 Diepoldskirchen: G St. Valentin
1750 Oberweigendorf: M
1755 Oberotterbach: DgDg St. Leonhard, Evangelisten, Kirchenväter
um 1755 Oberotterbach: SaSaBlBl St. Erhard, St. Erasmus, St. Johannes, St. Paulus
1755 Schildthurn: DgDg Dreifaltigkeit und Hl. Maria
1756 Pürkwang: F Ha
1759/60 Wippstetten: SaSaBlBl St. Katharina + St. Sebastian
1758 Inkofen: SaBlBl
1760 Loiching: F T
1760 Kirchberg: F T
1761 Pürkwang: F SaSa
1761 Pürkwang/SchloßK: F A
1762 Frontenhausen: Kv F T
1763 Hohenegglkofen: SaSa
1767

Johann Markus Held
⟨Simon Held, Maler in Amerang⟩
* um 1743
⚭ Maria Anna N.
BR 12. V. 1767
† 5. VII. 1772
kauft 1767 das Kaufmann-Haus mit Malerrecht

1767 Teisbach/St. Vitus: R UschUsch
1770 Teisbach/St. Vitus: F Al + F Gitter
1771 Dingolfing/St. Johannes, AnnaK: Wg St. Anna mit Jgfr. Maria u. St. Joachim + R Sa St. Anna
1771 Buchbach/St. Jakob: HaBl
1772 Adlkofen: Kw

Franz Joseph Stelzer
⟨Johann Georg Stelzer, gew. Insasse, ⚭ Katharina⟩
* Deggendorf
⚭ 1772 Witwe Maria Anna Held
BR 12. XI. 1772

1772/73 Teisbach/Rathaus: P Kurfürst
1784 Mettenbach: F T
1785 Kollbach: F Ha + SaSa
1795 Unterröhrenbach: F Kruzifix

Schrifttum
Vgl. die Beiträge von Fritz Markmiller in diesem Sammelband, S. 77–103 und S. 135–159.

TRIFTERN

Anton Perdolt

um 1700 Uttobrunn: F A
1730 Lengsham: F Ha

Carl Joseph Faber

1740 Lengsham: F K

VELDEN

Simon Schlögl	1670 Baierbach: R Grabchristus, M Sonnenuhr 1672 Baierbach: Ap am Ha 1675 Baierbach: G Frauenbild, M Apostelkreuze
Johann Hueber	1718 Ruprechtsberg: M
Johann Georg Liechtmanegger	1761 Vilssöhl: Ap 1768 Erlach: F Ha 1770 Erlach: GG + F Al
Ignaz Liechtmanegger	1793

VIECHTACH

Johann Richtmann ↀ um 1695 Katharina N.	1696 1715
Maximus Math wohl ⟨Andreas Math, Maler zu Vilshofen⟩	1766 Viechtach/PfK: F Stukkaturen

VILSBIBURG

Christoph Gerl ↀ Anna Maria N. † 1661	1651 Litzelkirchen: F A 1657
Johann Baptist Gerl ⟨Christoph Gerl ↀ Anna Maria N.⟩ BR 1662	1661 Vilsbiburg/PfK: F Sa St. Anna 1663 Herrnfelden: Ap + GG 1667 Vilsbiburg/SpitalK: V Rosenkranz 1670 Vilsbiburg/PfK: F + V Ha
Johann Heinrich Ruestaller * Einsiedeln/Schweiz BR 26. IX. 1674 ↀ Anna Maria, Witwe nach Johann Gerl † 1680/81	1670 Aich: F T 1672 Vilsbiburg/SpitalK: V Ha, R, Wg Apostelkreuze 1674 Vilsbiburg/Rathaus: Tafel mit Jüngstem Gericht 1677 Vilsbiburg/SpitalK: V Turmspitze 1680 Tattendorf: F Sa
Kaspar Friedl * Baumburg BR 5. II. 1681 ↀ Maria N.	1681 Vilsbiburg/PfK: V 1684 Vilsbiburg/PfK: V Kruzifix 1685 Herrnfelden: GG, R 10 Passionstafeln

	1686	Vilsbiburg/SpitalK: F + F Apostelleuchter
	1691	Vilsbiburg/PfK: HaBl + V
	1703	Herrnfelden: ABl
Mathias Hamberger	1692/	
* Gars um 1663	1703	Vilsbiburg/PfK: R + F
BR 1692	1693	Vilsbiburg/PfK: V Rosenkranz
⚭ Maria, Witwe nach Kaspar Friedl († 1698)	1699/	
	1700	Litzelkirchen: F Ha
† 1707	1693/94	Vilsbiburg/Mariahilf: M
	1697	Vilsbiburg/PfK: F Ölberg
	1700	Vilsbiburg/Sebastiani-Br.: V
	1700	Diemannskirchen: FaBlBl
	1700	Diemannskirchen: FaBlFaBl St. Margaretha + Auferstehung Christi
	1701	Vilsbiburg/Mariahilf: Reime + Schriften in die Passionskapelle
	1704	Vilsbiburg/Mariahilf: F Kruzifix + V Turmkreuze
Johann Philipp Hauser	1707/	
BR 19. XII. 1711	1731	Vilsbiburg/PfK: F + V
	1707	Vilsbiburg/Mariahilf: Kuppelfresko 4 Evangelisten + Bilder f. Passionskapelle
	1709	Vilsbiburg/SpitalK: F Sa + Ha
	1713	Vilsbiburg/SpitalK: R + V + F
	1714	Vilsbiburg/Mariahilf: F K
	1720	Tattendorf: M
	1720	Vilsbiburg/Torturm: Usch + V
	1722	Vilsbiburg/Mariahilf: F Gipsfiguren
	1725	Vilsbiburg/Mariahilf: F Statuen
	1725	Vilsbiburg/Stadt: F Nepomukfigur
	1727	Vilsbiburg/Rathaus: M Fassade
	1729	Vilsbiburg/Oberer Torturm: Wg Wappen + Passion Christi
	um 1730	Binabiburg/St. Salvator: M
	1739	Seyboldsdorf: F ApAp
	1740	Margarethen: SaBl + Fastenbilder
	1740	Pauluszell: F Ha
	1742	Vilsbiburg/PfK: F K
Balthasar Clauser	1742	Vilsbiburg/PfK: F K
* Wartenberg	1747	Vilsbiburg/PfK: F
BR 1747	1752	Seyboldsdorf: F
	1754	Frauensattling: F Kw
	1755	Frauensattling: F Ap

1756	Frauensattling: F Statuen St. Joh. Nepomuk und St. Franz Xaver
1756/67	Seyboldsdorf: F
1757	Giersdorf: M
1758	Geiselsdorf: M
1762	Geiselsdorf: F
1763	Giersdorf: F Ha
1766	Seyboldsdorf: F Taufe Christi
1768	Geiselsdorf: F Ha
1768	Litzelkirchen: F K
1768	Giersdorf: F Ha + 2 Statuen St. Johannes u. St. Paulus
nach 1768	Frauenhaarbach: F Ha
1770	Litzelkirchen: F K
1778	Ruprechtsberg: F K
1785	Frauensattling: F SaSa
1797	Frauensattling: F Ha

Andreas Nidermayr

1794	

Johann Michael Wagner
⟨Johann Paul Wagner, Bildhauer und Stukkateur in Vilsbiburg, ⚭ Anna Maria Franziska⟩
* 23. IX. 1748
BR 1773
⚭ 10. II. 1773 Magdalena Zellner, Metzgerstochter von Triftern († 10. II. 1806)
† 27. XII. 1828
zgl. Bildhauer

1780	Obertaufkirchen: F AA + K
1784	Treidlkofen: F SaSa
1784	Vilsbiburg/PfK: F Ha
1786	Vilsbiburg/PfK: F T + 2 Portale am Ha
1791	Vilsbiburg/PfK: V
1790	Tattendorf: F Ha
1794	Frauensattling: F Ha
1794	Vilsbiburg/Oberer Torturm: R Usch + Wg Wappen
1797	Vilsheim: F Ha
1823	Vilsbiburg/PfK: Ölberg
1825	Vilsbiburg/Schulhaus: Anstricharbeiten

Schrifttum

Bartholomäus Spirkner: Beiträge zur Geschichte, besonders zur Baugeschichte von Mariahilf Vilsbiburg, in: Niederbayerische Heimatblätter 6, Vilsbiburg 1934, Nr. 13 u. 14.
Bartholomäus Spirkner: Ein kunstgeschichtlicher Führer durch die Pfarrkirche Vilsbiburg, in: Niederbayerische Heimatblätter 9, Vilsbiburg 1937, Nr. 3–6.
Lambert Grasmann: Die Bildhauer- und Maurermeisterfamilie Wagner aus Landau und Vilsbiburg, in: Der Storchenturm 9, Dingolfing 1974, Heft 18, S. 29–44.

VILSHEIM

Dionys Danner — 1689 Geisenhausen: M 24 Schilder

Hans Michael Prüntner — 1697 Münchsdorf: Anstrich Kuppel, Türme u. Fensterstöcke

Wolf Grattschmid — 1724 Vilsheim: FF

Georg Ziernbauer	1760 Vilsheim: 8 neue Schilder

Schrifttum

Peter Bergmaier: Vilsheim. Heimatbuch vom Oberlauf der kleinen Vils, Landshut 1961, S. 12, 60, 109.

VILSHOFEN

Michael Lehner	um 1650 Vilshofen/FriedhofsK: G
Fabian Sebastian Päschl	1681 Eging: F Fa 1689 Eging: F A
Sebastian Rainer * Kufstein BR 1709 † 1721	1701 Eging: 3 Fastenbilder 1715 Außernzell: F Bildnis 1715 Neukirchen-Hl. Blut: G (Votivtafel Stadtbrand Vilshofen) 1720 Vilshofen/Stadtarchiv: Burgfriedensplan
Andreas Math * Ochsenhausen/Schwaben BR 1733 † 1759	um 1730 Aldersbach: SaBlBl Anbetung der Könige + St. Bernhard + Tod des hl. Benedikt mit Oberbild St. Michael 1732 Schöllnach/AnnaK: ABl 1733 Kößlarn: ABlBl 1735 Aicha v. W.: Dg 1736 Eging: M Hl. Grab 1747 Fürstenzell: AABlBl (Auszüge) + SaBl St. Benediktus 1758 Vilshofen/M. Birnbaum: M für das Jubiläum um 1775 Fürstenzell: F Stuck, Sakristeischränke u. a.
Erhard Anton Nöbl * Deggendorf BR 1759 ⚭ 1759 Tochter Maths † 1810 zgl. Bildhauer	1761 Vilshofen/FriedhofsK: F Ha 1794 Vilshofen/Mariahilf: G + F AA

WARTENBERG

Franz Albert Aiglstorffer ⟨Oswald Aiglstorffer, Schreiner⟩ * um 1675 ⚭ 25. II. 1710 Eva Bauschmid, Landwirtstochter von Langenpreising † 25. XI. 1741	1714 Kienraching: HaBl St. Leonhard 1718 Oberbierbach: DgDg St. Leonhard, St. Florian u. a. 1722 Buch a. Erlbach: F um 1722 Eitting: DgDg 1724 Burgharting: DgDg St. Vitus 1724 Großwimpasing: Dg St. Jakob

1729	Tegernbach: Dg St. Petrus
1730	Buch a. Erlbach: F
1731	Großköchlham: Dg St. Valentin
1732	Blainthal: Wg St. Ulrich
1734	Wartenberg: F Ha
1735	Berglern: Dg St. Petrus u. Paulus
um 1735	Aich: Dg
um 1735	Geislbach: Dg
1738	Oberding: Hl. Grab
1739	Vilsheim: M
1740/41	Wörth b. Erding: Emblemat. Darstellungen

Franz Josef Aiglstorffer
⟨Franz Albert Aiglstorffer ⚭ Eva⟩
* um 1713
⚭ 26. VIII. 1742 Maria Violanta Sistl, Kaufmannstochter aus Erding
† 7. III. 1790

1752	Hecken: Dg St. Margareth
1753	Hohenpolding/FriedhofsK: WgWg
1753	Holzen: DgDg Kreuzzyklus + St. Michael
1754	Hinterholzhausen: Dg Kreuzauffindung
1755	Buch am Erlbach: Dg
1756/57	Buch am Erlbach: A, GG St. Joachim u. Anna
um 1755	Reichenkirchen: Dg Kaiser Konstantin u. Kirchenpatrone
1757	Amelgering: Dg St. Johannes u. Paulus
um 1757	Niederstraubing: Dg Dreifaltigkeit
1758	Buch am Erlbach: F
1762	Jaibing: Dg St. Johannes Baptist
1762	Landersdorf: Dg St. Martin
1764	Oppolding: Dg [?]
1766	Wartenberg: F K
1766	Frauenvils: F AA + K + 2 Figuren
1779	Buch am Erlbach: F
1781	Buch am Erlbach: Fastentuch f. Ha

Schrifttum
Vgl. den Beitrag von Georg Brenninger in diesem Sammelband, S. 104–115.

WINZER

Michael Maurer

1664 Neumarkt/St. Veit: F O

WOLFSEGG

Gregor Sulpeckh

1712 Anzenberg: F gr. Kruzifix

WOLNZACH

Christina Strobl Malerswitwe	1695	Gosseltshausen: G »de Passionis«
	1697	Gosseltshausen: F Kruxifix
	1698	Gosseltshausen: F ULF-Bild
Johann Melchior Sauthner	1722	Gosseltshausen: F
	1723	Gosseltshausen: F Ölberg + Kruzifix
	1724	Gosseltshausen: Fastenbild
	1725	Gosseltshausen: G ULF + »Illumination« der O-Empore des Oratoriums
	1729	Gosseltshausen: R Ap
	1730	Gosseltshausen: GG 12 Apostel + Salvator
	1734	Gosseltshausen: Kreuz f. Fa-Stange
	1735	Gosseltshausen: R UschUsch
Franz Anton Pöschl	1741	Gosseltshausen: F Turmkreuz
	1743	Gosseltshausen: Schild f. A
	1755/56	Gosseltshausen: F Ha »auf Marmor« + FF + V T + V Maikrüge
	1760	Gosseltshausen: F O »auf Marmor Arth«
	1761	Gosseltshausen: F 14 Leuchter + Muttergottes-Bildnis
	1765	Gosseltshausen: F Fa-Knöpfe, M Sonnenuhr, R
	1766	Gosseltshausen/SeelenK: F 2 Beichtstühle, Dg, M
	1769	Gosselthausen: FF + VV
	1770	Gosseltshausen: M
	1774	Gosseltshausen: M Hl. Grab
	1775	Gosseltshausen: F Apostelkränze u. Maikrüge
	1781	Gosseltshausen: V Turmkreuz

Schrifttum

Siegfried Hofmann: Die Kirche in Gosseltshausen (Wolnzach) im Spiegel der Kirchenrechnungen des Pfarrarchivs bis 1800 . . ., in: Sammelblatt des Hist. Vereins Ingolstadt 84, Ingolstadt 1975, S. 157, 165–167, 171, 173–175.

ZWIESEL

Ignaz Wagner * 1711 Zwiesel später in Neukirchen b. Hl. Blut	1754	Neukirchen/WallfahrtsK: F
	1756	Neukirchen/St. NikolausK: Dg
	1759	Neukirchen/WallfahrtsK: FaBl und V

Johann Joseph Wagner
* 1767
† 1808
zgl. Wirt

1803 Rabenstein/Kapelle: Großes Votivbild
1804 Zwiesel/Rathaus: V
1808 Zwiesel/Rathaus: V

Schrifttum
Vgl. den Beitrag von Raimund Schuster in diesem Sammelband S. 161–168.

Register der Personen

Register der Orte

Bildnachweis

Photographische Aufnahmen
Georg Brenninger, Schröding: 191, 192
Foto Brugger, Auerbach: 68, 101, 175, 176, 189 (ohne rechts unten)
Ludwig Grünberger, Vilsbiburg: 194, 195
Reinhard Haller, Zwiesel: 197 (links unten)
Foto Jahn, Zwiesel: 120 (ohne rechts unten), 197 (links oben)
Toni Ott, Landshut: 67
Gregor Peda, Passau: 49, 50, 169, 170, 171, 172, 173, 174, 177, 178, 179, 180, 181, 182, 183, 184, 187, 199
Siegfried Schmid, Eggenfelden: 186, 188, 189
Raimund Schuster, Zwiesel: 120 (rechts unten), 197 (rechts oben und unten)
Hans Rudolf Spagl, Mühldorf: 119, 193
Joseph Speicher, Dingolfing: Vordere Umschlagseite, hintere Umschlagseite, 102, 189 (rechts unten), 196, 200
Staatl. graphische Sammlung, München: 185

Entwurf und Zeichnung der Karten
Fritz Markmiller, Dingolfing: 25, 93, 203

Umzeichnung von Datierungen und Signierungen
Anton Beil, Erding: 105, 112
Fritz Markmiller, Dingolfing: 12, 39, 46, 129
Wolfram zu Mondfeld, Rampoldstetten: 62, 87, 118, 165

Anschriften der Mitarbeiter

Ludwig Albrecht, Realschuloberlehrer, Eichenweg 5, 8330 Eggenfelden

Georg Brenninger, Dipl.-Theol., Wiss. Assistent, Schröding 16, 8251 Arndorf

Edgar Krausen, Dr. phil., Archivdirektor i. R., Andreas Hofer-Straße 20, 8000 München 90

Fritz Markmiller, Dipl.-Ing., Architekt, Steinweg 4, 8312 Dingolfing

Raimund Schuster, Dr. med., prakt. Arzt, Stadtplatz 3, 8372 Zwiesel

Hans Rudolf Spagl, Dr. rer. nat., Apotheker, Bahnhofstraße 10, 8260 Mühldorf

Karl Tyroller, Studienprofessor i. R., Äußere Passauer Straße 146d, 8440 Straubing

In der Reihe

Niederbayern – Land und Leute

herausgegeben vom Kreisheimatpfleger der Stadt Dingolfing, Fritz Markmiller, sind bisher erschienen:

Eine Reihe, die das Brauchtum, die Lebensformen und die Zeugnisse der Kunstfertigkeit vergangener Zeiten bewahrt und weitergibt. Sachkundige Texte und umfangreiches Bildmaterial sind kennzeichnend für die einzelnen Bände:

Lambert Grasmann
Kröninger Hafnerei
152 Seiten, 54 Abb., 4 Farbtafeln, zahlreiche Textzeichnungen

Günther T. Werner
Burgen, Schlösser und Ruinen im Bayerischen Wald
128 Seiten, 4 vierfg. u. 28 s/w-Abb., mit zahlreichen Stichen

Josef Lettl
In d'Mühl fahrn
Von der Aussaat bis zur Brotbacht
144 Seiten, 32 z.T. vierfarbige Abb., reich illustriert

Elisa zu Freudenberg
Wolfram zu Mondfeld
Altes Zinn aus Niederbayern – Band I
264 Seiten, mit 200 Abb., 100 Strichzeichng., einem Katalog

VERLAG FRIEDRICH PUSTET · REGENSBURG